中央高校基本科研业务费专项资金资助
（supported by“the Fundamental Research Funds for the Central Universities”）
本成果系中央民族大学自主科研计划项目（项目编号1112kyzd01）

ZANGZU CHUANTONG FALV
YANJIU LUNJI

藏族传统法律研究论辑

喜饶尼玛　周润年　韩觉贤◎主编

中央民族大學出版社
China Minzu University Press

图书在版编目（CIP）数据

藏族传统法律研究论辑/喜饶尼玛，周润年，韩觉贤主编．—北京：中央民族大学出版社，2015.5

ISBN 978－7－5660－0950－0

Ⅰ．①藏…　Ⅱ．①喜…②周…③韩…　Ⅲ．①藏族—法典—中国—文集　Ⅳ．①D929－53

中国版本图书馆 CIP 数据核字（2015）第 055322 号

藏族传统法律研究论辑

主　　编　喜饶尼玛　周润年　韩觉贤
责任编辑　戴佩丽
封面设计　汤建军
出 版 者　中央民族大学出版社
　　　　　北京市海淀区中关村南大街 27 号　邮编：100081
　　　　　电话:68472815(发行部)　传真:68932751(发行部)
　　　　　　68932218(总编室)　　　68932447(办公室)
发 行 者　全国各地新华书店
印 刷 厂　北京华正印刷有限公司
开　　本　787×1092（毫米）　1/16　印张：19
字　　数　400 千字
版　　次　2015 年 5 月第 1 版　2015 年 5 月第 1 次印刷
书　　号　ISBN 978－7－5660－0950－0
定　　价　66.00 元

序 言

藏族是我国多民族大家庭的重要成员。在古代，藏族先民曾在我国西部的青藏高原上建立过盛极一时的地方政权——吐蕃王朝，并制定了比较完备的法律制度——吐蕃三十六制。吐蕃三十六制为吐蕃政权的巩固和发展壮大发挥了重要作用。吐蕃王朝崩溃以后，藏族处于群雄割据状态长达400多年，各地小邦王国在自己的统治范围内制定有法律，如阿里的古格、布让、亚泽、拉达克王朝，卫藏各割据王朝，多康的凉州六部联盟政权、宗喀王朝、西夏王朝等，各自均有成文法和不成文法兼有的法律法规，这些法律法规各有各的特色。元、明、清历代中央政权对西藏地方的施政方式有所不同，管理力度也有很大差异，但是历任西藏地方统治者都十分重视法律典籍的制定和执行，先后颁布了以元末帕竹噶举政权的《法律十五条》、17世纪西藏藏巴汗政权的《十六法典》、清朝第五世达赖时期的《十三法典》等为代表的一系列法律典籍，为藏族社会的稳定起到了一定的积极作用。据初步统计，从公元7世纪中叶吐蕃赞普松赞干布时期开始，到1951年和平解放西藏前，西藏统治者、藏族各部落的头领及寺院制定有数百部法律法规典籍，如《藏族十二法典》、《神教十善法》、《人教十六净法》、《正直明镜鉴》、《哲蚌寺的法律条文》、《拉萨大祈愿法会之法规》、《甘丹寺的僧侣参加拉萨大祈愿法会之法律》、《敏竹林寺的法律条文》、《噶厦办事规则二十三条》、《山谷共同文纲》、《山南地区的夏季法契约》等，其种类和数量之多，令世人瞩目。难怪中外研究者见到相关法典译文，都为之感叹。如德国弗莱堡大学瑞士比较法研究所著名教授胜雅律（Harrovon Senger）就曾对笔者谈到，“这样的材料太好了，旧西藏到底怎么样，这些法典最能说明问题了。在哪里可以买到相关文献”？著名学者吴思先生（潜规则的提出者）2003年撰写的《血酬定律——中国历史上的生存游戏》提到：我看到的最完整的命价等级资料，来自西藏噶玛政权（噶玛丹迥旺布，1632—1642年在位）时期的《十六法》，和五世达赖时期（清初）的《十三法》。法律将命价分为三等九级，最高级是“无价”，或等身的黄金；最低级只值一根草绳。

但是长期以来，藏族法律典籍的整理和研究并没有受到学术界的足够重视，一方面，没有系统地整理；另一方面，研究的著作和文章也不多。除了徐晓光先生著的《藏族法制史研究》和娄云生先生著的《雪域高原的法律变迁》等几部著作及一些学位论文外，尚无其他较为系统的研究著作，特别是关于藏族法律典籍与当今藏族社会、人权的研究，以及藏族法律典籍与现代法律体系的结合研究，更是研究不多。

我们认为这个研究是一个理论性和应用性并重的开拓性研究领域，不仅涉及法学和藏学研究的领域，而且对社会学和民族学的研究也大有裨益。本论集通过对西藏旧法典的剖析、研究，深刻揭示了旧西藏社会的本质；用史料说明旧西藏广大人民没有任何人权保障可言；也从另一角度揭示国外反华势力和分裂分子所鼓吹的旧西藏封建农奴制度是世界上“最美妙最神圣”的制度这一谎言。

研究旧西藏法典的重要性，主要表现在：

第一，历代藏族法典作为一定社会历史阶段的产物，反映了不同时期西藏社会的形态，通过对历代藏文法律典籍的整理、译注、研究，对于研究当时藏族社会、宗教、文化和历史开辟了新的路径并提供了新的资料，颇具史料价值。

第二，历代藏族法律典籍充分反映了历代统治阶级的观点，同时亦反映了当时藏族社会的概貌、价值观念、人伦关系方面的基本特征。因而进一步研究，具有重要学术价值。

第三，通过研究历代藏文法律典籍的特点以及剖析旧西藏社会的真实法定权利，使世人了解旧西藏的社会经济状况特别是人权状况，无疑具有很强的现实意义。

法律源于社会，而又服务于社会。现代法理学认为，法的渊源可以从广义和狭义两个层面去理解，狭义的法的渊源是指它的渊源形式，目前所见的几乎所有藏族古代法律研究成果都是从研究藏族社会这个角度展开的。其实，藏族传统法文化受到诸多因素的影响，特别是宗教法与世俗法的互融，使藏族传统法文化呈现出独特的形态。单从法的形式上看，不足以揭示藏族古代法文化形成的根源。本文集诸篇论文研究和分析了西藏旧法典对藏族社会发展变化的影响和作用，对进一步认识藏族社会，进而引导藏族传统法律文化的现代化转型，为藏族地区法律的制定提供依据，为构建藏族和谐社会服务。

这部论辑是我们正在进行的中央民族大学自主科研计划项目中“藏族法律典籍整理与研究”课题的一个部分。我们在选取论文时也是基于课题本身，有的论文也涉及习惯法，主要便于读者对藏族社会的了解。国内藏学界在这方面的研究方兴未艾，但限于篇幅，我们只能选择其中部分论文，是否恰当，仁者见仁智者见智，但相信会使读者对旧西藏有一些了解。非常希望我们的工作对相关研究者有所帮助。特别说明的是此论辑中所收的论文，一部分是没有公开发表的论文，一部分是已经公开发表的论文，公开发表论文的部分作者因无法取得联系，在未征得作者的同意下，将论文收集到此文集中，希望作者谅解！我们也在此向作者表示感谢！其次，由于时间仓促，《藏族传统法律论辑》中定会有一些错误，祈请读者批评指正！

喜饶尼玛

2014 年 10 月

目　录

吐蕃法律的文化渊源

杨士宏*

勤劳勇敢智慧的藏民族，在漫长的历史长河中，创造了影响深远的法律文化。它根植于藏族文化的土壤中，构成了藏民族的行为规范。吐蕃时期是藏民族发展史中重要的历史阶段。吐蕃的法律文化渊源深远。它既源于吐蕃本土习惯和苯教文化，也受到中原佛、道、儒文化和印度法文化的影响。研究吐蕃法律文化的渊源和特点，是考察藏族法律文化嬗变历史规律的基础。下面试论之。

一、源于吐蕃本土的习惯和苯教文化

英国文化人类学家泰勒的《原始文化》一文中讲道："文化是一团复合物，包括知识、修养、艺术、道德、法律、风俗，和一切创造人类社会成员的能力与习惯。"这已说明文化就是人类生活所展现的一切现象。

藏族习惯法的形成，最初不外乎其先民在原始宗教信仰中，出于"万物有灵"的观念而产生了信仰与禁忌，久而久之成为人们敬天、敬地、敬人的行为规范，并形成人们在群体生活中所共同遵守的习惯和风俗。"风俗是人类在日常生活中世代沿袭与传承的社会行为模式。在原始社会时，人们之间的相互关系以及共同的生活秩序，最初全靠习俗来调整。"① 美国著名人类学家 L. H. 摩尔根（Morgan. L. H, 1818—1881）根据自己在印第安原始部落的实地考察，指出原始民族内部一般盛行着 10 种社会习俗，在大多数情况下，习俗会把部落内部的秩序调理得头头是道。马克思也在《摩尔根〈古代社会〉一书择要》中指出："原始社会人们和睦、友爱、宽容，相互之间既无嫉妒，也无憎恶，这是蒙昧人的习俗。"当社会只有习俗规范时，习俗处于一种未分化的状态，它含有原始宗教、原始伦理以及原始法律等规范

* ［作者简介］杨士宏，教授，西北民族大学学报主编。

① 贾春增主编：《民族社会学》. 北京：中央民族大学出版社. 1996 年版，第 183—184 页。

的萌芽。[1] 习俗的内容十分丰富，渗透到人们社会生活的诸多层面，体现在民族物质文化和精神文化的各个方面。如：岁时节令；人生礼仪；社交庆典；宗教信仰；生活禁忌；生产禁忌；道德规范；习惯法规等。

人类自诞生以来就与大自然展开了长期的斗争。藏民族生活在高山峻岭，天地与人世间高深莫测的变化，使他们感到天地间有超乎人类的精灵存在，宗教观念遂得以而生。在吐蕃社会的前期，即佛教传入西藏之前，吐蕃先民已在原始宗教的基础上，使其信仰在理论上系统化，规范上体系化，规模上社会化，从而形成了较为严密而精致的苯教理论体系。信仰宿命论，以“因果论”来约束、指导、规范人在现世的行为习惯，并归结为“善”。“善”成为吐蕃先民所追求的完美人格和对理想社会的构想。

二、源于道家和儒家文化的影响

中华文化的精神，是以人为本的文化，即“人本文化”，可以称为人本主义。而宗教性的文化，是属于所谓的“神本文化”。

我们对于各种宗教可以理解的是，教旨虽各具特征，但都拥有悲天悯人的救世精神，与人为善的圣洁情操，奉献牺牲，造福人群。例如：“基督教的博爱精神，伊斯兰教的崇尚道德，印度教的自求多福，乃至佛教的戒恶行善，从人性自觉到觉行圆满成佛的人生境界，进而导化群生，实现人间净土的慈悲大愿。总而言之，宗教都无非是教人成为好人。寓教旨于人的行为实践道德之中，向人的心灵深处启示道德意识，使人走上道德进程。”[2] 我国人本文化精神与各种宗教的教旨互相呼应，目的相同，道理互通，但是自有理论体系，即“我国讲人是宇宙的主宰，以人为中心的思想，注重做人处世的道理，所以是‘人与人’，而非‘神对人’的文化，是讲人定胜天，而不是讲万能的神创造宇宙人类及万物；我国讲天覆地载，充满大生命气象，而没有天国或天堂地狱之说；我国讲人生来就是好的，人生是自我肯定、自我创造的历程，一切要靠自己，而不讲人有原罪，仰望神的救赎恩宠。因为原罪是说人有先天的劣根性，而非信神不能得救；我国讲人是此生此世的人，尽其在我，而不讲轮回转世之说，因为轮回说众生自最初起莫不辗转生死于六道（天、人、神、鬼、畜生、地狱）之中，如车轮旋转，无有已时，人要脱离那轮回之苦，唯有广种善因，追求来生；我国讲人之所以为人的道理，有教无类，不像宗教有教有类，各有门墙”[3]。藏族传统法律和习惯法则为“人本”和“神本”二元共存的混合物，

---

① 李钟声著：《中华法系》上，华欣文化事业中心，1963 年 7 月出版，第 11 页。

② 同上，第 12 页。

③ 李钟声：《中华法系》上，地点：华欣文化事业中心，1963 年版，第 31 页。

其源于“人本”，升华于“神本”，精制于“人本”，形成“教”（道统）中有“法”，“法”中有“教”（法统）的多元法系。

我国在文化上有薪火传承贯通古今的“道统”，有治理国家制度而变通趋时的“法统”。自上古帝王时代，就揉政教合一措施，推行人伦教化，所以说“中国自有书契以来，以礼教治天下”①。

中华文化以人为本，它完全出于中华民族的哲学思考。藏族文化与中华民族的主体文化——汉文化有着悠久而密切的渊源关系。《易经》是中华文化的源头，强调“与天地合其德，与日月合其明”②。其中的天地的道合，是我国早期法律思想的由来。在藏族文化中，“究天人之际”的思想及探索人与自然间关系的进取精神则是其构成的精髓。因此，天人合一的思辨观念对藏族传统法文化的影响是极其深刻的。吐蕃的法律文化是建立在与整个中华文明相同的基础之上的。中华文化是先民们观察人生活在大自然中的道理，而建立天地人之道。因此藏族先民所追求的道理，是人在天覆地载的宇宙立体时空中的道理，也是人与万物并存的道理。

三、源于佛教和古印度法文化的影响

根据藏文资料记载，佛教传入西藏是在第8代藏王拉托托日宁赞时。相传，某日赞普正在雍布拉康中祈祷神灵，突然间天空出现万道霞光，随之空中有一宝匣降于其怀中，赞普开启宝匣见其中装有一座四层水晶宝塔和几部用吠琉璃粉书写的金质宝卷，赞普翻阅宝卷不知是何典，但深信是一稀世宝物，故敬而奉之。一直到松赞干布时代，方知匣中宝卷为佛经《宝庄严经》、《怖摩拉穆达诸佛菩萨名经》、《那伽诸佛菩萨名号经》和《十善法典》。③ 佛教的传入为吐蕃文化注入了新鲜活力。同时，吐蕃在引进印度佛教文化的同时，不可避免地要受到印度法文化的影响，在古代印度有许多名目繁多的所谓法经（Dharmas · tra）和法论（Dharmas · stray 的传世之作，其中《摩奴法典》是影响最大且最重要的一部。“该法典凡十二卷，涉及面很广，然其核心内容可以归纳为一点，即维护种姓制度。它宣扬种姓起源的神话，论列各种姓的不同地位、权利和义务，规定依违种姓制度的奖惩，并以‘来世’苦乐作为这种奖惩的补充。因此，《摩奴法典》作为维护剥削阶级高等种姓利益的工具，其所发挥的作用甚至是纯粹的法典难以比拟的。”④ 我们从《摩奴法典》的字里

① 同上，第65页。

② 《桑耶寺志》，拉萨：西藏人民出版社，1985年，第1页。

③ ［法］迭朗善译，马香雪中译：《摩奴法典》，译序，北京：商务印书馆，1996年。

④ 丹珠昂奔：《藏族文化发展史》上册，兰州：甘肃人民出版社，2001年版，第564—565页。

行间不难看出对吐蕃法律文化影响之方方面面。（1）对宇宙观及构成宇宙的5种元素的认识；（2）因果报应的轮回思想；（3）种姓制度；（4）婆罗门的地位与权利；（5）古来习惯是启示和传承所赞许的大法；（6）严密的种姓等级制度；（7）婚姻家庭以及择偶受种姓的严格限制；（8）禁忌；（9）僧人的起居；（10）禁止物欲；（11）重男轻女；（12）提倡施舍、忍让、节欲、戒杀生；（13）维护统治阶级的利益；（14）神证在审判中起着重要的作用；（15）生产法规；（16）边界标志与纠纷；（17）名誉侵权；（18）奸淫罚援；（19）肉刑；（20）财产继承与分割。根据专家多年研究证明，《摩奴法典》约产生于公元前3世纪，其内容没有涉及释迦牟尼及其教义，但在佛教经典记载的教规、教义、戒律、禁忌方面受《摩奴法典》影响之深则显而易见。印度文化或者说佛教文化在吐蕃化的过程中，佛教的经典教义及其出世观、入世观（人生观价值观）则直接影响着吐蕃社会的意识形态领域，佛家好善乐施及六道轮回的思想，成为吐蕃统治者和广大民众的价值趋向。在吐蕃法文化方面则始出现“佛法”（经典）和“人法”（自然法则）相结合的体系萌芽。

佛教教法教人修身养性，净化心灵，佛法治心，似为“乐”（佛教徒认为佛法是妙音）；人法规范人之言行，节制贪欲，人法治躬，似为“礼”。两者是吐蕃社会早期“安上治民”的两大“科室”，我们将佛法喻为医学之“内科”，调理人的内心世界；人法喻为“外科”，调理人的外在表现。“二法”之功能与我国古代儒家提倡的“乐”、“礼”异曲同工。以礼乐代表我国古代制度，起自五帝，源远流长，此即现今意义上的法治。

吐蕃社会到第32代藏王松赞干布（617—650年）时期发生了巨变，松赞干布于公元629年继承王位。《旧唐书》称其“弱冠即位，性晓武，多英有略，其邻国羊同及诸羌，并宾服之”。公元634年，松赞遣使赴唐，是为藏土通中原之始；公元641年，唐太宗以文成公主嫁吐蕃，唐太宗以释迦牟尼佛像、珍宝、经书、书橱、360卷经典，作为文成公主的嫁妆。松赞干布迎娶文成公主以后，“遣诸豪子弟”赴唐学习中原文化。唐蕃经济、文化之交往也因唐蕃联姻而发端；在此之前松赞已与尼泊尔公主巴利克提结婚。二位公主入藏，佛教也因之广为传播。松赞干布为巩固吐蕃政权，以“德礼为政教之本，刑法为政教之用”。吐蕃社会的法律思想及其演进，此时得以逐渐由崇尚法律思想趋向法律务实，注重法律的具体直接作用。松赞干布即位执政之后，派学者吞米桑布扎仿印度文字创制西藏文字，极力弘扬佛教，在佛教“十善法”的基础上制定了《神教十善法》：①不许杀生造罪；②不能偷抢大于针线的财物；③不能邪淫；④不许谎言；⑤不许挑拨人和；⑥不可恶言咒骂；⑦不许散布流言；⑧禁贪欲；⑨禁害人心；⑩不做违背因果之事。

《神教十善法》的主要内容是以佛法倡导之“善”，寻求与吐蕃社会相适应的法律切入点，将佛教提倡的“十善”直接转化为“人法”，制定了吐蕃王朝建政初期的首部成文法，从而说明吐蕃社会完成了从部落联盟到国家政权的过渡。松赞干布为了统一人们的意志，从“人本主义”出发，提出了“治人”的“言”、“听”及“内心世界”的三大要素，即“治身”、“治言”、“治心”的符合佛教所主张皈依“身、语、意”三宝宗旨的“人法”条文。在《神教十善法》制定不久，松赞干布从规范构成社会的最小分子——人和家庭出发，再次颁布了《入教十六净法》。《入教十六净法》对人们从敬事佛法、修身养性；崇尚孝道；慈善仁义、尊重知识、积极精进、勤俭节约、知恩当报、取财有道等16个方面提出了更加具体、更加接近社会生活的道德规范。

另外，在吐蕃时期除制定了《法律二十条》外，据《贤者喜宴》记载，当时还颁布了6类大法律，即：《王廷、衙署职官安置之法》、《十万金顶具鹿之法》、《王朝准则之法》、《据两造申诉判决之法》、《总法》、《内府管理之法》；制定了7大法律，即：不杀生、不偷盗、不妄语、不饮酒、奴不反主、不邪淫、不盗掘坟墓；补充了六六大法，即“三十六制”（六种大法、六大决议、六种告身、六种标志、六种褒贬、六种勇饰）。①

依据“六六大法”的衡量标准、伦常道德，两造地位不等则敬强护弱、两造有罪则俱施处罚、两造有理则指令修好等，由此确立政权机构、设置官吏职级、制定行政法则、调整内部秩序、建立健全民事诉讼条规，建构了一个比较完备的由国家行政法规—民法—教法—民族共同体组成的奴隶制国家政权之社会。

唐中宗景龙四年（710年）金城公主出嫁吐蕃，就在金城公主嫁吐蕃的同时，在吐蕃社会上早已有佛教教义流传，然主要在上流社会。在民间公开宣扬佛教则是在公元763年。此年寂护在钦浦弘扬佛教4个月，主要内容是“十善”、“十八界”和“十二因缘”等。寂护从吐蕃统治者巩固王权的社会需要出发，着重从佛教的伦理学、认识论、人生观三个方面传播佛教。寂护宣扬的佛教伦理学即“十善”，也就是业果决定论，即吐蕃社会的善与恶，均是由于人们的习惯（佛教成为业力）为缘（条件）而显现，以习惯流传，以习惯出离。② 因此，就要求人们修习“十善”。其目的就是克尽“十恶”（分别是杀、盗、淫、妄语、离间语、恶语、绮语、贪欲、嗔、邪见），使佛教之“十善法”成为后来藏族社会民间佛法的渊源。

四、源于中原法律文化的影响

据《旧唐书》等有关史料记载，文成公主与金城公主先后远嫁吐蕃，当时文成

① 《桑耶寺志》，拉萨：西藏人民出版社，1985年，第1页。

② 李用兵著：《中国古代法制史话》，北京：中共中央党校出版社，1991年。

公主带去经书及经典360卷，金城公主带去“毛诗、礼记、左传、文选各一部”。由此可见，二位公主带入吐蕃的经书中不乏《十三经》等。这些经典为吐蕃社会注入了汉文化的精髓。其中《尚书》、《礼记》对建立不久的吐蕃政权则影响不小。《庄子·天下篇》称：“《诗》以道志，《书》以道事，《礼》以道行，《乐》以道和，《易》以道阴阳，《春秋》以道名分。”而《尚书》则是古代著名的政治读物，即为古代统治者治理邦国的一切措施和政治手段。其内容涉及国家的政治、经济、宗教、法律等。《仪礼》、《礼记》之中所讲的“礼”——是人类文明的脚步；是“亲亲”——血缘的纽带；是“尊尊”——权利的表现；是“长长”——宗族外的人伦；是“男女之别”——陛别的不平等。《周礼》是周人理想世界的总蓝图，是一幅充满东方文化情调的构想；《周礼》是周人建构的理想而严密的国家管理体制；《周礼》是周人精心设计的治民模式；《周礼》是值得注意的富国政策；《周礼》是科学管理思想的发端。

在吐蕃建立国家政权之后，一代明君松赞干布，为寻求治邦安民的方略，极力倡导博采众纳，崇尚佛法，仰慕汉风。在藏文历史文献中可以见到这样一段记载：“印度佛法之君；中原法律之邦；大食财富之国；格萨尔为军国之王。”因此说，吐蕃法律在吸收印度佛法、《摩奴法》、中原儒家文化《尚书》、《周礼》、《礼记》的同时，唐律的影响也不可避免。唐朝是当时东方的强盛帝国，开拓疆域，羁縻边陲，汉唐文化使其周边邻邦包括亚洲诸国大受感化，东自日本、新罗，北起大漠，西自伊朗，西南自印度，沿古代丝绸之路，使者、留学生、商人等纷纷到唐之京都长安，商人贸易、学生求学、使者通好，贡物封藩，有的入仕唐朝。于是在唐之长安出现了东西文化交流融汇的繁荣景象。是时西域高昌、吐蕃等也派遣留唐之学生，努力于文化输入。加之吐蕃军事势力的东移，与唐战战和和近百十余年。在频繁的交往与冲突中，法律文化的引进、吸收则是重要的内容之一。因隋唐是中国历史上封建社会发展的鼎盛时期，隋唐的法律在中外历史上有着重要的地位。隋唐法律在中华法律体系中处于承前启后的关键，集往古法典之大成，立后世法典之楷模。使往古的礼制，融入法典。

唐蕃文化有着很多相近的切入点，如二者均先后从印度引进了佛教文化，吐蕃君王松赞干布依佛教“十善法”为法律依据制定的《神教十善法》与其相反的“十不善”及《吐蕃三律》，则和隋《开皇律》为刑名定型，确定“八议”、“五刑”及隋唐律中相承确定的“十恶大罪”，称“十恶不赦”等有着深刻的渊源关系。

“八议”是中国封建社会封建贵族阶层特权将人分为三六九等的集中表现。凡符合“八议”对象的，按其亲疏等级分别享有议、勤、减、赎、当、免等一系列特权。如所谓的“赎”，即指用铜赎罪。适用于3种人，（1）享有议、勤、减特权的人；（2）九品以上官吏；（3）七品以上官员等范围的亲属。以上3种人犯流罪以下的可以用铜赎罪。在实际的量刑过程中，死罪也可以赎。唐律明文规定死罪不分绞斩，赎铜120斤。“赎”是罚的形式之一，刑重体罚，罚重敛财。所以，“赎”在古代封建法典中由来已久。到西周中期因周穆王横征暴敛，掠夺财富，令司寇吕侯修订《九刑》，拟定了用铜做赎刑的刑书，称《吕刑》。其中规定用黄铜赎刑的5种刑罚：墨刑罚100援（援：古代铜货币单位，1锾重6两）；劓刑加倍，即200锾；腓刑罚500锾；宫刑罚600锾；死刑罚1000锾。在吐蕃法律中“赎刑”占有比较重要的地位，与“八议”相似的是罚援的多少以官阶及其特权的表现形式“告身”来区分。“告身”即指官吏的等级，也是不同阶层的人身价值标准（即命价）。“告身”分6类12级：（1）金、玉告身；（2）银、颇罗弥告身；（3）铜、铁文字告身。

隋唐律中的五刑为：笞刑，是用竹板或柳条击打罪犯的背脊、臀、腿部的一种刑罚；杖刑，是用大于笞刑所用的竹板或荆条捶击罪犯的背脊、臀、腿部的刑法，比笞刑较重；徒刑，是在一定期限内剥夺犯人的自由并强迫其劳役的一种刑罚；流刑，是将罪犯遣送到边远地方去服劳役，不许擅自迁回原籍的一种刑法；死刑，是剥夺罪犯生命的一种极刑。据有关文献记载，吐蕃法律的刑罚体系也由5个方面组成：1. 死刑（砍头、解肢分尸、绞刑、活埋、剥皮、绝嗣）；2. 肉刑（断肢、挖眼、割舌、劓刑、黥刑、笞刑、鞭刑）；3. 流刑；4. 罚没财产；5. 罚金。吐蕃法律的刑法，反映出统治阶级为了维护其阶级利益推行残酷重刑和敛财重罚的思想。

“十恶大罪”在唐律中被认为是“亏损名教，毁裂冠冕”的极端严重的犯罪行为而放在首篇。吐蕃法律则从10个“善”的方面作为立法的主要依据进行正面疏导，依此杜绝杀生、不与取、邪淫、妄语、离间语、粗恶语、绮语、贪欲、慎患、邪见等“十恶”大罪之发生。

总之，吐蕃法律与隋唐律在内涵和外延上有着非常相近之处。尤其，像唐律中律、令、格式等所反映的内容和表现形式似为吐蕃制典之模范。

唐律还规定将杀人罪分为故意杀人、过失杀人、合谋杀人；将伤人罪分为故意伤人、过失伤人、共同伤人，并根据不同情节分别处刑。将盗分为窃盗、强盗和监守盗3种。吐蕃先后引进印度佛教文化和中原的儒家文化，形成了以印度文化、汉文化、苯教文化为主的吐蕃本土文化。

五、僧侣集团的形成使教法、民法初步分离

松赞干布为了巩固吐蕃王权，削弱守旧势力所支持的西藏传统宗教——苯教的影响，对佛教采取了扶持的态度，先后为尼泊尔公主、文成公主兴建了大昭寺、小

昭寺、十二神殿及查拉路甫石窟。但在当时仅仅作为供奉佛像、经典的宗教场所，并无僧侣住持，也没有合乎佛教戒律的仪式和规范，更谈不上僧侣集团的形成。

在松赞干布之后的第4代赞普赤德祖赞（704—755年在位）时期，大力扶持佛教，赞普曾建牙帐于桑耶附近之札玛止桑，金城公主也常住于此。

8世纪中叶，赤德祖赞子赤松德赞亲政后，实行了许多改革，决定利用佛教来巩固王室权益。首先，剔除马尚·春巴和达扎路恭为代表的苯教和反对改革的贵族势力。其次，赤松德赞在唐朝封建制度的影响下，为了维护吐蕃社会的巩固和发展之需要，完善了吐蕃政权的国家行政法规，调整吏治，调整官员，设置诸道节度使，屯军耕牧；治理财政，清查田亩户口，统计财赋，税收征敛；完善吐蕃早期法律，处理地方诉讼。通过这些改革，使得吐蕃势力强盛一时。其势力范围北抵回鹘，西接大食，南临天竺，东联南诏，是吐蕃武力扩张的鼎盛时期，同时也孕育了根植于广大藏区、吸收多种外来文化并演变为藏民族传统习惯法的法文化底蕴。此外，在赤松德赞的极力倡导下，以桑耶为基地，大力扶持佛教，不仅从印度请来莲花生、寂护等传教大师，还从大唐请来诸多知名高僧进行佛法交流。赤松德赞亲自主持兴建了吐蕃第一座拥有佛法僧三要素的桑耶寺。寺建成后由精通五明的寂护作亲教师，为巴色朗、藏勒竹、麻仁钦却、昆鲁益旺波、巴赤协、恩兰吉娃却央、白若杂纳等7人剃度，并举行了受戒仪式，这是西藏最早的出家僧人。在藏文文献中一般称作“七觉士”。继“七觉士”之后有不少具有信仰和智慧之人出家为僧。不久，赤松德赞规定，凡出家为僧者，生活所需皆从国库中支取，并免除差役。从而使吐蕃社会首次出现了僧人集团，建立了僧伽制度，建立了僧人专修场所，并形成了规模。僧侣集团的出现，使得教法与民法初步分离。自僧人集团形成以来，僧人集团、俗人集团及政治、宗教之间所反映的社会现象，则始终成为藏族社会的两大课题。民法着重于规范俗人社会，而僧人在当时的社会上处于一种特殊的地位则很少受到“民法”的约束。而“教法”则有僧、俗两个守法主体，俗人以“十善法”为主，以“善”来衡量“天理良心”，使佛法成为人们的道德法规。久而久之，在民间形成二法并用的现象。僧侣是一个比较封闭的社会团体，则以不同的修行次第受不同的戒律约束。当吐蕃法律不断完善，佛法不断普及之际，吐蕃社会的潜在危机也在迅速滋生。吐蕃社会渐渐走向衰亡，直至彻底崩溃。但是，吐蕃的法律文化却犹如神圣赞普不灭的灵魂，一直在藏族社会发展上扮演着重要的角色。

吐蕃的法律文书

——以法国国立图书馆藏 P. t. 1071 文书为中心

大原良通*

有关古代西藏的法律，历来如两唐书《吐蕃传》所载，仅仅是简单的记述，且其内容为不完整的残酷刑罚。然而在发现于敦煌的藏文文书中，含有若干件涉及吐蕃法律的文书。从内容上看，可知在吐蕃时代，律令已发展到了相当完整的阶段。而且在边疆之地的敦煌发现在吐蕃使用的文书，表明由中央发布的律令，其适用范围直至帝国一隅。

本文以处理狩猎事故的 P. t. 1071 文书为中心加以论考。P. t. 1071 文书是大约 100 年前在敦煌发现的敦煌文书之一。该文书是用藏文书写的首尾完整的吐蕃法律文书。

一、文书内容

文书的内容可分三个部分。第一部分是关于“将发向野兽的箭误射中别人的赔偿办法”，第二部分是关于“有人被牦牛压倒的时候，对旁边的人救助他或不救助他行为的赏罚”，第三部分是“几个人共同射中一头牦牛，对那头牦牛分割的办法”。本文对第一部分加以论考。

这条法律内容是：有一个人对野兽发射箭，但这支箭没有射中野兽，而是射中了别人，在这种情况下，加害者是射箭者，受害者是被射中的人，因此法律规定的主要内容是加害者赔偿受害者的数目。该律文按照受害者的身份可分为 9 条条文。以下我先介绍第四条条文，然后分析吐蕃的法律。

第 107 行到 133 行

(107)//zhang lon phra kyI yI ge pa ngo bo bo dang//Phra kyI yI ge pa dang stong mnyam ba://zhig la': //zhang lon then po man/(106)

---

* [作者简介] 大原良通，日本冈山大学教师。

cad/dmangs mtha'am yan cad//kyis rI dag la：stsogs pa la：/modas rdulde：

/phogste gum ba dang ma gum ba'i/(107) khrims la：/

关于颇罗弥告身本人及其赔偿额相同的人，被大尚论以下及平民以上的人错射而中，（受害者）死亡或未死亡的法律。

:: //zhang lon phra gyI yI ge pa ngo bo clang//Phra kyI yI ge

pa'I/myes po clang pha'clang/zhang lon gser/(108) gyI yi ge pa'I bu po sped phan rtsad/pha spun sped tshun/cad/yI ge ma mchis pa'i rnams dang/mayar mo clang mna'/(109)ma dang khyo mo dang/bu sring khyo ma mchis pa/rtsams//ridag la stsogs pa la/mdas rdulde phog I pa la stong/(110) mnyamo：/

颇罗弥告身本人、祖父、父亲，金告身尚论的兄弟儿子、叔伯、堂兄弟中无告身者，母亲、媳妇、妻子、未婚姐妹，被射野兽的箭错射而中，赔偿额相同。

//stong mnyam ba gcig gis/gcig la：/ri dag la mdas rdul pas phog pa

dang/stong mnyam'di rnams la/zhang/(111) lon chen po dang/stong mnyam ba man cad/zangs kyl yi ge pa dang/stong mnyam ba yan cad/gyis ri，dag la stsogs/(112) pa la/mad's rdul phas phog（pa）（gum）kya（ya）ng

rung/mkhon mchiste chad kar'phang re ces//gtsang dkar bcu/(113) gnyis：/kho na bdag dang/bcu gsum bro steal：/to/

在颇罗弥告身互相错射，以及被赔偿额相同的大尚论以下、铜字告身以上的人错射而中的情况下，无论（受害者）死亡或未死亡，清白无辜的十二个证人和他（加害者）共十三人都要一起宣誓。

dkar chug na thong myi dang khak'gnm gcig go：//

如果推翻清白，则视同杀人案件处理。

dkar gyis changste/(114) mdas phog pa：gum dang/stong to srang bzhi

798 stung babste：/yus bdag/'dam po phyed mar stsaldo/'dam/(115) po ma mchis na/srang bzhI stung kun yus bdag dbango/

证明是清白无辜的而受害者又死亡的情况下，人命赔偿四千两，原告者①和调停者②各占有二分之一。若无调停者，原告占有全部赔偿。

mdas phog pa ma gum na/gson stong du srang/(116) stong phabste：/yus bdag dang'dam po phyed mar dbango：//'dam po ma mchis na/kun yus bdag dbango

---

① “yus bdag”，山口翻译为“告发者”。山口瑞凤：《吐蕃王国成立史研究》，岩波书店 1983 年，第 803 页。仁青翻译为“受害者”。仁青：“吐蕃法律初探”，《藏族研究文集》第 2 集，第 138 页。

② “dam po”，山口翻译为“关系者”或者“受害者”。山口瑞凤：《吐蕃王国成立史研究》，岩波书店 1983 年版，第 803、819 页。

受害者若未死亡，伤害者赔偿一千两，原告者和调停者各占有二分之一。若无调停者，原告者占有全部赔偿。

（117） mdas nI phog ste：/nga'i mda' ma yIn ces snyon snyon to ma chang na/mdse phog pa gum yang rumg/（118）ma gum yang rumg/thong myI'I khrims bzhin du dgumo/ snyon snyon changsna：/skur ha zan kyang/thong myi/（119）'I skur pa zan dang khrims gzhIg du dbango//

箭射中后，（加害者）谎称“这不是我的箭”。在（加害者）否认说谎的情况下，无论（受害者）死亡与否，都视同杀人罪，处以死刑。（加害者）承认说谎，则按杀人诉讼处理。

：：//zhang lon phra men kyI yi ge pa ngo bo dang/phra men gyi （120）

yI ge padang stong mnyam ba zhig/gtsang chen cad/dmangs(mtha) yan cad zhig gis/ri dag la stsog：//(121) pa la/mdae rdul pas phog na//

颇罗弥告身的尚论以及与他们赔偿额相同的人，被大藏（吐蕃的一种身份）以下、平民以上的人射野兽而误射中。

gum yang rung/ma gum yang rung/mkhon mchis te/chad kar/(122) 'Phang re ces/gtsang dkar ba cu gnyis dang/kho na bdag dang bacu gsum bro stsaldo：/

无论（受害人）死亡与否，十二个清白无辜的证人和他（加害者）共十三人都要一起宣誓（证明不是故意加害）。

bro dkar/(123)chag sna：/thong myi Bang khrims gcig go：//

如果推翻清白，视同杀人案件处理。

dkar gyis changste/mdas phog pa gum/dang kho na'bra shig dagmno：/

(124) bu no smad/sgra bor spyug go：//khol yul dang basg za：phyug nor：/la：yus bdag dang'dam po phyed mar/(125) dbango：//'dam po ma mchis na/khol yul dang/bang za phyug nor kun yus bdag dabngo/

如果证明是清白无辜的而受害者又已死亡，加害者处以宫刑（?），其女儿放逐。奴户、财货和家畜，原告者与调停者各占二分之一。若无调停者，原告者占有财货与家畜。

mdas phog/(126) pa ma gum na：/kho ‘da’ ‘bra shig：bkumste：/bang za phyug nor kunla’ dam po dang yus bdag phyed/(127) mar dbango：I/dam po：ma mchis na：/phyur nor dang bang za kun yus bdag gbango：/

受害者若未死亡，原告者与调停者各占有二分之一。若无调停者，原告者占有财货与家畜。

Khol yul ni：/(128) bu smad stsal：/mal na dgodo//phu bo ma mchis na/pha stsaldo/pha yang ma mchis na/khol/(129) yul/phu nu bo dnmg mchis kyang myi：stsaldo：/bu mo small phu nu bo su ‘dur pa zhig stsal to’ /(130) khol yul nI：/ su'i ‘bangs su'I bran bzhis’ tshol zhig：//

奴户给儿子，住房查抄。若无兄弟，则给父亲。若无父亲，则不能给父系血统的男子。女儿给父系血统的男子。奴户给各个主人（这句较难理解，有可能是“给加害者主人”的意思）。

mdas nI phogste/nga'i mda' ma yan(131) ces/snyon snyon ma changsna：//mdae phog pa gum Yang nmg/ma gum yang rung/thong myi long khrims/(132)//

箭射中后，（加害者）谎称“这不是我的箭”。在（加害者）否认说谎的情况下，无论（受害者）死亡与否，都视同杀人罪，处以死刑。

bzhin du dagutno：/snyon snyon chang na/skur pa zan kyang/thong

myI'i skur pa zan dsng khrims/(133) gcig du gabngo/

（加害者）承认说谎，则按杀人诉讼处理。

这条律文的结构是，先列标题，然后按加害者的身份分为两段，第一段中加害者的身份要高于第二段。文中先说明受害者的身份与加害者的身份，然后规定受害者死亡后或未死亡时的处理办法。

根据该律文的结构可以知道，吐蕃法律条文已经具有比较规范的形式，吐蕃官员会用条文处理事务，吐蕃的官文书有写法上的规定等。

二、诉讼程序

以下我们根据这份 P. t. 1071 文书来看诉讼程序的大致过程。

这条律文处理了一种案件。这个案件包括下面几种情况：案件发生后有两种可能性：一是加害者自首，一是别人告诉官员。加害者为了证明自己的清白无辜，与十二个证明者一起宣誓。如果不属清白，加害者按杀人罪处理；如果能够证明清白，则进行赔偿。赔偿有两种：一是受害者死亡的人命赔偿，一是受害者受伤的损害赔偿；还有接受赔偿的对象有两种情况：一种是给原告者与调停者各二分之一的赔偿，另一种是在没有调停者的情况下，赔偿都给原告者。没有调停者的情况说明，加害者与原告者双方通过和解化解案件；如果有人告诉官员加害者说谎，则对他处以死刑或按杀人诉讼处理。其程序梳理如下：

吐蕃的赔偿制度很完整、详细。赔偿额从 1 万两到 200 两分九个等级。加害者分四个等级，即从大尚论到颇罗弥、银字告身到铜字告身、大藏到平民、下级平民与蛮族。从赔款额看，大尚论到铜字告身与平民有很大的区别。还有，因为下级平民与蛮族的赔偿里没有奴户、财货与家畜，所以可以说明他们是没有个人财产的奴隶阶层的人。

很有意思的是，大尚论过失杀蛮族人也要赔偿，这是很具有近代意义的思想。

三、结 论

通过考察 P. t. 1071 文书里的赔偿制度与诉讼程序，我们不难发现，具有非常完整的赔款制度是吐蕃法律的特色之一。

仁井田隆认为损害赔偿制度的发展在各民族大体一致，其起源于报仇思想。但是，中国的刑法很早就开始实行实刑主义，就是用实际刑罚处理案件，因此刑法里没有赔偿规定。而与之相反的是，北方民族具有坚持赔偿的特色。①

王忠指出："《吐蕃王朝世系明鉴》言吐蕃的政治法律取法北方的突厥（yu-ger），当为可信事实。"② 他认为吐蕃与突厥的共同点是"伤人者依伤的轻重科罪，正可于突厥法斗伤人及斗折肢体诸法中求之"③。他的见解有的地方是正确的。但是我认为，吐蕃法律与突厥法律最大的共同点，在于对受害者实行的赔偿制度。徐晓光认为，在 P. t. 1071 文书中发现四个原则：一、赔命价只适用于过失情况下，对故意杀人则不适用。二、致害人与受害人身份彼此相近时，以赔命价的方式解决。三、致害人身份高于受害人时以赔命价了结。若致害人身份明显低于受害人时，则不论受害人是否死亡，致害人一律处以死刑，还要株连子孙，抄没家产。四、致害者和受害者的身份高低不同，命价的数目相差悬殊，从一万两到十万两不等。④ 蔡鸿生认为吐蕃的刑罚有四类，其中有罚款及赔偿；数量多少，视犯罪轻重而定；赔偿手段包括财物、马及妇女。⑤

以上述观点来看 P. t. 1071 文书，其主要内容就是赔偿，所以吐蕃法律具有北方游牧民族的特色。

冈崎精郎说："党项族有人命赔偿制度。例如杀人案件，和断官裁断以后，加害者以'命价钱'赔偿给受害者。"⑥ 12 世纪确立的西夏法典"斗殴"中的"无意死人命价"条，云"无意失误伤死人的赔款和殴打争斗门中的相杀赔款相同"，"遮

---

① 仁井田隆："东亚刑法的发展过程与赔偿制"，《中国法制史》，岩波书店，1963 年（增订版），第 91—103 页。

② 王忠：《新唐书吐蕃传笺证》，科学出版社 1958 年版，第 32 页。

③ 王忠：《新唐书吐蕃传笺证》，科学出版社 1958 年版，第 11 页。

④ 徐晓光：《藏族法制史研究》，法律出版社 200 年版，第 89 页。

⑤ 蔡鸿生：《唐代九姓胡与突厥文化》，中华书局 1998 年版，第 101 页。

⑥ 冈崎精郎：《党项古代史研究》，东洋史研究会 1972 年版，第 342 页。

障重物投掷人死”条里说“将射向飞禽野兽的箭错射中别人，……官人罚马一，庶民杖十三”①。可知党项与西夏的法律都有人命赔款的规定。②

《蒙古瓦剌法典》第43条为“误将人当作野兽而犯的杀人罪，六根、指丧失”，如果误将人当作野兽而错杀，则承担一半惩罚。③ 对此岛田正郎认为杀人赔偿有按照年龄、地位、身份等的区别。④ 这种赔款处理的精神在党项与西夏是共同的，可见赔偿制度是北方游牧民族的一种特色。

但是吐蕃法律还有过失杀人和故意杀人的区别。P. t. 1071 里说“推翻清白，则视同杀人案件处理”，“（加害者）承认说谎，则按杀人诉讼处理”，表明吐蕃还有关于故意杀人的法律。

我们知道唐律也有这种区别。唐律有关故意杀人的规定在《贼盗律》，过失杀人的规定在《斗讼律》，而且“过失杀伤人”条云“诸过失杀伤人者，各依其状以赎论”，在对过失杀伤人的解释中则包含了“因击禽兽以致杀伤之属”。

比较唐律规定和 P. t. 1071 文书的内容，可知它们有共同点，如区分故意杀人和过失杀人，过失杀人中包括射野兽的箭错射中别人。但是也有不同之处。唐朝没有赔偿制度，因为唐朝已进入实刑主义时代。所以《唐律疏议》卷17“亲属为人杀私和”条说：“诸祖父母、父母及夫为人所杀，私和者流二千里；期亲，徒二年半；大功以下，递减一等。受财重者，各准盗论。”这说明唐律禁止受害者与加害者通过赔款随意解决案件。

我认为，吐蕃法律的影响来源是多元的，赔款制度是北方游牧民族共同思想的发展，文章结构则显现唐朝律文的影响。

由此看来，吐蕃法律不是像《旧唐书》、《新唐书》中《吐蕃传》所载，是幼稚的法律。事实上吐蕃帝国已经有了一种很完整、水平也很高的法律。我们应当认为，敦煌发现的这些吐蕃法律文书，在研究东亚法律发展史上是很重要的基础资料。

---

① 岛田正郎：《西夏法典初探》，创文社 aoo3 年版，第 374 页。

② 冈崎精郎：《党项古代史研究》，东洋史研究会 1972 年版，第 342 页。

③ 田山茂：《蒙古法典研究》，学振刊 1967 年，第 159 页。

④ 岛田正郎：《北方欧亚大陆法系研究》，创文社 1981 年版，第 226 页。

试析吐蕃赔偿命价标准法

次仁潘多*

根据史料记载松赞干布统一了吐蕃，并创立了文字。有了文字以后也就出现了吐蕃历史上的第一部成文法即在松赞干布时期颁布的《以万当十万之法》、《十万金顶具鹿法》、《王朝准则法》、《扼要决断法》、《权威判决法》和《内库家法》等。其内容上包括行政区域的划分及地方势力范围，度量衡标准法，道德法等。他对当时吐蕃统治起到十分重要的作用。松赞干布去世后，因王子贡松贡赞死于父亲松赞干布之前，故孙子芒松芒赞继位成为赞普。芒松芒赞执政五年，其间吐蕃政治强盛、社会稳定，但是这期间没有颁布新的法律法规。芒松芒赞去世后他的儿子都松芒波杰为赞普。都松芒波杰去世后他的儿子赤德祖赞为赞普。在这几位赞普执政期间，继承和发扬了父辈的执政方式，继续壮大和发展吐蕃。但是在这段历史阶段并没有发现相关立法方面的资料。赤德祖赞去世后，他的儿子赤松德赞为赞普。赤松德赞是悉补野王统中政绩崇巍的一位赞普，政教权势显赫，为吐蕃的繁荣富强做出了突出贡献，被尊为“祖孙三大法王”之一。① 不在赤松德赞时期制定的法律，其内容包括医疗标准、命价赔偿标准、婚姻离异赔偿标准等。② 本文主要是对《赔偿命价标准法》进行探讨和分析。

---

* ［作者简介］次仁潘多，讲师，西藏日喀则人，西藏大学公共教学部法学系。

① 恰白·次旦平措、诺章·吴坚：《西藏通史·松石宝串》，西藏古籍出版社1989年版，第136页。

② 恰白·次旦平措、诺章·吴坚：《西藏通史·松石宝串》，西藏古籍出版社1989年版，第139页。

一、狩猎伤人赔偿律[①]

（一）狩猎伤人赔偿律——狩猎伤人的有关赔偿规定

1. 根据行为人和受害人的身份确立赔偿命价的标准

关于打猎时因过失行为而导致对方伤害的赔偿标准表：行为人的身份	受害人的身份	受害程度	赔偿方式	备注
大论、大囊论、赞普舅氏任平章政事之职者	大论、大囊论、赞普舅氏任平章政事之职者	受害人死亡	赔偿（银）一万两	行为人和受害人地位相同
		未身亡	赔偿（银）五千两	
银告身以下，铜告身以上	大论、大囊论、赞普舅氏任平章政事之职者	受害人死亡	行为者处死。并赔偿全部奴户、库物、牲畜归受害人	行为人比受害人地位低
		未身亡	赔偿（银）五千两	
大藏以下，平民百姓以上	大论、大囊论、赞普舅氏任平章政事之职者	受害人无论身亡与否	将行为人及他的子孙一并处死，全部奴户、库物、牲畜归受害人	行为人比受害人地位低
银告身及以下，铜告身及以上	喻石告身大尚论及相同命价者	受害人身亡	将行为人处死，并奴户、库物、牲畜的一半归受害人所有	行为人比受害人地位低，其惩罚方式有比较大的区别
		未身亡	赔偿三千两	
大藏以下，平民百姓以上	喻石告身大尚论及相同命价者	受害人身亡	将行为人处死，并奴户、库物、牲畜、妻室归受害人所有	行为人比受害人地位低
		未身亡	将行为人处死，并奴户、库物、牲畜的一半归受害人所有	
金告身尚论本人及同命价人	金告身尚论本人及同命价人	受害人身亡	赔偿命价五千两	行为人和受害人地位相同
		未身亡	赔偿二千五百两	

① P. T. 1071，载索南次仁：《藏族历代法典》，北京民族出版社 2004 年版。王尧、陈践：《教煌吐蕃文献选编》，民族出版社 1982 年版．第 39 页。

续表

大藏以下，平民百姓以上	金告身尚论本人及同命价人	受害人身亡	行为人处死，其子媳赶走，奴户、库物、牲畜归被害人所有	行为人比受害人地位低
		未身亡	行为人处死，库物、牲畜归被害人所有	
皮罗弥告身尚论本人及同命价人	皮罗弥告身尚论本人及同命价人	受害人身亡	赔偿四千两	行为人和受害人地位相同
		未身亡	赔偿一千两	
大藏以下，平民百姓以上	罗弥告身尚论本人及同命价人	受害人身亡	行为人处死，其子女妻室赶走，奴户、库物、牲畜归被害人所有	行为人比受害人地位低
		未身亡	行为人处死，库物、牲畜归被害人所有	
银告身尚论本人及同命价人	银告身尚论本人及同命价人	受害人身亡	赔偿三千两归受害人所有	行为人和受害人地位相同
		未身亡	赔偿一千五百两归受害人所有	
大藏以下，平民百姓以上	银告身尚论本人及同命价人	受害人身亡	行为人处死，奴户一半，库物一半，牲畜一半归受害人所有	行为人和受害人地位不相同
		未身亡	奴户一半，库物一半，牲畜一半归受害人所有	
铜告身尚论本人及同命价人，大尚论及其命价相同者以下，红铜告身尚论本人及同命价人	铜告身尚论本人及同命价人	受害人身亡	赔偿二千两归受害人所有	行为人和受害人地位相同
		未身亡	赔偿一千两归受害人所有	
大藏以下，平民百姓以上	铜告身尚论本人及同命价人	受害人身亡	行为人处死，奴户一半，牲畜一半，全部库物归受害人所有	行为人比受害人地位低
		未身亡	奴户一半，牲畜一半，全部库物归受害人所有	

续表

红铜告身尚论本人及同命价人，大尚论及其命价相同者以下，红铜告身尚论本人及同命价人	红铜告身及其命价相同者	受害人身亡	赔偿一千两归受害人所有	行为人与受害人的地位相同
		未身亡	赔偿五百两归受害人所有	
大藏以下，平民百姓以上	红铜告身及其命价相同者	受害人身亡	行为人处死，奴户一半，库物一半，牲畜一半归受害人所有	行为人比受害人地位低
		未身亡	奴户一半，库物一半，牲畜一半归受害人所有	
大尚论及其命价相同者以下，红铜告身及其命价相同者	大藏和与之命价相同之人	受害人身亡	赔偿三百两归受害人所有	行为人比受害人地位高
		未身亡	赔偿一百五两归受害人所有	
大藏和与之命价相同之人	大藏和与之命价相同之人	受害人身亡	赔偿一百五两归受害人所有	行为人与受害人的地位相同
		未身亡	赔偿三十两归受害人所有	
庸和蛮、囚徒	大藏和王室民户与所有武士及与之命价相同之人	受害人身亡	赔偿一百五两归受害人所有	行为人比受害人地位低
		未身亡	赔偿三十两归受害人所有	
尚论铜告身者以下和与之命价相同之人	王室民户一切庸及尚论和百姓之耕奴、蛮掉、囚徒等	受害人身亡	赔偿二百两归受害人所有	行为人比受害人地位低
		未身亡	赔偿一百两归受害人所有	
大藏以下，一切武士及与之命价相同之人	王室民户一切庸及尚论和百姓之耕奴、蛮掉、囚徒等	受害人身亡	赔偿一百两归受害人所有	行为人与受害人的地位差不多
		未身亡	赔偿二十两归受害人所有	
王室民户一切庸及尚论和百姓之耕奴、蛮掉、囚徒等	王室民户一切庸及尚论和百姓之耕奴、蛮掉、囚徒等	受害人身亡	赔偿五十两归受害人所有	行为人与受害人的地位相同
		未身亡	赔偿十两归受害人所有	

在赔偿中，行为人与受害人身份相同时，赔偿一般是金钱，而行为人与受害人的身份与告身不同，其赔偿的标准有较大的区别，其中，行为人是身份相对高的，受害人身份低时，如果受害人死亡，其赔偿主要是金钱，而相反行为人的身份低于

受害人，同样受害人死亡的结果时，行为人一般为处死。从中明显地看到不同等级的不同待遇。同时在该法中规定，几个人一起去狩猎，其中一人射中另一个人时，必须商定以后射箭人向中箭人给一定的赔偿，如果中箭人没有身亡，付给一只羊作为医药、食品费用。

2. 取证方式及对证据制度的分析

因射箭而导致他人受伤害，不论他们的身份是相同命价还是身份等级不同，“无论丧命与否，放箭人发誓非因夹仇而有意射杀，可由12名公正且与双方无利害关系的担保，连同事主本人共13人，共同起誓”。这种取证和运用证据的方式符合古代审视证据制度。[①] 审视证据制度是奴隶社会时期典型的证据制度，但是为了确定案件的本质即故意杀人或伤害人与过失行为导致了对方身亡或伤害的后果，包括行为人在内13人共同起誓。从担保形式来看，远远超出了审视证据范围。“伤人后，若抵赖，谓‘非我所射之箭’，中箭人无论身亡与否，均按《对仇敌之律例》[②]处死”。我们看到的行为人和担保人共同起誓，是针对案件的定性问题，即是属于故意还是过失，但是案件本身是否行为人实施的，这一方面的证据未表现出来，

同时无论行为人是抵赖还是真的没有实施该行为，在客观上导致了一人伤害的后果时，这种行为是否行为人实施的，也是很难辨别清楚的。从这个意义上讲，只要涉嫌伤害他人，都必须承认。这就表明吐蕃证据制度上同样萌芽着法定证据制度。[③]

3. 赔偿命价的执行

从上述的表中能看到，赔偿命价由于行为人和受害人的身份不同而其执行的内容有较大的区别。如：射箭人是大藏以下，平民百姓以上者，中箭人是大论、大囊论、赞普舅氏任平章政事之职者，受害人无论身亡与否，赔偿方式是将行为人及他的子孙一并处死，全部奴户、库物、牲畜归受害人。又如：射箭人是大尚论及其命价相同者以下，红铜告身及其命价相同者，中箭人是大藏以下，平民百姓以上者，受害人身亡，赔偿三百两归受害人所有，受害人未身亡，赔偿一百五十两归受害人所有。但在该法中并没有规定中箭是大藏以下，平民百姓以上者，而射箭者是大尚论以上等级的人以及对其行为的赔偿标准。另外，从银告身尚论本人及同命价者及以下，在执行上做了另外的规定，赔偿金“若缺一两，虽是好人也须依法处死。”这样的规定表现出该法的严格执行，但是该规定只有从银告身尚论本人及同命价者

① 神示证据制度的概念。

② 《对仇敌之律例》是按当时社会的不成文法，因报酬而杀人者不问，而且，社会上认为是某种正义行为，所以，不予治罪．反之，若无故杀人，或杀人后抵赖则应抵命。王尧、陈践：《教煌吐蕃文献选编》民族出版社1982年版，第39页。

③ 法定证据制度的概念。

及以下者才有规定，对银告身尚论本人及同命价以上者同样没有作出此规定。从中可以看到，在吐蕃时期的法律，是维护当时统治者的等级制度，赔偿命价主要是约束等级相对低下的人。

（二）狩猎伤人赔偿律——陷于牦牛身下，视其相互救援与处理之法

1. 陷于牦牛身下者与视其救援者的身份不同，其惩罚不同

陷于牦牛身下者身份	视其救援者的身份	陷于牦牛身下者的伤害后果	见死不救者的惩罚	英勇救出者的奖赏
大论以下，大尚以上赔偿相同	大论以下，大尚以上赔偿相同	伤害致死	罚银五百两	有女儿赏女儿，无女儿赏妹，无女无妹则给银二百两
		伤害致伤	罚银二百五十两	
大尚论，及与大尚论赔偿相同之人以下，有皮罗弥告身及命价相同者	银告身及同命价以下之人，铜告身及同命价以上之人	伤害致死	罚银五百两，由于懦夫行为罚挂狐皮	有女儿赏女儿，无女儿赏妹，无女无妹则给银一百五十两
		伤害致伤	由于懦夫行为罚挂狐皮	
尚论银告身者和与之命价相同之人以下，红铜告身者和与之命价相同之人以上	尚论银告身者和与之命价相同之人以下，红铜告身者和与之命价相同之人以上	伤害致死	银三百两	己女作为礼物相酬，无女则以妹酬，无女无妹，则须婚一百两
		伤害致伤	银一百五十两	
铜红告身以上，其本人及之命价相同之人	大藏以下，平民百姓以上	伤害致死	挂狐皮，将以懦夫处死，女、妻室与库物、牲畜、奴户交与其父，无父其女、妻室与库物、牲畜交与近亲兄弟，奴户自愿选择主人	救出奖五十两
尚论陷于牦牛之下	大藏以下，平民百姓以上	伤害致死	挂狐皮，不让濡夫居家中，逐出。库物、牲畜归死者.若播夫之子成家，其奴户归子，无子归父，无子无父，让奴户自愿选主	救出奖五十两

续表

大藏以下，平民百姓以上	铜红告身以上，其本人及之命价相同之人	伤害致死	罚一百两	救出以其女酬谢，无女则给其妹，无女妹，给二十两银
		伤害致伤	罚五十两	
歹徒	大藏以下，平民百姓以上	伤害致死	以懦夫挂狐皮，库物、牲畜给死者，濡夫与未成年子女一齐赶出家门。如子成家，奴户归子，无成家子，归父。无子无父，奴户自愿选主。	救出以其女酬谢或给其妹或给十五两银
		伤害致伤	以懦夫挂狐皮，罚一匹马	
歹徒或大藏以下，平民百姓以上	歹徒或大藏以下，平民百姓以上	伤害致死	以懦夫挂狐皮，罚一匹马	出以其女酬谢，无女则给其妹，无女妹，或对方不要，则给马一匹
		伤害致伤	以懦夫挂狐皮	
一贱人	良民	伤害致死	以懦夫挂狐皮，罚一匹马	出以其女酬谢，无女则给其妹，无女妹，或对方不要，则婚十两银
		伤害致伤	罚一匹马	

以上是一人陷于牦牛之下，另一个人应当积极地营救被陷于牦牛之下的人，如果发现他人陷于牦牛之下，而不伸出援助之手，即对见死不救者根据他的不同身价向对方赔偿，及被救者向另一方给一定的奖励的规定。同时，在生活中也有可能出现被陷于耗牛之下的人和去救他的人都会死去或受伤的情况，对此该法又作了相应的规定。一人陷于牦牛之下，另一人去救他，结果去救者和被救者都死亡。在断定谁是去救者，谁是被救者，应从时间上断定，先陷于牦牛之下的人应确认为是被救者。双方死亡后，被救者家庭，应向救者家庭给予一定的酬答。“在给救人者送葬时，要照顾连绵，给以优厚物品”。[①] 如果被救者因为去救者的行为，从牦牛的身下救出，而去救者被牦牛伤害致死，被救未死者“在给救人者送葬时，被救人要酬以自己身价相当的银两，若救人者被牦牛伤而未死，则以一定数量之银两酬之”。[②] 另外，一人陷于牦牛身下，另一人想尽办法把牦牛引开或驱打逐走，但是陷于牦牛身下者未能救出且死亡，这时对救人者不被因未能救出而惩罚，因为他尽力了。以上

① 王尧、陈践：《敦煌吐蕃文献选编》，民族出版社1982年版，第31页。

② 王尧、陈践：《敦煌吐蕃文献选编》，民族出版社1982年版，第31页。

是陷于牦牛身下的人和救人者都为单个人时所运用的赔偿方法。但是在实践中也有可能出现，一人陷于牦牛身下，被多数人救出，多数人按法律规定同样得到奖赏，获得的奖赏应以救人的人数平分。在上面所说的牦牛群是指公牦牛，对陷于母牦牛下的赔偿有不同的规定。一人陷于母牦牛身下，尚论红铜告身以上，见而未救，罚一匹马，给陷于母牦牛身下的人，若去救而陷于牦牛身下的人脱险，赏一匹马。陷于母牦牛身下和去救的人是大藏以下，平民以上的，不救者罚马一匹，若去救而陷于牦牛身下的人脱险，赏一匹马。如果陷于母牦牛之下的是红铜告身以下，大藏以上，见死不救者是大藏以下，平民以上，应挂狐皮以示重罚。若从母牦牛身下救出，赏一头奶牛。尚论以下，平民以上人陷于公、母牦牛身下，众人看到而不救，其惩罚是对最靠近的一人，以懦夫挂狐皮以示惩罚，其余的人按规定罚金。所以一人陷于公牦牛和母牦牛的赔偿数量上有一定的区别，但是两者的共同点是由于身份、告身不同而赔偿也有所不同。

2. 对于该法的定性的分析

一人陷于牦牛之下，而另一人见死不救的惩罚，从严格意义上讲，是一种道德领域调整的范围。因为一个人受到法律的惩罚，是对他人造成危害结果与行为人的主观意识是有关联的，最起码主观上是过失的行为。一人陷于牦牛之下，另一人见死不救从上述法律来讲是违法的。其惩罚的方式有罚金、罚物、驱逐、死刑和挂狐皮以示懦夫，以上刑罚有时也一案并用，在对见死不救者给予相应处罚的同时，对英勇抢救者同样给予相应的奖励。从中可以看出当时是十分强调和提倡社会的正义感。

3. 妇女地位低下

我们从上述的表格中可以看到，对于英勇抢救者给予一定的奖赏。从奖赏的表格中看到“救出以其女酬谢，无女则给其妹，无女妹，或对方不要，则给马一匹”，“救出以其女酬谢，无女则给其妹，无女妹，或对方不要，则赠十两银。”从这两例来看，妇女与一匹马或十两银等价，视其为赠品，根本谈不上其人格。另外，从见死不救的惩罚中看“挂狐皮，将以懦夫处死，女、妻室与库物、牲畜、奴户交与其父，无父其女、妻室与库物、牲畜交与近亲兄弟，奴户自愿选择主人。”“以懦夫挂狐皮，库物、牲畜给死者，懦夫与未成年子女一齐赶出家门。如子成家，奴户归子，无成家子，归父。无子无父，奴户自愿选主。”从这两例中可以看到，直接继承人是父、子，如果无父子其兄弟有继承权，妇女无权继承家业。

（三）狩猎伤人赔偿律——获野兽应分得之标准

1. 数人对一个猎物中箭后分配方式的规定

在该法中，在狩猎中，由于几个人一起狩猎，对猎物的分配上发生纠纷，解决的方式上制定了相应的法律，如猎物的大小及实际射箭的先后次序规定了获得猎物身体部位的部分肉或皮、血等的分配方式方法。具体讲，一头牦牛（一般指公牛）以射六箭为计算，头一箭射中者得牦牛的右侧下部肉、右边的牛皮、全部肋骨、尾巴、心脏、胸脯、舌、一半血和筋胳。第二中箭者可得左侧下部肉及皮、一半牛血、内腑、膀胱和四肢筋。第三箭中者的右侧上部肉。第四箭中者的左侧上部肉。第五箭射中者得后肢，第六箭射中者得前肢。

一头母牦牛以三箭为计算。头一箭射中者得左侧下肢肉一柞，弧形割下。右边的牛皮、尾巴、心脏、胸脯、舌、一半血、肛门和筋胳。第二箭射中者可得左侧下部肉及皮、一半牛血、内腑、膀肤、脊椎下部位肉和四肢筋。第三箭射中者得颈部骨头和四蹄。麝和野驴以下，羚羊以上，以两箭为计算。头箭射中者得皮、心脏、胸脯、舌、一半血和筋胳等。第二箭射中者得颈部皮子、大肠、内腔的膀胱、肝、一半血和脊梁肉等，以上规定详细又具体，规定了打猎过程中发生纠纷的解决方式，这样避免了因为共同捕杀猎物而引起的纠纷。

2. 野兽被中箭，是谁射的箭，其判断的依据作了规定

在前面我们知道由于射的箭及箭的先后次序不同而获得猎物的肉不同。那么如何区分也成为关键的问题。该法规定，谁的箭射中了，从动物身上能够看到，射箭者按先后次序分配。该法规定，在区分时不能以手中握箭为依据，必须以射中及先后次序为依据。为了避免有人偷箭，而说成是自己的，又作了射中的箭不能偷窃，如果发现一人偷箭，应偷一箭罚两箭的规定。当然，如果箭从地上拾的就不算偷，知道箭的主人后还给失主即可。

3. 故意放走围起来的野兽的处罚

对故意放走已围起来的野兽，根据野兽的大小和种类不同，对放走野兽者直接使用的刑罚即肉刑也有所不同（见下表）。

猎物名	公牦牛	母牦牛	野驴	岩羊、盘羊、藏羚羊	黄羊
行为人惩罚	笞四十板	笞二十板	笞十四板	笞八板	笞六板

如果放走猎物的是管理猎物的首领，对其同样按上述数量来惩罚。如果偷走猎物，在城堡中禁闭一年。趁他人打猎时偷肉，偷一罚二。对明知自己偷的或赃物等证据充分还抵赖者罚30倍。对发现并告发实施盗窃猎物肉行为者，奖一匹坐骑。土工偷窃村民的饭食，挖去其双眼。每个人看到外来的仇人必报。报外仇或抓住外仇，奖一匹坐骑。

从上述的陈述我们可以了解到，当时的法律十分具体，可操作性强。根据当时

民众中发生的纠纷，制定了比较详细的法律条文，甚至对一猎物的身上各部件的分配方式都做了一一规定。射箭的先后次序作为分配猎物的依据，同样对次序确定及取证作了明细规定。对故意放走已围起来的猎物，做出了不同的惩罚措施，这说明当时狩猎是比较艰难的，放走就损害了他人的利益。

4. 法律分析

吐蕃《狩猎伤人赔偿律》是一种刑民一体、实体与程序没有划分的法律，同时也是把道德和法律为一体，把道德的内容用法律的方式规范人们行为的一种规范性法律文件。从该条款的分析，当时赔偿方式有物、金钱、动物（马或牛）。在奖赏中除了以上外还有妇女。这些内容从现在的法律来分析，主要属于民事调整的范围，当然除给付妇女外。对违法者的惩罚来看除了上述民事部分外，有驱逐、笞板、挖眼、徒刑、和死刑等刑罚。从证据的运用上，主要是具备了神示证据制度的特点，也可以看得出法定证据制度的萌芽。从上述特点看出，吐蕃法律是属于诸法合体，法律制度不够完善，但是从当时的历史来分析，无疑对解决纠纷及维护统治阶级的利益起到了积极的作用。

二、纵犬伤人赔偿律①

该法是关于一人纵犬使他人受到伤害或死亡，或由于纵犬使他人的马或牦牛惊吓而从马或牦牛身上掉下导致伤害后的赔偿措施。根据该法的规定，一人放狗咬死他人或放狗惊吓了马或牦牛使上面的人坠下导致死亡结果，对其放狗者相应的惩罚。如果放狗者是银告身一下，铜告身以上之人或与其命价相同者，而导致死亡或受伤的是尚论波罗弥告身者本人及以上或者其命价相同者一人，对放狗者的惩罚是：

（一）受害人死亡

其处罚是，放狗者处死，但是对财产的赔偿上由于放狗者在家庭中的身份不同而分了4种不同形式。一种是，如果放狗者是已婚并另立门户的男子，其财产方面的惩罚是：其妻女赶走，全部财产、牲畜赔偿死者一方，奴户留给其另立门户之子。如无另立门户之子，交其父，无父，奴户自愿选主。二种是，未另立门户的之子是放狗者，将其父子共同财产、牲畜分开，属于他的部分全部赔与死者一方。三种是有夫之妇是放狗者，将当初从娘家带来的陪嫁物，全部赔与死者一方。四种是，未

① P. T. 1073，索南次仁：《藏族历代法典》，北京民族出版社2004年版。王尧、陈践：《敦煌吐蕃文献选编》，民族出版社1982年版，第39页。

婚之女是放狗者，将其全部佣奴、牲畜赔与死者。

（二）受害人受伤未死

其处罚是，将放狗者单身赶走，财产、牲畜的1/4赔与受伤者。如果放狗者是妇女，将其逐出，将其财产、牲畜一半赔与伤者。根据该法规定，由于放狗而导致死亡或受伤的仍然是尚论波罗弥告身者本人及以上或者其命价相同者一人，但是放狗者的身份是大藏以下，平民以上的人，其惩罚是放狗者罪孽，其成年以上男子杀绝，成年以上女子逐出，财产、牲畜赔与死者。以上是放狗人和受害人因其身份不同而采取的不同惩罚。该法规定，男子放狗咬人致伤惩罚从严，罚一匹骏马，并根据伤情赔偿相应医药费用。女子放狗咬人致伤，罚一匹母马，并根据伤情赔偿相应医药费用。笔者认为这一部分规定可能是对放狗和受害人命价相同，而且其结果只是受害人受到人身伤害而没有导致死亡结果的处罚方法。放狗伤害他人中，男子居多，故规定对男子以严惩。

（三）法律分析

该法是一种利用放狗的方式伤害他人的一种处罚方式，具有较强的可操作性。从惩罚的实施来看，很明显地看出维护当时的等级制度，而且对男女实施的同样一种行为，惩罚上也有相应的区别。

三、盗窃赔偿律①

在该法中，对实施盗窃行为者根据盗窃的数量、盗窃中分主、从犯的不同惩罚及入户盗窃的相应惩罚规定。

（一）从数量上区分

有三两（黄金）以上之实物；二两七雪二南姆（黄金）以下，二两以上实物的规定；二两七雪二南姆（黄金）以下，一南姆以上之实物，盗窃实物的数量不同其惩罚也就有差别。如果盗窃的是青稞，把青稞按当时的价钱划价成两数、雪数（黄金），依盗窃财物的方法进行惩罚。

---

① P. T. 1073，索南次仁：《藏族历代法典》，北京民族出版社2004年版。王尧、陈践：《敦煌吐蕃文献选编》，民族出版社1982年版，第39页。

（二）对主犯、从犯及其他的不同处罚

对盗窃从数量达到三两（黄金）以上之实物的盗窃者，主犯处死、从犯驱逐至近邻，其余的一般盗窃者分别赔偿。当然主从犯是现在的法律术语，当时对相当于主犯的以首要之称，从犯为次要者，还有其他参与者。他们在整个盗窃活动中所起的作用不同，其惩罚也作了区别。又如，一个人盗窃二两七雪二南姆（黄金）以下，二两以上实物，其盗窃者处死。而两个人盗窃二两七雪二南姆（黄金）以下，二两以上实物者，两人分别赔偿其实物。而盗窃的数量是二两七雪二南姆（黄金）以下，一南姆以上之实物将其实物退还给物主即可。

（三）入户盗窃及其他内容

入户盗窃未遂，在被抓到或被发现时已盗的财物来计算。两人以上共同盗窃，盗窃数量为二两以上（划价为黄金），主犯（首犯）驱往远方，其余人要赔偿相应的财物。在抓到或发现时，只盗到二两以下的财物，按盗窃半两进行惩罚。对于盗窃旅客住的地方、帐篷或狗窝、山顶小库房，均不以入户盗窃论处。其惩罚折成马匹，按盗窃马匹头数计算，并相应给予处死或驱逐和赔偿。如果盗窃佛像，按佛像价值折成两数、雪数（黄金），依入户盗窃计算。

（四）从他人身上盗窃

对于盗窃赞蒙、夫人、小姐、女主人之财物，和尚论以下，百姓以上之财物被盗，对行窃者的惩罚是戴上颈枷，上面盖上印加封，责其大板，罚劳役修城堡一个月。如果劳役未满死去，由其长子戴上颈枷代服劳役一个月。笔者认为上面的规定应当是从他人身上盗窃的相应规定。尽管在该法中没有明确说明是从他人身上盗窃相应惩罚，但是前面人户和可以不算为人户的一般内容已经作了规定。

（五）法律分析

该法尽管不够完善，其惩罚上也有许多不足之处。但是其犯罪的主体上以区别了主犯和从犯，从犯罪地点来讲，分了人户盗窃和其他形式的盗窃。其惩罚来看有还给物主、赔偿、驱逐、劳役、死刑等。当然，向对实施盗窃者罚劳役修城堡一个月，如果劳役未满死去，由其长子戴上颈枷代服劳役一个月，这种规定不符合法律应当惩罚实施犯罪人，对他的一种惩戒的要求。

四、吐蕃赔偿命的法律特征

从以上法律规定中我们可以分析一下问题。“在松赞干布时期，藏族社会基本上是奴隶社会，但是也有封建经济关系的萌芽”,[①] 到了赤松德赞时，这种封建经济关系更加明显。第一，吐蕃在赔偿命价中，具有严格的等级及身份的规定，不同阶层在运用赔偿命价中命价的标准有了较大的区别。第二，在吐蕃时期，刑罚的使用比较规范。刑罚的种类有死刑、肉刑（笞板、挖眼）、驱逐、有期徒刑和劳役。这些与同时代的其他地方的法律基本相类似外还有具有吐蕃特色的刑罚是懦夫行为罚挂狐皮，向公众表示其懦夫以此惩罚懦夫，要求和提倡臣民要见义勇为。第三，妇女地位极其低下，表现在承担民事责任方式中除了以实物、马匹赔偿和划价为黄金来赔偿外，还有以妇女来赔偿或奖赏。第四，从证据的使用和取证方式来看奴隶社会时期的神示证据制度和封建时期的法定证据制度并存，如：证人共同向神宣誓其作证的内容为事实的神示证据的内容和口供之上的法定证据制度。第五，赔偿命价的三大法律《狩猎伤人赔偿律》、《纵犬伤人赔偿律》、《盗窃赔偿律》各自内容十分具体，可操作性强，也能反映出当时社会中存在的主要纠纷及解决的措施，可以看出这三大法律对当时的吐蕃社会解决各种纠纷上起到积极的作用。

---

① 东嘎．洛桑赤列著：《论西藏政教合一制度》，陈庆英译，中国藏学出版社 2001 年版，第 8 页。

浅析吐蕃王朝法律的效力渊源

黎同柏*

关于法律的渊源，法学界有多种解释，我国学者大多是从法的存在形式角度来界定的。如我国一部通行的行政法学教材就认为："本书主要采第一说：法存在形式说，即将法源界定为各法律部门法律规范的载体形式。"① 从这个意义上说，吐蕃王朝的法律渊源是丰富多样的，既出现了很多成文法的形式，其他非成文法的形式也大量存在。然而，我们在这里讨论吐蕃法律的渊源，意在探讨吐蕃王朝时期刚刚形成的社会法律规范的效力来源或者形成动因。也就是说，以上提到的这些形式的法律是基于何种途径产生出来的？它为什么能够作为具有法律效力的规范加以适用？分析这些问题，可以更好地认识吐蕃王朝的社会结构。所以，这里使用的法律渊源，是指它的"实质渊源，即法是根源于国家权力还是自然理性、神的意志、君主意志、人民意志抑或社会物质生活条件"②。为了避免引起概念上的争议，我们特在"渊源"一词前以"效力"加以限定。

一、赞普的权威

在吐蕃王朝时期，赞普的诏令是一种非常重要的法律形式，是指赞普根据管理的需要就有关重大问题而发布规范或做出承诺。赞普的诏令成为当时法律的重要效力渊源是顺理成章的事情：一则是因为在奴隶社会乃至随后的封建社会，各地的君王都是"家天下"，一国之主的权威使得他的诏令有一言九鼎的效力。各地的政权都是君王或者他们的先辈通过战争或其他暴力方式取得的，这样的政权似乎当然成为君王们的私有财产，他们在国家事务和社会生活中享有毋庸置疑的决定权。二则在当时社会的思想体系里，国家的一切权力皆出于他们这些作为天神之子的王权，

* ［作者简介］黎同柏，讲师，海南医学院人文社科部。

① 姜明安：《行政法与行政诉讼法》，北京：北京大学出版社 1999 年版，第 29 页。

② 张文显：《法理学》，北京：高等教育出版社 2007 年版，第 89 页。

君王们还被赋予了一层“神权”的光环，他们的命令理所当然被尊为至高无上的法律。在较早时期的中原地区，同样处于奴隶社会阶段的夏朝和商朝也都有大量君王的命令出现，当时被称为“誓”，也是这些政权时期法律的重要渊源。如：《尚书·甘誓》记载，夏朝的第一个君王启在平息叛乱时，就曾于甘地发布“誓”用以约束军队的全体官兵，成为中原地区较早的法律渊源。同样，商王汤在征讨夏桀时也曾发布了《汤誓》，都起到了最高法律规范的作用。

吐蕃王朝的社会形态，现在通行的说法是奴隶制。这种说法虽然有值得商榷的地方，但基本上反映了当时的社会状况。在当时的中原封建王朝，君主的话被奉为“圣旨”、“金口玉言”，有“一诺千金”之重。而在吐蕃王朝，这种情况尤甚。因为在刚刚进入阶级社会的吐蕃王朝，赞普作为吐蕃王朝的奴隶制君主身份自不待言，他作为天神之子（或说观世音菩萨的化身）的身份更加凸显和难以抗拒。所以，在整个吐蕃王朝社会，赞普就成为人、神二界之主，受天神委托来管理人民。天神是当时人们原始信仰和本教信仰的最高归宿和万能之主，所以赞普的诏令自然有着无与伦比的绝对权威，理所当然成为“天下”臣民必须遵行的最基本准则。事实上也正是如此，任何对赞普权威的忽视，都会招致可怕的后果。例如：德高望重的开国元勋娘·芒布杰尚囊，因为后藏贵族琼保·邦色苏孜的挑拨，没有听从调遣赴会，便遭到杀身之祸。①

二、王朝立法权力

王朝立法权力作为当时法律的主要效力渊源，是由法的本质决定的。我们知道，法是由国家制定和认可，并由国家强制力保证实施的社会规范，这就直接赋予了国家制定法律的效力。“在阶级社会中，国家是公共权力的最高形式，国家权力本身就是法的最直接的效力来源”，② 立法权力是国家最高权力的重要组成部分。从一定意义上说，政权立法和法的效力是相互依存的，其他形式法的渊源则是在此基础上衍生的。王朝立法的过程就是为吐蕃王朝社会制定社会规范的过程，这一过程即是在正式的为王朝“立范”，其本身就被先天赋予了由国家强制力保证实施的效力。在现代法律制度下，代表国家权力的立法同样是“各国最直接的法的渊源。无论古今，无论欧陆英美，都是如此”。③

吐蕃王朝的立法是吐蕃王朝中央权力机构，根据王朝管理的需要，按照王朝制

① 王尧、陈践译注：《敦煌本吐蕃历史文书》，北京：民族出版社1980年版，第140页。
② 孙国华主编：《中华法学大辞典·法理学卷》，北京：中国检察出版社1997年版，第63页。
③ 张文显：《法理学》，北京：高等教育出版社2003年版，第92页。

定法的规定，由特定机构或个人制定并正式颁布实施的成文法律。所以，王朝立法是当时最基本的效力渊源。事实上，吐蕃王朝的立法活动也并不是那么严格，似乎并没有什么专门的立法机构。从已有的资料来看，立法的主体主要有以下几个：有赞普直接立法的，如："（松赞干布）讲后遂即制定有法律。所订法律为《六类大法典》"，[①] 史籍中没有记载这次立法的具体时间，但从立法的内容上看，时间应在松赞干布建政之初，这样的时候赞普亲自参与立法也是比较可信的；也有大尚论立法的，如："及至兔年，…大论东赞'高尔地'，写定法律条文"，[②] 因为这次立法发生在公元655年，此时幼主新立，大权掌握在辅政大臣手中；还有王妃立法的，如："王妃没卢氏降秋之所谓小法律是：教导男人行男人礼节……"这次立法发生于赤松德赞时期，但女人参政，则是从赤都松赞时期就出现了，[③] 等等。以上都是个人立法的例子，还有集体立法的情况，如："又吞弥桑布札（原注：吞隆热噶瓦人），噶尔·东赞域宋（原注：堆隆让巴人），止塞汝恭顿（原注：止贡巴），聂·赤桑，（原注：娘舍瓦人）。和羊敦等地位相等之一百大臣，秉承王命，又制定十善法律如下：……"。[④]总之，掌握实权的奴隶主政权核心人物，都有立法的权力。

三、大尚论和主要官员的权力

大尚论和其他主要官员是吐蕃王朝政权事务的重要决策者和执行者，他们会围绕政权事务管理的需要，通过发布一些决策和命令，采取一些管理措施等方式来实现对各方面事务的有效管理。一些决策和命令虽然没有严格的程序限制，有些甚至没有正式的形式，但它们"所积累的经验和形成的规则，可以或应当提升为法律规范"，[⑤] 成为法的正式形式之一。所以，大尚论和主要官员的权力也是吐蕃王朝时期的重要法律渊源。事实上，在吐蕃王朝时期的人治环境下，那些大尚论的决策和命令有时并无须提升为法律规范，他们已经同其他法律形式一样，具有法律效力。

大尚论和主要官员的权力之所以成为吐蕃王朝法律的效力渊源，可以从以下几个方面来理解：其一，如前所述，赞普的权威是吐蕃王朝法律的重要效力渊源，而大尚论的决策和命令的效力则是以上效力的衍生品，它来源于王权的授予。大尚论

① 巴卧·祖拉陈哇原著，黄颢、周润年译注：《贤者喜宴——吐蕃史译注》，北京：中央民族大学出版社2010年版，第31页。

② 王尧、陈践译注：《敦煌本吐蕃历史文书（增订本）》，北京：民族出版社1992年版，第145页。

③ 巴卧·祖拉陈哇原著，黄颢、周润年译注：《贤者喜宴——吐蕃史译注》，北京：中央民族大学出版社2010年版，第200页。

④ 索南坚赞：《西藏王统记》，刘立千译注，拉萨：西藏人民出版社1985年。

⑤ 张文显：《法理学》，北京：高等教育出版社2003年版，第69页。

行使权力，他们代表的是君主的利益，即所谓“秉承王命”、治理天下，他们的管理行为也当然受到君王的支持。所以，这些决策和命令就有可能转化为正式的法律，受到王朝政权权力的保障；其二，这种效力来源于阶级社会的等级特权制度。吐蕃进入阶级社会以后，整个社会就从总体上划分为两大阵营。在统治阶级内部，又分为等级森严的不同等级，不同等级之间有着相差悬殊的特权，上级在下级面前有着绝对的权威，甚至有着生杀予夺的特权。而诸如此类的等级特权制度又是受到吐蕃王朝法律的保护的。所以，统治阶级上层，特别是大尚论的决策和命令就具有事实上的效力，并有可能转化为不同形式的法律，在一定范围内适用。

四、盟誓仪式的效力

盟誓仪式成为吐蕃王朝法律的效力渊源，可以从几个方面来理解：一是由于在盟誓过程中，吐蕃王朝政权既是盟誓的参与方，又是盟誓仪式的见证者，使这一过程的效力受到吐蕃王朝政权强制力的保障，有关各方必须保证盟誓誓词得以遵行。在当时，“盟誓成为君臣之间加强团结的重要方法，若与赞普有盟誓关系就有使臣的职位，既有盟誓关系又与赞普十分亲密者，权力愈显大”。[①] 二是在盟誓这一过程中，带有原始信仰中神明裁判的意义。在人类早期的社会生活中，特别是对于青藏高原这样的特殊地理环境下，藏族地区的原始信仰中普遍认为有神明的存在，神明裁判的效力是不可抗拒的，他不仅针对普通的民众，就连王朝政权一般也会屈从神明裁判的力量，使它有可能得到世俗社会法律的保障。

除了以上提到的原因，盟誓得到普遍遵行还有赖于它那庄严的仪式。首先，在盟誓仪式上，参与盟誓者往往通过宰杀牲畜的形式来盟誓，一则祭祀神明，二则表明决心，并冀望神明的鉴证和兑现，实现对背盟者的惩罚，从而维持一定的社会关系。此外，盟誓还有一系列庄重的过程，上文提到的韦・邦多日义策和赤松德赞普之间的盟誓，赞普盟誓后，双方高歌吟唱，尔后韦・邦多日义策“父兄子弟辈七人共同而盛大酬神谢天。盟誓时赞普手中所持圆形玉石由甲忱兰顿举起奉献，此白色圆玉即作为营建义策墓道基石”。[②] 所以，在藏族社会，盟誓的效力是不容置疑的，背盟者要遭到来自四个方面的惩罚：一是神明的惩罚。背盟行为被视为对神明的不尊，神明会以各种方式来惩罚背盟者。二是国家强制力的惩罚。由于王朝政权既是参与者又是见证者，这种惩罚主要是对于参与盟誓的另一方而言的。三是盟誓相对方的惩罚。主要是赞普或王朝政府，还有个人和群体。这种惩罚是现实的，也是极

① 端智嘉：《吐蕃时期的行政区划与官僚制度》，佐戈・卡尔译，《西北民族大学学报》，2005 年第 6 期。
② 王尧、陈践译注：《敦煌本吐蕃历史文书（增订本）》，北京：民族出版社 1992 年版，第 164 页。

为严重的。四是社会意识和舆论的惩罚。这种惩罚是无形的，但却不是或有或无的，它会使背信者无地自容。

五、宗教的权威

宗教是有神论者不同信仰、不同教别的一个总称。无论哪种宗教（邪教不能算是宗教），都无非是教人成为好人。寓教旨于人的行为实践及道德之中，向人的心灵深处启示道德意识，使人走上道德进程。宗教活动是人类特有的高级精神活动，在一定条件下，人类的精神需求甚至会远远超越对物质的需求，成为生活的第一需要。所以，一旦人们从内心深处产生了对于某一宗教的信仰，那么这种宗教信仰对于他的全部生活的影响将是无法抗拒的，无论古今都是这样。特别是当整个社会都产生了对于某一宗教的信仰，甚至世俗政权也在一定程度上参与其中时，这个社会中宗教的权威地位是可想而知的，这种宗教权威也极有可能产生法律一样的效力，或者更有甚者。宗教的广泛传播往往与世俗政权有着某种默契，宗教教规也有可能被统治者加以吸收和利用而成为法律。

西藏拥有世界上绝无仅有的地理环境，藏民族生活在高山峻岭之间。远古时代，在人与自然的力量对比中，藏族的先民们感到天地间有超乎人类的精灵存在，宗教观念遂得以产生。在佛教传入西藏之前，吐蕃先民已在原始宗教的基础上形成了较为严密、较为精致的苯教理论体系。“信仰宿命论，以‘因果论’来约束、指导、规范人在现世的行为习惯，并归结为‘善’。‘善’成为吐蕃先民所追求的完美人格和对理想社会的构思”。[①] 进入文明社会以后，思想体更为严密的佛教思想体系渐次传入吐蕃，并在赤松德赞时期正式扎根蕃境。经过与苯教的艰苦斗争以及同吐蕃社会的艰难调适，佛教开始广泛传播。同时，佛教的传播受到统治阶级的极大影响，几任赞普甚至亲自畅行佛教，采取了堪称极端的兴佛举措。于是，在佛教和政权高度结合的情况下，世俗和非世俗的力量一起推动着佛教教规的普遍施行，佛教权威根深蒂固。反过来，这种弥漫在吐蕃王朝社会每一个角落里的宗教权威，也推动着佛教教规的法律化，成为调整世俗社会的规范体系。

---

① 杨士宏：《吐蕃法律的文化渊源》，《中国藏学》，2003 年第 2 期，第 64 页。

六、习惯的效力

习俗是人类在日常生活中世代沿袭与传承的社会行为模式。惯例在这里主要是指官僚机构在实施行政行为时长期形成的某些习惯。从广义上说，“习惯是无论何种法律文化背景下都存在的一种法的渊源”，只是“习惯在过往的历史上比之现今时代，在法的渊源体系中的地位更重要”。[①] 在吐蕃王朝时期，习惯的效力则是当时非常独特的法律渊源。它之所以会成为当时的重要法律渊源，其原因是显而易见的：首先是社会生活中制定法的缺位，而习惯则是人们在长期的生活实践中逐渐形成的行为规则，它本身不但属于社会规范中的一部分，而且相当成熟和有效；其次是从当时的法制理念出发，统治者也在不同的程度上授予了习惯特殊的效力。只是由于从物质外壳上看，习惯由于缺乏国家权力的直接保障，使其效力级别要稍逊于正式通行的法律。但是，当某些习惯的规范作用十分必要，而这些习惯的效力层级又不足以适应调整社会关系的需要时，统治阶级就必须对其进行转化和改造，使之成为效力层级更高的习惯法。

习惯的内容十分丰富，渗透到人们社会生活的诸多层面，体现在民族物质文化和精神文化的各个方面。如：岁时节令、人生礼仪、社交庆典、宗教信仰、生活禁忌、生产禁忌、道德规范、习惯法规等。在原始社会时，人们之间的相互关系以及共同的生活秩序，最初全靠习俗来调整。[②] 美国著名人类学家摩尔根（Morgan）根据自己在印第安原始部落的实地考察指出，原始民族内部一般盛行着 10 种社会习俗，在大多数情况下，习俗会把部落内部的秩序调理得井井有条。马克思也在《摩尔根古代社会一书择要》中指出：“原始社会的人们和睦、友爱、宽容，相互之间既无嫉妒，也无憎恶，这是蒙昧人的习俗”。美国作家查尔斯·杜希格在《习惯的力量》中把人类的习惯分为个体的习惯、成功组织的习惯和社会的习惯三个层次，并生动地论证了习惯对于个人、组织和社会群体的行为模式所产生的强烈影响。[③] 吐蕃王朝脱胎于原始部落时代，其前身的习惯规范非常丰富，它们在调整原始部落社会秩序方面发挥了积极作用。进入阶级社会以后，这些习惯的效力不会、也不可能完全消失。一方面是因为人类的社会生活具有传承性，社会性质虽然发生了变化，但是习惯所调整的广泛的社会生活领域依然存在，习惯的效力也会随着这种相同或相似的社会生活延续。另一方面在法制尚不完善的早期社会，全体社会成员都希望

---

① 张文显：《法理学》，北京：高等教育出版社 2003 年版，第 70 页。

② 杨士宏：《吐蕃法律的文化渊源》，《中国藏学》，2003 年第 2 期，第 64 页。

③ 参见［美］查尔斯·杜希格著，吴奕俊等译：《习惯的力量》，北京：中信出版社，2013 年 4 月。

构建一种多数人能够接受的秩序，这种秩序不可能出现社会规范的真空，因此人们都在有意无意维护着习惯的效力。所以，原始习惯以三种形态保存下来：一是继续以习惯的形式存续下来，调整着广泛的社会生活领域；二是那些比较重要的、需要强制力作为后盾才能确保遵循的习惯，经统治阶级的确认，以习惯法的形式得以延续；三是还有一些习惯，经过统治阶级的转化和改造，改头换面成为正式的制定法规范。

关于藏族古代法律及法律文化的若干思考

——借鉴梅因《古代法》进行的研究

彭宇文*

英国学者亨利·梅因所著之《古代法》一书以对古代法律史的深入研究而流传于世，该书通过对雅利安民族各个不同支系，尤其是罗马人、英国人、爱尔兰人、斯拉夫人以及印度人的古代法律制度进行比较研究，论证了其产生和发展的历史过程。梅因的研究成果对后世研究古代法具有重要的参考价值。今天我们再细细研读《古代法》这部名著，透过其翔实的资料和精辟的论述，仍然能够得到不少启迪。本文拟借鉴《古代法》的研究方法和研究结论，对藏族古代法律及法律文化进行初步的研究与思考，希望能够有助于加深对民族法律文化的理解。

一、"惯行"、"气氛"与藏族古代法律及法律文化的形成

关于古代法律的起源。梅因写道："可以断言，在人类初生时代，不可能想象会有任何种类的立法机关，甚至一个明确的立法者。法律还没有达到习惯的程度，它只是一种惯行。用一句法国成语，它还只是一种'气氛'。"① 梅因在这里所说的"气氛"，实际上就是人类社会法律的最初表现形态，体现出一种非自觉性和自发性的特征。法与文化是不可分割的，可以说，这种"气氛"也是法律文化的滥觞，作为"人们关于法律现象的态度、价值、信念、心理、感情、习惯以及学说理论的复合有机体"② 的法律文化，正是在这样一种"气氛"中逐渐形成和发展起来，积淀而成，影响深远。由于各民族"气氛"的不同，法律文化因而具有较强的地域性、民族性和延续性，使人类社会的法律文化显现出各具特色、丰富多彩的鲜明特征。

藏族传统法律文化的形成与发展，也同样反映出了上述基本规律。根据有限的

---

* ［作者简介］彭宇文，武汉大学法学院博士研究生，西藏大学政治与公共管理学院书记，教授。

① ［英］梅因著：《古代法》，商务印书馆 1959 年版，第 5 页。

② 张文显主编：《法理学》，高等教育出版社、北京大学出版社 1999 年版，第 360 页。

藏文史料分析，公元7世纪松赞干布建立吐蕃王朝以前，藏族部落中没有文字，尚没有形成法制，藏史《贤者喜宴》（又译《智者喜筵》）记载："苯"、"仲"、"德乌"使"藏族有所开化。"所谓"苯"，是指藏族地区的一种原始宗教——苯教，"仲"是指做事、神话，"德乌"是指谜语，它们被部落用来教化属民、处理祭祀等事宜。[①] 一些苯教徒担任了部落官吏，"他们与故事员及歌唱家们共同执政或'保护社稷'。"[②] 可以说，西藏历史早期，藏族部落中既没有专门的立法机关，也没有专门的立法者，宗教、神话、故事等处于原始状态的文化形式为部落统治提供了基本的精神支柱，成为孕育法律的胚胎或种子，同时也是形成藏族独特法律文化的重要基础。正是依靠这样一种"气氛"，藏族部落的基本秩序得以维护，社会得以发展。直到松赞干布时代，西藏全境统一，特别是藏文创立，使立法具备了基本的前提条件，成文法开始出现，藏族法制进入了新的发展阶段。

但必须同时看到，即使进入松赞干布创制成文法的年代。梅因所说的"惯行"与"气氛"在吐蕃社会中也仍然影响巨大，甚至发挥着比成文法更加有效的实际作用。之所以如此，一是因为早期立法的粗陋与简单。从有关文字记载看，这些立法的规定多比较原则，内容单一，可操作性不强，其具体实施还离不开习惯的补充与支撑。二是由于西藏地广人稀，居住分散，经济、文化均非常落后，立法的传播和人们对立法的理解都需要较长的过程。三是统一伊始，各部落间的融合尚需时日，各地区的特殊性与地域性依然较强，统一立法的实施必须以地方习惯来加以辅助。这种情况正如梅因所说"甚至在国家组织形成之后，法律的使用仍旧是极其有限的。这些法律不论是对保持着像'地美士第'的这种原始形态，还是已经进步到'习惯或法典化条文'的状态。它的拘束力只及各'家族'而不是个人。"[③] 后来的学者更进一步指出："可以有理由认为，在早期习惯法的实施中，人民的感情、习惯、惯例与有权威的解释者的活动之间，不断地相互起作用。还有可能，早期社会中法律方面的基本模式甚至难得受到强有力的统治者的干预"。[④] 因此，分析这一时期藏族民众关于行为规范的基本观念，加强对藏族早期法律文化的研究，对正确理解藏族传统法律及其文化的形成与发展进程，具有极为重要的意义。"这些基本观念对于法学家、正如原始地壳对于地质学家一样的可贵。这些观念中，可能含有法律在后来表现其自己的一切形式"。[⑤]

---

① 参见巴卧·祖拉陈哇著：《贤者喜宴》，黄颢摘译，载《西藏民族学院学报》1981年第1期。

② ［法］R. A. 石泰安著：《西藏的文明》耿升译，西藏社会科学院西藏学汉文文献编辑室1985年编印，第241页。

③ ［英］梅因著：《古代法》，商务印书馆1959年版，第96页。

④ ［美］博登海默著：《法理学——法律哲学和方法》，上海人民出版社1992年版，第345页。

⑤ ［英］梅因著：《古代法》，商务印书馆1959年版，第2页。

二、《法律二十条》及其宗教性等问题之分析

与东方文化的特殊性紧密联系，东方民族的早期政治、法律与宗教或者神权有着不可分割的关系。梅因分析道："同西方事物的发展过程相反，在东方，宗教因素有胜过军事因素和政治因素的倾向"。① "这些东方的和西方的法典的遗迹，也都明显地证明不管它们的主要性质是如何的不同，它们中间都混杂着宗教的、民事的以及仅仅是道德的各种命令；而这是和我们从其他来源所知道的古代思想完全一致的，至于把法律从道德中分离出来，把宗教从法律中分离出来，则非常明显是属于智力发展的较后阶段的事"。② 结合藏族社会政治、文化的发展历史来看，情况也正是如此。

松赞干布时期，由外域传入的佛教取代了落后的原始苯教成为占据统治地位的信仰，为统治阶级的统治提供了重要的精神支持。"藏人为达到解脱之目的，视佛教为生命之核心，喇嘛为生活之导师，认为任何典章制度只有依附于佛教才有意义"。③ 为加强对西藏的统一领导，"维护王族的利益"，④ 松赞干布以佛教《十善法》为主旨，组织制定了《法律二十条》，于公元629年颁行，开了吐蕃立法之先河。据《贤者喜宴》记载："吐弥等率领一百大臣居中理事，遵王之命，仿照'十善法'的意义在雪尼玛地方制定'吐蕃法律十部'"。⑤

《法律二十条》的条文为：1. 杀人者偿命，斗争者罚金；2. 偷盗者除追还原物外，加罚八倍；3. 奸淫者断肢，并流放异地；4. 谎言者割舌或发誓；5. 要虔信佛、法、僧三宝；6. 要孝顺父母、报父母恩；7. 要尊敬高德，不与贤俊善良人及贵族斗争；8. 敦睦亲族，敬事长上；9. 要帮助邻里；10. 要出言忠信。11. 要做事谨慎，未受委托，不应干涉；12. 要行笃厚，信因果，忍耐痛苦，顺应不幸；13. 要钱财知足，使用食物与货物务期适当；14. 要如约还债；15. 要酬德报恩；16. 要斗秤公平，不用伪度量衡；17. 要不生嫉妒，与众和谐；18. 要不听妇言，自有主张；19. 要审慎言语，说话温雅，讲究技巧；20. 要处世正直，是非难判断时，对神发誓。⑥

从《法律二十条》可以得出以下几方面的结论

第一，该法以佛教戒律为指导思想，具有极为浓厚的宗教色彩，一些条文甚至

---

① ［英］梅因著：《古代法》，商务印书馆1959年版，第7页。
② ［英］梅因著：《古代法》，商务印书馆1959年版，第9、10页。
③ 吕秋文：《从西藏传统社会权力结构之分析探讨西藏社会落后之原因》，载《中国藏学》1992年增刊。
④ 《松赞干布遗训》。
⑤ 巴卧·祖拉陈哇著：《贤肯喜宴》，民族出版社1986年版，第193页。
⑥ 转引自黄奋生著：《藏族史略》，民族出版社1985年版，第71、72页。

就是宗教戒律的直接反映。该法前4条依据佛教戒律中的四根本戒而定，均为禁止性内容，被称为“戒恶”；后16条依据佛教十善法衍生而来，因此又被总称为“十善法律”。可以说，在当时的西藏，佛教的善恶观形成了法律的是非标准，佛教的行为准则已经成为吐蕃君臣百姓共同遵奉的金科玉律，教法上升为国法，规范着包括佛家弟子在内的所有人等的言行和社会生活，体现出明显的宗教法律化、宗教政治化倾向，为后世建立政教合一的体制奠定了思想与制度基础。

第二，该法内容体现出混合性，习惯与禁忌、宗教与道德、刑事与民事、实体与程序等内容混为一体，表现出古代法律诸法合一的共同特征。这种“混合法”形式，将法律规范与半法律规范或准法律规范相融合，在法制形成的早期具有极大的现实性与实用价值，也是历史发展阶段的客观反映。特别是该法表现出的比较强烈的道德色彩，是中华民族传统文化中注重公序良俗的反映。为社会公认的道德规范，对社会生活具有直接或间接的调控作用，也是法律规范社会化的原动力，因此该法所体现出的伦理化法律规范或者法律规范伦理化的特征，对于藏族传统法律文化的形成具有重要的指导价值。

第三，值得特别指出的是，作为民事法律重要内容的借贷制度在该法中得到了体现，以法律的形式对借贷行为予以肯定并加以保护，对藏族社会的经济生活具有重要意义。诚然，当时的借贷制度可能更多的是因为社会财富逐渐为少部分贵族及寺院所垄断且贫富分化加剧而产生的，故法律规定主要是为了保护上层利益，但这一制度对于促进西藏社会生产力发展所发挥的客观作用也是不容忽视的。与借贷制度紧密联系的是契约制度，“约”是“债”形成的前提条件，从敦煌吐蕃藏文文书资料看，书面形式的借贷契约已经出现，主要包括消费性借贷契约和使用性借贷契约，而且多为实物借贷，如民众向寺院借贷粮食及马匹借贷等。当然，《法律二十条》所称的“约”、“债”，与梅因在《古代法》第九章“契约的早期史”中所论述的罗马法的有关内容还存在一定差距，由于史判的缺乏，我们也难以进行详细的比较分析，但是，正如梅因所说：“无论是‘古代法’或是任何其他证据，都没有告诉我们有一种毫无‘契约’概念的社会。这种概念在最初出现时，显然是极原始的”。“古代法特别使我看到粗糙形式的和成熟时期的‘契约’间存在着一个很远的距离”。[①] 结合藏族社会后来关于借贷制度的史料分析，契约早已产生并在借贷制度中发挥着非常重要的作用，只是其表现形式和发展过程与其他社会有所不同而已。此外，该法关于交易公平及诚信的规定，虽然非常原则，但其中蕴含的维护交易安全的思想萌芽也是值得研究者注意的。

---

① ［英］梅因著：《古代法》，商务印书馆1959年版，第176、177页。

第四，该法仍然体现出强烈的原始时代特征。这主要表现在：其一，刑事处罚的内容比较详细，也比其他关于民事等方面的内容更加具有可操作性。这正如梅因所指出的："大体而论，所有已知的古代法的积累都有一个共同的特点使它们和成熟的法律制度显然不同。最显著的差别在于刑法和民法所占的比重"。"法典愈古老，它的刑事立法就愈详细、愈完备。这种现象常常可以看到，并且这样解释无疑在很大程度上是正确的地方法律初次用文字写成时，社会经常发生强暴行为"。① 其二，刑罚具有较大的残酷性，带有明显的原始习惯残余，同态复仇、肉刑依然存在。"杀人者偿命"的规定实际上与佛教的不杀生戒律是矛盾的，后世统治者认为，杀人抵命使恶业越积越重，执行死刑是造孽行为，因此在立法中对之予以变革，形成了具有藏族特色的命价制度，即根据死者不同的等级赔偿相应的财产。命价制度的实质与佛教的精神相一致，同时也更多地具备了梅因所称的"侵权行为法"的特征，"所有这一切都产生了'债'或是法锁，并都可以用金钱支付以为补偿"。② 其三，保留了对神设誓的制度，利用神明裁判的形式来办理刑事和民事案件，追求令人畏服的神秘色彩。

第五，该法在立法技术方面，也体现出明显的时代特征，带有浓厚的早期立法色彩。其一，内容排列比较零散、粗糙，缺乏完整性。这种情况与梅因对西方社会早期法律的评价是基本一致的，梅因说："罗马'十二铜表法'中确实显示出有排列匀称的某种迹象；但根据传说，这可能是由于当时这个法律的编纂者曾求助于希腊人，这些希腊人具有后期希腊在编纂法律工作上的经验。从'梭伦的阿提喀法典'（Allic Codeof Solon）所遗留下来的片断，可以看到它很少有秩序，而在'德里科'的法律（Lawsof Draco）中也许更少"。③ 其二，文字表述简单，有格言式风格，不具备法律规范所要求的假定、处理、制裁（法律责任）的标准范式，但是它的表述非常通俗易懂，符合当时的民众文化水平，便于民众理解掌握，具有较强的实用性。

《法律二十条》的颁行，具有重要的历史意义。虽然它作为早期法律具有这样那样的一些缺点，但是，"这类法典的价值不在于其分类比较匀称或用词比较简洁明了，而在于它们为众所周知，以及它们能使每个人知道应该做些什么和不应该做些什么的知识"。④ 成文法律的颁布，开创了藏族古代法制的新纪元，对法律的系统化以及法律文化的形成、发展，意义重大。梅因指出："当原始法律一经制成'法

---

① ［英］梅因著：《古代法》，商务印书馆1959年版，第207页。
② ［英］梅因著：《古代法》，商务印书馆1959年版，第208页。
③ ［英］梅因著：《古代法》，商务印书馆1959年版，第9页。
④ ［英］梅因著：《古代法》，商务印书馆1959年版，第9页。

典’，所谓法律自发的发展，便告中止。自此以后，对它起着影响的，如果确有影响的话，便都是有意的和来自外界的”。[①] 藏族古代法制的发展历史充分印证了这一点。自松赞干布时期开始，吐蕃王朝的历代统治者从巩固政权出发，都十分重视法律的制定。《法律二十条》颁布后，松赞干布又组织制定了以“六大法典”为中心的“基础三十六制”，确立了吐蕃基本法律框架。其后，芒松芒赞时期制定了“吐蕃三律”（《狩猎伤人赔偿律》、《纵犬伤人赔偿律》、《盗窃追偿律》）；元朝时萨迦王朝依据蒙古法律和吐蕃法律。制定了《十五法典》，明朝时藏巴汗政权参照前朝历代立法，制定了《十六法典》；清朝时五世达赖喇嘛时期，在调整、补充《十六法典》的基础上，制定了《十三法典》。历代地方立法，与中央政府对藏区的有关立法相结合，逐步形成了形式相对严谨、内容比较丰富的藏族成文法规范体系。

三、藏族古代法律及法律文化的主要特征

法律及法律文化的形成与发展，在不同的社会、不同的民族、不同的历史阶段，会表现出不同的特征。“法同各民族生活的其他表现如艺术、习俗、文学一样，是社会意识的产物，因而在不同的时代有不同的表现，随着需求、感情和文明的变化和日臻完美，而在各民族间互不相同。这是法发展的原则”。[②] 对藏族古代法律及法律文化进行综合分析，可以发现以下几方面比较明显的特征：

第一，作用的相对有限性。梅因高度评价古代法律在社会发展中的作用，在谈到古代法典的作用时，他说“‘十二铜表法’以及类似的法典赋予有关社会的好处，主要是保护这些社会使它们不受有特权的寡头政治的欺诈，使国家制度不致自发地腐化和败坏”。他还认为，正是因为颁布了《十二铜表法》，才使罗马人的文明避免了“像印度文明那样地无力和恶化”的“不幸的遭遇”。[③] 结合西藏古代社会的情况分析，梅因的观点似乎并不适用于藏族古代法律。由于政治、经济和文化等历史背景的区别，《法律二十条》以及后来一系列法律的颁行，并没有给西藏社会带来免受寡头政治欺诈和消除自发腐败的好处。在奴隶制和封建农奴制下，实行“政教合一”的统治体制，官家、贵族、上层僧侣这“三大领主”控制着社会财富的绝大部分，对广大农奴和奴隶进行欺诈。特别是“政教合一”制度，虽然曾经发挥过不可否认的历史作用，但是随着时代的发展，其腐朽、落后的一面日益突出，“这种政治极端反动和经济极端落后的社会制度，几乎完全靠着地域的封闭、宗教的神权才得以苟

① ［英］梅因著：《古代法》，商务印书馆1959年版，第13页。

② ［意］彼德罗·彭梵得著：《罗马法教科书》，中国政法大学出版社1992年版，第6页。

③ ［英］梅因著：《古代法》，商务印书馆1959年版，第11、12页。

延残喘，但它已毫无生机和前景可言”。① 可以说，由于政治制度的落后性以及宗教文化的强大，加之地域、自然环境等客观因素影响，法律在藏族古代社会的治理中所发挥的作用是相对有限的，而法律文化的形成与发展则因此显得更加迟缓。

第二，发展的稳定性或僵化性。《法律二十条》之后一系列法律的制定，均注重对旧法的承袭，如五世达赖喇嘛时期制定的《十三法典》中称：“本法典的各条是在早先旧法典的基础上形成的，因而使供施二主所指定的地方官吏们心情愉快，颇感清新。这主要是依照以前白色口传法和昔之《十六法典》而编纂的”。② 历代相沿成文，强调对以前法律的继承，使藏族古代法律具有较强的稳定性，对事物的存在和发展都有其辩证性。藏族古代法律的发展，也不可避免地存在着僵化性的缺陷。必须注意的是，尽管种种“有意的和来自外界的”影响促进了藏族法律自创制以来的系统化进程，但历代统治者在注重对前朝法律的整理的同时，往往忽略创新，因此，“藏族古代法的反传统性和革新精神不怎么突出，这在一定程度上制约了新的社会生产关系的形成、稳定和发展，妨碍了藏族社会的发展进程”。③ 对此，也许梅因关于原始法律僵硬性的论述将有助于深化我们的理解，梅因阐述道：“原始法律的僵硬性，主要是由于它同宗教的早期联系和同一性而造成的，这种僵硬性曾把大多数人在生活和行为上的见解束缚住，使它们和人们的惯例第一次被固定为有系统形式时的见解一样”。但是，梅因在将这种僵硬性称为“社会在幼年时代要招惹到的另外一种危险”的同时，又怀着矛盾的心情指出：“在大部分世界中，只有墨守着由原始立法者所设刊的最初计划，法律才能达到其完美性”。④ 这应该是对继承与发展关系的正常反应。

第三，法律制度及文化现象的多元性。由于西藏社会发展历程及自然条件的特殊性，使法律这一社会现象呈现出多元化特征。吐蕃王朝的制定法与各部落的习惯法并存，中央政府立法与地方政权立法并存，寺院法规与世俗法规并存，佛教教法、地方成文法典、盟约、诏令、部落习惯法、中央治藏法律等多种法律渊源先后共同存在、相互补充，法律制度的多样性也进一步强化了与制度有着互动关系的法律文化的多元性。这种多元化特征的形成及发展，既是因为苯教这一西藏原始宗教的影响，也是佛教从印度传入西藏发展成藏传佛教并占据统治地位的结果；既是藏区各部落不同习惯和文化交叉融合所致，也是受到祖国中原文化传播渗透的影响；既是

① 沈开运等著：《透视达赖——西藏社会进步与分裂集团的没落》，西藏人民出版社 1998 年版，第 199 页。

② 《西藏古代法典选编》，中央民族大学出版社 1994 年版，第 89 页。

③ 华热·多杰：《关于藏族古代法的几个问题》，载《青海民族学院学报（社会科学版）》1996 年第 2 期。

④ ［英］梅因著：《古代法》，商务印书馆 1959 年版，第 44 页。

独特的地理条件和错综复杂的生态环境的自然反映，也是藏民族特有的生产方式在上层建筑方面的必然表现。“对本土法律文化的继承和对外来法律文化的移植或接受其辐射是法的成长的基本途径和条件”。[①] 这里需要特别强调的是中原文明的影响，“从更广阔的地域范围和文化背景来看，从吐蕃与其周边文明地区的联系来看，中原文明对吐蕃产生的影响与凝聚力显然要远远大于印度文明和中亚文明，这同样是构成吐蕃时期西藏文明向东发展，而不是向南或向西发展的重要原因。”[②] 正是如此，才实现了西藏地方与祖国中央政权的政治统一，实现了藏族文化与中华文明的文化融合。

第四，法律语言的概括性与通俗性。藏族古代法律体系及条文都非常简约，往往以很少的条文对包括行政、民事、刑事、诉讼等方面的内容予以规定，简单、概括，但是存在笼统、粗略、不严谨的弊病，容易导致适用时的随意性。更具特色的是，在立法中还较多地收纳了民间流传的谚语、神话传说等，这与藏族口承文化极为丰富的传统有关，“谚语在大多数情况下，成了处理各种纠纷的准则，教育人们的训条，衡量是非的尺度，惩恶扬善的利器。特别是有关法律法规、寺院戒条、时政评说、阶级利益、习惯禁忌方面的谚语，在藏民族长期阶级社会中是民族习惯法的重要传承形式”。[③] 如《十六法典》中引用俗语：“虽是一张小小的白纸，一旦用墨水写上字、盖上印，即成为不可动摇之准则”。以此强调契约的严肃性，要求“服从一切旨令，按照契约中所签订之内容执行，不能有超越现实的欲望”。《十三法典》第九条“狡诳洗心律”中以谚语比喻立誓的要求，“金鹅（指喇嘛等上等人，引者注，下同）不得用网擒，毒蛇（指巫师）无须赶下坡，以石击鸦（指贫穷之人）行不得，路遇母狗（指妇人）不可打，小绿松石（指孩童和傻子）勿串链。”该谚语所提到的有关人员均不需要或不得被列为立誓人。[④] 虽然藏族古代法在立法技术上显得规范性不强，但是，其语言的通俗性极为符合西藏社会的实际，使法律通俗易懂、形象生动、便于传播、利于执行，具有较强的实用性。这既是藏族法律文化在立法上的反映，也体现了藏族古代法律表现形式的独特性，表现出特有的优势与价值，值得我们在研究民族法律问题特别是民族法律的现代化和现代法律的民族化等问题时加以认真思考。

对藏族古代法律及法律文化的研究，是对中华民族传统法律现象研究的重要组

---

① 张冠梓著：《论法的成长——来自中国南方山地法律民族志的诠释 5》，社会科学文献出版社 2000 年版，第 607、608 页。

② 石硕著：《印度文明东向发展史》，四川人民出版社 1994 年版，第 157 页。

③ 徐晓光著：《藏族法制史研究》，法律出版社 2001 年版，第 399、400 页。

④ 参见《西藏古代法典选编》，中央民族大学出版社 1994 年版。

成部分，具有重要的意义。由于史料的缺乏、语言的障碍、文化的区别、地域的阻隔等原因，这一研究还任重道远。但是，梅因在《古代法》一书中关于法律科学研究方法的批评与建议，应当对现代的研究者仍具有启示价值。针对法律研究中华而不实的作风及歧视性偏见，梅因尖锐地指出："我们的法律科学所以处于这样不能令人满意的状态，主要是由于对于这些观念除了最最肤浅的研究之外，采取了一概加以拒绝的草率态度或偏见"。"凡是似乎可信的和内容丰富的、但却绝对未经证实的各种理论，…往往为一般人所爱好，很少有踏实地探究社会和法律的原始历史的；这些理论不但使注意力离开了可以发现真理的唯一出处，并且当它们一度被接受和相信了以后，就有可能使法律学以后各个阶段都受到其最真实和最大的影响，因而也就模糊了真理"。[①]"文明人对于其野蛮的邻人往往有一种傲慢之感，这就使他们往往明显地不屑于观察他们，而这种不关心有时更因为恐惧、因为宗教偏见、甚至就因为这些名词——即文明和野蛮——的应用而更加严重，这种文明和野蛮的分野常对大多数人造成了不但在程度上而且在种类上都有所差别的印象"。[②] 对于研究的正确方法，梅因提出了自己的建议，"我们应该从最简单的社会形式开始，并且越接近其原始条件的一个状态越好"。尽管这种研究会因为早期社会的"奇怪和异样"而存在客观困难，但是我们为克服这些困难而花费的精力是会有所回报的，"因为现在控制着我们行动以及塑造着我们行为的道德规范的每一种形式，必然可以从这些胚种当中展示出来"。[③]

西藏古代文学名著《萨迦格言》写道："学者要掌握知识宝库，必须汇集珍贵的格言；大海要成为水的宝库，必须汇集所有的江河。即使具有渊博的学问，仍要吸取别人的长处；如果这样坚持下去，就会通晓所有的知识"。[④] 现代法学研究者不妨以之自勉。

---

① ［英］梅因著：《古代法》，商务印书馆1959年版，第2页。

② ［英］梅因著：《古代法》，商务印书馆1959年版，第69页。

③ ［英］梅因著：《古代法》，商务印书馆1959年版，第68、69页。

④ 萨班·贡嘎坚赞著：《萨迦格言》，西藏人民出版社1985年版。

西藏旧法在佛教发展中的作用

牟 军*

公元七世纪，佛教从印度等国传入西藏，在与吐蕃原始宗教——苯教的长期斗争中占了上风，在雪域高原得以发展，并在吸收苯教中有利于统治者的某些思想的基础上，最终形成了带有西藏地方特点的佛教，俗称“喇嘛教”。

佛教的传入及后来喇嘛教的形成和发展，经历了漫长的过程，从大量的藏文史料的记载看，这一进程不是自发和偶然的，而和各代统治者的促成是分不开的。西藏历代统治者出于历史和现实的诸多因素，都十分崇尚佛教，弘扬和扶植佛教是统治者的一贯政策。在维护佛教的过程中，除政治、经济、文化等手段发挥过作用外，统治者运用得最普遍，也最有效的，莫过于法律手段。

吐蕃初期，“松赞干布以佛教十善法为依据，创制国法。”① 当时制定的《法律二十条》，前四条内容包括不杀生、不偷盗、不淫、不妄语，实际把佛教十善律②特别是禁戒的一部分明确规定于法律条文中。后十六条如敬信三宝（活佛、法王和僧侣）、报父母恩、如约还债、不听妇言等，也是依据佛教十善律的精神制定的。所以，《法律二十条》的内容大都源于佛教十善律，实际上是将十善律以法律形式固定下来，用法律手段推行佛教。同时，“国王（松赞干布）为使吐蕃臣民恪守十善之律，颁布了严刑峻法，规定：‘凡有损害佛教教法及违反吐蕃法律者，定予治罪。’并运用化身，将各种非人精灵等或捆绑，或鞭笞，或挟目挖眼，或别膝断腿，…”③十善律的遵循，有了更强有力的法律保障。

芒松芒赞执政时期，在秉承祖父松赞干布维护佛教传统的基础上，开始注重对寺庙权益的保护。据敦煌出土的藏文写卷《盗窃追赔律》规定：“尚论以下，百姓

---

* ［作者简介］牟军，云南大学法学院教授，博士生导师。

① 萨迦·索南坚赞：《王统世系明鉴》辽宁人民出版社 1985 年第 53 页。

② “十善律”即佛教教义，包括身三善（不杀、不盗、不淫）；语四善（不妄语、、不恶口、不两舌、不绮语）；意三善（不贪、不嗔、不邪见）。

③ 萨迦·索南坚赞：《王统世系明鉴》辽宁人民出版社 1985 年第 128 页。

以上之人，盗窃佛像一尊被擒，按佛像价值折成（黄金）两数、雪数计之。与钻入住家行窃惩罚之法等同。”① 可见，当时佛像作为宗教和神的象征，受到法律保护，盗窃佛像视同盗窃家庭财物，且处罚相同。

赤松德赞时期，宗教事业获得进一步发展。约公元七七九年，由赞普亲自主持奠基礼，建成西藏历史上著名的桑耶寺，开了青年男子出家为僧的先河。赞普以法律手段强令吐蕃全境一律尊奉佛教，亲自和贵族大臣们在神前发誓，今后永不背弃佛教。并以诏令、盟书等法律形式，维护寺院和僧侣的经济地位和物质利益。据桑耶寺兴佛证盟碑记载：“逻些（拉萨）及札玛之诸神殿建立三宝所依处，奉行缘觉之教法。此事，无论何时，均不离不弃所供养之资具，均不得减少，不得匮乏。今尔后，每一代子孙，均需按照赞普父子所作之盟誓，发愿。其咒誓书词不得弃置，不得变更……”② 据记载，赞普将一百五十户居民赐给寺庙作为供养来源，每个僧人赐给三户居民，并规定从居民征收的差税中“给教主堪布每年发青梨九百克，酥油一千一百两，衣服一套，马一匹，纸四刀，墨三块；给住在桑耶脾浦地方的二十五名瑜伽行者，每年每人发青梨五十五克，酥油三百两，马一匹，不同行色的衣服六件。”③ 可见，寺院和僧侣的物质来源，受到赞普盟誓的严格保护，规定非常具体。

到赤祖德赞（赤热巴金）执政时期，对佛教的推崇和信仰，较前有过之而无不及。赞普广建僧伽、精舍，对僧人恭敬供养。据楚布江浦建寺碑记载：“赞普天马父祖之时，得圣教正法，历代以还，于圣教正法不离弃，有如盟书诏救所载……乃于推垅之江浦，建神殿，立三宝之所依处，敬事四部比丘等众。作为供养顺缘之奴隶，农田、牧场及供物、财产、牲畜等项，一应备齐，悉充赞普可黎可是借赞之常川不断之供养功德。此神殿之名，亦由赞普颁诏敖赐，书于温江岛神圣大殿之后，颁诏概由王廷管理。作为寺产之民户及产业之上，不征赋税、不征摇役、不取租庸、罚金等项。”④ 从这一碑文可以看出，赞普在保证寺院得到供物、财产等生活资料的前提下，已经注意到以法律形式赋予寺院享有农田、牧场、牲畜、奴隶等生产资料，并以同样方式，赋予其免支赋税、摇役、租庸、罚金等特权。

为了切实维护寺院和僧侣的地位和物质利益，对于各种侵犯寺院、僧侣权益的行为，赞普还规定了严厉的处罚方法。据《大桑耶寺志》记载：“赤热巴金执政期间，…恶视僧人者挖眼，以手恶指者断其手指，口出恶语者割唇，偷盗佛堂和僧人

① 王尧、陈践译注：《敦煌吐蕃文献选》四川民族出版社 1983 年 8 月第 38 页。

② 王尧编：《吐蕃金石录》文物出版社 1982 年第 169 页。

③ 宋思常：《中国少数民族宗教》（初编）云南人民出版社 1985 年 3 月，第 438 页。

④ 王尧编：《吐蕃金石录》文物出版社 1982 年第 180 页。

财物者，罚其按原物的八十倍赔偿……”①

从十三世纪到十六世纪，佛教经过与西藏地方苯教的斗争和融合的漫长过程，逐渐演变成具有西藏地方特点的喇嘛教。喇嘛教不仅受到萨迦、帕莫竹巴、噶玛历代王朝的重视和保护，而且得到中央政权的大力扶植。各代宗教领袖受到元、明两朝的敕封，被尊称为“国师、帝师、司空”，开始执掌西藏地方政教大权，从而初步具备了“政教合一”的特点。

帕莫竹巴和噶玛王朝时期，集松赞干布以来各代法律之大成，制定的《法律十五条》，将提倡和保护宗教，作为法律的基本原则规定在法律中。其中第一条“地方官吏律”明确规定：“我执事长官依据法王命令，戒除自私，注重公事。为承事国王和承办国王的事业，就要以敬信佛教弘扬佛教为主，对于佛教各宗无须令其改变。每年在具有佛教节日的五个月，要封山、封河（禁止渔猎）、库藏室中一律素食，培修佛像、佛经、佛塔等损坏处，培修悬小路，在五月初十祈祷以驱除灾瘴，须令各地初十虔诚祈祷，库藏中的初十供养修法，须令继续不断。”② 法律明确规定保护敬信佛教和弘扬佛教，并规定可供遵循的具体做法，在西藏法制史中尚属首次。但这些规定就其实质，是为“承事国王和承办国王的事业”服务的。

与敬信与弘扬佛教的精神相适应，法律还以严酷的刑罚手段保护上层僧人的财产不受侵犯。上述法律中“重罪肉刑律”、“盗窃追赔律”的条款规定，盗窃“三宝”的财物，除罚金八倍连原物九倍外，轻者挖眼、割舌、截手，重者杀戮，推坠悬崖，抛入水中。③

中央政府除对西藏宗教领袖敕封，赋予其统治权外，也十分重视对喇嘛教的保护。皇帝以诏令、圣旨等公开维护喇嘛教的地位和权益。萨迦王朝时期，元世祖在颁发给萨迦执政者八思巴的圣旨中指出：“朕奉胜道，如尔等按朕之旨意，进行修行，善积佛经，朕即一体敬仰供奉。凡遵行上述旨意之众僧，均可不受军人、军官、宗本、达鲁花赤、金宗使之管辖，也不向其科派任何兵役、差税和力役。”④

为巩固寺院的经济地位，对寺院享有的封地、属民、牧场、牲畜等生产资料及免支差税等各项特权，也严加保护。公元一三〇七年桑杰贝帝师奉元朝皇帝圣旨对夏鲁寺颁发的封文中记载：“西夏鲁寺所属僧侣部众，忠顺天子，安分守法，皇帝圣谕：不向其征派兵差、食物乌拉，不得号占其经堂、僧舍临时居住，不得向其征派牛、马等乘畜和驮畜，不得强迫借贷或出雇（脚力），不得将其农具等用以抵债。

① 东嘎·洛桑迟林：《论西藏政教合一制度》中国社会科学院民族研究编印1983年6月第32页。

② 《西藏检察工作调查材料》之五，西藏自治区人民检察院编印，第1页。

③ 《西藏检察工作调查材料》之五，西藏自治区人民检察院编印，第2、3、10页。

④ 宋思常：《中国少数民族宗教》（初编）云南人民出版社1985年3月，第440页。

彼原有之庄园、土地、水草等，一律不准侵占抽调，不得对彼仗势欺凌或陷害诬告。为使其安居乐业，重颁发此照，以为凭证，自此照发之日起，仍有违犯者，定察报皇上，严惩不贷。”① 对于侵犯僧侣权益行为的处罚，元朝制定了严厉的刑法，《卫藏通志》中有“民殴西僧者截手，詈之者断舌之律”的记载。

明朝统治者对喇嘛教也重视经济利益上的保护，除以诏令、圣旨形式，明确规定寺庙的土地、牧场、牲畜、工具、僧舍等不受侵犯，享有免支差税、劳役等特权外，规定允许宗教领袖按期朝贡，并领取优厚回赐的权利。

进入近代的西藏社会（始于十七世纪），在清朝政府扶植下，黄教（喇嘛教）派领袖第五世达赖喇嘛罗桑嘉措执掌西藏地方政权，正式确立西藏地方政教合一体制。到七世达赖喇嘛时期，经过清朝中央政府的多次敕封，西藏上层僧侣和世俗贵族在政治上达到了高度统一，逐渐形成典型的“政教合一”政权。

五世达赖喇嘛时期，在对原有《法律十五条》删节和修改的基础上，出台新的《法律十三条》。该法对宗教权益的保护又做了进一步的规定，除仍保留有关敬信佛教维护寺院、僧侣经济利益的条款外，还加强对僧侣人身权利的维护。“重罪由刑律”和“杀人命价律”规定，杀害活佛和其他高级僧人，处以挖眼、剁脚、断手直至各种死刑，命价赔偿数额与其尸体等重等。②

凭借中央政府的支持，达赖喇嘛建立了实行专制统治的一整套组织机构，规定凡地方政府属下的一切行政官员，必须一律尊信黄教，各地方的行政官员要僧俗并用，僧高于俗。对寺院的供养和经济特权也以封文、诏令形式加以固定。如在达赖喇嘛授意下，郡王颇罗乃颁发给甘丹达吉林寺的追封文书记载：“为在四方宏扬文殊菩萨纯洁无瑕大佛法大宝，却吉洛桑迟林奉五世达赖喇嘛之命，在丹增达赖汗的协助下，在北夏曲卡地方适时修建了一座佛教寺庙，取名为甘丹达吉林寺。因该寺无供养之来源，故将下方三部（即麦玛卡松）寺高辖区之土地、供养布施、僧源、存亡祈福之收入等，作为甘丹达吉林寺的上师、喇嘛生活之依靠。凡属寺庙之百姓和寺庙僧侣之牛羊，按照供施封文之精神，免征各种差税。”③

七世达赖统治时期，清政府为全面控制西藏的内政外交，制定了规范西藏社会生活的《藏内善后章程》。根据该章程规定，清朝皇帝在拉萨大昭寺内设一“金本巴瓶”，达赖、班禅以及其他呼图克图“灵童”转世，均由驻藏大臣主持，用“金本巴瓶”掣签决定，并报清朝皇帝正式批准。从而以法律形式确立了达赖喇嘛的合法地位。善后章程还改革西藏行政体制，取消转封郡王的制度，授权达赖喇嘛掌握

① 宋思常：《中国少数民族宗教》（初编）云南人民出版社 1985 年 3 月，第 440—441 页

② 《西藏检察工作调查材料》之五，西藏自治区人民检察院编印，第 6 页。

③ 宋思常：《中国少数民族宗教》（初编）云南人民出版社 1985 年 3 月，第 443 页。

地方政权，并正式在西藏建立噶厦政府，行使西藏地方最高行政权。规定噶厦设噶伦四人（三俗一僧）。总理西藏地方政教、司法事务，重大事务报请达赖喇嘛和驻藏大臣裁决等。这些规定将政教合一体制用法律形式明确肯定下来，使西藏上层僧侣参与政府管理制度化、法律化，这种制度一直延续到西藏和平解放前。

自五世达赖以来。随着喇嘛教势力的不断增强，寺院的地位和性质已经发生根本变化。寺院不再是一种单纯的宗教机构，而与西藏政府、贵族共同成为西藏社会的三大领主，在西藏政治生活中成为一种独立的政治力量。法律不仅保护寺院的各种生产和生活资料不受侵犯，而且赋予其与政权机构相似的权力，尤其是对司法权的行使。近代西藏较大的寺院对喇嘛和属民的犯罪案件，普遍享有管辖和审判的权利。“各教派的上层人士变成了既是信教者，又是执政官员的双重身份的出家人。”① 这些“出家人”（又称“喇本”），掌握司法权，并依照西藏政府的法律审判案件。据记载，在每一座较大的喇嘛寺庙里，都设有监狱，并对罪犯施以脚镣、手铐、皮鞭等刑具。可见，近代西藏的寺院已超出宗教原有的界定，成为政权的重要组成部分，并在司法中发挥着重要的作用。

综上所述，佛教的传入及喇嘛教的形成和发展，西藏历代法律都起着不可忽视的保障和推动作用。纵观历代法律所起的作用，有以下几个显著特点：

（1）寺院的生活资料和生产资料，是历代法律保护的主要内容。历代统治者注意到经济基础在巩固和发展宗教事业上的重要意义，而寺院作为宗教的形式和活动中心，经济地位自然为历代统治者所关注。自佛教传入西藏以来，统治者就注重对寺院物质利益的保护。历代王朝的诏令、圣旨、封文等中，无一不包括对寺院供养、财产、俸禄等生活资料的明确规定，而且在寺院生活资料得到切实保障的基础上，又逐步提高寺院的经济地位，赋予其对土地、农奴、牧场、牲畜等生产资料的所有权。随着寺院地位的提高，寺院的性质也随之变化，最终演变为西藏的三大领主之一。元朝以来，中央和西藏地方统治者的诰令、圣谕、封文中反映了这一事实。

（2）对侵犯佛教利益的行为采取严厉的法律制裁手段。历代法律为了有效保护寺院和僧侣的切身利益，都普遍采用严厉的刑罚手段。吐蕃时期，松赞干布对损害佛教教法的行为者，采取“捆绑，或鞭笞，或抉目挖眼，或刖膝断腿，……”等手段。赤祖德赞时期，也有“恶视僧人者挖眼，以手恶指者断其手指，口出恶语有割唇”的记载。十四世纪以来，西藏统治者制定的《法律十五条》和适用于近代西藏的《法律十三条》，其中对杀害僧侣和盗窃僧侣财物者，也规定要处以“挖眼、割舌、截手、推坠悬崖、抛入水中”等酷刑。这些规定从一个侧面也反映出，历代统

① 牙含章：《西藏历史的新篇章》四川民族出版社 1979 年第 83—84 页。

治者对佛教达到了十分崇敬和信仰的程度，不惜采取残酷的刑罚手段来维护佛教利益。

（3）在西藏整个旧时期，佛教经历了一个由弱到强的逐渐发展过程，法律的保护自始至终是与之相适应的。佛教传入西藏之初，其势力和影响都较小，也无专门的寺院和僧侣，法律的保护主要局限于佛教的精神、思想领域，表现为将佛教经典思想“十善律”法律化、制度化，故法律规定比较原则和抽象。松赞干布时期的法律规定反映了这一状况。随着佛教的发展，寺院和僧侣相继出现，佛教在西藏政治生活中所起的作用日益突出，法律不再满足于对佛教教义的维护，而开始注重保护寺院和僧侣的经济利益，包括寺院的生活资料和僧侣的财产，免支差税等特权。

萨迦王朝以来，随着喇嘛教的产生和发展，宗教势力得到进一步壮大，政教合一体制初步形成，法律对宗教的保护进一步加强。寺院的生活资料和土地、牧场、牲畜、农奴等生产资料，不仅以统治者的诏令、圣旨、封文等形式明确固定下来，而且法律对侵犯寺院、僧侣财产的行为也规定了严厉的处罚方法。五世达赖时期，西藏政教合一体制正式确立，标志着喇嘛教达到全盛时期，寺院成为三大领主之一，僧侣的地位明显提高，法律对佛教的保护又进一步扩大。在确认寺院和僧侣既得利益和权利的基础上，一方面确立佛教僧侣在政府机构中的地位和作用，另一方面将寺院作为一种政权组织，赋予包括司法权在内的领土管辖，享有与西藏地方政府同等的地位。

（4）对佛教的法律保护，采取灵活多样的立法形式。西藏历代王朝都重视运用法律手段维护佛教利益，但除松赞干布时期制定过维护宗教的《法律二十条》外，其他各代都未形成一部规范宗教事务和维护宗教利益的专门法律，保护宗教的各种规定都散见于各种法律规范中。如吐蕃的《盗窃追赔律》，帕莫竹巴、噶玛等王朝制定的《法律十五条》及适用于近代西藏的《法律十三条》，都有保护宗教的条款，但只占法律规定的一小部分。

同时，西藏地方和中央政府，还以诏令、封文、圣旨等法律形式，直接对宗教事务下达指令和做出安排。从吐蕃王朝开始的各个朝代，保护宗教利益的各种诏令、封文、圣旨等，在法律中都占有相当的比重。从中可以看出，以诏令等法律形式保护宗教利益，不仅体现了统治者对宗教的高度重视，而且具有极大的权威和效力，更能有效地得到贯彻实施，这在佛教的整个发展过程中，起到了举足轻重的作用。这些灵活多样的法律形式，与当时佛教发展的多变、复杂的特点是相适应的。

松赞干布时期藏族基本法律制度初探

陈永胜*

松赞干布是藏族历史上一位雄才大略的吐蕃君主。他在位期间，创制藏文，翻译佛经，推广佛教，制定以佛教戒律十善法为基础的吐蕃王朝律令，兼并联合了周围的若干君主小国，建立了统一的吐蕃王朝，划分四方地域，建立战时为军、平时为民的军事部落和从事农牧生产的顺民部落，对藏族历史产生了巨大而深远的影响。因此，研究松赞干布时期的藏族基本法律制度，对于进一步全面深刻认识藏族法律制度流变有重要作用。

随着我国市场经济的进一步发展和依法治国方略的实施，研究藏族法律制度方兴未艾，成为法理学、法制史等法学学科重要的学术热点之一。在藏、汉等诸多民族学人的共同努力下，藏族法律制度的研究成果颇丰，形成了一批有深度、有影响的学术力作。如在专著方面有徐晓光的《藏族法制史研究》① 等，在工具书方面有张济民主编的《青海藏族部落习惯法资料集》② 等，在论文方面有陈光国的《论藏族部落习惯法的刑法规范》③、徐澄清的《关于“赔命价”，“赔血价”问题的法律思考和立法建议》④ 等。这些成果从不同角度对藏族法律制度进行了研究，为进一步深入研究藏族法律制度奠定了良好的基础。但同时应看到，藏族法律制度史料的缺乏也影响和制约着藏族法律制度研究的进一步深入。本文拟在继承借鉴已有学术成果的基础上，结合《西藏的观世音》⑤ 一书中记载的法律资料等有关史料对松赞干布时期藏族基本法律制度的历史背景、主要内容和特点做一初步探讨。

---

* ［作者简介］陈永胜，兰州大学西北少数民族研究中心副教授，博士研究生。

① 徐晓光:《藏族法制史研究》，法律出版社 2001 年版。

② 张济民主编:《青海藏族部落习惯法资料集》，青海人民出版社 1993 年版。

③ 陈光国:《论藏族部落习惯法的刑法规范》，《西北民族学院学报》1997 年第 3 期。

④ 徐澄清:《关于“赔命价”“赔血价”问题的法律思考和立法建议》，《人大研究》1999 年第 8 期

⑤ 《西藏的观世音》一书．史称《吐蕃赞普松赞干布传遗训金曼》．又称《松赞干布遗教》、《大悲观世音菩萨别记遗训净金》、《柱间史》。该书历来被认为是山阿底峡尊者掘藏的吐蕃神圣赞普松赞干布的遗训秘籍书中比较详细地记载了吐蕃王朝时期藏族社会的政治、经济、文化、民族、宗教等诸多内容。可以说，《西藏的观世音》一书是藏族史籍早期历史记载的“术之本”、“水之源”，在藏族古籍中占有十分重要的地位。

一、松赞干布时期藏族基本法律制度形成的历史背景

1. 政治背景

藏族是我国分布较为广泛的一个少数民族，主要聚居于青藏高原，在漫长的发展过程中，形成了独特的民族文化。公元7世纪左右青藏高原统一大业的完成加速了藏族法文化发展的历史进程。早在松赞干布之前的达日宁塞时，统一西藏高原的壮举已经开始，他不断地向外进取，开疆拓土，先后征服苯巴王、昌格王等小邦，并且积极发展农牧业生产。南日松赞继承父王的遗愿，征服苏毗、后藏的马尔门王和塔布地区，奠定了统一西藏高原的基础。南日松赞被反对他的老贵族进毒谋杀后，年仅13岁的松赞干布继位。他以卓越的政治谋略和军事才能，统一象雄故国，平定了东女、附国、嘉良、白兰诸国，后兼并今康北的西山八国等20余个部落，并与这些部落多次盟誓，结成牢固的联盟，完成了统一西藏高原的伟业。为巩固吐蕃奴隶主贵族政权，克服统一前各部落法律不统一带来的弊端，吸取朗日松赞时“由于没有统一的法规，使小邦纷纷叛逆”的教训，松赞干布逐渐认识到：“如果再不制定法律，就会恶行泛滥，民众困苦。”① 因此，可以说，西藏高原统一大业的完成给松赞干布时期的法制建设提供了广阔的政治背景。吐蕃奴隶制政权的建立结束了西藏地方长期各自为政、不相统属的局面，为藏族统一的法制奠定了政治基础。

2. 经济背景

随着吐蕃政治上的统一和各部落之间联系的加强，吐蕃各部落之间、吐蕃和周边各民族之间的商业贸易往来日趋频繁。吐蕃各部落间互通有无，互相交换产品，促进了经济与社会发展。此外，吐蕃还积极与东面的唐，南面的尼泊尔、印度，西面的波斯、突厥诸部等周边各民族进行商业交流。商业往来的增多，经济的繁荣和领土的扩大，使吐蕃的社会问题愈加复杂，社会关系对法律的需要日益迫切，为保护统治阶级的利益，促进吐蕃各部落之间、吐蕃和周边各民族之间的商业贸易，松赞干布积极制定法律来规范、引导社会关系的发展，巩固保护奴隶主贵族的利益。

3. 文化背景

松赞干布执政之前和执政初期，吐蕃基本上没有文字。“吐蕃当时尚无文字，需要进贡什么财货贡品只能以口信传旨。”② 松赞干布执政以后，为克服由于没有文字给其统治带来的不利影响，满足社会统治阶层对文字的需要，“为使吐蕃也能有自己的文字，赞普曾派众多天资聪颖的吐蕃学子前往天竺求学。然而，这些人不是

---

① 巴卧·祖拉陈哇著、黄颢译：《贤者喜宴》，《西藏民族学院学报》1981年第1期。

② 阿底峡尊者发掘、卢亚军译注：《西藏的观世音》，甘肃人民出版社2001年版，第107页。

被天竺的厉鬼所害，就是死于炎热酷暑”。[①] 后来，赞普又派聪慧的大臣屯米桑布扎前往天竺修习文字。屯米桑布扎以梵文为基础，结合吐蕃语言实际，加上自己的创造，发明了吐蕃文。吐蕃文由“拼音规则”与“音素符号”拼合而成。“藏文的出现为吐蕃成文法的制定创造了条件，加快了成文立法的速度。”[②]

二、松赞干布时期基本法律制度的主要内容

松赞干布时期是藏族法律制度由分散的习惯法向统一的成文法过渡的时期。“松赞干布以前，各部落都有了自己的习惯法，赞普统治下统一的法令就是经王室和各部落首领认可行用的一部分习惯法规范。文字出现以后，在这些原有习惯规范的基础上逐渐加以完善，通过制定程序而成为成文法。”[③] 这一时期，松赞干布顺应藏族历史潮流，大量吸收借鉴其他民族先进的法律制度，如文成公主进藏时，就带去了唐代法律典籍，“大唐一十四法典，诗文曲赋及注疏，大唐法规和律令，赐予爱女做嫁妆”。[④]

关于松赞干布时期藏族法律制度的内容，由于史料缺乏、语言限制等方面的原因，学界众说纷纭，莫衷一是。陈庆英认为，松赞干布制定颁布了六大法律，即《王廷十万法》、《十万顶具鹿之法》、《伦常道德准则》、《强弱诉决之法》、《权势决断之法》、《国库修内之法》；[⑤] 有的学者认为制定了以“六大法典”为中心的“基础三十六制”，“六大法典”应是六六大计法、度量衡标准法、伦常道德法、敬强扶弱法、判决势力者的法律、内库家法。[⑥] 陈庆英在《藏族部落制度研究》中对松赞干布时期藏族法律制度的叙述、分析有前后不一致的问题，如在前面叙述时确定松赞干布颁布六大法律，但其后又推断这六法“不一定都是在松赞时代制定的”。[⑦]

随着藏学研究的深入和一批藏文典籍的翻译出版，古代藏族政治、经济、文化等方面的历史发展越来越清晰地展现出来。根据《西藏的观世音》记载情况来看，松赞干布时期颁布的基本法律制度主要有以下两个基本方面：

1. 颁行“十善之法”。十善法是松赞干布时期颁行的基本法律制度之一。十善法本为佛教律，佛教戒律不杀生、不偷盗、不抢人、不奸淫、不妄语、不两舌、不

---

① 阿底峡尊者发掘、卢亚军译注：《西藏的观世音》，甘肃人民出版社 2001 年版，第 107 页。
② 徐晓光：《藏族法制史研究》，第 11 页。
③ 徐晓光：《藏族法制史研究》，第 11 页。
④ 阿底峡尊者发掘、卢亚军译注：《西藏的观世音》，第 174 页。
⑤ 陈庆英主编：《藏族部落制度研究》，中国藏学出版社 1995 年版，第 210 页。
⑥ 陈庆英主编：《藏族部落制度研究》，中国藏学出版社 1995 年版，第 210 页。
⑦ 参见恰白・次旦平措主编：《西藏通史——松石宝串》，中国古籍出版社 1996 年版，第 48—72 页。

绮语、不贪心、不慎心、不邪见谓之十善。松赞干布在此基础上进一步与世俗政权力量相结合，颁布了“十善之法”。松赞干布颁布“十善之法”的背景、目的，在《西藏的观世音》一书中有比较详细的记载：“我深居简出，修习文字，而你们却散布流言，图谋篡权，既然如此，我现在就颁行‘十善之法’以诏吐蕃天下臣民！往昔吐蕃应立法而未立法，故分裂为十二藩帮。若今后仍无法可依，必将招致罪孽横生、祸患无穷，殃及我甥舅子臣万民。从今往后，凡我治下臣民，须不杀生，杀人者偿命价千金；不偷盗，偷盗者退赔赃物；不抢人，抢人者偿还原物；不奸淫，奸淫者科以罚金；不妄语；不两舌；不绮语；不贪心；不慎心；不邪见。但凡有违之者，均科以相应的处罚。”①

“十善之法”的颁布标志着藏族法律制度发展进入了一个新的历史时期。但长期以来对于十善法的地位、性质，学界颇多争论：一种意见认为十善法是吐蕃时期的立法依据；② 另一种意见认为十善法不可能是吐蕃的立法依据，以它为立法依据的说法是后来佛教徒们加的。③

十善法内容丰富，既有刑事法律规范，也有民事法律规范。如在刑事方面法律规范有：“不杀生，杀人者偿命价千金；不偷盗，偷盗者退赔赃物；不抢人，抢人者偿还原物；不奸淫，奸淫者科以罚金。”在民事方面法律规范有：“不妄语、不两舌、不绮语”等。这些法律规范所确立和体现的一些原则对藏族法律制度产生了深远的影响，如藏族法律中颇具民族特色的以罚代刑习惯法律制度的形成，尤其是赔命价制度的形成就突出地反映了藏族法律制度的这一历史特质。

“不杀生，杀人者偿命价千金”等以罚代刑法律习惯是藏族习惯法的一大特色。这种不以生命相抵，而是以财产相赔的习惯法似乎是人类进步的标志，但在藏族地区，它为有财产、有地位的统治者擅杀枉伤提供了方便，其阶级性和实质上的不平等性是违背人类理性的，也与现代法制精神格格不入。

2. 颁行世间道德规范十六款。世间道德规范十六款也是松赞干布时期制定颁行的基本法律之一。以往学人的研究，很少涉及松赞干布时期颁布的世间道德规范，这不能不说是藏族法律制度研究中的一大缺憾。松赞干布时期世间道德规范十六款的主要内容有：（1）敬信三宝；（2）求修正法；（3）报父母恩；（4）尊重有德；（5）敬贵尊老；（6）利济乡邻；（7）直言小心；（8）义深亲友；（9）追踪上流；（10）饮食有节，货财安分；（11）追认旧恩；（12）及时偿债，称斗无欺；（13）慎戒忌妒；（14）不听邪说，自持主见；（15）温言寡语；（16）担当重任，

① 阿底峡尊者发掘、卢亚军译注：《西藏的观世音》，第110页。

② 参见吴剑平：《吐蕃法律论略》，《中外法学》1990年第2期。

③ 参见仁青：《吐蕃法律初探》，《西藏研究》1984年第4期。

度量宽宏。①

世间道德规范虽然名义上是道德规范，但从松赞干布所处时代分析，这一道德规范在公元7世纪的藏族社会生活中完全起着法律的作用。因为松赞干布所处的时代是藏族由原始社会末期向奴隶社会过渡的时期，这一时期，由于社会经济发展水平的限制，加上法律制度本身发展的内在规律，藏族法律制度呈现宗教戒律、道德规范和原始习惯混合在一起的特点，这也符合法律产生发展的一般规律。一般认为，原始宗教在技术手段落后、社会结构薄弱、生活水平低下的社会，起到了多功能的作用，其中一个非常重要的作用是，原始宗教为人们提供了一种行为准则，使人们在行为中受到道德的约束。在没有法律或法律不健全的社会，宗教起到了维持社会秩序的作用；在现代社会，宗教仍有一定的补充作用，使犯罪者不管是否被捕，被处罚，都有可能受到良心谴责，感到自己有罪。

实际上，世间道德规范十六款的部分内容就是宗教戒律的直接援用，如第1条“敬信三宝”、第2条“求修正法”等的规定。有些条款本身就是道德规范，如第3条“报父母恩”、第4条“尊重有德”等的规定。从条款反映的内容看，有些是为人处世的原则要求，如第13条“慎戒忌妒”、第14条“不听邪说，自持主见”、第15条“温言寡语”；有些是家庭邻里如何相处的规定，如第6条“利济乡邻”、第7条“直言小心”、第8条“义深亲友”；有些是民间经济往来必须遵守的行为规范，如第12条“及时偿债，称斗无欺”。因此，可以看出世间道德规范包含内容十分丰富，从个人为人处世到宗教生活、到家庭邻里生活、再到社会经济生活，涵盖领域广泛，对社会生活的各个方面都有一定的影响力和约束力。

三、松赞干布时期藏族基本法律制度的特点

1. 鲜明的宗教色彩。松赞干布时期应当说是藏族第一个立法高峰期，从上述内容看，松赞干布时期的藏族法律制度是宗教戒律、道德规范和原始习惯的“混合物”。在构成松赞干布时期藏族法律制度基础的宗教戒律、道德规范和原始习惯中，宗教戒律又起着主导作用。和与此几乎同时的唐代法律相比，藏族法律制度无论从立法指导思想、法律内容，还是立法技术方面来看，都表现出自身特色，其中一个很重要的特色就是鲜明的宗教色彩。宗教对法律的影响是世界法律发展史的普遍现象，“宗教观念在美国法律形成时期的作用常常是决定性的”，“宗教观念在现代欧洲大陆债法的历史中起过重大作用”。② 藏族法律制度可以说到处渗透和散发着宗教

① 参见阿底峡尊者发掘、卢亚军译注：《西藏的观世音》，第121页。

② ［美］庞德著、邓正来译：《法律史解释》，中国法制出版社2002年版．第36页。

气息，这是与宗教在其政治、经济和文化中的地位和作用分不开的。“在公元7世纪前苯教是吐蕃王朝的国教，也是唯一的有完整的思想理论体系的宗教，在朝廷中起着非凡的作用，王朝的一应大事都要经过苯教国师打卦问卜，方能行动。”① 松赞干布时期，尽管由于佛教的传入对藏族本土宗教—苯教产生了很大的冲击和影响，但不管苯教还是佛教对世俗政权法律的影响都是巨大的。

2. 民法、刑法、经济法等法律规范体现在一部法典中。民法、刑法、经济法等法律规范共存于一部法典中是古代世界各国法律的普遍特征。“事实上，古代法律大抵都是诸法合体。并没有什么民法、刑法的分别，中国古代是这样，外国古代也是这样。”② 作为中华法系有机组成部分的藏族法律制度在古代的存在形式也不可避免地打上这一特征的烙印。从前述松赞干布时期颁布的十善法和世间道德规范十六条的内容可看出，由于松赞干布时期藏族的社会经济生活相对比较简单，加上吐蕃王朝的立法处于起步阶段，故法律的形式也相应比较粗陋。法律只不过是把经济生活用法律语言表述出来而已。吐蕃社会经济的内容决定了其法律的内容与形式。

3. 保留浓厚的原始习惯。习惯对法律的影响早已为法律发展史所证明。松赞干布时代的藏族社会形态是吐蕃从血缘氏族部落进入奴隶制部落的时代。进入奴隶制部落时代后，许多血缘部落的制度和氏族观念顽固地遗存在奴隶制部落中，调整着人们的社会经济生活。习惯不仅依靠其强大的惯性保留下来，更重要的是世俗政权的掌管者需要通过保留习惯来维护其权威。“在文字发明以前，以及当这门技术还处于初创时代，一个赋予司法特权的贵族政治成了唯一的权宜手段，依靠这种手段可以把民族或部落的习惯相当正确地保存着。”③ 虽然由习惯法再到成文法是世界法律发展的普遍历程，但必须明确指出的是，并不是所有的习惯都能转化为法律。松赞干布时代是习惯法时代向成文法时代过渡时期，习惯与法律实际上是并存的社会规范，也分别是传统部落和新型奴隶制政权的代表和象征。

---

① 丹珠昂奔：《藏族文化发展史》（上册），甘肃教育出版社2001年版，第507—508页。

② ［英］梅因著、沈景一译：《古代法》小引，商务印书馆1959年版。

③ ［英］梅因著、沈景一译：《古代法》，第7页。

宋代藏族部落地区纠纷解决的法律机制

陈武强*

宋辽夏金时期，吐蕃诸部散居于今青海、西藏、甘肃、宁夏等地，人口众多，乃至“阶、利、文、政、绵州、威、茂、雅州夷人，皆其（吐蕃）遗种也”。① 入宋以后，吐蕃势力日渐强大，它们由极端分散、各自为政逐步走向统一，形成了若干地方割据集团，其中西凉吐蕃六谷部落联盟和河湟角厮啰政权逐渐成为一股不可忽视的政治力量。因此，从宋真宗时期起，宋廷经制吐蕃藏族部落地区，极尽抚绥之策，除了在政治、经济上“授之以爵”、“悦之以利”之外，在对待藏区部落族际、族间诸多矛盾纠纷时，朝廷“因其俗法”谨断慎刑，对藏区民族社会秩序产生了重要影响。

一、部落习惯法对藏区纠纷的解决

吐蕃之俗“从喜怒，无常算”，多“自相仇劫”，以不报仇恶者为耻。因此，吐蕃族内族间伤害、仇杀等矛盾纠纷事件屡屡发生。宋代法律对待此类民族纠纷，遵从藏民族传统习俗，以藏族部落习惯法“因俗而治”。《宋刑统》中就有类似于习惯法的若干条款，规定本民族和异民族的法律纠纷中，对“同类自相犯者”依“本俗法”，异类相犯者以汉法论。

藏族部落习惯法是藏族内部约定俗成、被全体成员共同认可的行为规范，它体现着藏民族内部以及民族间法律上错综复杂的权利义务关系，在解决藏区纠纷中扮演着权威大法的角色。当藏族部落习惯法得到朝廷的确认或认可后，它就担当起藏区“权威法”的重任，成为宋朝调控藏族内部矛盾和纠纷的主要法律依据。其刑事原则是：藏族之间纠纷“和断”解决。“和断”即以罚代刑，罚：罚钱、物之意也。以罚代刑是藏民族一种非常古老的刑罚制度，如吐蕃“羊马赎死罪法”规定：黠羌

* [作者简介] 陈武强，博士、副教授，主要从事边疆史，法制史及民族史研究。

① 汤开建：宋金时期安多藏族人口的数据与统计，西北民族研究，2007，(3).

杀人“以羊马自赎”，其实就是纳物代刑制。

“和断”解决藏区纠纷之制，在宋代文献中颇有记载，如曾巩《隆平集》卷二十就有“蕃族有和断官”[1] 语。淳化五年（994 年），宋琪上奏朝廷：“臣顷任延州节度夷判官，经涉五年，虽未尝躬造夷落，然常令蕃落将和断公事”[2] 景德元年（1004 年），宋真宗诏边臣：“和断”解决野鸡族侵掠环、庆事件；[3] 景德四年（1007 年），宋真宗派使臣：依本俗法“和断”处理磷美族的互相仇劫；[4] 大中祥符二年（1009 年），西州进奉回给卒顺与西南蕃人贡提人斗死，礼宾院“押赴开封府依蕃部例‘和断’，收偿命价”；[5] 大中祥符五年（1012 年），杨知进“正月与译人郭敏伴送翟符守荣般次赴甘州，缘路为浪家、禄厮结家、乞平家、尹家所钞夺之，争斗，及和断”；[6] 天禧元年（1017 年）九月，“宗哥角厮啰贡马，乞和断”。庆历初，知庆州范仲淹订立藏区，“临时法”规定：蕃民“仇己和断，辄私报之及伤人者，罚羊百、马二”。[7]

通过“和断”，双方和好，纠纷化解。当然“和解”的程序首先是犯者缴纳数量不等的罚物。“和断”对罚物的规定有三种：一是罚羊或马，“蕃部罚纳，献送羊马”；[8] 二是罚货。“蕃部有罪纳货为赎”；[9] 三是罚钱。范雍等还自陕西言：“蕃部因罪罚羊者，旧皆输钱五百，比责使出羊，而蕃部苦之，自今请复令输钱”，从之。[10] 可见，罚纳羊、马，尽管律文简单，但实际操作困难以致“蕃部苦之”，所以随着藏区商品经济的发展和藏汉交往的日益频繁，藏民族通过贸易、交换等途径获得钱币的机会增多，加之纳钱便携易行，故罚钱形式日益普遍。

“和断”的最后一个程序是盟誓，谓“解仇结盟”。盟誓是藏族社会的一种古老习俗，方式有多种，对于违盟背誓、不守信约者，吐蕃“以为耻”。王双成指出：“在古代藏族社会，人们之间出现是非、善恶争辩时，主要通过盟誓的方式来解决。[11] 而且，有时为了解决争端，当是非难以判断时，“请地方神祇护法作证，立誓

① （宋）邵伯温：邵氏闻见录，北京：中华书局，1983 年第 144 页。
② （宋）曾巩．隆平集：文渊阁四库全书本，台北：台湾商务印书馆，1972 年第 199 页。
③ （宋）李焘：续资治通鉴长编，北京：中华书局，1992 年第 768 页。
④ （元）脱脱等：宋史，北京：中华书局，1985 年第 14146 页。
⑤ （元）脱脱等：宋史，北京：中华书局，1985 年第 14147 页。
⑥ （清）徐松辑：宋会要辑稿，北京：中华书局，1957 年第 2914 页。
⑦ （清）徐松辑：宋会要辑稿，北京：中华书局，1957 年第 7717 页。
⑧ （宋）李焘：续资治通鉴长编，北京：中华书局，1992 年第 3129 页。
⑨ （宋）李焘：续资治通鉴长编，北京：中华书局，1992 年第 1335 页。
⑩ （宋）李焘：续资治通鉴长编，北京：中华书局，1992 年第 1335 页。
⑪ （宋）李焘：续资治通鉴长编，北京：中华书局，1992 年第 2388 页。

赌咒”,[①] 使盟誓成为一个明辨是非的标准。源于此，藏族部落内部的矛盾“和断”后，执法者要求犯法者赌咒发誓，从而表示其和好之心永远不变，不再相犯、相互仇杀，通过盟誓来强化“和断”之成果，根绝纠纷。

藏族部落习惯法是藏文化的重要组成部分之一，源于藏民族地区的古老传统。实际上，传统作为一个社会、群体的文化遗产，是人类过去所创造的种种制度、信仰、价值观念和行为方式等构成的表意象征。正是由于宋代藏区社会中藏族部落民族传统习惯法具有的权威，才使其对藏民族社会成员具有普遍的法律约束效力，也才能有效调控矛盾、制止违法犯罪，维护藏区社会秩序，并进而对藏民族的观念、行为、制度等各个方面产生了广泛而深远的影响。

二、国家制定法对藏区纠纷的解决

宋代国家制定法一如唐代，其法律形式以律、令、格、式为基础，除此之外，敕与例也是宋朝重要的法律形式，南宋还编纂了条法事类，形成律、令、格、式、敕、例并行的局面。《宋刑统》包括刑法、民法、诉讼法的法律条文，是判案定罪的主要依据，于宋太祖建隆四年（963 年）修成，法典分为名例、卫禁、职制、户婚、厩库、擅兴、贼盗、斗讼、诈伪、杂律、捕亡、断狱等 12 篇，篇下设门，共 213 门，是中国历史上第一部刊版印行的封建法典。宋代后期，法律形式和内容虽多有变化，但它作为国家根本法律“终宋之世，用之不改”。令主要是有关制度的规定；格是朝廷机构日常处理事务的规定；式是朝廷的公文程式和行政细则。律为法律，令、格、式则多属法规，另以《编敕》以及一司一路一州一县《敕》等作补充。为了逐步恢复和确立边疆地区的国家法权威，确保宋朝在西北、西南藏族部落地区的统治秩序，国家制定法对藏边区民族纠纷的解决因时变通。

（一）对藏族部落习惯法的认可和保留

适当承认和保留藏民族的习惯与俗规，理论上源于宋朝治藏政策。因为国家法在扼制藏民族地区的各类违法犯罪行为的同时，还要确保藏边社会的根本稳定，所以宋朝对藏地少数民族纠纷的解决，“恩信”与诛罚兼而有之，且通常情况下从轻论罚。在具体操作上，仍然实行藏部落习惯法的罚物代刑制度。宋朝皇帝曾多次下达诏令、颁布“同类相犯，依本俗专法”的法律规定，强调司法机关和地方政府对藏族部落地区法律纠纷的处理视其情称“听以畜产器甲等物计价准当”,[②] 以“庶边

---

① 王双成：藏族盟誓习俗探微，西藏研究，1998，（2）.

② 萨迎·索南坚赞：王统世系明鉴，陈庆英、仁庆扎西译注，沈阳：辽宁人民出版社，1985：61.

境绥靖而远人获安也。"[①] 有犯大辟者，要求“缘边诸寨，送所属州军鞫之，无得辄断”，[②] 以免造成冤案。在宋史文献中，我们经常会看到宋朝皇帝对藏族酋首或百姓的撤罪诏书。如太平兴国三年：悉赦秦州内属三簇戎人之罪；[③] 咸平五年：赦径原内属蕃部谋判蕃人九十一人；[④] 景德元年：灵、夏、绥、银、有等州蕃族率部下归顺者，原叛朝廷之罪并释。[⑤] 赦罪的根本目的是为了拉拢人心、缓解政府与藏区诸族之间的纠纷和矛盾，以期巩固统治。但赦罪作为一种恤民的手段，还是值得肯定的。但为了惩戒违法者，国家制定法对藏族部落习惯法中的一些内容进行了修订，如法律规定，藏汉法官对违法蕃人判处应罚纳的物品和数量后，由蕃族酋首协同边区地方官吏实施罚纳的执行。如果违法者是蕃族首领，则规定蕃部首领须亲自托送罚物：“边蕃部使臣、首领等，因罪罚羊，并令躬自送纳。”[⑥] 这实际上是一种变相的名誉刑罚。同时又规定，罚刑生效后，地方官吏或藏族首领不得对犯者家族人户非理科敛，以确保藏族人利益不受侵犯。“缘边蕃部使臣、首领等，因罪罚羊，并令躬自送纳，毋得却于族下科敛入官，犯者重断之。”[⑦] 另外，为了防止藏族人“和断”后不思悔改、继续做出不利于朝廷统治的违法行为，[⑧] 宋朝还采取“纳质”措施，把犯者家属作为人质羁管起来，限制人身自由。据史料记载，天禧二年（1018年）时，北宋纳质“七百五十六帐”，[⑨] 一帐以 4 口计，约有 3000 人被宋朝中央和地方司法部门强纳为人质，他们“自少至老，肩系之，非死不出”。[⑩]

（二）对藏族部落习惯法的改革

为了确保藏区社会稳定和政令的畅通，赵宋王朝以国家法律为准绳，加大了对严重违法犯罪者的处罚和国家法取代藏族部落习惯法的改革力度，以逐步实现藏区与中原法制同一化的步伐，确立国家法权威的唯一性。

首先，对于藏边区强劫盗窃、劫杀谋杀、故杀斗杀、合谋逃叛以及危害国家、个人财产安全等行为的违法者，政府采用法律严惩，制其狡诈、“威慑”惩治。熙宁九年（1076 年）三月，内殿崇班德顺军静边寨主田憬上奏，沿边蕃部熟户盗孳畜

---

① （元）脱脱等：宋史，北京：中华书局，1985 年第 14209 页。
② （宋）李焘：续资治通鉴长编，北京：中华书局，1992 年第 6437 页。
③ （元）脱脱等：宋史，北京：中华书局，1985 年第 14196 页。
④ （宋）李焘：续资治通鉴长编，北京：中华书局，1992 年第 52 页。
⑤ （宋）李焘：续资治通鉴长编，北京：中华书局，1992 年第 421 页。
⑥ （宋）李焘：续资治通鉴长编，北京：中华书局，1992 年第 1156 页。
⑦ （宋）李焘：续资治通鉴长编，北京：中华书局，1992 年第 1229 页。
⑧ （宋）李焘：续资治通鉴长编，北京：中华书局，1992 年第 2484 页。
⑨ （宋）李焘：续资治通鉴长编，北京：中华书局，1992 年第 2484 页。
⑩ （元）脱脱等：宋史，北京：中华书局，1985 年第 14158 页。

人户，且上下蒙蔽，致杀无辜，[①] 宋廷“重之赏格，许人陈告”，[②] 缉捕严惩。嘉拓五年（1060 年）七月，保安军蕃官胡守中叛逃西夏；治平元年，环州界蕃官思顺族逃入西夏。[③] 熙宁五年（1072 年）六月，蕃官章威等投逃西夏；熙宁八年（1075 年）五月，蕃官殿直奇默特与母亲伊罗勒“谋并家属走西夏”；讷儿温、禄尊首率部族叛附鬼章。[④] 此类沿边藏民叛降无常的情况极其普遍，这实际上是源于藏人民族情结和纷杂多变的政治势力削长，但已归顺宋朝廷统治的藏族酋首或部民逃投蕃族本部或西夏、辽朝，为宋朝所不能容忍之政治犯罪，因此均执行重罪裁决，甚至以军事镇压的手段讨平“叛蕃”。宋哲宗元符二年（1099 年）“山南诸羌叛”，王赡遣将破乙“戮结兀龊及钦毡等九人”。[⑤]

又如谣言惑众：即在边境地带造谣生事，故意煽动蕃部滋事扰边者，被宋严厉惩处。“堪令环庆路日近频有属户蕃部惊疑作过，虑有奸人造作语言，动摇部族。”令：“知情人密告官府，查究属实，当法外特行处置。”[⑥] 诬告：即制造虚假事实，冤枉无辜民众者，宋律“以阴事诬人，是妄加人以死罪”，[⑦] 斩之。还有泄密、冒功者，宋廷一方面“谨救边备”，对涉情人员严格控制；另一方面明正典刑，严加诫断。

其次，宋折杖、刺配、编管、安置和凌迟刑制逐渐运用于藏区司法实践。

1. 折杖法：即用脊杖和臀杖分别取代原来的流、徒、杖、笞刑制。宋太祖建隆四年（963 年）颁行《宋刑统》时被正式列入《名例律》的“五刑门”中，成为定制。[⑧] 其制为：“凡流刑四：加役流，脊杖二十，配役三年；流三千里，脊杖二十，二千五百里，脊杖十八，二千里，脊杖十七，并配役一年。凡徒刑五：徒三年，脊杖二十；徒二年半，脊杖十八；二年，脊杖十七；一年半，脊杖十五；一年，脊杖十三。凡杖刑五：杖一百，臀杖二十；九十，臀杖十八；八十，臀杖十七；七十，臀杖十五；六十，臀杖十三。凡笞刑五：笞五十，臀杖十下；四十、三十，臀杖八下；二十、十，臀杖七下。”[⑨] 元丰二年（1079 年）时，蕃官军使罗遇“纵火焚新和市”，宋神宗下诏：“杖脊”，刺配广南东路牢城。[⑩]

---

① （宋）李焘：续资治通鉴长编，北京：中华书局，1992 年第 2110 页。
② （元）脱脱等：宋史，北京：中华书局，1985 年第 10578 页。
③ （宋）李焘：续资治通鉴长编，北京：中华书局，1992 年第 6696 页。
④ （宋）李焘：续资治通鉴长编，北京：中华书局，1992 年第 6696 页。
⑤ （清）徐松辑：宋会要辑稿，北京：中华书局，1957 年第 7270 页。
⑥ （清）徐松辑．宋会要辑稿，北京：中华书局，1957 年第 7825 页。
⑦ （元）脱脱等：宋史，北京：中华书局，1985 年第 14167 页。
⑧ （清）徐松辑：宋会要辑稿，北京：中华书局，1957 年第 7247 页。
⑨ （宋）叶梦得：石林燕语，北京：中华书局，1985 年第 103 页。
⑩ （元）脱脱等：宋史，北京：中华书局，1985 年第 4967 页。

2. 刺配刑：刺配是一种混合刑，将决杖、刺面、流配三种刑罚同时适用于罪犯《庆元条法事类》卷七十三《刑狱门三·折杖减役》云："刺配者，先具徒、流、杖之刑而更黥刺，服役终身。其配远恶州、军者，无复地里之限。"① 元丰元年（1078年），藏族讷儿温、禄尊因叛降无常，结果被凌迟处斩，而"妻儿田产并赐包诚，子年十五以上配广南牢城，十四以上所随行"。②

3. 编管和安置：编管和安置是适用于官吏和士大夫罪犯的两种刑罚。编管就是官吏、士大夫犯重罪时一般不处死刑，而把他们编入外州户籍，使其接受监督管理，并限制其人身自由；安置是将犯罪官吏贬谪到远恶之地居住，并限制其人身自由的处罚方式。熙宁五年（1072 年）六月，"蕃部密报，蕃部钤辖、崇仪副使赵绍忠私下与董毡文字往来"，有泄漏边防军情的重大嫌疑，宋神宗诏令"甘甲赴秦州经略司知管，"③ 不得随意出城，对赵绍忠实施编管。"羁管"略低于编管，两犯杖罪以上即可能被判羁管；罪人连坐的家属等也可判羁管。犯罪官吏常被判处编管，也有二千里、邻州等之分；更多的是被贬免官的官员被处以编管、羁管。如知径原路都铃辖周文质与总管王谦、史崇信和谓州马询美因擅放蕃族人质而违法，所以周文质被除名白州编管。元符二年（1099 年），大首领结兀龊等人谋叛被正法，但其子边厮波结兄弟表示归顺，故由经略司执行"监管"处罚，家属"交付提点赴阙所管押赴阙"。④ "凌迟"：凌迟刑是一种残害犯人肢体，然后缓慢致死的残酷刑罚，这种刑罚至清末法制改革前一直被沿用。《宋史·刑法志》曰："凌迟者，先断其肢体，乃抉其吭，当时之极法也。"⑤ 凌迟之刑主要用于惩治特别严重的违法犯罪行为，如元丰元年，蕃官殿直奇默特与其母伊罗勒叛逃西夏被"凌迟处斩"，⑥ 并"以家属赀赏告捕者，以犒蕃部。"⑦ 尽管宋对藏区所谓严重违法犯罪行为实行重惩，但对情节非属威胁朝廷安全或者情有可原者，仍然量刑较轻。而且相关司法部门在运用国家法解决藏族纠纷中注重"区分首从"的法律原则，对过失犯罪减一等处罚这些措施对藏区社会安定具有积极作用。

---

① （元）脱脱等：宋史，北京：中华书局，1985 年第 4967 页。
② （清）徐松辑：宋会要辑稿，北京：中华书局，1957 年第 3871 页。
③ 庆元条法事类·刑狱门三，上海：上海古籍出版社续修四库全书本，1985 年第 569 页。
④ （宋）李焘：续资治通鉴长编，北京：中华书局，1992 年第 5674 页。
⑤ （清）徐松辑：宋会要辑稿，北京：中华书局，1957 年第 7825 页。
⑥ （宋）李焘：续资治通鉴长编，北京：中华书局，1992 年第 6477 页。
⑦ （宋）李焘：续资治通鉴长编，北京：中华书局，1992 年第 6477 页。

三、结　语

宋代藏族部落地区纠纷解决的法律机制，因受藏边地民族与社会诸因素之影响，宋中央政府一方面贯彻习惯法调控的基本原则；另一方面，逐渐加大国家制定法纠纷解决的渗透和力度，形成了藏区各类纠纷之宽严互补、恩威并施的法律处置特点，逐步实现了对藏区社会的有效管理和统治，也对藏边民族社会的稳定和发展产生了重要影响。

西藏古代《十六法典》的内容及其特点

周润年*

法律是一定的经济基础所决定的统治阶级意志的体现，也是阶级社会特有的一种产物。西藏新中国成立前的法典，除沿用了吐蕃王朝的王法和佛教的教法外，还参用了元朝的法律规范以及明清时期制定的法律。旧西藏不同历史时期计有数十种法典。例如吐蕃时期制定的《法律二十条》（khrims – yig – zhal – lce – nyi – shu – tham – pa）、《神教十善法》（lha – chos – dge – ba – bcu）、《人教十六净法》（mi – chos – gtsang – ma – bcu – drug）；元朝时期制定的《元朝法典》（yon – rgyal – rabs – kyi – khrims – srol）、《蒙古族的法典》（sog – povi – khrims – lugs）；明清时期制定的《十五法典》（khrims – yig – zhal – lce – bcu – lnag）、《十三法典》（khrims – yig – zhal – lce – bcu – gsum）、《十六法典》（khrims – yig – zhal – lce – bcu – drug）、《十二法典》（khrims – yig – zhal – lce – bcu – gnyis）、《正直明镜鉴》（blang – dor – gsal – bar – ston – pavi – drang – thig – dwangs – shel – me – long）、《蒙古法律六十条》（sog – povi – khrims – lug – drug – cu）、《甘丹寺的僧侣参加拉萨大祈愿法会之法律》（dgav – ldan – dgon – gyi – dge – vdun – rnams – lha – ldan – smon – lam – chen – mor – tshogs – zhugs – skor – gyi – bcav – yig）、《山谷共同文纲》（ri – klung – rtsa – tshig）和《敏珠林寺法规》（smin – grol – gling – gi – bcav – yig）等。这些法律是统治阶级在取得统治地位以后，为进一步巩固其政权而制定的。这些法典作为阶级社会的产物，它不仅反映了奴隶主、农奴主阶级的意志，而且也反映了藏族社会不同时期的情况。其中藏巴第司噶玛丹迥旺布（gtsang – pa – sde – srid – karma – bstan – skyong – dbang – po）时期制定的《十六法典》是西藏封建农奴制社会的一部典型的成文法，它对于研究藏族社会的政治、经济、宗教、文化以及法理等方面具有重要的价值。今将个人对此研究所得略加陈述，以求教于藏学同仁。

---

* ［作者简介］周润年，中央民族大学藏学研究院教授，博士研究生导师。

一

《十六法典》产生于17世纪初的西藏噶玛政权时代。西藏噶玛政权始于辛夏巴·次丹多杰[①]（zhing – shag – pa – tshe – brtan – rdo – rje）之时。公元1565年，辛夏巴·次丹多杰推翻了仁蚌巴政权后，其势力迅速膨胀。公元1605年，他又联合止贡噶举派打垮了第巴吉雪巴，控制了前藏。此后，辛厦巴·次丹多杰之孙彭措南杰（phun – tshogs – rnam – rgyal），接连击败山南的领主雅郊巴并攻破澎波的乃乌宗，到公元1618年又消灭了名义上还延续着的帕竹地方政权，基本统一了西藏之大部，正式建立起西藏历史上有名的第司藏巴政权。公元1621年，彭措南杰得天花病去世后，由其16岁的儿子噶玛丹迥旺布继任藏巴汗。噶玛丹迥旺布于藏历火阳马年（即公元1606年）生于森格珑（seng – ge – lung）地方，童年时代他便显露出多方面的才能。史称他“智慧超群，深思熟虑，豁达大度，气量宽宏；对佛教尤加敬信；精通书写和念诵，善知诸学问；射箭等技艺可与格萨尔王匹敌；通达佛教和世间诸事，对臣民仁慈爱怜，对残暴、顽固者如同帝释天教训有方”。[②] 噶玛丹迥旺布在执政的20多年时间里，凭着自己的聪明才干做出了许多业绩。主要有：

1. 拆毁城堡，稳定局势。噶玛丹迥旺布继位不久，即下令除桑主孜（日喀则）等重要的14个大宗外，其余险要地方的小城堡全部拆毁，有效地防止了反叛者以城堡作为据点进行谋乱。噶玛丹迥旺布在位时的西藏“农业五谷丰登，牧业六畜兴旺，人民生活富裕丰盛，美满幸福，藏族社会出现了老妇携金上路而不担忧的太平盛世”。[③]

2. 护持佛法，维修寺院。噶玛丹迥旺布为护持佛法，拒受所有僧侣尼姑之礼拜。他对藏族地区的诸多教派（除格鲁派外）皆采取了平等对待、积极扶持的政策；在经济上给予大力支助，他曾将数百个庄园赠送给各教派的寺院，把地方的大部分收入用在各教派的期供[④]和期茶[⑤]之上。同时，将各教派的数万名僧侣迎请至驻锡之地桑主孜（bsam – grub – rtse）殿进行供养。为便利众香客前往寺院朝佛，还在各地建立了驿站。此外，他多次维修夏鲁（zha – lu）、那塘（snar – thang）、塔尔巴林（thar – pa – gling）和桑顶（bsam – sdings）等寺院，还从边地运来曼荼罗和贵重

---

① 辛厦巴是明代后藏地方封建势力名。原为仁蚌巴家族的下属。嘉靖四十四年（1565），辛厦巴·次丹多杰推翻并取代了仁蚌巴的统治，与噶玛噶举派联合，实力日渐强大。

② 译自《西藏历代法规选编》第88页。

③ 同上，第91页。

④ 一种定期法会、定时祭祀的宗教活动。

⑤ 定期或定时供应僧人茶水。

服饰，献给大昭寺的释迦牟尼像。

3. 身先士卒，驰骋战场。噶玛丹迥旺布为扩大境域，巩固政权，曾积极组织和训练有八支精锐部队。从公元1621年到1642年的20多年间，率领军队南征北战，多次与蒙古军队交锋。每次战斗，他都身先士卒，亲自指挥，亲自参战。因此，噶玛丹迥旺布在军队中具有很高的威望。1630年，拉达克王僧格南杰（seng－ge－rnam－rgyal）率军入侵后藏，被丹迥旺布指挥的军队击溃。

4. 立法定制，巩固政权。噶玛丹迥旺布为维护封建农奴主阶级的利益，加强对人民的统治，保障内部稳定，巩固政权。遂制定了通常被人们称为“丹次卡如”①的统一度量衡制度，并命令手下官员贝赛哇②草拟一部法典。贝赛哇遵循第司噶玛丹迥旺布的旨令，前往乌斯藏、门域、珞瑜及蒙古族聚居的地方达11年之久。在漫长的岁月里，贝赛哇每到一地皆细心地观察当地的风俗习惯，调查了解民事纠纷，拜访谙熟法律的专家，并先后参考了帕木竹巴时期的《十五法典》以及《桑主孜法典》《奈邬德漾宫的吉祥圆满之法律》《蔡巴法律》和古代法典之附则、传记等，而后依止最基本的法律条文及噶玛丹迥旺布的旨意，于藏历第十一饶迥的金羊年（1631年）制定出《十六法典》。

二

《十六法典》是在对帕木竹巴时期的《十五法典》有所增删的基础上制定的，每个法律条目的解释更加翔实、完整、具体，所依据的资料丰富、可靠。《十六法典》的具体内容是：

（1）英雄猛虎律（dpav－bo－stag－gi－zhal－lce）适用于在遭受外敌进攻时，以和平或武力等手段制伏敌人。本法规定：破敌之上策是不战而胜，即“外部不使莲花蕊瓣凋落，内部不使百灵巢穴受损；不惊动禽鸟而取其卵”③。英雄须具备摧毁、引诱、施舍、辨别和完成部队诸项任务等五种能力。首先要派遣使者与敌方直接见面，要大胆地利用善巧之办法，循循善诱，陈述利害，晓之以理，动之以情，劝其退兵或归降，以便使人民避免灾难，生灵免遭涂炭。如果此策不奏效，则可实施中策。中策的主导思想是以小恩小惠瓦解敌人，可赐予敌人一部分地盘、城池及

① 丹次卡如（gtan－tshigs－mkhar－ru），为官家秤斗。17世纪初，丹迥旺波统一前后藏衡量单位时制定的标准秤斗。

② 贝赛哇（spel－ser－ba）为噶玛丹迥旺布执政时的一名地方官员。其曾受丹迥旺布之令，草拟了《十六法典》。

③ 译自《十六法典》第一条“英雄猛虎律”。

房舍等，造成离心力，削弱敌人的主力。此间免不了使用欺骗等手段，例如声东击西等，但万万不可以吃咒、投毒等手段相诈，否则将不齿于人类。同时要观察地形，分析敌我力量，即谓知彼知己，百战不殆。如果中策也无效，则只好采用下策，即动用武力。是时，要做好整治军务、委任军官、准备后勤、注意行军等诸项事宜。对战斗中英勇杀敌、功勋卓著者，要大力表扬奖励，并可授予“英雄猛虎”之称号。

（2）懦夫狐狸律（sdar - ma - wavi - zhal - lce）这是在遭受强敌进攻或无法克敌制胜时用以避免失败的一些措施。即固守阵地时，莫胡乱射弹掷石，谨防关隘和陷阱，敌我莫要混淆，绝不可攻击善良的调解者。若战时败阵者，不论其地位高低，均须将其盔甲献于英雄之面前。若遇败阵者，无杀害之例。若以计谋抓捕敌人，要赏予所有参战官兵适当财产，然禁止虐待投降者。功奖投降者，则理当如故，但不可过度。

（3）镜面国王律（rgyal - po - me - long - gdong - gi - zhal - lce）这是要求地方官吏应遵守的法律。此法规定：凡由大王所派遣之地方官吏，皆须摈弃谋私之恶习，以操持公务为主，尽力效忠于历代第司和法王所开创的业绩。宗本不得大量食用上等糌粑；私人所欠公债，宗本不得私自前往索取。同时还规定，所有官吏要秉公办事，不得徇私，对守法者予以保护，对违法者予以严惩。

（4）听诉是非律（zhu - bzhes - bden - rdzun - gyi - zhal - lce）这是听取诉讼、辨明是非的法律。本法规定：首先要进行起诉，诉讼双方需到场对质，然后调查审讯。审讯时，辨明是非后即依法判处，诬告者则予以严惩。如二者均不坦白事实真相，双方则各负一半法律责任。已向法庭提出起诉而拟收回诉状进行内部解决的，原告和被告需同到法庭申请，说明缘由，可准予内部协商解决。

（5）逮解法庭律（bzung - bkyigs - khrims - ravi - zhal - lce）这是有关逮捕犯人并依法惩治的法律。此法规定：对于触犯法律者一概视犯罪情节而下令进行逮捕法办，特别是在王宫前持刀殴斗者、饥寒行窃者、向头人造反者、恶意起诉者，以恶语攻击地位高于自己者，皆须拘捕；对重犯则要强行拘捕，并加盖关防，套上枷锁、脚夹。对处以肉刑者，须在大庭广众之下宣布其罪行，并公开施之重刑。

（6）重罪肉刑律（nag - chen - khag - sbyor - gyi - zhal - lce）这是对犯人施行各种酷刑的法律，西藏古代法律中均有此项内容。此法规定：对弑父、母、阿罗汉者，伤僧、往佛身上洒血者，抢劫上师、僧人和国王之财物者，严重损害官方之名声者，放毒者，挑拨离间者，杀人劫马者，打家劫舍、持械行凶、阴谋叛逆者等人犯，皆施行肉刑。肉刑的内容主要有剜目、刖膝、割舌、剁肢、投崖、屠杀等，使用肉刑的目的在于以儆效尤。

（7）警告罚锾律（dran－vdzin－chad－las－kyi－zhal－lce）这是为戒违法者再犯而罚其缴纳财物以赎罪的法律。此法规定：凡未构成肉刑罪的违法者，皆给以一定的惩罚。惩罚一般以黄金或合金的“两”为单位，或以合金的“钱”为单位。其中较严重的罪行要分别处罚黄金15至80两不等；对较轻的罪行要处罚合金三两或视情而定；稍有触犯法律者，要处罚合金2—3钱，予以警告。为便于缴纳罚金，此条款还列举了黄金与财物的9种换算方法。

（8）使者薪给律（hor－vdra－za－rkang－gi－zhal－lce）此条是为缓和社会矛盾而制定的，即官吏应遵守的法律以及办事的人应负的义务等抑制官吏专横的规范，同时亦规定平民百姓有为官家所派差役供应食宿、支付脚力的义务。其中明文规定：后藏地方过去以藏升为计量税赋的标准衡器，然此种衡器太大，若如今继续使用之，则属民负担太重。因此，做适当规定，自发布此法令起，无故不得私自前往讨税。除布达拉宫派遣专人外，不许擅自领人前往。公派前往讨税者须知，昔日之法律规定，若税金不足一两者，不得设宴，不交付其他费用。

（9）杀人命价律（bsad－pa－stong－gi－zhal－lce）这是责令蓄谋杀人已遂的凶手赔偿命价的法律。命价简单地说就是生命的价钱。吐蕃王朝时期曾规定，杀害人命者要以命相抵。后来由于佛教和经济的发展等诸多原因，杀人者不再以命相抵，改为支付一定的偿命金，因此出现了命价。藏族社会等级森严，把人按血统贵贱和身份高低，划分为三等九级。《杀人命价律》就是按照这些等级对赔偿命价作了具体明确的规定，并指出：如果命价太少，影响劝诫凶手即起不到惩处之作用；如果命价太多，凶手未能承受，地方众人亦会为此而发生争执，互不搭理；倘若凶手交付不起，即会把人肉拿来作抵押品，由此会发生不安宁的动向。为使凶手和受害双方都满意，除为死者增加大量的“压悲钱”，还要为凶手归还一小部分生活费。

（10）伤人抵罪律（rmas－pa－khrag－gi－zhal－lce）这是依伤势轻重，责令斗殴伤人者赔偿财物的法律。此法规定：凡使人受严重内伤者，须缴付赔偿金2—3两；无内伤只有外伤者，若外伤面积为4指宽，则须缴付赔偿金2两；对骨折者，若受伤之面积与豆子大小相等，则付赔偿金1钱；对受伤流血太多者，尚应罚付血垫、氆氇等物，血垫的多少视出血的多少而定。对被打掉牙齿或拔掉头发者，旧时法律中有一种“掉牙偿马，拔发偿羊”之规定，后来不再实行。此法典规定，对被打掉牙齿者的赔偿费要比骨折者的赔偿费略多一些。对被拔掉两三根以上的头发者，对方须酌情付赔偿金1钱等。倘若五官以及手、脚、指头等被致残者，可按其命价的四分之一、三分之一或五分之一来赔偿，赔偿金数量的多少要根据致残程度的大小来决定。

（11）狡诳洗心律（bsnyon－ham－mnar－dag－gi－zhal－lce）这是责令狡赖欺

诈的诉讼双方以在神前发誓、抓油、抓石等方式辨别是非的法律，实施这条法律的具体方法有吃咒发誓、捞石子、掷骰子等。本条规定：喇嘛、善知识、尊者等人无咒誓可言，故不可算作吃咒发誓人之内；饥饿、馋食等穷人，因彼等故意舍弃罪恶，为维持生命求得食物而随便发誓，故彼等不得参加吃咒发誓；具有法力之咒师可用魔力解除咒誓，故不能参与吃咒发誓的活动；妇女为了其丈夫、孩子的利益可违心地吃咒发誓，故不可参加吃咒发誓；不能分辨是非之幼童和傻子等人不晓得取舍誓言之利害，故亦不能参与吃咒发誓的活动。那么何种人可参与吃咒发誓的活动呢？凡懂得或知晓自利和他利者、明见事理者、正直诚实者、能遵循因果规律者、胸怀宽阔即可视仇敌为己友者，若符合上述条件者，方可立誓。如若找不到符合上述条件者，即须用煮油抓石、煮泥抓石和掷骰子等方法来分辨是非。

（12）盗窃追赔律（brkus – pa – vjal – gyi – zhal – lce）这是对盗窃他人财物者依情节轻重责令其交还原赃并加倍赔偿之法律。本条法律除对盗窃犯视其所盗财物的多寡和被盗者身份高低进行不同的处理外，尚需对盗窃犯以退赃、课罚、赔新等3种方法惩处。此外，还规定因饥饿不能忍受的傻子或边地语言不同的流浪者进行盗窃，须给予所谓的“羞耻同情费”，即给予适量的食品和衣服；对诬陷他人为盗者，须对诬陷者进行必要的惩处，同时令其赔偿与所诬盗物相等的财物；对捡到财物不归还失主者以及将财物隐匿他处者、狡诈欺骗者等，须以退赃和赔新等方法进行惩处。

（13）亲属离异律（nye – vbrel – vbral – sdum – gyi – zhal – lce）这是夫妻等亲属关系由于纠纷等原因相互离异时，责令理亏一方赔偿理直一方的法律。在离婚案中，如果妇弃夫，要实行“虎纹赔偿法”，即女方须分3次付给男方18钱黄金，并付一套衣服或照顾好饮食和衣服等，理多者尚须赔偿其活人命价，理少者须赔偿其三分之一的活人命价。如果夫弃妇，则要实行“豹斑赔偿法”，即男方须付给女方12钱黄金，还要交付所谓的“服侍赔偿费”，即日薪为3藏升青稞，夜薪亦为3藏升青稞。此外，对家庭兄弟分家、父子分家等，须根据其家庭人口的多寡，合理分配财产。女方分的财产应为男方的四分之一，土地、房屋和财物等所有家产须按人头合理分配，父母及其长辈有权优先选择所需财产，剩余的财产可用掷骰子等方法轮流挑选。如果有要出嫁的姑娘，其嫁妆等陪嫁物要从公有财产中提留；若有出家的尼姑，则须为其代分厨具、份地、僧粮、衣物和小马等；若有出家的僧人，亦可依照上述分配原则，妥善办理。若由非血亲关系组成并且以往能同甘共苦的家庭离异，则须查清团聚时双方拥有财产的多少，做出合理公正的判决。

（14）奸污罚锾律（byi – byas – byi – rin – gyi – zhal – lce）这是对与他人配偶私通者处以罚金的法律。此条法律规定：与不同地位者之妻通奸，要处以3两罚金以及活人命价之四分之一的罚金，还要令其缴付以茶叶为主的7份赔礼费；与同等地位者之妻通奸，要处罚活人命价之总数2—3两金，并罚付以衣服和食品为主的5份或7份赔礼费。如系女方主动勾引男方所致，则处罚男方奸金1两，赔礼费是以瓷碗为主的3份，不用赔偿活命价。奸污尼姑者，可按寺院法规惩处。若有女人勾引邻居有妇之夫，勾引之妇须缴付其妻以茶叶为主的7份或以瓷碗为主的5份赔礼费等。

（15）半夜前后律（nam－phar－tshur－gyi－zhal－lce）此条法律中规定：租赁牛马等家畜，若牲畜死，则须赔付偿金；若所借牲畜无病无伤归还后，过夜而死，主人则不可诿罪于借者；将所借牲畜无病无伤归还后，若前半夜死去，借者须付给主人赔偿金；若后半夜死去，主人不得向借者讨取任何赔偿金。

（16）异族边区律（kla－klo－mthar－vkhob－gyi－zhal－lce）这是指盛行于西藏周边各民族如门巴族、珞巴族和蒙古族等聚居地方的法律。此条法律重点阐述了有关各地命价的差别，如在门地，中等官员被杀，规定凶手缴付80眼绿松石作为其命价，若以1眼价值为1头黄牛计算的话，则须缴付80头黄牛；在蒙古地方，中等官员被凶手杀死，规定凶手缴付60“牛载”（mdzo－khal）的财物，若以1“牛载”的价值为1头挤奶犏牛或1头犊牛计算的话，则须交付60头挤奶犏牛或犊牛；藏区则以“松坠”（gsum－sprod）之方法进行处罚，即以合金缴付其命价之赔偿费。

三

《十六法典》是藏巴第司噶玛丹迥旺布以法律的形式来维护封建农奴社会的法典，它用权威的、不容怀疑的、不容申辩的法律条文来规定人们必须遵守社会秩序。这不仅充分反映了统治阶级的观点，而且亦反映了当时藏族社会的概貌、价值观念、人伦关系等生产关系方面的基本特征。综观《十六法典》的内容，可主要归纳为以下几点：

（一）反映了农奴主阶级的根本利益

《十六法典》有着鲜明的阶级性，是维护封建农奴制度和农奴主阶级利益的。法律所规定的广大农奴和奴隶的行为准则，就是要使他们成为不死不活的顺民，从而满足统治阶级的需要。《盗窃追赔律》规定：“凡盗窃王、官员、头人之财物须罚赔原物之万倍，偷寺院僧人之财物须罚赔八十倍，偷与已同等地位人之财物须罚赔七倍至八倍或八倍至九倍不等。”[①] 由此可见，盗窃赔偿的办法也主要依据官阶高低、身份贵贱来决定，这非常明显地反映了该《法典》保护农奴主阶级利益、镇压劳动人民的根本指导思想。法律是以农奴主阶级的意志为转移的，当法律的内容同他们的利益发生冲突时，他们则可任意跳出这个范围，不受其限制，并可随心所欲地解释和执行它。《伤人抵罪律》条中规定：“伤人上下有别，民伤官，视伤势轻重，断伤人者手足。主仆之间，主失手伤仆，除治伤不再判罪，主殴仆致伤无赔偿之说。”[②] 从上述法律基本内容来看，非常明显地反映了该法典是为农奴主阶级服务的，平民百姓的一言一行、一举一动都要受到法律的约束和制裁，而统治阶级的所作所为都会得到法律的允许和保护。

（二）反映了封建农奴社会显明的等级制度

在旧西藏，统治阶级与广大农奴和奴隶之间的法律关系是一种压迫与被压迫、剥削与被剥削的关系，封建贵族阶级的种种特权都要受到法律的保护。而广大农奴和奴隶在法律上被当作法律关系的客体。统治阶级为了巩固封建农奴制度，总是把社会成员按照其不同的阶级、身份、地位、职业等，而分为不同的等级，享有不同的权利和义务，并加以法权化，形成人们之间的不同法律地位。旧西藏的法律亦明确将社会成员分为三六九等，严格区分尊卑贵贱。同样的人身——生命的血肉之躯，在封建农奴制的法律中却表现着完全不同的价值。《杀人命价律》中明确规定：“人有上中下三等，每等人又分上中下三级。”[③] 其中上等人包括藏王、大小活佛、僧俗官员和贵族等，中等人包括职员、僧人、商人等，下等人包括农民、铁匠、屠夫等人。与此相应，法律还规定各等级人之间的命价是有很大的差别的。对于王者的命价，法律规定：“上部雅孜王被霍尔所杀，其尸价与黄金等量；下部格萨尔王被丹玛行刺，至今命价尚未偿还清”。可见王者的命价是无限的，而对下等人的命价则规定为：“流浪汉、铁匠、屠夫等三种人，彼等命价值草绳一根。”不仅按等级规定命价，而且按等级量刑，对于农奴、奴隶和下等人犯上的行为，法律的惩罚是极为严酷和野蛮的，施行的肉刑有“剜目、刖膝、割舌、剁肢、投崖、屠杀等”，而对于上等人侵害下等人的行为，处罚则从轻甚至可免除刑事责任。不以客观事实为依据，而是根据等级来划分命价和量刑，实际上就彻底否定了广大农奴、奴隶的生命权，因此广大农奴和奴隶与少数统治者之间根本没有任何平等可言。

---

① 译自《十六法典》第十二条“盗窃追赔律”。

② 译自《十六法典》第十条“伤人抵罪律”。

③ 译自《十六法典》第九条“杀人命价律”。

（三）反映了封建农奴社会生产关系的特征

在封建农奴制时代，绝大多数的劳动人民没有生产资料，而且连人身都依附于只占人口极少数的封建农奴主，西藏的全部土地和牧场以及依附在土地上的农牧奴都是属于农奴主的。农奴主依靠封建土地所有制，通过地租形式（劳役地租、实物地租、货币地租）和超经济的强制，占有农奴的剩余劳动。农奴主把大量肥沃的土地作为自营地，领种份地的差巴世代被束缚在贫瘠的土地上，在庄园管家的监督下，为领主无偿支应繁重的乌拉差役。此外，使用农奴主的草场，要缴纳草钱；在农奴主的山上砍柴，也要给农奴主纳税支差。封建土地占有制和农奴的人身占有是农奴制社会生产关系的主要特征，也是封建农奴制度的统治基础。在当时生产力和生产关系极其低下的情况下，统治阶级为维护封建农奴制度，制定出一整套向属民摊派、索取差税和罚金的特殊政策，并从法律条文上固定下来。《使者薪给律》规定："凡讨税者所到之处，纳税者除为官吏及随从人员缴纳狗、马、骡之费用外，还要令其提供一条羊腿和一驮货物。未还清差税之前，缴纳差税者须为官吏每日分两次分别供应大小羊腿各一条，同时要为所有的随行人员每日三次分别供应小羊腿一条、茶叶五包和青稞酒，每日要为每匹马、骡供应饲料二升，并支付膳后金一钱。若拖延缴纳差税，令其每日缴纳五升青稞作为脚钱。天数要从讨税者抵达之日算起，讨税者一旦离开纳税者之家门，即可无须支付脚钱。对于个别不服从差头之命令而拒绝缴纳差税者，讨税者要对其严加管制，且令其交出所有天数的脚钱。对于狡猾强辩喊冤者须处罚一钱黄金。"① 旧西藏的差税制度逼得许多农奴妻离子散，家破人亡。更有甚者，农奴主还利用封建特权随意打骂拖欠差税的农奴，有的还将拖欠差税的农奴投监上刑，任意摧残。

（四）反映了神权观念和教法思想

在阶级社会中，统治阶级往往操纵、利用、掌握宗教，他们自己往往以"天神之子"或"神"自居，借助神的崇高威力来麻醉、统治、剥削、奴役人民。此外，统治者把阶级统治、阶级压迫美化成充满"仁爱"、"欢乐"的社会内容。因此，下属平民百姓必须把领主的所作所为皆看作是真理和善行，遵从听命，不可有丝毫的不从，倘若一旦违犯了佛（即领主）的旨意，就认为应该受到严惩。《重罪肉刑律》中明确规定："行五无间②之罪孽者、抢劫上师和僧人及藏王之财物者、严重损害官

① 译自《十六法典》第八条"使者薪给律"。

② 即一者害母，二者害父，三者害阿罗汉，四者破和合僧（指分裂僧团），五者恶心出佛身血（指伤害佛的身体）。

方之名声者"[1] 等，皆要以重罪论处。在执法方面，僧人也享有特权，即神权高于一切，僧人高于俗人。在长期的政教合一制度的统治下，"天命、神权"安排的宿命思想束缚着人们的一切行动。人们认为神灵是世界万物的主宰，人间的祸福、吉凶、善恶都由神鬼安排。因此，人们一遇到难以辨别的事情往往借助神灵的指点，当事人之间的争讼是非难辨时都求助于神的判决。《狡诳洗心律》规定："对是非狡诳者须进行立誓。所谓立誓，就像自己的鼻子所处于面部之位置，相当正直。所谓立誓，亦要由具有智慧眼和幻化身等先知先觉的护法神作证，以明鉴真伪。"[2] 遇到这类案件，负责审判的法官命令当事人发誓，发誓者要以自己崇拜、信仰之神作证，须供奉神饮誓水。宣誓后则认为誓词可靠，不敢宣誓则认作犯罪属实。此外，还有用煮油抓石和煮泥抓石等方式来辨别是非。进行这两种仪式时，"要事先准备好神帘、神垫以及完好无损之铁匠用具和石子，而后于铜锅或铁锅中倒入干净之菜油，油的多少一般以淹没拳头为宜，将两块拇指大小重量相等的黑白小石子放入油锅之中。如尚进行煮泥抓石之仪式，即在锅中放入一种浓稀如酸奶一般且能淹没拳头之泥浆或浊水，此后亦将两块大小相同的黑白石子放入锅中，以人们看不见石子为准，则可用手下锅去抓。抓得白石者为胜，抓得黑石者为败；抓石之手未被烫伤者，亦认为真实无过"。[3] 上述的立誓、煮油抓石和煮泥抓石等虽然方式不同，但目的都是借神意来判断是非。神判实际上就是人们在找不出犯罪证据或迫使犯罪嫌疑吐出实情时所使用的一种方法。神判的产生是因为人们的宗教信仰和神明崇拜；神判的使用是人们怀疑自己的智慧时被迫依赖于神的"插足"的一种方法。人们相信，鬼神不可欺，神明不可瞒，用神的力量可让有罪者败诉，无罪者胜诉。但神判是毫无科学根据的，根本无法断定事实的真伪，致使许多奸猾不轨者侥幸取胜，无辜者蒙受不白之冤。

综上所述，《十六法典》作为西藏封建农奴制社会的一部典型的法典，不仅反映了它的阶级性、残酷性、欺骗性，同时也反映了农奴主阶级的根本利益，以及对广大农奴和奴隶阶层的政治压迫和经济剥削，而且还反映了封建农奴制社会的一些基本特征。尽管制定法律的目的是为维护统治阶级的利益，实行农奴主阶级对广大农奴的专政，但在那个时代，客观上还是有利于新生地方政权的统一，有利于藏族社会经济的发展，起到了保境、安民、稳定社会秩序、推动社会前进的作用。《十六法典》是研究西藏封建农奴社会制度的一份典型资料。

---

① 译自《十六法典》第六条"重罪肉刑律"。
② 译自《十六法典》第十一条"狡诳洗心律"。
③ 同上。

从藏巴汗《十六法》看旧西藏的人权

何　峰*

国外一些敌对势力编造所谓“西藏人权”问题，极力美化旧西藏的社会制度，恣意诬蔑我国社会主义制度及现行政策。关于西藏人民在社会主义制度下所充分享受的人权，世人有目共睹，而对旧西藏的人权状况尚有许多人不甚了解。一种社会形态的人权状况，集中反映在该社会的法律制度上。今根据旧西藏的代表性法典——藏巴汗《十六法》，分析旧西藏社会各阶层成员不同的法定权利，帮助公众进一步了解旧西藏的人权状况。

公元1632年，藏巴汗·噶玛丹迥旺布执掌西藏地方政权后，参考以往传统法律、地方法规及不成文法，主持制定了《十六法》，世称藏巴汗《十六法》这部法典不仅为巩固藏巴汗政权起过十分重要的作用，而且还被西藏后来的统治者所沿用，成为维护西藏封建农奴制度的一个重要工具，在藏族历史上产生了深远影响。

藏巴汗《十六法》分绪论和正文两部分。绪论介绍藏巴汗政权的基本情况，阐述立法思想和立法经过；正文由十六款法律条文组成，其内容涉及军事、刑事、民事、行政、生产等方面。藏巴汗《十六法》是一部诸法合体性法典，其中，有的是保护性规范，禁止危害他人生命财产安全和扰乱社会秩序的行为发生；有的是程序性规范，旨在查实案情，弄清是非，以便准确裁决；有的是处罚性规范，对案犯的处置手段以及对受害人的补偿方式、数额等作了相应的规定。藏巴汗《十六法》毕竟是农奴主阶级的法律，它的立法思想基于最大限度地剥夺占西藏人口百分之九十五以上的广大农奴和奴隶的权利，极力保护官府、贵族和寺院上层等封建农奴主的利益，维护封建农奴制。

一

西藏社会等级森严，藏巴汗《十六法》重申对社会各阶层成员的等级划分，以

* ［作者简介］何峰，教授，青海民族大学校长。

职业为主要依据，将社会成员划分为三等九级，即上等三级、中等三级和下等三级。“杀人命价律”中说：“武将为上上，拥有三百以上奴隶之领主、高级行政官员及大寺院堪布为上中，大寺院的扎仓喇嘛、近圆比丘、政府俗官以及拥有一百以上奴隶之领主为上下；普通官吏、寺院执事、亲兵及年老僧人为中上，中级武官和普通僧侣为中中，出家的领主为中下；无主的自由民和官家差役为下上，定居铁匠、屠户和乞丐为下中，流亡的屠夫、猎户和铁匠为下下”[①]（《十六法》第九条）。根据这种等级制，军事长官、政府官员、农奴主和职业宗教人员被列入高等级，平民属于低等级，其中从事铁工、屠宰、狩猎等职业者是最低等。

被法律列入高等级的人，又依权力轻重和经济实力大小划分为若干等级，权力愈大、经济实力愈雄厚，其政治地位也就愈高。旧西藏的中高级军职人员并非从士兵或下级军官中选拔产生，而是完全按照等级规定从贵族、农奴主中委派。因此，中高级军官实际上是贵族、农奴主在军界的代理人，而武将至高无上的地位则是对封建贵族、农奴主政治地位的进一步肯定。虽然法律将整个僧侣阶层列入较高等级，承认有较高的社会地位，但由于在西藏社会僧侣集团相对独立于世俗社会，加之法律对其上层人物的地位又作了特殊的规定，因此在宗教集团中乃至社会上真正享有特殊政治权利的仅仅是其少数上层人物，而普通僧侣仍处于社会下层。由此可见，旧西藏社会上真正占有很高地位的政府官员、贵族和宗教上层，正是三大领主，是旧西藏的统治阶级。藏巴汗《十六法》把社会的政治权利赋予了这些人，它所极力维护的是三大领主的政治利益。

藏巴汗《十六法》在“三等九级”的基础上，又以性别分级，在同一等级中，女性的地位又远低于男性。该法对不同等级的人的命价作了具体规定，其中上上等的命价为与其尸体等量的黄金，上中等最高命价为四百两，下下等最低命价为十两，也就是说、上中等比下下等命价高出四十倍；根据该法关于女人命价为同级男人命价之半的规定，一个上中等男人的命价等于八十个下下等女人的命价！按该法规定，实际上难以用金钱衡量上上等人的命价，因而上上等级同其余各等级毫无可比性，根本不能相提并论！西藏社会各阶层成员间的法律地位之悬殊程度是惊人的。

值得注意的是，藏巴汗《十六法》把无主的自由民列为下上等级，也提到奴隶的主人——农奴主之间主要以他们各自所拥有的奴隶多少细分等级，但偏偏没有提及“有主的”奴隶本身，也没有规定其等级。这表明，在《十六法》中，广大奴隶就连被列入“三等九级”的资格都没有。藏巴汗《十六法》把占人口总数相当比例的奴隶视为“三等九级”之外的阶层，完全剥夺了其政治权利，故而他们如同草

① 《西藏历代法规选编》（藏文），西藏人民出版社，1989 年版。第 121—122 页。

芥，没有命价，只是会说话的牛马，可以被任意宰割。

唯恐等级规定不足以维护其全部利益，藏巴汗《十六法》还给三大领主直接赋予两项特权——司法权和受审优待权。《十六法》绪论中说，“本法如同大海，使任何人都莫测其高深”①，这主要是针对被统治阶级而言，其目的是让他们对法律产生一种神秘感，唯有服从而不敢过问，以便由三大领主完全掌握并任意使用司法权。在藏区，一些能言善辩、处世公道的平民常常参与诉讼调解活动，也往往能够息事宁人，而群众也愿意找他们调解纠纷，因而在民间有“穿羊皮者调解的诉讼，穿虎皮者也不能翻案”的说法。可是《十六法》明文规定“穿虎皮者所判之案，穿羊皮者不得翻案；虽然乞丐调解了纠纷，调解主仍由领主充当”②（《十六法》绪论）这里，首先明确由穿虎皮者——统治阶级审理诉讼，其次规定即使被统治阶级调解或帮助调解了纠纷，司法权仍属领主。在这种前提下，尽管统治阶级一般不可能卷入与被统治阶级的纠纷，但《十六法》还是规定，若遇不同等级间的纠纷，高等级者在审理过程中要受到特别优待。“听诉是非律”是有关听取诉讼、辨明两造是非的律文规定。此律指出，认定两造是非的方法视两造地位而定：“如果两造地位平等，就要当面对质；如果两造分属不同的等级，则要采取侧面问讯等适当方法，而不能当面对质”③（《十六法》第四条）。说穿了，这就是审判过程中对统治阶级的特殊待遇。对质是司法活动中用于取证的一般性程度，连这种最起码的程序上也要照顾统治阶级，那么在审判、量刑、执行等其他重要环节上三大领主的特权就可想而知了。

《十六法》在严格的等级规定的基础上，又确认了司法权和受审优待权，因此法律完全失去了对三大领主的约束力，他们只有享受法律规定的权利，而无须承担法律义务；相反，对被统治阶级来说，法律完全是束缚其手脚的政治枷锁，而没有给予丝毫的政治权利。

二

藏巴汗《十六法》极力维护三大领主的经济利益，而平民的经济权利则横遭剥夺。“盗窃追赔律”是《十六法》关于处置盗窃犯罪的一条律文，其核心内容是责令盗贼加倍赔偿，保护公私财产不受侵害，但法律对同样价值的财产的保护却因其主人的法律地位和社会等级而大不相同。该律规定，“赞普财产偷一赔万，三宝财

---

① 《西藏历代法规选编》（藏文），西藏人民出版社，1989 年版。第 94 页。

② 《西藏历代法规选编》（藏文），西藏人民出版社，1989 年版。第 98 页。

③ 《西藏历代法规选编》（藏文），西藏人民出版社，1989 年版。第 109 页。

产偷一赔八十，同级财产偷一赔七至九”[①]（《十六法》第十二条）。继而又解释道，“赞普”泛指政府官员、地方首领及官吏等，“三宝”指喇嘛、僧伽及佛殿供品，“同级”则指普通百姓。按照这条律文规定，假设一匹马被盗，其主人如果是官员，那么就可以得到成千上万匹马的赔偿；如果失主是宗教上层，则可得八十匹马的赔偿；如果被盗者是普通百姓，则只能得到七至九匹马的赔偿。毋庸置疑，“十六法”真正维护的是政府官员、贵族和寺院上层的财产，而不是普通百姓的经济利益。

社会上的各种治安、刑事案件不可避免，尤其在封建农奴制社会更是难以禁绝，一些好逸恶劳者以非法侵占他人财物为生，有些为生计所迫的良家子弟，有时也铤而走险。根据法律规定，盗窃他人财物一旦案发，就要受到严厉制裁，但制裁的严厉程度则因被盗对象的社会等级而有悬殊。根据这种法律规定，同一财物盗自平民家比盗自官宦、领主家所承担的风险要小得多，因此，不法分子自然要以最小的风险谋求最大的利益，其盗窃的目标势必转向平民。

藏巴汗《十六法》如同古代藏族其他法律一样，对触犯刑律者主要倾向于经济处理。“杀人命价律”规定，蓄谋杀人已遂者依据受害人等级赔偿命价；“亲属离异律”规定，因纠纷而相互离异的理屈一方赔偿理直一方；“半夜前后律”规定，如果被借用而还回的牲畜死亡，则视其死亡在还回的当晚半夜前或半夜后而决定借用者赔偿与否。另外诸如“警告罚锾律”、“伤人血价律”、“奸淫罚锾律”等，十六条律文几乎都涉及经济处理问题。从打架斗殴的一般性纠纷直至人命关天的大案要案，绝大部分都可以通过经济赔偿解决。以经济赔偿的方式处理大部分案件，对犯法者是一种严厉的惩罚，受害人也能得到一定的补偿，同时可以避免同态复仇，固然有其一定的合理性，但必须清楚，根据《十六法》的等级规定和特权规定，“犯罪”的只能是广大平民，而三大领主即使真正犯了罪，也未必进行赔偿。“伤人血价律”在责令斗殴伤人者依受伤者等级并视伤势轻重赔偿损失的同时，又明确规定：“主人失手伤仆人，则治伤而不赔偿；主殴仆致伤，无赔偿之说”[②]（《十六法》第十条）。可见，承担巨额经济赔偿的只能是广大平民，经济赔偿的规定主要还是针对被统治阶级。

《十六法》确认三大领主的司法权，同时还规定司法官员要收取相当可观的报酬。“主持分割有争议的家庭财产，取三分之一作为酬金”[③]（《十六法》第八条）；

---

① 《西藏历代法规选编》（藏文），西藏人民出版社，1989 年版。第 135。
② 《西藏历代法规选编》（藏文），西藏人民出版社，1989 年版。第 127 页。
③ 《西藏历代法规选编》（藏文），西藏人民出版社，1989 年版。第 116 页。

“获盗贼，官员取赃物之四分之一”[①]（《十六法》第十六条）。与此同时，司法助理人员也通过各种渠道得到好处。该法规定，诉讼处理完毕，结案立字时，诉讼双方都要拿出一定的“润笔费”作为对文书的酬谢；捉拿案犯者可取其身上所带财物作为“捆绑费”。遭受这种司法剥削的自然是诉讼双方，尤其是平民。诉讼调解中的有利可图，驱使统治阶级更加看重司法权，不允许私下解决争端。个别当权者为了发财，极尽无中生有、挑拨离间之能事，制造矛盾纠纷，以从中渔利。

显而易见，藏巴汗《十六法》关于财产赔偿的等级制度，一方面有力地保护了三大领主的财产安全，另一方面轻而易举地将盗窃犯罪的范围限制在民间，同时三大领主在诉讼调解中还有利可图，真可谓一石三鸟！

三

根据《十六法》有关规定，尽管包括杀人犯罪在内的许多案件最终可以通过经济赔偿的方式解决，但同时强调法度要严厉，“要像脖颈上套金轭一样重得使人抬不起头来”[②]（《十六法》绪论）。这种严刑峻法思想集中体现在“重罪肉刑律”中。“重罪肉刑律”，顾名思义，是对严重犯罪者处以肉刑的有关法律规定。该律规定：“对于行五无间业者，偷盗喇嘛、僧伽和王室财物者，严重损害领主声誉，制毒投毒，谋害人命，直接或间接杀人抢马，秘密武装，平民犯上，总之一切破坏治安的犯法者，都要处以肉刑，即挖眼、抽筋、割舌、推崖、溺水、屠杀等，以儆效尤”[③]（《十六法》第六条）。显然，这条刑律在规定种种酷刑的同时还肯定了死刑。这些严酷的刑罚在被正式规定之前早已被付诸实施，《十六法》的绪论中说，藏巴汗政权机关驻地桑珠孜宫的城墙等处，有“敌人的许多头颅、肠子以及被处以肉刑的罪犯之成串的眼珠、手臂等物，给人一种阴森、恐怖之感”。[④] 挖眼、抽筋、割舌等酷刑，使人闻之毛骨悚然，不寒而栗，其残酷性不言而喻。从律文规定的肉刑适用范围来看，它主要是用于惩治政治犯的条款。“五无间业”是一种宗教罪业，指杀阿罗汉、破和僧伽、恶心出佛身血等罪行，按宗教观点来说，犯有此罪者无须惩罚，自然坠入无间地狱，受尽无穷的煎熬。在政教合一的封建农奴制社会，宗教教义和说理是主要统治工具之一，因此统治者触犯宗教仪轨总是能找到种种借口，披上合法外衣，否则就等于搬起石头砸自己的脚。而犯上、秘密武装、损害领主声誉等

① 《西藏历代法规选编》（藏文），西藏人民出版社，1989 年版，第 142 页。
② 《西藏历代法规选编》（藏文），西藏人民出版社，1989 年版，第 94 页。
③ 《西藏历代法规选编》（藏文），西藏人民出版社，1989 年版，第 111 页。
④ 《西藏历代法规选编》（藏文），西藏人民出版社，1989 年版，第 91—92 页。

“重罪”则更是被统治阶级的“专利”。即使三大领主中有人犯下需要处以肉刑的罪行，也未必受到真正的肉刑处罚，他们尚有大量的回旋余地，因为按照《十六法》规定，经济处罚几乎可以代替任何一种刑罚，而他们完全有条件支付巨额赔偿和贿赂。西藏近代史也证明，除个别政敌外，三大领主中很少有人被处以肉刑，而被这惨绝人寰的酷刑致残致死的大都是平民百姓。照此看来，肉刑的实施对象通常是平民，尤其是农奴和奴隶。

其实，酷刑不仅仅体现在“重罪肉刑律”中，按照《十六法》规定，全部司法程序都借助暴力完成。“逮解法庭律”要求，触犯刑律者一律逮解法庭，律文中“逮解”的藏语意思是捆绑，这就肯定了暴力措施。天断是《十六法》所提倡的重要审理手段。以审理手段为主要内容的“狡诳洗心律”规定，若遇案犯拒不认罪或案子是非不清，则用起誓、捞油锅、烧泥汤、烧石子、掷骰等天断方法辨别是非，判定曲直。捞油锅的方法，是在半锅油中置大小形状相同的黑白两枚石子，烧沸后令原被告徒手捞石，得白石者为直，得黑石者为曲；烧泥汤则是从沸腾的泥汤中捞石子，以石色判断是否有罪；烧石子就是让被告徒手捧烧红的石头走完一段路，以烫伤轻重判断罪与非罪，等等。可见，这几种天断也都十分残忍，有的不亚于肉刑！

对于统治者而言，酷刑的意义还不在于它本身，而在于法律公开给予统治阶级的种种残暴行径以合法外衣。在西藏封建农奴制度下，农奴对农奴主的人身依附关系本来就十分突出，农奴主任意限制农奴人身自由，摧残农奴人身，加之法律公开确认，统治者更是有恃无恐，肆无忌惮地残害人民。新中国成立前西藏地区作肉刑残害农奴的实例不胜枚举，1958 年在西藏当雄宗政府院内还悬挂着一年前砍下的两只右手。据说有的地方还使用点天灯、活人天葬等酷刑。真是无所不用其极！

在严酷的刑罚面前，广大劳动人民动辄得咎，稍有不慎即有遭受酷刑的危险，以致造成人人自危。有一首西藏民歌道出了民众对严酷刑罚的畏惧心理：“在辽阔草原的上方，牵着骏马一同走，毛色光亮不忍舍，官法严厉骑不得；在辽阔草原的中方，牵着犏牛一同走，牛角美丽不忍舍，官法严厉驮不得；在辽阔草原的下方，带着情人一同走，情人俊俏不忍舍，官法严厉亲不得。”

综上所述，我们可以得出这样的结论：藏巴汗《十六法》所维护的只是不到西藏人口百分之五的三大领主官府、贵族和寺院上层的利益，而广大平民尤其是农奴和奴隶的一切权利几乎完全被剥夺。在政治上，由于其严格的等级规定，三大领主被法定为西藏社会的高等级，享受一切政治权利，而广大平民被列入低下等级，处于社会底层，毫无政治权利；在经济上，由于财产剥削的等级规定，法律极力保护三大领主的经济利益，经济上不但不保护平民，反而在客观上把平民推入纠纷的旋涡，遭受经济剥削和司法剥削之苦；在法律上，公开规定对平民造反等行为使用肉刑，肯定了三大领主残害平民的行为合法，使广大劳动人民的人身权利毫无保障。占人口百分之九十五以上的劳动人民的政治权利、经济权利和人身权利被法律所剥夺，致使其最起码的生存权都受到严重威胁，在这种社会制度下的广大西藏人民哪里还有人权可言！

《十六法》与十七世纪初期的藏族社会

诺布旺丹*

《十六法》产生于十七世纪初的西藏噶玛政权时代。它是借鉴了在它以前的吐蕃法律和帕木竹巴时期的《十五法》的基础上形成的，并为后来《十三法》等法律的制定提供了依据。因此，《十六法》在整个藏族封建农奴制法制史上居于承前启后，继往开来的地位。

（一）《十六法》与噶玛巴政权

任何一种法律的产生都有它产生的外部环境和内部条件。一般来说，法律是统治阶级在取得统治地位以后，为了进一步巩固其政权而制定的，在动荡和无政府时代绝无法律可言。十七世纪初叶的西藏各宗派势力，由于战争的长期拖累，一个个已陷入濒临灭亡的绝境，而主要矛盾转向噶玛巴和黄教之间。然而，此时黄教还是像一只刚脱壳的幼鸟，不能完全自主，在这种情况下，藏巴汗噶玛丹迥旺布与噶玛巴势力相勾结，轻而易举地打败了黄教，统治了整个卫藏地区，建立了噶玛政权。

噶玛巴统治卫藏全境以后，便很快转入巩固政权的阶段，并采取了一系列有效措施。此时，噶玛巴的实权已掌握在藏巴汗噶玛丹迥旺布手中，这位博才大略的政治家，凭着自己的才干开始了政治方面新的尝试。首先，他效仿了过去帕姆竹巴政权的一些管理措施，除了日喀则为首的十四个大宗及若干小宗外，其余宗城古堡均被拆除，以便管理。其次，他面对诸多的教派，所推行的不是“唯我独尊”的专制政策，而是采取了平等对待，一律扶植的宽容政策，并给他们在经济上以相应的帮助和补贴。同时，他作为噶玛巴世袭家族的成员，出于从政需要，不但没有受戒入噶玛教，反而吸收各宗派有名望的人来参与他的政治。另外，他吸取了过去仁蚌巴因给属民摊派税务过重而激起属民不满的教训，“每年轮流减免一百户属民的差

* ［作者简介］诺布旺丹，中国社会科学院民族文学研究所研究员，主要从事藏族文化研究。

税”。丹迥旺布看到，帕姆竹巴时代，法律的颁布使他所统治的社会逐渐趋于稳定，也使其政权在藏区取得了合法地位。因此，制定一套法律是势在必行的了，就令手下大臣草拟一套法律，这就是后来的《十六法》。《十六法》是由一位当时被派到北部的地方官草拟的，他主要参考了帕姆竹巴时期的《十五法》，同时搜集和翻阅了大量过去的地方法律文件，如：日喀则的《法典晶印》、前藏柳乌德央地方的《法律通论如意妙善》及蔡巴时期的法律，并走访了很多谙熟法律的专家，所到之处又细心观察了当地的地方习惯法，最后写成了《十六法》。《十六法》的具体内容是：(一）英雄猛虎律。（二）懦夫狐狸律，（三）地方官吏律。（四）听诉是非律。(五）逮解法庭律。（六）重罪肉刑律。（七）警告罚锾律。（八）使者薪给律。(九）杀人命价律。（十）伤人抵罪律。（十一）狡诳洗心律。（十二）盗窃追赔律。(十三）亲属离异律。（十四）奸污罚锾律。（十五）半夜前后律。（十六）异族边区律。

（二）《十六法》所反映的几个社会问题

法律作为阶级社会的产物，它所反映的则是特定社会的阶级内容，而社会又是连续性的，因此法律的形成和发展也是循序渐进的。从这个意义上讲，法律具有特定性和连续性两重特点。同样，《十六法》也不例外，它不仅仅是十六世纪初噶玛政权时代的产物，而且同它以前的吐蕃时期和萨迦、帕竹等地方政权时代，乃至后来的格鲁派政权时代的社会和法律有着千丝万缕的联系。通过比较可以知道，《十六法》除了《异族边区律》外，其余在内容上同它以前的帕竹时期的《十五法》没有很大差别；而后来五世达赖时期的《十三法》又基本上照搬了《十六法》的内容。然而，“周虽旧邦，其命维新”，由于社会的更迭和新政权的建立，历代统治阶级对这些内容的解释和侧重点则不尽相同。其中神权、君权、夫权是西藏封建农奴制“法”的核心，是有形无形地始终贯穿在《十六法》中的主题思想，它主要表现在：

(1）神权、君权、夫权思想的普遍性。

噶玛巴时代是西藏封建农奴制社会的上升时期。由于当时落后的生产关系使大部分属民的生产生活依附于土地及土地的主人，从而使生产力长期停滞不前。生产力水平愈低下，属民同土地和土地主人的依附关系愈为紧密，最终迫使属民的一言一行都顺从统治阶级的利益，而统治阶级的一言一行因此便有了普遍的法律效力。《十六法》序中说：“首先莫为三宝受耻辱，且听从王之所令，许王之所欲，行王之所为”。就正好证明了这一点。

西藏的封建统治阶层都是依靠宗教力量而发展起来的。因此，可以说，一切官吏都是宗教的信奉者和支持者，尽管他们所信奉的教派不同。噶玛丹迥旺布作为噶玛教派的信仰者，并没有从宗派感情出发，而是把各种宗派都放在佛教的整体利益——神权中加以考虑，对当时每一个宗派都给了充分的自由，第三条《地方官吏补》中规定："凡由王所派的地方官吏，均应以佛法为重，不必改信教派、不准更换自己教派衣冠"，以便使各种教派最大限度地发挥其社会功能，因此，神权和君权如水银泻她，无孔不入，渗透了卫藏的政治、经济、文化等各个领域，《十六法》中的每一条都直接或间接地表现出了这一点。

（2）神、君、夫三权思想的神圣性。

"善"是佛教哲学的基本出发点。佛教徒认为，它是真理的来源与起因，而真理又是符合大多数大利益的，藏族人把君主的所作所为都看作是真理和善行。这种乌托邦式的理想主义思想导致了王权与佛教的神圣化，下层属民只能对他们服服帖帖，敬而远之，不能有丝毫的含糊，一旦触犯了它就会受到严厉的惩罚，且自己也认为自己罪有应得。第七条《重罪肉刑律》中规定：做了五无间之事或玷污活佛，僧侣及王的器皿，扰乱秩序，施行暴力行为者及平民起义均予以重刑，凡怒视、谩骂、偷窃者分别处以剜日、刖腿、断手、投崖，屠杀等极刑。第五条《逮解法庭律》中还规定：在王宫周围闹事、打架斗殴、对头人上司施暴力者视情处以捆绑或肉刑。一般来说，在封建农奴时代，妇女的地位是卑贱的，妇女即是丈夫的所有财产。因此付于统治阶级，同其妻女通奸，则意味着对他们地位的严重玷污和对他们权力的侵犯。对一般男人来说，同其妻女的通奸则意味着是对他们财产的一种粗暴侵犯行为。《奸污罚锾律》中规定：与普通人的妻女私通科以罚金，而与活佛、官吏的妻女私通则受到断肢等刑罚。可见，妇女的地位也是随着君权与夫权的利益而变化着的，实质上，妇女完全成为君权和夫权的牺牲品。

（3）神权、君权、夫权思想的绝对性。

君臣，贫富，尊卑，男女差别都被认为是与生俱来的绝对化的东西。列宁曾经说过："在奴隶社会和封建社会中，阶级的差别也是用居民的等级划分固定下来的，同时还为每个阶级确立了在国家中的特殊法律"。[①] 等级制度是西藏封建农奴制法的一个重要特征。《十六法》中把人分为上上等，上中等、上下等、中上等、中中等、中下等、上下等、下中等和下下等共九个等级。由于等级的差别，处于不同阶层人们的生存价值也各异，第九条《杀人命价律》中规定：除了王以外，被害者的命可用罚金来抵偿，而王的命价不能用金钱计算，因为他是超越等级的，是法律为化身。

① 《俄国社会民主党的土地纲领》，见《列宁全集》第6卷，人民出版社1959版，第93页。

注：本文参考了《西藏历代法规选编》，西藏人民出版社1989年藏文版中所编的《十六法》，文中未标明出处者，均从该书引述。

英雄则属上上等，宗本及寺院首领，拥有三百名以上农奴的官吏则属上中等，寺庙官吏、王室的饲马员、老龄僧侣、小贵族均属上中等、小寺僧侣等属中中等，普通俗人属中下等，流浪汉，王宫仆人和屠夫则属下上等，普通五金匠、无执照的屠夫和乞丐均属下中等，猎人、铁匠等则属下下等。他们的命价也根据等级情况分别划为四百、三百、二百、一百五十、八十、七十（或六十、五十不等）、四十、三十、二十、十两（有时十五两）银子。而妇女的命价平均低一倍。这种不以客观事实为依据，而是根据等级来划分命价的形而上学思想，反映了神权、君权和夫权在当时社会中的绝对地位。

（4）神权、君权、夫权思想的特殊性。

法律是建立在社会公约的基础上的，这是一切法律的基本特点。在封建农奴制时代，由于落后的生产力和生产关系，一般为法律条约不能彻底满足他们的统治需要，因此，制定了一整套强制性的特殊政策，并从法上固定下来。《十六法》中的《使者薪给律》就是统治者向属民摊派、索取差税和罚金为特殊政策。它规定：凡官方来人催还债务、罚务、摊派差税，传旨都需要由老百姓供应食物和支付一定的脚力。在拉萨地区，政府、贵族、寺院都往往不分公私，在布达拉宫领到批文后，就可以仗势凭权随意进人老百姓家中，所到之处，任意榨取脚力。噶玛巴看到繁重的差税曾经引起属民的普遍不满，故引以为戒，重新规定：凡公派前往催还债务，均以付还较大数目的罚金为目的。一般由一位官吏领队，并有一定数目的奴仆、犬及马匹随行，浩浩荡荡前去讨债，所到之处要供给相应的肉食。凡属官方派出的讨债人员，偿还债务的户头，每隔两天要向他们中的主要人物供给羊小腿两条、羊大腿一条、茶五碗、酒及马匹词料等物品。同时还有一种叫“丹顿”的讨债方法。“丹顿”意为“敷座宴会”，这是为传达政府敕令的官员所设的特殊宴会，是一种变相的剥削。欠债人家要给旨文所花的笔墨和劳务，所派官员亲临入席、脚力、旅途都要付一定的罚金，一般上述每一项都要分别支付总债务量的四分之一。

法律永远是以统治阶级的利益为转移的，当法律的某种内容同他们的利益发生冲突时，他们则可任意跳出这个范围，不受其限制，《狡诳洗心律》责令，狡赖欺诉的诉讼双方，以在神前发誓，抓油等方式来辨别是非，但活佛、僧侣却不受这一法规的约束，他们作为宗教职业者，其崇拜对象是佛与神祇，他们时刻都是以佛法和神力来约束自己的。而免除狡诳洗心律之约束就意味着他们在日常生活中完全成了不受法律制约的自由者，从某种意义上讲，他们的所作所为都得到法律的允许和保护。

《十六法》是西藏封建农奴制社会的一部典型的成文法，其中所反映的神权、君权、夫权是整个西藏封建农奴制时代的三大社会支柱，也是长期套在藏族人思想上的三大精神枷锁。在过去，历代统治阶级都从法律上给以竭力的保护，使它渗透到藏族的政治、经济、文化等各个领域。它的泛滥逐渐导致了藏族人的保守、排他、自卑，等级观念以及惰性和奴性思想等弊病，从而使藏族社会长期停滞不前。

从《十六法典》看旧西藏

周润年*

西藏从1959年废除了封建农奴制度以来，社会的发展获得了前所未有的进步，面貌发生了翻天覆地的变化。西藏社会进行了根本性的变革，封建的政治制度和经济制度被彻底废除了，占人口绝大多数的昔日农奴的人权状况较从前有了根本性的改善。但国外反华势力和分裂分子却否认这种变化，也否定西藏存在过农奴制度，甚至将西藏美化成一个"人间仙境"、"世外桃源"的极乐世界，把封建农奴制度说成是世界上"最美妙最神圣"的制度。那么旧西藏的情况究竟如何呢？现根据西藏古代《十六法典》，剖析一下旧西藏社会的真实法定权利，便于世人了解旧西藏的人权状况。

《十六法典》产生于17世纪初的西藏噶玛政权时代，噶玛丹迥旺布执掌西藏地方政权后，参考帕木竹巴时期的《十五法典》和《桑主孜法典》以及许多不成文的地方法规，主持制定了《十六法典》，具体内容涉及藏族的军事、刑事、民事、政务、生产和生活等方面的法律。这部法典不仅为巩固噶玛政权起到了作用，而且还被西藏后来的统治阶级所沿用，历辈达赖统治期间的十三法典，就是《十六法典》的承袭。尽管这些法典在条目、排列和解释等方面有所不同，但在内容上是大同小异，皆反映了统治阶级的立场观点以及三大领主的利益，并成为维护西藏封建农奴制度的一个重要工具。

一、保障农奴主阶级的政治特权，限制了农奴阶级的人身权利

《十六法典》有着鲜明的阶级性，是维护封建农奴制度和农奴主阶级利益的。它立法的目的就是基于最大限度地剥夺占西藏人口95%以上的广大农奴和奴隶的权利，极力保护三大领主等封建农奴主的利益。它用权威的、不容怀疑的、不容申辩

* ［作者简介］周润年，中央民族大学藏学研究院教授，博士研究生导师。

的法律条文来规定人们必须遵守社会秩序，使广大农奴和奴隶成为不死不活的顺民，从而满足统治阶级的需要。《盗窃追赔律》规定：“凡盗窃王、官员、头人之财物，须罚赔原物之万倍；偷寺院僧人之财物，须罚赔八十倍；偷与已同等地位人之财物，须罚赔七倍至八倍或八倍至九倍不等。”① 由此可见，盗窃赔偿的办法也主要依据官阶高低和身份贵贱来决定，这非常明显地反映了此法典保护农奴主阶级利益、镇压劳动人民的根本指导思想。

《十六法典》是以农奴主阶级的意志为转移的，农奴主们既是法律的制订者，又是法律的执行者，他们的意志就是法律，他们封赐的文书、命令，谁也不得违抗。但每当法律的内容同他们的利益发生冲突时，他们则可任意跳出这个范围，不受其限制，并可随心所欲地解释它和执行它。《伤人抵罪律》条中规定：“伤人上下有别，民伤官，视伤势轻重，断伤人者手足。主仆之间，主失手伤仆，除治伤不再判罪，主殴仆致伤无赔偿之说。”②

在这种前提下，尽管统治阶级一般不可能卷入与被统治阶级的纠纷，但《十六法典》还是规定，若遇不同等级间的纠纷，高一级者在审理过程中要受到特殊的优待。如《听诉是非律》中规定：“如果诉讼双方地位平等，就要到场当面对质；如果诉讼双方地位不同，则要采取侧面调查问讯等适当办法，而不可采取当面对质。”③ 很明显这就是在审判过程中对统治阶级的特殊优待。诉讼双方对质是司法工作中最基本的程序，连这种最基本的程序上也要照顾统治阶级，那么在审判、量刑、执行等其他重要环节上统治阶级的特权就可想而知了。从上述法律的基本内容来看，非常明显地反映了该法典是为农奴主阶级服务的，它将社会的政治权利赋予了少数统治阶级，并极力维护三大领主的政治利益。广大平民百姓的一言一行、一举一动都要受到法律的约束和制裁，而统治阶级的所作所为都会得到法律的允许和保护。

二、维护僧侣贵族的经济利益，导致西藏社会的贫富悬殊

在封建农奴制时代，绝大多数的劳动人民没有生产资料，而且连人身都要依附于只占人口极少数的封建农奴主，西藏的全部土地和牧场以及依附在土地上的农牧奴都是属于农奴主的。三大领主（贵族、寺庙、旧地方政府）虽只占西藏人口的

① 周润年：《西藏古代法典选编》的“十六法典”第十二条“盗窃追赔律”，中央民族大学出版社 1994 年 4 月版。

② 周润年：《西藏古代法典选编》的“十六法典”第十条“杀人抵罪律”，中央民族大学出版社 1994 年 4 月版。

③ 周润年：《西藏古代法典选编》的“十六法典”第四条“听诉是非律”，中央民族大学出版社 1994 年 4 月版。

5%，可是他们占有西藏的全部耕地、牧场和绝大部分牲畜。有一首藏族民歌唱道："太阳照到的地方，是三大领主的地方；水流到的地方，是三大领主的地方；山影遮盖的地方，是三大领主的地方；农奴祖祖辈辈，没有一块立脚的地方。"农奴一无所有，而农奴主依靠封建土地所有制，通过地租形式（劳役地租、实物地租、货币地租）和超经济的强制，占有农奴的所有剩余劳动。农奴主把大量肥沃的土地作为自营地，领种份地的差巴世代被束缚在贫瘠的土地上，在庄园管家的监督下，为领主无偿支应繁重的乌拉差役。此外，使用农奴主的草场，要缴纳草钱；在农奴主的山上砍柴，也要给农奴主纳税支差。封建土地占有制和农奴的人身占有是农奴制社会生产关系的主要特征，也是封建农奴制度的统治基础。在当时生产力和生产关系极其低下的情况下，统治阶级为维护封建农奴制度，制定出一整套向属民摊派、索取差税和罚金的特殊政策，并从法律条文上固定下来。《使者薪给律》规定："凡讨税者所到之处，纳税者除为官吏及随从人员缴纳狗、马、骡之费用外，还要令其提供一条羊腿和一驮货物。未还清差税之前，缴纳差税者须为官吏每日分两次分别供应大小羊腿各一条，同时要为所有的随行人员每日三次分别供应小羊腿一条、茶叶五包和青稞酒，每日要为每匹马、骡供应饲料二升，并支付膳后金一钱。若拖延缴纳差税，令其每日缴纳五升青稞作为脚钱。天数要从讨税者抵达之日算起，讨税者一旦离开纳税者之家门，即可无须支付脚钱，对于个别不服从差头之命令而拒绝缴纳差税者，讨税者要对其严加管制，且令其交出所有天数的脚钱。对于强辩喊冤者须处罚一钱黄金。"① 旧西藏的苛捐杂税多如牛毛，如拉萨大祈愿法会期间，养马的人要交纳养马税，酿酒的人要交纳酿酒税，不梳发辫的女人要交纳发辫税，下雪要交纳扫雪税以及赎孽税、胡琴税、唱歌税、养花税、烟草税、水井税、池塘税，甚至连听留声机也要交纳税。据统计，全西藏农奴租、税的负担量占整个劳动时间或创造的总财富的40%至70%不等，如扎囊县囊色林溪卡的剥削量占农奴总收入的73.64%②。沉重的差税负担，使许多农奴欠下"子孙债"、"万年债"，永远偿还不清。三大领主放债的年利息不一，有借七还八，有借五还六（即借青稞五藏斗，年底本息还六藏斗）。农奴中很少有不借债的，有的借债是为了借新债还旧债；有的是支付差税；有的因缺种子、口粮而借债；有的是遭受天灾人祸借债；还有的是三大领主强迫摊派的债务。"仅索康庄园的59户农奴中，就有51户借高利贷，负债数量共计青稞5400藏斗（一藏斗为28市斤），大洋800元，藏银7500多两。每年因

① 周润年：《西藏古代法典选编》的"十六法典"第八条"使者薪给律"。中央民族大学出版社1994年4月版。

② 载《中国藏学》第39页，《试论西藏封建制度》，1988年第1期。

欠债而沦为奴隶的就有十人。”① 旧西藏的差税制度逼得许多农奴妻离子散，家破人亡。新中国成立前3.7万人口的拉萨，乞丐就有四五千人，这一并不遥远的历史，西藏人民仍记忆犹新。

三、保护封建农奴主的法律地位，否定了西藏广大人民的生存权利

旧西藏，统治阶级与广大农奴和奴隶之间的法律关系是一种压迫与被压迫、剥削与被剥削的关系，封建农奴阶级的种种特权都要受到法律的保护，而广大农奴和奴隶在法律上被当作法律关系的客体。统治阶级为了巩固封建农奴制度，总是把社会成员按照其不同的阶级、身份、地位、职业等，而分为不同的等级，享有不同的权利和义务，并加以法权化和神权化，形成人们之间的不同法律地位。

在封建农奴制社会中，农奴主往往操纵、利用、掌握宗教，他们自己往往以“天神之子”或“神”自居，借助神的崇高威力来麻醉、统治、剥削、奴役人民。此外，农奴主把阶级统治、阶级压迫美化成充满“仁爱”、“欢乐”的社会内容。因此，下属平民百姓必须把领主的所作所为皆看作是真理和善行，遵从听命，不可有丝毫的不从，倘若一旦违犯了佛（即农奴主）的旨意，就认为应该受到严惩。《重罪肉刑律》中明确规定“行五无间②之罪孽者、抢劫上师和僧人及藏王之财物者、严重损害官方之名声者”③ 等，皆要以重罪论处。在执法方面，僧人也享有特权，即神权高于一切，僧人高于俗人。在法律的具体实施中，宗教也介入其中。如在刑事诉讼案件中，审判法官一旦遇到难以辨别的事情往往借助佛的指点，求助于神的判决。执法者采用的方法是，首先命令诉讼双方在护法神像前发誓，并以自己崇拜、信仰之神作证。然后，让诉讼双方用手从烧沸的油锅里捞取石子，油锅里放有黑白石子各一枚，捞得白石者为胜，捞得黑石者为败。这种判决方法是毫无科学根据的，根本无法断定事实的真伪，致使许多奸猾不轨者侥幸取胜，无辜者蒙受不白之冤。同时，这种审判方法是十分残忍，骇人听闻的。

旧西藏社会生活的各个领域处处都能体现等级观念，即使执法时亦不例外。《十六法典》明确将社会成员分为三六九等，严格区分尊卑贵贱。同样的人身——生命的血肉之躯，在封建农奴制的法律中表现着完全不同的价值。《杀人命价律》

---

① 《透视达赖》第223页，西藏人民出版社，1997年出版。

② 即一者害母，二者害父，三者害阿罗汉，四者破和合僧（指分裂僧团），五者恶心出佛血（指伤害佛的身体）。

③ 周润年：《西藏古代法典选编》的“十六法典”第六条“重罪肉刑律”，中央民族大学出版社1994年4月版。

中明确规定："人有上中下三等，每等人又分上中下三级。"① 其中上等人包括藏王、大小活佛、僧俗官员和贵族等；中等人包括职员、僧人、商人等；下等人包括贫穷的农民、铁匠、屠夫、渔夫、猎人、天葬师、鞋匠和陶匠等人。与此相应，法律还规定各等级人之间的命价是有很大的差别的。对于上等人的命价，法律规定："上部雅孜王被霍尔所杀，其尸价与黄金等量；下部格萨尔王被丹玛行刺，至今命价尚未偿还清。"可见统治者的命价是无限的，而对下等人的命价则规定为："流浪汉、铁匠、屠夫等三种人，彼等命价值草绳一根。"不仅按等级规定命价，而且按等级量刑，对于上等人侵害下等人的行为，处罚则从轻甚至可免除刑事责任。而对于农奴、奴隶和下等人犯上的行为，轻微的罪行多半施以鞭笞。鞭笞往往当众进行，不论男女都得脱光衣服，用皮鞭抽打。较重的刑罚有"剜目、刖膝、割舌、剁肢、投崖、屠杀等"。一些刑罚令人难以想象，藏学家李有义教授在他1951年所著的《今日的西藏》一书中，向世人讲述了他在国民党政府时期曾在西藏任职时亲眼看见的一个奇特的刑罚，"一个做假金子的，被藏政府抓到了，就用一块石头和一把盐，让犯人抓在手中，然后把他的拳头用牛皮缝起来，用枷锁住晒在太阳底下，不久这人的手就被石头和盐把血水吸了出来，这人痛得一阵阵昏过去，大声呼救，两三天后这人的手和半截臂膀都枯了，成了残废。"② 旧西藏法律的惩罚是极为严酷和野蛮的，这些严酷的刑罚在被正式判定之前早已被付诸实施。《十六法典》的绪论中记载，噶玛政权机关驻地桑珠孜宫殿的城墙等处，皆挂有"敌人的许多头颅、肠子以及被处以肉刑的罪犯之成串的眼珠、手臂等物，给人一种阴森、恐怖之感"。③ 其实，酷刑不仅仅在《重罪肉刑律》中实施。按照《十六法典》的规定，所有司法程序都要借助暴力来完成。为了维护封建农奴制度的统治，镇压广大农奴的反抗斗争，农奴主们不仅依仗西藏地方政府的军队、法庭和法典，而且还私立法律，私设监狱和私备手铐、脚镣、木枷等。其刑具之多，刑罚之烈。据记载，旧拉萨司法机关朗子厦所使用的刑具就不下50种。其顶楼上是审讯、拷打农奴的法庭。楼底层是阴暗潮湿的监狱，在每一间牢房的墙壁上，都沾满了斑斑血迹，有的牢房生满了大小毒蝎。农奴被抓进魔窟，先是一顿毒打，打得皮开肉绽，鲜血淋淋，然后扔进监狱。在牢房里，忍饥挨冻，见不到一丝阳光，白天戴着脚镣、手铐，晚上用重木枷把几个、十几个人的脚连锁在一起，丝毫不能移动位置。由于病、饿、伤痛而惨死的农

① 周润年：《西藏古代法典选编》的"十六法典"第九条"杀人命价律"，中央民族大学出版社1994年4月版。

② 《今日的西藏》，知识书店出版社，1951年5月版，第48页。

③ 周润年：《西藏古代法典选编》的"十六法典"第九条"杀人命价律"，中央民族大学出版社1994年4月版。

奴是不计其数的。[①] 可以说，旧西藏是世界上侵犯人权最为严重的地区之一。

综上所述，《十六法典》作为西藏封建农奴制社会的一部典型的法典，不仅反映了它的阶级性、残酷性、欺骗性，同时也反映了农奴主阶级的根本利益，以及对农奴和奴隶的政治压迫和经济剥削。在政治上，它保障了农奴主阶级的特权，限制了农奴阶级的自由权利。因此使农奴与少数统治者在人格上是不平等的，农奴在政治上无权，社会上也没有他们的独立人格；在经济上，由于农奴主与农奴的生产资料占有极不平等，导致了贫富悬殊，这就失去了农奴主与农奴人权平等的前提；在法律上，刑事诉讼及判决不是以事实为依据、以法律为准绳，而是根据等级来划分命价和量刑，这实际上就彻底否定了广大农奴、奴隶的生命权，因此，旧西藏广大人民没有任何人权保障可言。

旧西藏人民所受的政治压迫之深重，经济剥削之沉重，法律实施之残酷，是极其罕见的，而这一切的总根源就是封建农奴社会制度。这样的社会制度，难道是像国外反华势力和分裂分子所鼓吹的“最美妙最神圣”的制度吗？难道是一些不了解真情的外国人所想象的最后一个“香格里拉”吗？

① 《透视达赖》，西藏人民出版社，1997 年出版，第 247 页。

关于新旧西藏人权状况

尼 玛*

从20世纪八十年代末，西藏的人权状况就不断被人提起。尤其是西方少数人对此给予了极大的关注。那么，新旧西藏实际的人权状况到底怎么样呢？

一、旧西藏的人权记录

西方少数人和达赖集团在“替藏人争人权”的同时，把过去的西藏描绘成“人间圣土”。十四世达赖就曾说：“过去我们雪域西藏在佛光的照耀下，人们安居乐业。”事实上，旧西藏是一个政教合一、僧侣专政的封建农奴制社会。那时，仅占西藏人口5%的三大领主却占有西藏的全部耕地、牧场、森林和大部分牲畜，而占全部人口95%以上的农奴则一贫如洗、一无所有。那时的农奴除承担繁重的劳役赋税外，还必须向主人交纳人头税，以表明他们的人身依附关系。藏语中把这种依附关系叫作“米杂”，意为“人根”。这些特定的词语反映着这种社会存在。农奴主占有农奴的人身，农奴成了其私有财产，被随意支配。如农奴主可以根据其属民的财产情况、劳动能力和年龄性别等条件决定交换价值和标准。这里，我们可以举出一份旧西藏的契约来说明：

“在萨迦和拉孜各自属民中，未经正式嫁娶的达东杰布的两个妻子，亦即钦德罗之女儿，同经过正式嫁娶的郭努达娃之妻女进行交换。如双方均有证据，则不需补偿；如无证据，则需由双方根据损益对等的原则进行商议和换人。拉孜县属民，持续交纳人役税（差役代金）的霞努白萨多吉与典康平措妻女四人进行交换，商定按双方器具大小、人口多少损益对等原则进行，萨迦寺收去的典康平措妻子的财物应予退还。……经拉孜县宗本与萨迦代表旺杰副官两人商定，奉上司之命，对上述人进行内部交换。为使今后双方无争议，特立此一式两份之契约”。

---

* ［作者简介］尼玛（1955—）男，藏族。中央民族大学教授，主要研究方向为西藏历史文化。

封建领主出于某种需要，还可以将其属民无偿或有偿地转让给其他领主。属民在被转让后其人身就完全依附于新的领主，这种转让属民的行为通常附有转让契约，这种契约在旧西藏的法律上同样是有效的。被转让的属民在转让后要无条件的为新的领主支付差役和交纳税金。被转让的属民对此只能依从，不得反抗。广大农奴和奴隶丧失人身自由，还表现在他们可以被领主用于抵债。当属民欠债而无力偿还时，往往被迫用亲人送给债主以抵偿债务。买卖农奴的现象在旧西藏更是屡见不鲜。法国著名探险家、藏学家达维·尼尔曾三次到西藏。她对旧西藏农奴的苦难有着深切的感受。她在《古老的西藏面对新生的中国》一书中这样说："我旅行时身上穿的是藏袍，开口讲的是藏语……因此他们很直率地同我讲话，毫无隐瞒地向我诉说着他们的痛苦与穷困，以及压在他们身上的苛捐杂税和沉重徭役，……像所有他们的同类人一样，这些农民都是可怜的农奴。他们没有权利，也根本不可能离开家乡，去寻找另外的土地和不过分苛刻的头人。他们中间有几个人也曾经逃到邻近的地区去，但最后还是被头人从新主人家抢出来带回村子，吃了一顿棍棒后被判罚巨额罚金。由于非常惧怕头人对亲属施行的惩罚，那些想逃的人也不敢再逃了。因为一人逃走，所有亲属就得遭殃。"由此可见，旧西藏的农奴已不是作为人存在，而是被等同于物，根本无任何权利可言。

在旧西藏，广大农奴和奴隶之间的法律关系则是一种压迫与被压迫、剥削与被剥削关系，根本没有平等性可言。旧西藏的法典将人分为不同等级，严格区分尊卑贵贱，保护封建等级制度。《十三法典》和《十六法典》都明确规定"人有上、中、下三等，每等人又分上、中、下三级。此中上中下三等系就其血统贵贱职位高低办事大小而定"。其中，上等人包括藏王、大小活佛和贵族等；中等人包括商人、职员、牧主等；下等人包括农奴、铁匠、屠夫等。在西藏档案馆内至今收藏着一份《不准收留铁匠后裔的报告》，档案明确记载，在过去凡是出身金、银、铁匠和屠夫等家庭被视为下等人，不能在政府里做事，不能抛头露面，也不能和其他家庭通婚。1953 年，堆龙德庆县有一个铁匠的后裔在十四世达赖身边做事，当达赖发现他是铁匠的后代，便立即将其赶走。与此相应，法律还规定各等级人之间的"命价"是有区别的。"人有等级之分，因此命价也有高低"之别。对于王者的命价，法律是这样规定的："胡（尔）人杀害雅孜王，命价按尸量黄金；农民杀害格萨（尔）王，抵偿命价算不清。"可见，上等上级人的命价是无限的。对于中等人的命价，法律规定为"三百至四百两"黄金。至于下等人的命价，法律则规定："猎户、铁匠、屠夫等，被杀命价一草绳。"在封建法律划分的三六九等人中，广大农奴、奴隶和下等人的命价最低。"下等下级"的农奴受到残酷的剥削和压迫，根本谈不上有什么选举权、参政权、议政权、监督权等。虽然表面上噶厦也说，农奴可以上告违法的地方官吏。但告状首先要雇能写状纸的人写控诉状，还要找有权势的靠山，并要送大量礼物。衣不蔽体、食不果腹的农奴哪里还有能力去告状呢？从旧西藏政府机关情况看，我们完全可以说它就是一个“贵族的大本营”。西藏大贵族的子弟一出生，就获得四品官衔，十七八岁就可以出任旧西藏地方政府的重要职务。难怪英人查尔斯·贝尔说，贵族与僧侣盘踞着旧西藏政府的重要位置。

在刑事法律关系方面，不仅按等级规定命价，而且按等级定罪量刑。对于农奴、奴隶和下等人犯上的行为，法律的惩罚格外的严厉；而对于上等人侵害下等人的行为，法律则又当别论。例如，下等人如果与上等人发生争执，则要拘捕下等人。“卑贱与尊贵争执者拘捕”（《十三法典》第三条）。再如，对于下犯上的行为处罚从重，而对于上侵下的行为处罚从轻甚至免责。“伤人上下有别：民伤官，视伤势轻重，断伤人之手足；主失手伤仆，治伤不再判罪。主殴仆致伤，无赔偿之说。”（《十三法典》第八条）五世达赖曾经发过一道谕令：“拉日孜巴的百姓听我的命令……如果你们再企图找自由，找舒服，我已授权拉日孜巴对你们施行砍手、砍脚、挖眼、打、杀。”十四世达赖家族当年管理的一个小村庄，十年间就有11个农奴被打伤致残，有的人重伤致死。这种事在当时的藏区是不鲜见的。

仅从上述旧西藏法典的各种条款便可看出，在旧西藏广大农奴和奴隶与少数领主之间根本上没有任何平等可言。同一法律关系中的不同行为不仅在适用法律上有区别，而且立法的基本精神和原则就是要确立和保护封建农奴主阶级的特权。法律公然将人划分为不同等级，对广大农奴和奴隶采取极其残酷的镇压手段。旧西藏不仅各级地方政府设狱办案，而且大的寺庙、农奴主、部落头人都可以办案，设立监狱。旧法典不但对广大农奴犯上的行为实行无罪亦罚，轻罪重罚的原则，而且刑法极为严酷和残忍。《十三法典》第四条“重罪肉刑律”中规定的肉刑有：挖眼、刖足、割舌、砍手、推崖、溺死等。这些残酷的肉刑都是用来镇压农奴和奴隶的。英人大卫·麦克唐纳在他的《西藏写真》中谈到当时的西藏法律时说：“西藏最严重的刑罚为死刑，而喇嘛复造灵魂不能转生之臆说，于是最重之死刑外，又益之以解体干颅之惨状。其最普通的刑法，凡遇死罪，即将犯人缝于皮袋之内，而掷于河中，以俟其死而下沉，皮袋在河面之上，约5分钟开始下沉，后视其犹有生息，则再掷沉之，迨其已死，于是将其尸体由皮袋取出而肢解之，以四肢和躯体投入河中，随流而去……其他苦刑，如将罪犯由山崖抛掷于大石之上，又有尸刑及凌迟刑，”他还谈到了断肢刑、剜眼刑、刺指甲刑等。新中国成立前，数不清的农奴和奴隶就是死在这些残酷的刑法之下的。

在宗教信仰领域，旧西藏民众也无自由可言。这表现在：

①农奴被迫支应那种一家数童得抽一童入寺当喇嘛的僧差。

②有的领主许愿或还愿新建寺庙，恐无人为僧或寺僧过少，强迫百姓为僧。

③一些农奴因生活所迫，不得不送子女入寺为僧尼。而这些僧尼便成为寺中的奴隶，并无多少时间参加真正的宗教活动。有人当了一辈子喇嘛，却连起码的佛教知识也不懂。

④旧西藏教派之间的矛盾是普遍的，当权者拉一派打一派，造成许多僧尼思想上政治上受压抑，缺少安全感、自由感。

⑤妇女受歧视，许多寺庙禁止她们进入某些殿堂。

在封建农奴制下，西藏社会经济日益萎缩，农业耕作粗放，生产工具还是木犁、木锄；草场和畜类退化，疫病严重。社会文化长期停滞，新思想、新文化和科学技术被视为异端。文盲率达到90%以上。人民生活极端贫困，据档案记载，1950年的西藏没有住房的人占90%以上。仅3.7万人的拉萨，乞丐就有四五千人。全国政协原副主席阿沛·阿旺晋美曾说："记得在40年代，我同一些知心朋友曾多次交谈过西藏旧社会的危机，大家均认为照老样子下去，用不了多久，农奴死光了，贵族也活不成，整个社会就将毁灭。因此，民主改革不仅解放了农奴，解放了生产力，同时也拯救了整个西藏。"

新西藏人民的权利得到保障

自西藏和平解放以来，中央政府在考虑西藏工作时，着眼点放在广大藏族人民的人权上。正是从这个立场出发，维护和发展西藏人民的基本权利。

第一、中央政府以《十七条协议》为基础，根据《宪法》和《民族区域自治法》，在西藏建立了自治政权。广大西藏劳动人民行使了当家做主的权利，不仅与汉族公民一样，平等地享有中国所有现行法律所规定的权利，而且还享有特殊的权利，即实行民族区域自治制度。

西藏自治区自1965年成立以来，自治区人民代表大会及其常委会先后制定了290多部地方性法规和具有法规性质的决议、决定，对多项全国性法律制定了适合西藏特点的实施办法。例如，在执行全国性法定假日的基础上，西藏自治区还将"藏历新年"、"雪顿节"等西藏传统节日列入自治区的节假日。

在新中国，宪法规定：中华人民共和国的一切权利属于人民，人民行使权力的机关是全国人民代表大会和地方各级人民代表大会。西藏自治区年满18周岁的公民，不分民族、种族、性别、职业、家庭出身、宗教信仰、教育程度、财产状况，都有选举权和被选举权。人民代表汇集人民的意见和要求，提出各种提案，交给政府去办，充分保障了藏族和其他少数民族参与国家大事和地方事务的主人翁地位。

2012年经过直接和间接选举产生的34244名四级人大代表中，藏族和其他少数民族代表31901名，占93%以上，门巴族、珞巴族、纳西族、回族、壮族等均有自己的代表。目前，在全国人大代表中，西藏自治区有20名代表，其中12名为藏族公民，门巴族、珞巴族公民各1名。

大力培养少数民族干部，是实行民族区域自治，解决民族问题的关键所在。实行区域自治的民族，是通过自治机关中本民族干部来行使自治权，管理本民族内部事务，实行当家做主的。同时，作为祖国大家庭中的平等成员，少数民族与汉族一道，参与国家事务的管理。目前，西藏全区干部队伍中，藏族及其他少数民族占70.53%，其中县乡两级领导班子中，藏族和其他少数民族占73.03%。

《中华人民共和国民族区域自治法》规定："各民族都有使用和发展自己的语言文字的自由"。西藏和平解放以来，中国政府一贯重视藏语文在西藏各级各类学校的学习、使用和发展。1978年以来，中央召开的几次西藏工作座谈会，都强调藏语文的学习和使用。1987年7月，西藏自治区做出了《学习、使用和发展藏语文的决定》，明确规定在西藏自治区藏汉语文并重，以藏语文为主的原则。自治区政府还就教育上学习、使用和发展藏语文提出了实施意见。西藏的学校都使用藏语授课，而藏语文课是学生的主课。教育系统编译有从小学到高中的所有藏语教材和教辅书籍。自治区各种文件和发布的各种公告，各种公共场所标牌，以及法律诉讼案件，均使用藏汉两种语言文字。

普及教育是实现藏族人民当家做主权利的重要途径。旧西藏没有一所现代意义上的小学，占人口95%以上的农奴和奴隶被剥夺了受教育的权利，适龄儿童入学率不足2%。如西藏一大贵族在达孜的庄园里，581人中竟有550人不识字。识字的31人中绝大多数是领主、领主代理人及其子女，还有几个僧人。自治区成立后，国家投入巨大的人力、物力、财力，2013年，年教育投入108亿元，增长15%。全区劳动人口人均受教育年限达8.4年。基础教育不断巩固，高中阶段毛入学率达72.23%。全年教育投入108亿元，增长15%。全区劳动人口人均受教育年限达8.4年。基础教育不断巩固，高中阶段毛入学率达72.23%。农牧民子女高考招生比例增至60%。去年，西藏大学被确定为博士学位授予单位，标志着西藏自治区高等教育办学层次上了一个新台阶。

西藏不仅有了自己的硕士、博士，而且有了一批享誉全国的专家、学者。在今日的西藏，从小学到大学都实行免费教育。在中央政府的亲切关怀下，建立了农牧区中小学教育经费保障新机制，提高了义务教育保障水平。对义务教育阶段学生实行免收学杂费、免费提供教科书、作业本，对农牧区学生实行以"包吃、包住、包学习费用"为主要内容的"三包"政策。目前，"三包"标准提高到年生均2700

元，奖学金、助学金政策全面落实。这里，我们可以举出一个例子，西藏江孜有一个叫班觉伦布的村子，当村里人被问及对孩子上学的满意程度时，除一户没回答外，22 户表示非常满意，21 户表示满意。这个村子共出了几十名乡级领导以上的国家干部。可见，教育事业的发展极大地提高了西藏各族人民的科学文化素质，为群众参政议政创造了必要的条件。

西藏自治区尤为重视保护和整理藏族的文化遗产，发展、繁荣藏族文化。一大批积封多年、鲜为人知的珍稀藏文古籍、历史档案等，得以重见天日。现在，西藏基层文化设施逐步完善，公共文化设施全部免费开放，群众文化生活日益丰富。百幅唐卡工程、百种藏汉文对照惠民图画书、大型实景剧《文成公主》等文化产品受到广泛好评，26 个文化艺术精品获国家奖项。广播电视综合覆盖率分别达 94.4% 和 95.5%。藏语文社会用字规范工作成效明显。非物质文化遗产保护得到加强。新建贝叶经抢救保护基地。新增全国重点文物保护单位 20 处、自治区级文物保护单位 181 处。

西藏人民的宗教信仰自由和传统风俗习惯受到尊重和保护。据统计，20 世纪八十年代以来，国家已拨款 3 亿多元及大量黄金、白银等物资，用于西藏寺庙的维修和保护。其中，对布达拉宫的维修，国家拨款 5500 多万元，历时五年多，是几百年来耗资最多、规模最大的布达拉宫维修工程。目前，西藏共有 1700 多座寺庙和宗教活动场所，住寺僧尼 4.6 万多人，各种重大宗教节日和宗教活动正常举行；每年到拉萨朝拜的西藏信教群众均达百万人次以上。在拉萨、日喀则、泽当、昌都等西藏的主要城镇中，如今的标志性建筑依然是布达拉宫和一些金碧辉煌的寺院。“西藏 200 多万信教群众拥有这么多宗教场所，这在中国其他省市绝无仅有，恐怕全世界也少有。

藏族群众在保持藏族服饰、饮食、住房的传统方式和风格的同时，在衣食住行、婚丧嫁娶各方面也吸收了不少新的现代文明元素，极大地丰富了西藏人民的生活。

需要指出的是，现在国外有少数人对西藏文化的发展还有疑问。其实真正到过西藏的人就会清楚地看到藏族灿烂而迷人的文化得到进一步弘扬与发展。中国政府非常重视群众性的文化艺术事业。一年一度的拉萨雪顿节、日喀则地区珠峰艺术节、山南地区雅砻艺术节、那曲地区恰青赛马会等大型民间群众性文化活动，已日益成为全区性的民族文化传统节日。这些团体还多次出国，所到之处无不引起轰动。“我们欣赏到了具有西藏特色的舞蹈和音乐，感受到了古老而优秀的东方文化”，这就是看过西藏歌舞表演的一个外国人的评价。而流落国外的藏胞则激动地对我们的演员说：“你们演出的是地地道道的西藏民间和传统歌舞。”

为了保障西藏自治区充分行使管理本地方经济建设的自主权，中央政府对西藏自治区的社会经济发展给予了特别的关怀，在财政、税收、金融等方面实行特殊的优惠政策，在资金、技术、人才等方面提供了大力支援。2013 年，全年落实援藏项目 384 个、资金 17.7 亿元。援藏资金和项目管理得到加强，积极探索产业援藏新模式，援藏领域不断拓宽，援藏力度不断加大，援藏综合效益不断提高。

今日的西藏，经过近几十年的建设，已从封建农奴制社会飞跃到现代文明社会。广大藏族人民不再是依附于封建领主的农奴，他们的生活有了质的飞跃，成为社会的主人。古老的雪域高原充满了生机与活力。这里我想举几个数字来说明问题：据统计，2007 年西藏农牧民人均收入达到 2788 元，比上年增长 14.5%，比 2002 年增长 83.8%，比全国平均水平高出约 7 个百分点，2013 年，西藏农牧民人均纯收入 6520 元，比上年增长 14%。农牧民人均收入连续五年保持了两位数增长。去年，农牧区医疗补助标准从年人均 300 元提高到 340 元。完成了城乡居民和核定员额内僧尼免费健康体检。难怪西藏的农民会由衷地说：“现在制度好，政策好。我们大家都欢迎，都拥护。有办法、有能力的人家，过得红红火火；缺办法、少能力的人家，也过得饱饱暖暖。有的人富得快点，有的人富得慢点，快点慢点，都在奔好日子走着。为什么？因为有政策在那里管着，有政府在那里看着。困难，有求援的地方。委屈，有诉说的地方；冷了热了，有人关心照顾；病了伤了，村里派人送到医院治疗。这种日子旧社会有吗？我没有听说过，我爸爸也没有听说过，也许故事里有。”也难怪世界著名的纪录片制作公司 DISCOVER 频道节目主持人吉米到过西藏后会说西藏的“文化非常优美，很有人情味，他们好极了。你能看到所有人的脸上都带着微笑。在今天这个世界上，这是非常难得的。”

是的，任何不带偏见的人都会承认中国政府从本国国情出发，根据联合国宪章的宗旨和有关国际人权文书的精神，为促进和保护中国人民的人权进行了不懈的努力，取得了举世瞩目的成就，尤其是西藏人权状况的变化是巨大的。然而，少数人却始终攻击中国的西藏政策，尤其是一个月来，西方一些人利用“3·14”打砸抢烧暴力事件，支持西藏少数分裂主义分子不断提出什么“维护西藏人权”，无理指责中国政府在西藏“严重侵犯了人权”，大谈“替藏人争人权”。于是，我们不能不提出这样的疑问，在旧西藏老百姓生活在水深火热之中当奴隶、做乞丐时，西方那些人权卫士何以噤若寒蝉？那时，有谁提出过改善西藏人权状况的呼吁？而当西藏人民成为主宰自己命运的主人，在各方面取得历史性进展时，却出现种种污言秽语，这究竟是为什么？

曾任美国总统的林肯先生说得好，当牧羊人赶走了狼，羊和狼的看法是截然不同的。所谓“西藏人权问题”实际上就是打着维护人权旗号分裂中国。历史上，一些帝国主义国家极力推行侵略政策，挑唆、支持西藏少数分裂主义分子，大肆叫嚷

“西藏独立”。英帝还分别于1888年和1903年两次出兵侵藏，但即使是在中国国力衰微之际，也未成功。在中华人民共和国成立后，帝国主义企图以武力分裂中国西藏的阴谋更难得逞。道理很简单，因为西藏是中国的一部分，得到国际社会普遍公认，少数人不承认是无济于事的。这一点，西方反华势力是清楚的。于是，他们便支持西藏分裂主义分子另辟蹊径，改变手法，抛出了一个“西藏人权问题”，自以为抓住了救命稻草。事实证明，他们之所以对“西藏人权问题”感兴趣，绝非出于道义或对广大藏族人民的同情。他们关心的是自己的强权和霸权。加拿大藏学家谭·戈伦夫就曾一针见血地指出，“为了本国的利益，他们只不过把西藏当作了一枚可以摆布的棋子，用以服从他们世界战略布局的需要。”换句话说，他们就是想通过这一手法，煽起民族情绪，激化民族矛盾，施加压力，以遏制社会主义中国的发展，迫使中国人民改变自己选择的道路。这是包括广大藏族在内的全中国人民决不能接受的。

参考文献

[1] 旧西藏规定，农奴按人头交税，以示其人身就属于该领主.

[2] 人身依附关系被称为“米杂”（mi－rtsa，直译为“人根”），意思是说每个农奴都要有“根”，即都要依附于每个领主之下.

[3]《西藏历史档案公文汇编》第17－18页.

[4] 达维·尼尔著《古老的西藏面临新生的中国》。

[5] 周润年、喜饶尼玛译《西藏古代法典选编》，中央民族大学出版社1994年版.

[6] Charles Bell：The People of Tibet（董之学、傅勤家译《西藏志》商务印书馆1940年版，第38页）.

[7] 麦克唐纳著，郑宝善译《西藏写真》民国24年版，铅印本，第167－172页.

[8]《中国西藏》1991年第1期第24页.

[9] 西藏自治区2014年《政府工作报告》，见西藏日报2014.1.20.

[10] 西藏自治区2014年《政府工作报告》，见西藏日报2014.1.20.

[11]《中华人民共和国民族区域自治法》第十条，法律出版社2001年版.

[12] 王贵、喜饶尼玛、唐家卫：《西藏历史地位辨》，第661页，民族出版社1997年版.

[13] 西藏自治区2014年《政府工作报告》，见西藏日报2014.1.20.

[14] 西藏自治区2014年《政府工作报告》，见西藏日报2014.1.20.

[15] 徐平、郑堆：《西藏农民的生活》，第186页，中国藏学出版社2000年版.

[16]《西藏五十年》西藏自治区人民政府新闻办公室，中新网2001年5月24日.

[17]《西藏寺庙、宗教场所知多少：1780能够充分满足信众需要》，朗杰、多穷、边巴次仁，《人民日报海外版》，2003年4月10日.

[18]《西藏五十年》西藏自治区人民政府新闻办公室，中新网2001年5月24日.

[19] 王贵、喜饶尼玛等著《西藏历史地位辨》第669页，民族出版社1997年版.

[20] 西藏自治区2014年《政府工作报告》，见西藏日报2014.1.20.

[21] 廖东凡、边多记译：《格列的三起三落》，载《中国西藏》1992年夏季号第19页.

[22]《人权》2003年第五期，第54页.

[23] Tom Grunfeld：The Making of Modern Tibet 伍昆明、王宝玉译《现代西藏的诞生》，中国藏学出版社，1990年8月，189页.

藏族传统司法制度初探

陈柏萍*

倘若考察藏族社会发展史，则不难发现，自进入阶级社会之后，藏族法律逐步产生，并在具体的实施过程中不断充实、完善，进而在此基础上形成一定的组织系统、活动准则及工作制度等。千百年来，藏族法律及保证法律实施的司法制度尽管竭力维护历代统治阶级的利益，成为统治阶级维护其利益的工具，但它在稳定藏区社会秩序、调解各种纠纷、协调社会成员之间的关系等方面发挥了重要作用。

一、藏族传统司法制度的形成与发展

一般来说，藏族司法制度作为人类司法制度文化的重要内容，其形成、发展的轨迹必然与人类司法制度的形成、发展轨迹相一致。因此，回顾人类司法制度史，对于了解藏族传统司法制度的形成与发展将不无裨益。毋庸讳言，在现代社会条件下，倘若没有法律，社会将会变得十分杂乱，毫无秩序。然而，在原始社会，虽然“没有军队、宪兵和警察，没有贵族、国王、总督、地方官和法官，没有监狱，没有诉讼，而一切都是有条有理。”① 之所以如此，无疑与原始社会独特的社会组织结构和道德规范有着密切联系。在原始社会，氏族不仅是基本的社会组织形式，同时又是基本的生活和生产单位。氏族成员平等相处，既没有高低之分，亦没有贵贱之别。在生活和生产实践中，人们自觉地遵从世代相传的习惯，并依其来规范全体成员的行为，调整人们之间的关系，即使相互发生冲突，甚而造成伤害，亦按同态复仇的传统方式加以解决。因为在氏族成员看来，杀人、伤害等纯属个人行为，同态复仇不会危及群体利益，自然也无须他人或组织进行干预了。

进入阶级社会之后，人们之间的关系发生了变化，少数人占据统治地位，从而

---

* ［作者简介］陈柏萍，青海民族学院学报编辑。

① 恩格斯：家庭、私有制和国家的起源［M］，马克思恩格斯全集［C］，北京：人民出版社，1965 年第 111 页。

成为统治阶级。出于维护自身的利益、强化统治地位的需要。他们便将本阶级的意愿强加于整个社会，通过强制手段迫使被统治者服从，于是便形成法律。随着社会的发展，阶级矛盾日益突出，阶级斗争亦日趋尖锐。这样，作为统治工具的法律，在具体实施过程中不断得以充实、完善，并形成一定的司法制度来保证实施。在阶级社会，司法制度不仅因国家类型的不同而有所不同，而且随着社会政治制度的演变而演变。所以说，不论是法律，还是司法制度，都是阶级社会的产物，是阶级压迫的工具。

那么，藏族司法制度是如何形成、发展的呢？要弄清这一点，首先必须了解藏民族是何时进入阶级社会的问题。据藏文史料载，西藏地区最早为“非人统治”，后相继出现“四十四小王”、“十二小邦”等。而这些“小邦不给众生住地，居草原亦不允许，惟依恃坚硬岩山（居住），饮食不获，饥饿干渴，藏区众生极为艰苦”。而作为小邦的王与大臣们则居住在十几个堡寨。① 可见，当时阶级已开始分化。至达布聂塞时，悉补野部将三分之二的小邦均置于统治之下，从而完成了雅鲁藏布江南岸的统一，并向江北扩展。毋庸讳言，长期以来，部落间频繁的战争，相互兼并，加速了阶级分化的进程。因为在部落战争中，一些部落失利，继而被兼并。这样，部落属民便成为他人的俘虏。在部落战争初期，俘虏往往被处死，而到中、后期，则被贬为奴隶，受人驱使，这是人类社会发展的一般规律。据藏文史料载，达布聂塞时期，即出现奴隶。当时拉萨河流域有两个势力较大的小邦，即岩波查松和几若江恩。因岩波查松之王达甲溺于恶政，其臣念氏反叛，岩波查松即并入几若江恩部。几若江恩部之王赤邦松将达甲辖地析出一部划归念氏管理，达甲的旧臣娘氏、门氏等作为奴户。后念妻对奴户虐待驱使，娘氏诉于赤邦松，要求解脱奴籍，遭斥拒绝。② 又载：“襄日伦赞攻灭赤邦松后，分赐勋臣。娘、门、韦及蔡邦氏均受封土地及奴户，达四千八百户之众。”③ 上述事实表明，至少在达布聂塞前后，西藏地区藏族先民们便已经跨入阶级社会的门槛。

按照人类社会发展的一般规律，达布聂塞前后，悉补野部可能已经有维护奴隶主阶级利益的法律、法规。然而，由于缺乏记述，难明其详。不过，之后不久，松赞干布继任吐蕃赞普后，曾采取了一系列建政措施，其中制定法律就是一个十分重要的方面。松赞干布时曾亲自主持制定并颁布《王廷十万法》、《十万顶具鹿之法》、《论常道德准则》、《强弱讼诉之法》、《权势决断之法》、《国库修内之法》等“六大法律”。另外，还从霍尔及回纥等地引进职事制度等。松赞干布逝世之后，其大臣

---

① 藏族简史［M］. 拉萨：西藏人民出版社，1985. 16.

② 巴俄·祖拉程哇：贤者喜宴［M］. 第七品，拉萨木刻本，25.

③ 王尧：敦煌古藏文历史文书［M］. 青海民族学院，1979 年铅印本。

东赞还曾制定法律。① 赤松德赞时期，曾制定名为“九双木简”的法律，确定了命价的种类及标准等。可见，在整个吐蕃王朝时期，藏族法律的制定一直没有中断过。正是在历代赞普的不懈努力下，吐蕃法律的体系日趋完善，内容不断丰富，涉及行政、军事、刑事以及民事等各个方面。这些法律的制定和实施，不仅对吐蕃王朝的繁荣发展发挥了重要作用，而且有力地促进了藏族法制建设，形成了初具规模的司法制度。13 世纪 50 年代，藏区与元朝建立领属关系。从此，包括西藏在内的整个藏区被纳入中央王朝的统一管理之中。为了有效地控制和治理藏区，元朝曾在藏区颁行蒙古律。元末，噶举派帕木竹巴取代萨迦派在西藏的统治地位，大司徒香曲坚参掌握政权后，主持制定“十五条法律”（俗称《十五法典》），颁布实施；明代中期，受噶玛丹迥旺波旨意，贝色哇在注释原有条款的基础上，增加“异族边区律”，形成“十六条法律”（俗称《十六法典》），作为藏区执法的依据。清初，索南饶登按五世达赖所规定的法律总则，将噶玛丹迥旺波时期制定的《十六法典》进行综合调整、补充修订，删除部分条款，并对部分名词重新作了解释，最后编成“十三条法律”（俗称《十三法典》），在藏区颁布实施。很显然，在这些法律中，对司法活动中的一些行为、制度作了相应规定。仅以《十六法典》和《十三法典》为例，两部法典中都有“听诉是非律”，明确规定在司法中听取诉讼，通过调解，以辨明是非的具体程序和原则；“逮解法庭律”专门对拘捕的对象方式等作了严格的限定；“狡狱洗心律”则就案件审理中采取特殊审判程序等诸多问题进行了阐述等。同时藏族法律在具体实施中，各地还根据当地实际，制定了一些地区性的法律法规。例如：《哲蚌寺法律条文》、《止贡降曲林寺法律条文》、《山谷共同文纲》以及西藏地区的《夏季法契约》、青海果洛地区的《红本法》、《天之准绳》、四川德格土司的《十三禁令》等。在这些法律中对案件或纠纷的起诉、调解及审判等亦或多或少作了限定。考察藏区一千多年的实践，藏族传统司法制度日趋完善。各地不仅有一定的组织机构与人员，负责法律的具体实施．并且在各地的司法实践中，从起诉、调解到审判、执行，都形成了一定的程序、原则和制度，从而保证了法律、法规的顺利实施真正起到了调解人际关系、处理各种纠纷、惩治犯罪分子、维护社会稳定的作用。

二、起　诉

有目共睹，民主改革尤其是新中国成立之前，藏区发生的许多纠纷或刑事案件

① 王尧：敦煌古藏文历史文书［M］．青海民族学院，1979 年铅印本。

并非都提起诉讼，付诸法律。因为一旦提起诉讼，头人（或土司、宗本等，下同）便从中插手。不仅使处理程序复杂化，而且作为诉讼者还要交纳一定数量的诉讼费。同时，在案件或纠纷的审理中，头人等还以种种名义进行敲诈勒索。于是有些当事人或被害者为了避免麻烦，同时减轻经济负担，便通过中介人与对方当事人或加害者进行协商，根据案件的性质和双方的责任大小等以经济赔偿的方式加以解决，达到平息事端的目的。很显然，双方当事人私下协商解决纠纷或案件，自然不存在起诉问题。诚然，这种由属民私下协商解决纠纷的行为一旦被头人等发现，便视为“反上”行为，受到严厉惩处。鉴此，当发生案件或纠纷时，有些当事人慑于头人的惩罚而主动提出诉讼，也有的则因双方当事人无法达成协议或其中一方不愿私下解决而向头人起诉，请求头人出面依法处置。

一般来说，民主改革前藏族起诉的程序较为简单。发生纠纷或案件之后，当事人或其亲属即携带礼物等，前往头人处诉述案情，请求头人主持公道。如果头人接受诉讼，同意出面调处，起诉便告完成。诚然，也有的地区起诉程序相对复杂一些。四川德格土司规定，凡起诉必须由当事人口述，由村主任代写诉讼（代写诉状需付报酬。具体数额虽无严格规定，但报酬多少往往直接影响诉讼写得好坏，因此人们一般都愿意多给一些。）。然后由当事人将诉状投递涅巴办公处（村主任起诉，可不写诉状，直接向涅巴面陈案情）。涅巴根据案情，即传讯被告，进行查证。但重大案件或纠纷则必须上报土司，由土司负责审理。在西藏地区，一般先向头人（或溪本）起诉。如无法审理．可上报各地宗政府，由宗本进行裁定。

不论古今中外，大凡起诉，都要交纳一定数额的诉讼费。藏区自然亦不例外。况且，在民主改革尤其是新中国成立前，对于许多头人来说，收取起诉费，是获取财物的一条重要渠道。因为在起诉时，不仅原告要交纳一定的诉讼费，作为被告亦要交纳与原告数目相等的诉讼费。所以，诉讼费用常常是十分可观的。许多头人正是通过收取诉讼费大发横财，供己享用。关于案件或纠纷的诉讼费数额各地并无定制，往往因地区的差异而有所不同，即使是同一地区，不同头人等收取的标准亦不尽相同。但是，有一条原则普遍适用于各地，即根据纠纷或案件的大小、解决所需时间的长短确定诉讼费。大案及解决所需时间长的纠纷或案件，诉讼费相对多一些。反之，则少一些。例如青海玉树部落规定，特大案件或纠纷的诉讼费为：牦牛 1 头，大茶 4 包，酥油 4 斤，青稞 400 盒，白洋 80 元；较大的案件或纠纷的诉讼费为：绵羊半只，大茶 1 包，酥油 1 斤，青稞 100 盒，白洋 40 元；一般案件或纠纷的诉讼费为：绵羊半只，茶半包，酥油半斤，青稞 50 盒，白洋 10 元；较小案件或纠纷的诉讼费为：1 只羊的四分之一，1 包茶的四分之一，酥油 2 斤，白洋 5 元；小案件或纠纷的诉讼费为：1 只羊的五分之一，1 包茶的八分之一，酥油 1 斤，白洋 2. 5 元。扎武部落的诉讼费亦按案件或纠纷的等级划分。一等案件或纠纷为：银子一锭（约合50两）；二等案件或纠纷：20—30块银圆：三等案件或纠纷：2—3块银圆。相比而言，甘南卓尼部落的诉讼费相对少一些，一般的哈达1条，酒1壶。黑水牧民提起诉讼时，除送猪肉、模谍等，还要送若干银子，具体数额根据原告家庭情况而定。一般来说，穷的少一些，富的多一些。西藏牛溪卡属民在提起诉讼的同时，要向溪本交纳鸡蛋巧个，藏银及酒、茶、肉等若干，以作诉讼费。四川雅江地区则按案件及纠纷的类型分别交纳诉讼费。一般人命、离婚（有子女）及强奸等案件双方各交藏洋50元，抢劫、偷盗、土地纠纷及打架、离婚（无子女）案件，双方各交藏洋25元；发生口角或割他人的草等，双方各交藏洋10元。阿坝地区亦视案情轻重，分别交“案钱”5至数十元不等。较大的纠纷和离婚案要向土司各送羊9只。毛儿盖地区，就刑事案件，都要向土司各送100元银子的诉讼费，土官才着手审理。松潘地区无论民事纠纷，还是刑事案件，双方当事人都要向土官送糖1封，酒1瓶，哈达1条等。

大部分地区向头人交纳诉讼费后，还要送其他礼物，以作贿赂。因为贿赂的东西越多，官司打赢的把握就越大。否则，即使有理，也会败诉。有些地区虽然不再送礼物，但头人等从败诉一方的赔偿中抽取一定数量的钱物，或向败诉方敲诈勒索。所有这些通常都是以诉讼费或调解费的名义收取的。

三、调　解

考察古今中外，调解作为司法活动的一个重要程序，曾存在于许多地区和民族中。民主改革尤其是新中国成立前，调解（藏语称“过勾”，意为调头）在藏区运用十分广泛，它不仅适用于一切民事案件和纠纷的调处，还被用于各种刑事案件的审理；既适用于部落内部的个人纠纷，也适用于部落间的案件和纠纷。一句话，凡是纠纷或案件，都可以通过调解或在调解的基础上。通过审判加以解决。诚然，我们这里所说的“调解”，实际上是诉讼调解，即司法活动的调解行为。它与民间“私了”案件或纠纷中的调解不同。在藏，当发生一些小的纠纷或案件后，当事人双方若愿意“私了”时，便请同族中的长者或其他能说会道、办事公正的人（一般不请头人，因为这样便会付诸法律）作为中间人，周旋于双方当事人中，在广泛听取双方意见的基础上，提出处置意见，征得双方同意，达成一致协议，最终和平解决争端。调解之后，双方都要送一定礼物给调解人，以作酬谢。很显然，这种调解的目的虽然亦是为了解决事端，但它不属于司法活动的范畴。因为案件或纠纷并没有付诸法律，且达成的协议也不具备法律效力。同时，一旦被头人发现，不仅双方当事人要受到严厉惩罚，而且案件或纠纷将由头人重新审理。而作为藏族传统诉讼活动中的调解，它在受害人起诉并得到头人受理后，由头人或执法人员在掌握案情的基础上，通过一定的程序依法对双方当事人进行调解，以便为民事案件、纠纷及一般刑事案件的裁定提供依据，为杀人、伤害等重大刑事案件的判决及执行提供法律保障。因此，它是藏族传统司法活动的一个重要程序。

在藏区，调解纠纷或案件，一般都要收取一定的调解费。按理来说，在收取诉讼费之后，不应再让双方当事人交纳调解费。但是，许多头人将调解当作敲诈当事人的极好机会，乘机捞取一笔可观的财富，以中饱私囊。有的地区虽不再收取调解费，但诉讼费中已包括调解费用。还有的地区头人虽不专门让双方当事人交纳调解费，但在调解及审判结束后，从败诉方交纳的罚款中扣除一定的钱物作调解费。关于调解费的数额，往往因地区不同而有所差异。在甘南甘加思柔、仁青部落，双方当事人除负担调解人的饮食费用，各交纳酥油2斤，银圆2块，茶叶半斤，炒面5斤，酒4碗，肉1份（一只羊的四分之一）等。部落头人调解无效，上交“郭哇”处理时、双方除负担食用，另交马料5小升（1小升约合5斤，下同），酥油S斤，炒面4小升，大茶5斤，羊1只，钱10元。对“郭哇”的调解及裁决不服，罚金少则40—50元，多则100元不等。美武部落由土官和“干素尔”（类似村主任）出面调解和审判人命案件时，从双方当事人手中收取炒面40斤，青稞40斤，酥油40斤，茶叶钱10元，以作调解时的饮食费用。调解结束、凶手还要牛马等牲畜5—6头（匹），并从凶手所属措哇中牵走34头牲畜，从凶手赔偿的命价中牵走马1匹，犏牛1头，用作调解费用。青海海南或阿曲乎部落规定，调解杀人案件，头人可以从凶手的“认罪款”中牵走一半牲畜（约50头）、并从命价（一般男性命价为81头牛，女性命价折半，头人等命价在相应命价基础上另加白洋250元）中取一半作为调解费；调解伤害案件，可从“养伤款”（相应命价的一半）中提取三分之一，作为调解费。在四川若尔盖、包座区，凡调解较大纠纷和婚姻案件，当事人要向土官送黄酒1罐，哈达1条及钱若干（一般为一只羊钱），用作调解之酬谢。在许多地区，调解费还因案件的大小、调解时间的长短和调解的难易程度收取相应的调解费。一般来说，大案及调解时间长、难度大的案件和纠纷所交调解费多一些。反之，则相对少一些。

民主改革尤其是新中国成立前，藏区部落间发生纠纷时，亦可用调解的方式加以解决。一般情况下，当部落之间因草山侵占等发生纠纷乃至械斗时，如果一方不愿意刀兵相见或中止械斗时，便委派使者，请求对方进行谈判。如对方部落同意，便请活佛或大部落的头人等出面调停。通过活佛和大部落头人的周旋，协商解决纠纷，直至双方都接受。在部落纠纷的调解中，由于调解人通常由当地影响较大、威信较高的活佛、大头人等担任，因此，大部分部落都愿意接受调解，和平解决。调解成功后，失礼的一方部落要按协议向对方进行赔偿，

同时还要向进行调解的活佛、头人等送上厚礼，以致谢意调解后，双方都要严格按协议办事，信守诺言。否则将受到舆论的谴责。

四、审　判

审判是司法机关在受理诉讼之后，通过一定方式对案件或纠纷进行市理，在查明事实的基础上依法做出判决或裁定的诉讼活动，是保证法律得以公正执行的重要环节。如前所述，民主改革尤其是新中国成立之前，藏区有相当一部分纠纷或案件是经过审判加以解决的。诚然，由于地区的差异和历史传统的不同，审判尤其是审判机构、人员及审判程序、审判方式等有所不同。

（一）审判机构及人员在司法活动中，大凡案件或纠纷的审理都由一定的机构或执法人员组织实施。然而，民主改革尤其是新中国成立前，藏区各地的审判机构及人员构成不尽相同。在西藏地区，不仅西藏“噶厦”政府之下设有专门的机构和人员，从事藏区特别是卫藏地区的一些重大案件或纠纷的审理工作，而且各地的宗政府亦有专门的执法人员（有的由宗本兼任），具体负责调解、查处本地区的各种纠纷和案件。在川康藏区，各种纠纷尤其是重大案件均由土司或涅巴（管家）负责审理。川西北藏族部落则组成临时审理机构，即在头人的主持下、由苏巴、苏克巴和纠纷双方各推选出的两名长者共同组成临时审判机构，具体负责案件或纠纷的调解、审理工作。“苏克巴”主要调查案情、查核事实，然后报告苏巴，苏巴与两名长者根据实际情况进行具体裁定。随着纠纷或案件的最终解决，临时机构亦自行解体。若有新的案件或纠纷则重新组成新的机构进行审理。在甘青地区及藏北一些部落，各种案件及纷纠尤其是重大案件及纠纷都由部落头人或千百户头人负责审理，其他人一般无权过问（受头人委托者例外）。

（二）审判程序审判作为一种司法活动，是一件十分严肃的行为。因此，大凡审判都按一定的程序进行。在藏区，头人受理诉讼后，即派人传唤原、被告进行审讯时由头人等主持，仲译进行笔录。若系重大案件或纠纷，则由多名头人共同审理。青海果洛等地还设有专门的陪审人员（人称“斯奏”），另有打手若干，随时听候调遣。作为原、被告，双方席地而跪，有的则立于一侧。关于审判地点，甘青地区一般在头人（土司）家中进行。西藏地区多在溪本家中或各地宗政府进行。审判开始，由双方当事人分别诉述案情，并进行论证。头人查证并掌握案情之后，根据事实判决。由多名头人共同审理时，双方当事人分别诉述案情后，头人将柳条或羊粪

蛋等物放在认为正确的一方处，最后根据柳条或羊粪蛋的多少判定是非曲直，大凡重大案件或纠纷均由头人亲自审理，至于一般案件或纠纷，有的地区也有由头人指定他人代理审理的现象。由他人代理审理时，最终判决要报知头人，经头人审查同意后方可正式宣布。宣判后双方当事人吃咒发誓，以示服从头人判决，日后不再反悔，亦不进行复仇。若一方或双方不服判决，则可上诉上一级头人，重新审理。审判结束后，判决书或调处书（写明案情、审理结果、惩罚方式、赔偿数目等内容）交头人（土司）处存放，以备日后查核。也有的地区一式三份，一份存于头人处，双方当事人各持一份。民主改革尤其是新中国成立前，藏区案件的审理大都属于随时审判，即案件或纠纷发生后，头人即着手进行调解、审理工作，但也有些地区则每年定期召开属民大会，对本辖区范围年内发生的案件或纠纷集中进行审理、判决。不过一些重大案件（如杀人、抢劫等）都采取随时审判制。

（三）审判方式民主改革尤其是新中国成立前，藏区案件或纠纷的审判方式往往因案件或纠纷的大小、审理的难易程度而有所不同。通常有两种方式，即一般审判和特殊审判。分述如下：

1. 一般审判。所谓“一般审判”，即指通常普遍采用的审判方式。这种审判方式通常适用于那些事实清楚，案情简单，证据确凿，没有争议的案件或纠纷。审判程序较为简单，即在受理诉讼后，头人传唤原、被告双方及证人等审讯，进行对质、辩论，在查清事实的基础上，依法做出相应的判决。也有的地区审理时将双方当事人隔离开来，分别审讯。审讯结果相同，当场裁决。若有出人，则进一步审讯、查证，最后做出判决。

2. 特殊审判。有些案件或纠纷在具体审理中，双方当事人各持己见、互不相让，且没有证人（物）。在这种情况下，作为审判人员，很难辨别谁是谁非．更无法作出公正的判决因此，便不得不采取一些特殊的审判方法。较为流行的有：

（1）起誓。一让双方当事人以佛法僧及各种圣物等吃咒发誓，以证明自己的证词与事实相符，或表明自己清白无辜。审判人员以是否敢于发誓作为判决胜负的依据。考察藏族社会的发展历史，至迟在吐蕃王朝松赞干布时期便有用发誓来判决是否有罪的习俗。关于这一点，散见于当时文献典籍的记述即可印证。

（2）丢骰子。在一些特殊案件中，由于被告拒不承认犯罪事实，又无具体人（物）证，或涉嫌人员较多，一时无法认定罪犯时，便用丢骸子的方式来裁定，即双方当事人或全部涉嫌人员投掷骸子（有的地区由头人等代掷），以投掷骸子的点数判定负赢。多者表示清白，少者则为有罪。

（3）捞油锅。在锅内倒入适量的油（农业区倒入青汕，牧业区多为酥油汁）烧沸，将斧头（或石子、铁块等）放入锅内，让双方当事人或涉嫌人员依次去捞。最后以捞出斧子（或石子、铁块等）且不烧伤手者为胜，不敢捞或捞不出石子、手被烧伤者，表示有罪。

（4）抛羊粪蛋。有的地区通过抛羊粪蛋的方式来裁定是否有罪，或判定罪犯。具体方法是：在活佛或头人等主持下，让双方当事人或涉嫌人员站立两边，中间划一道线，由审判人员抛出一定数量的羊粪蛋，最后以双方当事人员或涉嫌人员所站界内的羊粪蛋的数量多少进行裁定。羊粪蛋多者为胜，反之则为有罪。

（5）抓阄。抓阄是藏区普遍采用的“神判”方式之一。届时由他人将黑白两张纸条或写有“无罪”、“有罪”字样的两个纸团分别包在两个炒面丸内，让双方当事人各选一丸。拿到黑纸条或写有“有罪”字样者即为罪犯，对方则为清白无辜。有的地区则将写有双方当事人姓名的纸团包入炒面丸，放在盘中。然后由审判人员摇动盘子，以摇出盘子者为赢方，留在盘中者为负家。

（6）持火斧。所谓“持火斧”，就是让双方当事人手持烧得通红的铁斧（或烙铁），向前走出3步，然后扔掉铁斧（或烙铁），用布将手包好，盖章封结。次日或第三日查验。以烧伤手者为负家，予以严惩。反之则为赢家，无罪释放。若双方均被烧伤，则视伤情轻重裁定胜负。

（7）舔斧刃。在一些藏区，有舔斧刃以确定是否有罪之俗，即让双方当事人或涉嫌人员依次用舌头舔斧刃，然后查验是否被割破。如果舌头被割破，表示有罪。反之则无罪，免于处罚。

（8）钻神索。在佛像前系一绳索成环状，由活佛诵经祈祷。然后让双方当事人或涉嫌人员依次从绳索环中钻过。审判人员以能否钻绳索来裁定有罪与否。一般有罪者心虚，害怕神索套住，不敢穿过。

（9）卜卦。在头人等的主持下，活佛诵经祈祷，并进行卜卦。卦示何人有罪，即使他不是罪犯，也要受到惩罚。而真正的凶手则有可能逍遥法外。

总之，民主改革前尤其是新中国成立前，藏族特殊审判的方式很多，不同的地区，审判方式不同；即使同一地区，不同案件或纠纷的审判方式亦不相同。诚然，不论是特殊审判，还是一般审判，一经裁决，便具有法律效力，神圣不可侵犯。双方当事人必须绝对服从。否则，将受到严厉惩处。

五、执行

诉讼活动中的执行，是指司法机关依法将审判的裁定（即判决）予以实施的行为。由于执行标志案件或纠纷的终结，因此，它是司法活动的关键环节。倘若通过起诉、调解、审判等程序形成的判决不予付诸实施，那么，它便是一张废纸。这样，纠纷难以平息。一般情况下，判决之后，头人等或亲自或委托下属（管家）负责具体执行事宜；或使罪犯绳之以法，受到法律制裁；或责成罪犯（亲属）向受害者进行经济赔偿。鉴于案件性质不同，执行的程序亦不相同。

（一）刑事案件的执行一般情况下，藏区刑事案件尤其是杀人、伤害等案件的执行一般要比民事案件或纠纷复杂一些。这是因为藏族传统法律对刑事案件的当事人尤其是杀人、伤人者的惩罚不仅较为严厉，而且往往表现为多重处罚。例如，在许多藏区，凡发生杀人或伤害案件，首先没收凶器，然后对罪犯进行体罚（当雄宗逮捕人犯时打100皮鞭，入狱后再打100皮鞭；四川德格地区杀死他人，吊打9次，等等）。按照判决或处以死刑，或施以监禁，或进行经济赔偿，杀人者赔“命价”，伤人者赔“血价”（或“养伤款”）；在对偷盗（抢劫）案件的处理中，亦有不少地区对盗贼（或抢劫者）实行体罚（如鞭笞等），并责成罪犯退还赃（抢劫）物，在此基础上，依照被盗（抢劫）者的身份和所盗（抢劫）东西的多少，按一定比例加倍予以罚款；在大部分藏区，凡违背头人意志，损害头人的利益，均被视为“反上”行为，予以严惩。有“打残罚光”之俗。总之，在藏区刑事案件的处理中，多种处罚形式并存，并在头人等的监督下，由头人的管家或其他专职执法人员予以实施；有些则是在头人等的直接参与下进行的。

（二）民事案件的执行与刑事案件相比，民事案件造成的损失则要小一些，因而惩罚亦相对轻一些。也正是这个原因，失礼一方往往都能承受，一般不会产生抵触情绪。这样，执行就变得容易实施一些。民主改革尤其是新中国成立前，藏区民事诉讼的执行亦大都由头人或其管家等具体实施。即案件或纠纷判决后，头人或管家等对双方当事人处以罚金（物），旨在警告双方当事人，杜绝日后发生类似事件。然后根据判决，责成失礼一方向对方进行一定的经济赔偿，或赔礼道歉，宽恕过失。诚然，由于案件或纠纷的类型不同，具体执行程序亦不相同。例如，在继承案件执行中，首先清点财产，然后依照判决进行分割。分割完毕，双方签字画押，或发誓，以防日后反悔；在处理借贷案件时，依据判决责成借方向被借方偿还借贷款（物）；被借人则将借条（或其他证据）归还借方，或当众宣布解除借贷关系。若借方一时无力偿还，则规定期限，监督偿还。最后，借贷双方向头人备礼致谢；在一般口角纠纷的处理中，首先对双方当事人处以罚款（物），然后责成失礼一方向对方进行道歉，保证日后不再重犯等。

总之，不论是刑事案件，还是民事案件，都是以执行作为案件终结的标志。但是，由于案件类型的不同，执行程序不尽相同。同时，在许多地区，头人在执行过程中随意敲诈勒索当事人，从而使执行变得复杂化，甚至毫无程序，表现出很大的随意性。

六、藏族传统司法制度的特点

如前所述，藏族传统司法制度是在长期的实践中不断完善、发展起来的。而在长期的司法实践中，藏族传统司法制度形成了一些独自的特点。了解这些特点，对于全面、系统地了解藏族法律及司法制度，认识民主改革前藏族社会，将有一定的积极意义。

（一）头人等垄断司法大权由于法律是阶级专政的工具，所以，长期以来，它一直被掌握在统治阶级手里，用以维护他们的利益，巩固其统治地位。古今中外都是如此。考察藏族传统司法制度，则不难看到，藏区司法大权一直被头人等所垄断。在民主改革尤其是新中国成立前，头人等往往将法律的制定和实施当作自己主要的职责之一，任何人都无权干预。否则，就是违“法”行为，受到严厉制裁。有时即使委托他人（一般是其管家）或其他临时执法机构，但也自始至终在头人等的严格控制和监督下进行，这一点在藏区各地都是一致的。那么，藏族传统司法大权何以被头人等所严密垄断？究其原因，固然很多，但主要则与藏族独特的社会组织结构及传统司法制度的发展密切相关。众所周知，历史上藏区分布着许多大大小小的部落。而这些部落大多是一些“独立王国”。在部落内部，一切归头人所有，任何人都将服从于头人。这样，头人不仅成为部落的最高主宰，同时也是法律的唯一制定者和执行者。久而久之，以致造成垄断司法大权的局面。

（二）“神判”的伪科学性。“神判”，又被称为“天断”，是一种十分独特而又荒谬的审判方式。考察藏族传统司法实践，“神判”作为特殊的审判方式而被广泛运用于各类案件或纠纷的审理活动。毋庸讳言，“神判”是缺乏科学性的，因为它将裁定权寄于想象中的“神”，这本身就违反科学，其为其一；其二，从本质上讲，“神判”是一种碰运气的赌博行为，准确的概率仅在50%以内，因此，很难保证不会造成冤假错案；其三，在“神判”中，往往掺杂着许多人为的因素，这亦影响神判的公正性，千百年来，“神判”之所以被广泛用于藏族司法活动，并非是偶然的。一方面，科学技术的落后是“神判”得以滋生的温床，长期以来，藏区社会发展的滞后性，再加上办案条件差，手段落后，人们无法运用科学公正地调处案件或纠纷；另一方面，在全民信教的社会条件下，人们往往认为“神”是最可信赖的，它不会偏向于任何一方。因而用“神”的意志来判定，自然是最公正的了。况且，运用“神判”方式裁定，人们又乐意接受，也便于付诸实施。诚然，“神判”尽管是一种反科学的行为，但它在长期的司法活动中曾起到了较为积极的作用。这一点是谁也无法否认的。

（三）等级差异十分明显有目共睹，在民主改革尤其是新中国成立前，作为藏区两大对立阶级，农奴主（包括头人、土司等）阶级与广大农牧民之间存在着明显的等级差异，且这种差异不仅存在于日常生活和生产实践中，而且也反映在司法活动中。因为作为藏族传统法律，它一直极力维护封建农奴制社会关系，保护统治阶级的各种特权。而广大农牧民则常常被作为法律的客体，根本不把他们当作人看待，更不用说保护他们的合法权益了。久而久之，司法活动中的等级差异愈加明显、愈加突出。在藏区，倘若下等人稍稍触动上等人（尤其是土司、头人）的利益，头人等动辄便通过法律予以惩处。而作为上等人，经常侵犯下等人的合法权益，甚至打死下等人，也很难绳之以法。即使予以起诉，也处处受到“特殊关照”。例如，在案件或纠纷的审理中，同是当事人，下等人必须低头跪地，接受审查。而上等人则可立于一侧，甚至与执法者同席。各种“神判”及酷刑仅限于下等人，对于上等人则无实施。在划分命价及量刑时，等级亦是重要的依据。上等人的命价通常为下等人的数倍乃至数十倍。犯有同样的罪行，下等人常常被严厉惩处乃至处以极刑。而上等人则可以从轻处罚，甚至免于刑事责任等。所有这些都是等级差异在司法活动中的具体反映。

（四）头人对当事人的经济盘剥极为沉重。民主改革尤其是新中国成立前，藏区司法活动不仅是头人等统治阶级进行强化统治、维持封建农奴制社会秩序的重要方式，同时也是头人等向当事人进行敲诈勒索、大发横财的极好机会。不论是刑事案件，还是民事纠纷，头人都利用掌握的司法大权对当事人进行敲诈勒索。如起诉收取起诉费，调解收取调解费，审判及执行中，亦接受大量贿赂，或巧立名目，榨取当事人的钱财。长期以来，正是由于头人等沉重的经济盘剥，致使不少当事人不敢提起诉讼，而是通过协商即“私了”的方式化解矛盾、平息争端。尽管这种“私了”行为受到头人等的严厉惩处，但是在藏区各地禁而不止，频频发生。究其原因。沉重的经济负担无疑是一个十分重要的原因①。

① 王尧：敦煌古藏文历史书［M］．“编年史”载：“乃至免年，赞普驻于美尔，大论东赞于‘高尔地’写定法律条文。是为一年。”

从法律制度看旧西藏的残酷与野蛮

张培中*

旧西藏实行的是人类历史上最黑暗、最残酷、最野蛮、最落后的政教合一的封建农奴制度，这在其有限的法律制度中得到了淋漓尽致的体现。

马克思主义认为，法治是由社会物质条件和经济基础决定的，法的关系既不能从它们本身来理解，也不能从人类精神的一般发展来理解，历史上出现的一切法律制度，必然与与之相应时代的物质生活条件联系在一起，即社会存在决定社会意识，经济基础决定了法律的性质、特征和发展方向。西藏在和平解放、民主改革前，作为上层建筑的重要部分的法律制度，也是由其落后的经济社会发展实际所决定的，是为维护极少数统治者的利益服务的，充分反映了其封建农奴制度的本质特征。

一、旧西藏社会制度的真实写照

在长达700多年的漫长时间里，旧西藏一直维持着极度摧残人权、极不人道、极不合理的政教合一的封建农奴制度，作为统治者的三大领主热衷于通过其直接掌握的宗教麻痹、欺骗人民，从而掩盖其5%的农奴主阶级剥削、奴役95%的农奴和奴隶的反动统治本质，所以并不注重法制建设，但是出于确认、维护和巩固其统治地位和特权的需要，也先后制定了一些成文法典，其中最重要的是《十六法典》和《十三法典》，这些法律是其实施统治的重要工具，也是旧西藏社会制度的真实写照。

《十六法典》是公元1618年，西藏藏巴汗时期噶玛丹迥旺布统治西藏后，命白色瓦在元末西藏帕主政权时期《法律十五条》的基础上编纂的一部封建农奴制法典，因其共有十六条律文，故称《十六法典》。《十三法典》全称《五世达赖喇嘛时期的颂词十三法》，是五世达赖喇嘛罗桑嘉措统治西藏时期，命令第司索南饶登在

---

* ［作者简介］张培中，西藏自治区人民检察院党组书记、检察长。

《十六法典》的基础上稍加变更而成的一部法典。所谓旧西藏的法律制度，主要表现在《十三法典》中。《十三法典》继承了《十六法典》的主要内容，其内容沿袭使用了300多年，严格区分等级贵贱，并公然庇护权贵。具体说，这两部法典按人的血统贵贱、职位高低规定“人有上、中、下三等，每等人又分上、中、下三级”。藏王、大小活佛及贵族属“上等人”，商人、职员、牧主等属“中等人”，铁匠、屠夫和妇女等属“下等下级人”。各等人的生命价值差别巨大，作为“上等上级人”的命价为无价，或“遗体与金等量”，作为上等中级人的命价为“三百至四百两（黄金）”，而被列为“下等下级人”的铁匠、屠夫、妇女等命价则仅为“草绳一根”。

为维护这种“三等九级”的制度，法典严厉惩罚以下犯上的行为。《十三法典》第三条规定：“王宫前吵闹者拘捕，械斗者拘捕，乞丐为贼者拘捕，打家劫舍者拘捕，卑贱与尊贵争执者拘捕。”第四条规定：“打家劫舍、绑架破坏、偷盗杀人、持械行凶、平民造反，当施肉刑：挖眼、刖足、割舌、砍手、推崖、溺水、处死等，量刑判处，以儆效尤，而杜后患。”第八条规定：“尊者滴血值一钱，卑者滴血值一厘。伤人上、下有别：民伤官，视伤势轻重，断伤人之手足；主失手伤仆，治伤不再判罪。主殴仆致伤无赔偿之说。”而且不仅各级政府设堂办狱，大的寺庙、各庄园领主、部落头人也可办案。在现存的一份由达赖亲署给各宗本等官员的命令中就重申，哲蚌寺有权处理各种诉讼案件、定罪量刑。当时种种肉刑施行相当普遍，大量历史资料和照片都反映了旧西藏人权的真实状况。如牧民贝姆洪贞因偷拿半小袋青稞被领主剁去右手，又有因欠债而以子女相抵者，还有领主间相互交换属民的契约等。

总而言之，《十三法典》是西藏封建农奴制在法律上的典型体现。曾有藏史研究专家指出，从《十三法典》和《十六法典》可以清晰地看出，旧西藏的法律是在用野蛮、残酷的刑罚维护其政教合一的封建农奴制。

二、旧西藏法律制度不平等的显著特征

旧西藏法律制度的不平等性、野蛮性、残酷性和落后性是由其政权的封建农奴制度的阶级属性所决定的，从本质上看，主要有以下几个显著特征。

一是公开宣称庇护特权阶层的利益，造成并不断加深了社会的不平等性和阶级矛盾，严重阻碍了西藏社会的发展，成为彻头彻尾的“恶法”。首先，近代以来的人类法治文明无不朝着平等、博爱、自由迈进，无论其司法实践如何，从法权关系讲，其立法都不会公开确认特权阶层利益的存在，而是处处标榜宣称“法律面前人

人平等”。而旧西藏法律竟然赤裸裸地按血统贵贱把人分为三等九级，这种不平等的背后其实就是经济社会关系的不平等。其次，即便是在旧中国封建王朝的大部分时候，一般社会上也常流传着“王子犯法与庶民同罪”的说法甚或“信仰”。旧西藏这种法权关系的本质，深刻反映了其社会制度的黑暗与落后。

二是受到法律庇护的是以贵族、官员和寺院上层僧侣为代表的“三大领主”这一特权阶层，是仅占人口总数5%的“极少数人”，这在人类社会发展史上的确是不多见的，这一“极少数人”阶层成为整个社会的寄生虫，奢靡的生活耗费着大量的社会财富，并严重阻碍和腐蚀着社会本身的发展前进。

三是刑罚的极度残酷性和极端不人道性。旧西藏统治阶层为了维护其极少数人的特权利益，用极端残酷的刑罚来威吓、镇压西藏广大人民群众的反抗，以维系其极端腐朽、愚昧和落后的政治统治。如法律规定：“向王室喊冤告状，不合体统，应逮捕鞭击之。”清乾隆年间刊行的《西藏志》中说道：“西藏相沿番例三本，计四十一条，所载刑法甚酷……其刑法残酷，从未之闻。”最富有其野蛮特色的是令犯人攥紧一把盐，然后用湿牛皮裹紧攥盐的手，并缝起来，待牛皮干后会把手箍得很紧，而盐则会吸干手部的水分，过一段时间再把牛皮除去，人手便成了仅有枯骨的拳头，永远张不开，使人落下终身残疾。

四是司法状况极端混乱，私刑酷刑泛滥。不仅各级政府可以设堂办狱，大的寺庙、各庄园领主、部落头人也可私设公堂进行办案，而且这样的“审判”根本没有任何诉讼程序可言，在这种黑暗统治下，出现“雪城”这样的“人间地狱”也丝毫不足为奇。

五是旧西藏法权关系深刻反映了其社会矛盾的深刻性、复杂性。其借以维持这种极端不平等和极端愚昧、落后、野蛮、残暴统治的种种臭名昭著的酷刑，恰恰说明了其社会存在着深刻的矛盾，如尖锐的阶级对立、扭曲的宗教信仰、落后的经济状况、严重的司法陋习和惨烈的人权状况等。民主改革前的旧西藏虽然具有封建农奴制的一般特征，名曰“封建农奴制社会”，其实更多地保留着农奴制的残余。这是一种比欧洲中世纪农奴制还要残酷、黑暗的社会制度，保护和维系农奴主经济利益的是神权和政权相结合的政教合一的政治制度，它从精神和政治上对人民实行统治和压迫。

旧西藏法律制度深深根植于黑暗的政教合一的封建农奴制度，利用极其残酷的刑罚压迫以广大农奴为主的下等人，毫不掩饰地维护着以贵族、官员和寺院上层僧侣为代表的“三大领主”的利益。其当时地方政府被称为“噶厦”，翻译成汉语就是“发布命令的机关”，由地位显赫的僧侣和贵族组成，是根本无法代表人民意志的。

三、新西藏法律制度的平等公正与人文关怀

1959年西藏实行民主改革后，彻底废除了政教合一的封建农奴制度及其法律制度，百万农奴获得翻身解放，西藏历史开启了新的篇章。列宁曾深刻指出，社会主义法制要使“法律成为人民意志的自觉表现，也就是说，它应该同人民的意志一起产生并由人民的意志所创立”。随着1965年西藏自治区第一届人民代表大会第一次会议的召开和西藏自治区的成立，人民代表大会制度这一中国根本政治制度和民族区域自治制度在西藏得以全面确立和实行，实现了西藏社会制度从政教合一的封建农奴制度向人民民主专政的社会主义制度的历史性跨越，人民行使当家做主权利、将广大人民意志上升为法律成为现实。昔日在实际上乃至法律上毫无地位的农奴和奴隶从此享有了平等参与管理国家事务和自己管理本地区民族事务的政治权利。西藏人民与全国各族人民一样，享有国家宪法和法律规定的所有权利，西藏同我国其他地区一样，融入了社会主义民主法制建设的大潮中。据统计，自1965年以来，西藏自治区人民代表大会及其常务委员会已根据宪法和民族区域自治法等法律，相继制定了250余件具有民族区域自治特色的地方性法规和决议、决定等，内容涉及政治、经济、文化、教育等各个方面，为维护西藏人民的切身利益，促进西藏由基本稳定到长治久安，为推动西藏各项事业的发展提供了重要的法律保障，彰显了新西藏法律制度的平等公正与人文关怀，成为我国法律制度的重要组成部分。

在全党全国各族人民致力于依法治国、建设社会主义法治国家伟大事业的今天，对照新旧西藏的法律制度，使我们再次深刻感受到了西藏从黑暗走向光明、从落后走向进步、从贫穷走向富裕、从专制走向民主、从封闭走向开放的辉煌历程，更加坚定地紧密团结在党中央领导下，不断加强社会主义民主法制建设，积极推进依法治藏进程，努力建设团结、民主、富强、和谐的社会主义新西藏的决心和信心！我们西藏检察人将一如既往，再接再厉，发扬成绩，锐意进取，坚决贯彻党中央新时期西藏工作指导方计，在自治区党委和最高人民检察院的正确领导下，更加充分地履行各项检察职能，全力保增长、保民生、保稳定，不断强化法律监督，维护公平正义，“谋长久之策，行固本之举”，推动经济社会科学发展，维护社会和谐稳定，为走“中国特色、西藏特点”的发展之路再立新功！

西藏检察机关发展历程

【创建阶段】

• 1956年6月，西藏自治区筹委会成立司法处，下设检察科，行使部分检察权。

• 1957 年 7 月，筹委会司法处合并到民政处后，该项工作暂时中断。

• 1958 年 1 月，经中央批准，中华人民共和国最高人民检察院西藏分院和西藏分院直属人民检察院（现拉萨市人民检察院）宣布成立。

• 1959 年 3 月，旧西藏上层反动集团发动的武装叛乱被平息后，国家建立了西藏检察机关和审判机关。

• 1963 年西藏民主改革取得全面胜利，同年 6 月拉萨市人民检察院正式成立，并结束了与最高人民检察院西藏分院合署办公的历史。之后，昌都、阿里、山南、那曲、日喀则各专区人民检察院相继成立。

• 1965 年 9 月 1 日，西藏自治区宣告成立，经自治区人大第一次会议通过，正式成立西藏自治区人民检察院，各专区人民检察院全部更名为“西藏自治区人民检察院分院”。

【停滞阶段】

• 1966 年至 1978 年，由于“文化大革命”，西藏检察机关与全国检察机关一道被撤销，检察工作被迫处于停滞状态。

【重建阶段】

• 1978 年 12 月，党的十一届三中全会召开，西藏自治区检察机关进入了恢复重建阶段。自治区检察院和六个分市院相继恢复重建和建立，并在全区新建了 71 个县级人民检察院。

• 1982 年，全区检察干警人数由 1978 年恢复重建时的 5 人，发展到 400 余人。

• 1986 年，全区检察系统人员增加为 800 余人，人员的增加为全面履行检察职责奠定了基础。

【发展阶段】

• 到 1993 年组建尼玛县人民检察院为止，全区已有 73 个基层检察院，区检察院和 7 个分市院相继成了与高检院相对应的内设机构。

• 截至目前，西藏检察队伍大学学历达到 67%，大专以上学历达到 86.8% 以上。西藏各级检察机关都有了交通工具、电脑等现代化办公条件，以办公、技术和周转房为重点的“三房”建设取得较大进展，各级检察院住房条件有了较大改善。

论藏族传统法律文化及其社会作用

贡保扎西　琼　措*

藏族传统法律文化是藏族传统文化的重要组成部分，它产生于藏民族长期的社会生产生活实践。它是过去藏民族维护传统社会秩序，协调社会关系，化解社会矛盾和冲突，保护不同社会利益，规范个体思想行为的重要依据。藏族传统法律文化有着悠久的历史，现有的成文和不成文的民间习惯法，其产生的年代可以追溯到史前时期；有具体王法的历史，即国王或上层统治者颁布的法律，也可以追溯到吐蕃甚至更早的时代，如吐蕃的“三律”等。藏族传统法律文化有着丰富的思想内容，宏观地讲，它所涉及的内容包括当时的政治、军事、经济、社会、文化等各个领域的方方面面。既有行政法规，又有经济法规；既有刑事法规，又有民事法规；既有宗教法规，又有民间习惯法规，可以说涵盖藏民族社会生活的全部。微观地说，它具体到狩猎伤人、纵犬伤人等民事处罚，以及对见义勇为和见死不救的奖惩等内容，并且这些内容都有文献记载的依据。作为原始的、封建的社会控制的思想理念和方法手段，藏族传统法律文化的历史局限性和阶级性是毋庸置疑的，但它也有着重要的思想价值和历史意义，它反映了藏民族过去的法治理念和人文思想，集法律、宗教、伦理道德和民间习惯为一体的藏族传统法律文化，从内在思想观念和外在行为习惯等各方面，对作为社会主体的人的思想和言行加以控制，以致强制性地对人的违法犯罪行为进行惩治和处罚，从而区分罪与非罪、损与益、善与恶等，并以此化解社会矛盾和冲突，协调社会利益关系，治理社会环境，维护社会秩序。以此，藏族传统法律文化不仅在历史上有过其积极而广泛的社会影响和作用，就是在藏族社会从传统向现代转型的当下，以及全面建设社会主义民主与法治、实现社会公平与正义，构建社会主义和谐社会的今天，藏族传统法律文化也有一定的借鉴价值和积极意义。

---

* ［作者简介］贡保扎西，西南民族大学藏学学院副教授，博士；琼措，西南民族大学藏学学院教师。

一、藏族传统法律文化概述

藏族传统法律文化有着悠久的历史，就目前我们所能见到的文献记载而言，吐蕃赞布松赞干布时期（七世纪中叶），创制文字并大力弘扬佛教，在佛教“十善法”（不杀生、不偷盗、不邪淫、不妄语、不离间、不恶语、不绮语、不贪、不慎、不邪见）的基础上制定了《神教十善法》、接着又制定了《人教十六净法》，另外，吐蕃时期（八世纪）还制定了《法律二十条》等。据《贤者喜宴》记载，当时还颁布了六类法律，即：《王廷、衙署职官安置之法》、《十万金顶具鹿之法》、《王朝准则之法》、《据两造申诉判决之法》、《总法》、《内府管理之法》等，制定了七大法律：不杀生、不偷盗、不妄语、不饮酒、奴不反主、不邪淫、不盗掘坟墓等。制定六六大法，即三十六法：六种大法、六大决议、六种告身、六种标志、六种褒奖、六种勇饰等①。《敦煌古藏文写卷》中的 P. T. 1071 号、P. T. 1073 号、P. T. 1075 号等三份写卷都是吐蕃时期的法律文献，它们分别为《狩猎伤人赔偿律》、《盗窃赔偿律》、《纵犬伤人赔偿律》，一般通称为吐蕃“三律”。

此后，元朝统治西藏，建立萨迦政权，西藏所执行的法律为元代的蒙古法律。明代帕木竹巴地方政权兴起，执政者绛曲坚参制定《十五法典》。这一时期还出现了如《桑珠孜法典》、《乃吾德央宫的吉祥圆满之法》和《蔡巴法典》等地方性法律。藏巴汗时期（十七世纪初），受噶玛丹迥旺布的旨意，贝赛巴制定出《十六法典》，五世达赖喇嘛时期（十七世纪中叶），第巴索南绕登以《十六法典》为蓝本，制定了《十三法典》。清朝雍正年间，对青海藏区颁布《西宁青海番夷成例》六十八条（简称《番例》），与此前后也在康区颁布《夷律》六十条。此后，在安多和康区等土司部落地区，也形成了一些区域性法规，如《果洛部落法规》（或《果洛红本法》）、《德格土司十三法》和《理塘十三条禁令》等。

藏族传统的法律要面对僧俗两个不同的社会群体，对僧侣群体而言，他们既要遵守以上的这些法律规范，也要遵守佛教的教法，即不同的戒律。藏族社会文化受到宗教的深刻影响，政治制度或为政教合一，或为政教联盟，并且诸多法律或以佛教的教法为依据，或受教法的深刻影响，因此，佛教的教法对一般民众也有较大的影响和约束力。另外，对于宗教寺院来说，它既是僧侣学经修行的场所，也是民众拜佛朝圣的地方，而大大小小的寺院遍布藏区各地，各个寺院都有各自的寺规。因此，寺院的寺规不仅是僧侣必须遵守的规范，普通民众也不能就犯寺院的寺规。

---

① 杨士宏．藏族传统法律文化研究［M］．兰州：甘肃人民出版社，2004 年．

不管是处于政教合一制度统治下的西藏地区，还是处于政教联盟统治下的安多和康区，或是处于部落土司头人统治下的广大农牧地区，成文和不成文的地域性法规和民间习惯法，也是这一地区处理外部冲突和内部矛盾的有效法规，如格萨尔王传中说："绝不侵犯无恶之地，此乃格萨尔王之法度；若有他人来无故侵犯，自有英雄的降魔之军。"藏族谚语说："既是王子也要遵守国法，既是上师也要遵守教法。"虽然这些法律都有深深的阶级烙印和历史局限，但对社会和个体还是有很大的约束力和保护作用。

藏民族酷爱谚语，藏族有很多有关法律的谚语，这些谚语也从不同的侧面反映出藏民族的法律观念和意识，以及对公平正义的思考。如藏族谚语说："马需要缰绳，人需要法律。""人无不在法律下，马无不在鞍桥下。"这些谚语虽然只提到法律对个体行为的制约功能，但从中也反映出藏民族质朴的法律观念和法律意识。而"不可放任有罪者，不可冤枉无辜者"，"佛法讲因果，俗法讲公道"，则提出了法律的公正。"既是王子也要遵守国法，既是上师也要遵守教法"，反映了法律的平等。

宗教是藏族文化的核心，也是藏族社会重要的社会文化现象，对藏民族而言，藏传佛教不仅是个信仰对象，也是藏民族的文化形态和生活方式，它塑造了藏民族的内在思想和民族性格，建构了藏民族的核心价值观念，深刻影响着藏民族社会生活的方方面面。对藏族传统的法律文化而言也是如此，藏族早期的成文法律也基于宗教戒律，并且一以贯之地影响了藏民族后世的法律文化。因此，神法与人法，佛法和俗法，宗教戒律和世俗法律并驾齐驱，维护社会秩序，规范个体行为，保护社会群体和个体的利益。如藏族谚语说："罪行须以惩罚来制约，恶业须以善业来消除。""无恶不作的罪人，应投入荆棘般的法网；法云降雨的地方，哺育善妙作物结硕果。"它从佛法的惩恶扬善和因果报应教育人们，从罪与法的机理告诫人们，反映出宗教和法律的社会规范作用。

藏族传统法律文化也与藏民族的传统伦理道德和风俗习惯相联系，因此，藏族传统的法制既是法治和德治的结合，也是法制和习俗的结合，并以文告和盟誓等习俗的形式贯彻和执行着传统法律文化的思想精神和具体内容，将法律理念道德化、习俗化，使法律意识融入人们的思想观念和行为习惯中，便于法律的普及和执行，发挥了法律在人们社会生产生活中的强大效应。当然，这也是其不成熟、不完善的表现，法律与宗教相结合，虽增加了法律的效应，但未摆脱神权统治。法律与伦理道德相结合，虽加强了法律的制约能力，但法律与伦理道德的制约和规范的对象和范围是不同的，非伦理和不道德并不意味着违法犯罪。法律与习俗相结合，虽加强了人们守法的自觉性和一贯性，但习俗不能替代法律，特别是部落习惯法，它是原始部落制的产物，其局限性和负面影响也是显而易见的。

二、藏族传统法律文化的思想内容

农牧业和狩猎是古代藏民族的主要生产方式，因此，有关农牧业生产和狩猎中的纠纷以及对个人私有财产的侵占是藏族早期法律解决的主要内容。经常发生的案件也就是狩猎伤人、牦牛伤人和纵犬伤人，以及盗窃和仇杀等。正因为有这样的生产方式，藏族早期法律处罚的内容也就是重者抵命，轻者没收奴户和财物，次之处罚金钱、牲畜和劳役等。毋庸置疑，这时的法律是阶级社会的法律，是原始或封建奴隶制社会时期的法律，因此，它也将人们分为三六九等，同样一件案例，因为阶级地位和身份的不同采取不同的处罚，不平等地对待，有失法律的公平。如吐蕃的“三律”之《狩猎伤人赔偿律》根据人的身份地位将赔偿分为九等二十二级，地位身份不同，获赔的命价也不同，统治阶级有着法律的特权，法律成为维护统治阶级利益的工具。

与《敦煌古藏文写卷》中所发现的《狩猎伤人赔偿律》、《盗窃赔偿律》、《纵犬伤人赔偿律》等吐蕃“三律”的残缺和模糊不同，赞布松赞干布时期，在佛教“十善法”的基础上制定的《神教十善法》和《人教十六净法》则较为清晰且有具体的条例。如《神教十善法》分别为：1. 不许杀生造罪。2. 不能偷抢大于针线的财物。3. 不能邪淫。4. 不许谎言。5. 不许挑拨人和。6. 不可恶语咒骂。7. 不许散布谎言。8. 禁贪欲。9. 禁害人心。10. 不做违背因果之事。① 如果说吐蕃“三律”是对发案后的处罚，那么《神教十善法》则是未发案前的防范和教育。它依据佛教戒律，根据佛教的因果报应，依靠神的权威和信仰的力量，教化民众，规范民众的思想和行为。同样，《人教十六净法》也从佛教的义理和伦理道德等方面对人的思想行为作了具体的规范：1. 敬信三宝。2. 求修正法。3. 报父母恩。4. 敬重有德。5. 敬贵重老。6. 利济乡邻。7. 直心小心。8. 意深亲友。9. 积极上进，高瞻远瞩。10、饮食有节，货财安分。11. 追认旧恩。12. 及时偿债，秤斗无欺。13. 慎戒嫉妒。14. 不听邪说，自持主见。15. 温语寡言。16. 担当重任，度量宽宏。与此同时，吐蕃时期的《法律二十条》也对杀生、偷盗、邪淫、欺诈、谎言、嫉妒等作了规范，提倡修善积德、知恩图报、敬重师长、相互帮助、团结和睦、公平和谐等，既有积极的伦理道德价值，又有具体的法律规范意义。

如果说吐蕃时期的这些法律带有较大的宗教色彩和道德说教，那么，大司徒绛曲坚参时期制定的《十五法典》和藏巴汗时期制定的《十六法典》以及五世达赖喇

① 西藏自治区概况编写组编写，西藏自治区概况［M］拉萨：西藏人民出版社，1984 年。

嘛时期制定的《十三法典》等，则有极大的世俗意义和法律规范的作用。如《十五法典》有杀人命价律、伤人流血抵罪律、偷盗追赔律、赌咒昭雪律、奸污罚金律、离异协调律、听诉是非律、诽谤侮辱律、平衡度量律、损失平摊律、借畜死亡律、英雄猛虎律、懦夫狐狸律和诉讼费用律等具体的法律规定。《十六法典》对《十五法典》的内容进行增删，增加了异族边区律，并将每个法律条目清晰、完整、具体化。《十三法典》则从执法原则、诉讼方法、处罚和赔偿标准等方面，对杀人、盗窃和欺诈等违法犯罪行为作了具体的规定，内容涉及刑事犯罪和民事纠纷、经济赋税、环境保护等各方面，是一个诸法合一的综合性法规，也是自吐蕃以来各个法规的概括和总结。

地方性法规也是藏区各地土司头人等权力组织和个人颁布的法规，是这一部落或地区为维护自身利益，对外防御外敌入侵，对内进行内部管理的法律规定，既有军事防御和战略意义，也有法律规范意义。它涉及该地区的部落冲突、经济赋税、社会治理、刑事犯罪和民事纠纷等各方面，对维护当地的社会秩序稳定，保护人民群众的生命财产安全起到了一定的积极作用。就内部管理方面，这些地方性法规都有权利承袭、赋税劳役、杀人偿命、盗窃赔偿、财产分配等内容，若有狡辩欺诈则用发誓神判来定案，并以此来压制强暴、扶持弱小、外护声威、内持节操、表彰高尚、贬斥下流、褒奖贤能、惩处恶暴。另外，在牧区有营帐迁徙和四季牧地的规定，农区有护田保苗和播种收割的规定；有森林的地方又有有关树林砍伐，自然生态保护等的具体规定，既有效地维护了民众的生产生活秩序，也保护了当地的自然生态环境。

民间习惯法也是藏族传统法律文化的重要内容，它是民间自发性、习惯性的法律文化，它与藏民族的宗教信仰、伦理道德、部落制度和风俗习惯交织在一起，在民间具有广泛的群众基础，并且世代相传，延续至今。民间习惯法是藏族较为普遍的行为准则，也是民间处理矛盾纠纷的重要依据，是民间实现内部管理的有效方法。民间习惯法是藏族不成文和无形的法律规范，是藏民族宗教民俗化、法律民俗化的典型代表。它的内容包括宗教法规、经济法规、刑事法规和民事法规等各方面，是刑法、民法、实体法和诉讼程序法的结合体。民间习惯法中的刑法、民法和实体法等内容与以上成文的法规基本类同或重叠，传统的诉讼程序一般由起诉、审判、判决和上诉等内容构成，审判和判决一般由当事人、证人、公证人等组成，审判和判决人要么由土司头人担当，或者由德高望重、公正不倚的专人来担当。事实不清的案件一般以“神判”的方式判断，“神判”的方式一般有盟誓、卜卦、捞油锅和浑水摸石等形式。由于藏民族社会成员自小受藏传佛教思想的熏陶和传统伦理道德的教育，信仰和道德具有强大的约束力，弃信背义、违背道德、伤风败俗被认为是大逆不道，会受到因果报应和神灵的惩罚。因此，法律与宗教信仰、伦理道德和风俗习惯的结合，对人们有着强大的约束和规范作用，当法律被宗教化、道德化、民俗化后，它已变成人们的社会生活的习得，法律观念和意识也将根深蒂固地成为人们的思想意识，法律也就充分发挥了它应有的社会规范作用。

三、藏族传统法律文化的社会作用和影响

社会需要发展，也需要稳定。社会稳定是社会发展的前提条件，维护社会稳定的基本前提是社会秩序，社会控制是维护社会秩序最基本的方法，而法律是最直接有效的社会控制手段和行为规范。今天，我们提出构建社会主义和谐社会，建设民主法治、公平正义、诚信友爱、充满活力、安定有序、人与自然和谐相处的社会，实现物质与精神、民主与法治、公平与效率、活力与秩序的有机统一。社会主义法制建设既是构建社会主义和谐社会重要内容，也是构建社会主义和谐社会的有力保障。通过社会主义法制建设，建立社会主义民主与法治，维护社会公平与正义，实现社会安定有序、充满活力，人与人之间诚信友爱，人与自然和谐相处。通过构建社会主义和谐社会，规范和协调人与物、人与人、人与自然之间的关系，也是社会主义法制建设的重要内容和任务。

在封建奴隶制社会中，法律通常是统治阶级为维护自身集团利益而制定的，并通过法律将自身的统治合法化，他们既是法律的制定者，也是法律的执行者。对统治阶级而言，法律是他们身份地位和权力的象征；而对普通民众而言，法律只能是“王法”，是套在他们脖子上的枷锁。法律制裁的对象是普通的民众，保护的则是其自身的阶级利益，因此，封建奴隶制社会的“王法”具有阶级性和不平等性，是奴役人民的暴力工具。但是，法律也有个不断发展进步的过程，法律文化也有个传承发展的过程，没有封建时代的法律，就不可能产生现代意义的法律。同时，封建时代的法律也不是一无是处，既无历史的作用和意义，也无当代的借鉴价值。由于社会的延续和文化的传承，传统法律文化的积极作用和消极影响作为文化积淀，仍延续和作用于当下社会，或成为社会主义社会建设的积极因素，或成为社会主义社会建设的消极因素。因此，需要对传统法律文化的思想内涵进行系统的梳理，努力克服和消除其消极因素，充分利用其积极的思想内容，为社会主义法制建设和社会建设服务。

传统的法律虽有历史的局限和鲜明的阶级性，有失公平和正义，具有不平等性和人治的特点，维护的是上层统治阶级的利益，但从历史的角度看，它在一定程度上也维护了当时的社会秩序，约束和规范了人们的不当行为，如对杀生、抢劫、盗

窃、欺诈、奸污、诽谤等违法犯罪行为的惩治和处罚，有效地扼制了人的不当行为，给人以警示，维护了人们的社会生产生活秩序。因此，传统的法律文化有它存在的历史价值，它有效地规范了社会发展各个历史时期的社会秩序，为社会历史的不断发展和进步奠定了基础，是社会历史不断发展和进步的有力保障。当然，文化是有沿袭性和传承性的，优秀的、有价值的文化因素在社会发展过程中必将得到保留和沿袭，法律文化也是这样的，对维护社会秩序、规范人的思想行为有用的法律文化必将延续到后世，为后世所继承并享用。藏族传统法律文化也以这样方式延续至现代，并作用于藏区当今社会，在一定程度上维护着藏区的社会秩序，规范着人们的思想行为，为藏区社会经济文化建设和发展提供了一定的保障，成为藏区社会主义法制建设的有效辅助。

藏族传统法律文化对人行为不仅仅是一味地限制和约束，不是单一地惩处人的违法犯罪行为，它也提倡和鼓励人的合法的、正当的、道义的行为，保护人的合法的利益，表彰和奖励正义的、见义勇为的行为，从正面去引导和教育人们遵纪守法、积极向上。如吐蕃《人教十六净法》教育人们报恩父母、追认旧恩、敬重有德、敬贵重老、利济乡邻、意深亲友、饮食有节、货财安分、及时偿债、秤斗无欺、积极上进、高瞻远瞩、担当重任、宽宏大量等，将道义提升到法律的高度。又如民间习惯法中的“八调”规定：压制强暴，扶持弱小，外护声威，内持节操，表彰高尚，贬斥小人，褒奖贤能，惩处劣徒等，既反对强暴、压制邪恶，也扶持弱小、伸张正义；既有惩处的一面，也有褒奖的一面，双管齐下，以规范个体行为，维护社会秩序。

修佛行善是藏传佛教最基本的思想内容，也是藏族早期法律的主要条文，藏族传统法律文化中的《神教十善法》和《人教十六净法》都是以佛教“十善法”为蓝本和依据的。我们且抛开宗教的说教和被人为地利用，善是人类社会的普世价值。善是善心、善身、善语，杀生、盗窃和邪淫为身之不善，妄语、离间、恶语和绮语为语之不善，贪心、嗔心和邪见为心之不善。如果每个社会成员心怀善业，从善出发，善修其心（善心）；以身作则，善修其身（善身）；言善行善，广泛宣传善心和善行（善语），善待他人，善待生命，个体欲望不会膨胀，个体行为得到规范，社会风气得到改善，社会道德也不会滑坡，社会关系必将和谐。

公平是制定法律首先要遵循的基本原则，也是法律应有的具体内容，只有在公平的前提下，个体行为才可以得到规范，社会秩序才可能得到维护。藏族传统法律也同样关注这一问题，并有具体的规定。如吐蕃时期的《人教十六净法》中的“及时偿债，秤斗无欺”、后期《十五法典》中的“平衡度量律”，以及德格土司制定的法律十三条中的“公平交易”和“秉公办事”等都涉及公正与公平，不管是经济交易，还是处理矛盾纠纷，都要求公平。正如藏族谚语所说："法律与准绳求真，装饰与图案求美。""金子的真假由试金石辨，事理的真假由法院辨。"都道出了法律的公平与正义问题。

藏族传统法律文化是藏民族自觉的、自为的文化传统。特别是藏族民间不成文的习惯法，既是民众约定俗成的法律习惯，更是民众自觉自律的行为规范，具有较为广泛的群众基础，得到民众较为普遍的认同，具有一定的民主与法治的自觉性。另外，法律与习俗的结合，也使得遵纪守法成为习惯，有利于司法实践。

藏族传统法律文化不仅协调人与物、人与人的关系，也协调人与自然的关系。如牧区的营帐迁徙和四季牧地的规定，农区的护田保苗和播种收割的规定；有森林的地方又有有关树林砍伐、自然生态保护等的具体规定，这些规定既有效地维护了民众的生产生活秩序，也保护了当地的自然生态环境。另外，藏族传统习俗中的一些有关自然禁忌，如对生命的禁忌、对自然环境的禁忌，以及农牧业生产中的某些禁忌等，也都有意和无意地起到了保护自然环境的作用。

另外，从形式上讲，法律规范习惯化、道德化和宗教化也是藏族传统法律文化的最大特点。藏族传统法律文化与藏民族的伦理道德、宗教信仰、风俗习惯、生产生活禁忌等的结合，虽然不能反映法律的独立性和成熟性，宗教、伦理道德、风俗习惯、生产生活禁忌虽都不能替代法律，但这也使得法律的效用得到加强，法律意识和认可度得到极大的提高，有利于普法，便于司法实践，为社会主义法制建设创造了普法条件和司法环境。

论藏族僧尼的法律地位

何 峰*

宗教上层人士是旧西藏统治阶级——三大领主的重要成员之一。民主改革前，不论是甘、青，还是川、滇、藏，宗教人员都具有相当的政治权威。那么，他们的法律地位究竟如何呢？关于这个问题，目前藏学界很少有人去注意。本文依据藏族有关成文法典，就此作一探讨。

一、重视僧尼的宗教职业

藏族宗教人员中的绝大多数都要脱离其原来的世俗家庭，谓之“出家”，为僧、尼者因之被称作“出家人”。他们的终身职业是学习宗教经典，从事宗教活动。在藏族法律中，对僧、尼的这种职业给予了高度重视，并竭尽全力予以保护。17 世纪初，西藏地方政权首领藏巴汗·噶玛丹迥旺波下令颁行法律（人称藏巴汗《十六法》，简称《十六法》）。该法第三章“地方官吏律”中即开宗明义宣称：“被君王封为官吏者，要舍弃私利，致力公干，主要为成就第司和法王大业的佛教服务。”将宗教纳入第司（第司系藏语译音，为地方行政长官之意）及其所辖各级官吏的政务之列，要求他们为之服务，足见，僧、尼的活动不仅仅是他（她）们的个人私事，而且还受到法律的特别保护。

《十六法》要求西藏地方政府和各级官吏：“修复身、语、意之所依。”按照佛教教义，佛虽然不能长生，但其身、语、意则依止一定的物体永留人间，供信仰者膜拜。而作为佛的身、语、意，依止物分别是佛像、佛经和佛塔。上述律文明确规定，各级官吏有责任塑造佛像、印制佛经、建造佛塔并及时修缮。这实际上就是要求对佛教进行全面支持和保护。

藏传佛教发展到 11 世纪中叶以后，逐渐衍变为许多宗派，比较著名的有宁玛

* ［作者简介］何峰，教授，青海民族大学校长。

派、萨迦派、噶举派、格鲁派等，且各派内部又分若干支派。由于利益关系，各个教派之间时有摩擦和冲突，尤其在政治斗争中显得更加突出。各种地方势力往往与不同的宗教派别结成同盟，共同对付其他教派以及与之有关的地方势力。一旦某种地方势力在斗争中获胜，不但残酷镇压敌对的政治力量，而且极力迫害那些曾经支持对立面的宗教派别，强迫他们改宗转派，信仰与自己相同的教派，穿着和自己一样的僧装。这在历史上不乏其例。但是，《十六法》和五世达赖喇嘛执政时期颁行的《十三法》都明文规定："不得改变宗教派别和适合宗派的着装。"表明佛教各宗派之间虽有摩擦和龃龉，但作为地方政府的法令，对各种教派一视同仁，均予以保护。

佛教戒律的核心是禁止杀生。并由此派生出一系列清规戒律。在以肉类为主要食物的藏区，虽然不能完全禁止宰杀牲畜，但可以在特定时段内象征性地禁止食肉、禁止渔猎等，以示对戒律的遵守。《十六法》和《十三法》都谈道："在五个节日月份要封山禁水。"佛教界每年都有几个与佛祖释迦牟尼的事迹相联系的大型节日，比如二月二十五日神变节，四月十五日成佛节，六月六日说法节，九月二十一日回降节等。很显然，上述律文禁止在有关的月份上山打猎、下水捕鱼，实际上要求世俗群众亦遵守相应的宗教戒律。

西藏地方政权的重要法典藏巴汗《十六法》和五世达赖《十三法》，尽管颁行时代不同，其内容也有较大差异，但就僧尼职业的保护性规定而言却毫无二致，而且都把这方面的内容摆在整部法律的突出位置。例如，"地方官吏律"在《十三法》中处于首章。在《十六法》中，虽然被列为第三章，但其前两章均为军事法律。因此，"地方官吏律"在《十六法》所有非军事法律中仍算处在首要位置。总之，上述两部法律都要求保护宗教，并将此作为行政官员的首要职责，足见对僧尼职业的重视程度。

二、肯定僧、尼的社会地位

据藏文史书记载，吐蕃王朝分别以玉石、金、银、铜、铁、木片等不同质地和体积的告身区别臣民的不同社会等级。曾对寺院的经师、咒师、苯教师分别颁发大银和小银文字告身，在当时的十二级告身中分别居第五位和第六位，说明一些宗教人员的地位在整个社会中处于中等阶级，可谓不低。后来，西藏地方法典在处置杀害人命案时，将社会成员分为"三等九级"，并对各等级人员的命价作了具体规定。《十六法》在第九章"杀人命价律"中明确宣布："英雄、将军属于上上等，命价为与之等身的黄金；有三百以上奴隶的领主、高级行政官员和大寺院的堪布为上中，其命价三百两至四百两；大寺院的扎仓喇嘛、近圆比丘、政府俗官以及拥有一百以上奴隶的领主为上下，其命价为二百两；普通官吏、寺院执事、亲兵及年老僧人等为中上，其命价八十两至一百五十两；中级武官和普通僧侣为中中，命价为五十两至七十两；出家的领主为中下，命价为三十两至四十两；流浪汉、王宫仆人和屠夫属于下上，命价为三十两；服役的铁匠、屠夫、饿丐为下中，命价为二十两；流浪的铁匠、屠夫等属于下下，旧法规定其命价均为一根草绳，但可给予十两至十五两命价，出于怜悯也可给二十两。”在“三等九级”中，依据其宗教职务和地位，僧人被分别编入不同等级。堪布、扎仓喇嘛等被赫然置于第一等级；普通僧人也在中中等级。他们的地位均处于社会中层以上。藏族法律的这种等级规定无疑具有双重意义，它既显示人们不同的社会地位，又体现法律对不同等级的社会成员生命安全的不同的保护力度。僧人所处等级较高，因而其生命安全所受到的保护力度也就较大。

藏族法律认为，社会上一般很少发生女性被杀害的事件，因此，对他们的社会地位等级和命价金额标准都没有具体规定。但是，《十六法》中有这样一句话：“女性命价依据其所属折半。”《十三法》也表示了相同的意思，即女性的命价为她们所属男性（或丈夫，或父兄）命价的一半。很显然，这种对女性命价和等级的规定，仅仅限于世俗范围，而不适于宗教界。因为作为职业宗教女性——尼姑，根据教义规定，她们已经出家，因而没有家庭概念，同时，佛教戒律不允许尼姑结婚，她们自然亦没有丈夫。因此，她们的社会地位和等级再不可能依照世俗标准来划分。可见，女性职业宗教人员不仅具有独立的社会地位和完整的命价标准，而且与男性职业宗教人员一样，居于社会中层。与世俗女性相比，社会地位显然高得多。

几乎藏族所有成文法典都有“杀人命价律”的内容。根据该律规定，凡杀人案件均可以依据受害人命价标准，通过经济赔偿解决。同时，藏族法典也大都辟有“重罪肉刑律”一章。该律是对那些罪大恶极者实施酷刑的规定，其刑罚有剜目、断筋、割舌、剁手、推崖、投水、屠杀等。在规定种种残酷刑罚的同时，实际上还肯定了死刑。《十三法》“重罪肉刑律”把拭杀喇嘛、阿阇梨列为重罪，要求对罪犯施以肉刑。显而易见，如果僧尼中的上层人物被害，仅仅通过赔偿命价是不够的，凶手还将受到酷刑乃至死刑的惩处。表明法律对宗教上层的生命安全具有双重保障。

三、维护僧、尼的经济利益

绝大多数藏族宗教人员终身生活在寺院，其生活资料中的很大一部分通过布施解决。但这并非固定收入，因为布施与否、布施多少完全取决于施主自身的经济条件和自愿程度。因此，僧、尼生活资料的不足部分，还得依靠其原来的家庭接济。藏族法律充分注意到了这一问题。凡藏族法典大都设有“亲属离异律”一章。该律章特意对僧、尼与他们原有家庭的财产关系做了详细规定。《十三法》说：“若有人出家为僧，其家庭要送去灶具以及农业收入的应得份额。要提供僧装。家庭分割财产时，也要留下相应的份额。出家为尼者也要如此。”这表明：其一，在寺僧、尼的衣食以及其他生活必需品由其家庭供应；其二，在寺僧、尼对其原来家庭财产的所有权与世俗人员相同。这样，在寺僧、尼的基本生活来源有了法律保障，即使在没有布施的情况下，他们也不会遇到生活困难。

偷盗是在藏区经常发生而且危害极大的一类案件。藏族的立法者特别注重对偷盗案件的预防和处置措施。几乎所有成文法典都无一例外地设有“盗窃追赔律”一章。顾名思义，“盗窃追赔律”的核心，是以加倍赔偿方法处理偷盗案件。一般情况下，偷盗者都是有的放矢，因而拥有较多财富的官吏、僧职人员很容易成为被盗对象。对此，法律做出了相应的规定。《十六法》说：“偷赞普赔万倍，偷至宝赔八十倍，偷平级赔七至八倍。”所谓“至宝”即为喇嘛、僧伽财产及佛殿供品。可见，以赔偿形式处理偷盗案件时，对宗教人员和宗教集团财产的保护力度虽然小于官吏，但与世俗普通百姓相比，却有天壤之别。在“重罪肉刑律”中，亦涉及对宗教财产的保护问题。所列处以肉刑的“重罪”多达十数条，诸如投毒、翻密武装、平民犯上等。而《十六法》、《十三法》中均把染指僧伽财产作为诸多“重罪之首”，凡违犯此条者，无论是谁，都要受到刺目、断筋、割舌、剁手、推崖、投水等任何一种酷刑处理，甚至要处以极刑。毋庸置疑，在如此严刑峻法之下，绝对不会有人以身试法，拿生命当儿戏。

桑杰嘉措出任五世达赖喇嘛的第司期间主持制定的《法典明鉴》在阐述主管坛场陈设和祭品供养的僧职规范时还谈到宗教集团的内部偷盗问题。其中引经据典地告诫所有有机会接触喇嘛、僧伽财物和寺院祭供物品的人，务必不要染指这些财物，否则就会遭到因果报应。不但来生要坠入地狱，今生也会患瘫痪疾病，还会受到王法制裁。同时还对地狱的惨状做了绘声绘色的描述。其情其景足使那些对天堂地狱之类的邪说嗤之以鼻的人感到毛骨悚然，不寒而栗；至于对那些献身佛门、深信因果报应理论的宗教人员，其威慑力和约束力更是不言而喻。不难看出，法律对僧、尼的经济利益具有多重保护，真可谓无懈可击。

四、僧尼享有一定的特权

根据藏族法律规定，世俗人员不但必须遵守世俗法律，还要遵守必要的宗教戒规。佛教称杀父、杀母、杀阿罗汉、破僧和合、恶意出佛身血为“五无间罪”。教义认为，犯有其中之一者无疑要遭受严重的因果报应，坠入无间地狱，历受数世煎熬之苦。《十六法》、《十三法》均视无间罪为十恶不赦，在“重罪肉刑律”中首先提到它，主张对五无间罪处以极刑。可见，俗人违犯宗教法规，就要受到极其严厉的惩治。然而，对僧、尼来说，世俗法律几乎没有任何约束力。

藏族法律提倡道德规范的性行为，禁止淫乱。绛曲坚参颁行的《十五法》、玉周卓巴的《十五法》以及《十六法》、《十三法》都有“奸淫罚锾律”一章，它们是处理奸情案件的法律依据。根据规定，凡与他人妻女或丈夫私通，一经发现就要根据男女方所属等级以及所要承担的责任采取一定的罚金。可是，《十六法》、《十三法》“奸淫罚锾律”开章就谈到，以前法王的旧律中，有奸淫者断肢并驱逐出境之说，这应理解为与喇嘛、官人女眷私通、奸淫者要严厉处置，而一般奸情要科以罚金。这就表明，法律主张极刑处理那些胆敢与喇嘛、官人的眷属有性交往的人。同时，这两部法律如出一辙地都有这样的规定：“尼姑奸情要根据寺院规章处理。”可见，僧、尼只有享受世俗法律保护的权利，而在违犯世俗法律后却没有接受其惩罚的义务。

藏族重要法典都有专章论述“狡诳洗心律”。该律实际上就是藏族法律中的审判手段，其中规定，若遇案件是非不清或两造口供相悖，责令双方或被告接受天断，依此判定是非曲直。天断方法主要有起誓、捞油锅、烧石子、掷骰子等。在天断的具体实施过程中，为公正起见，往往请宗教人士主持或参与主持。唯物论者认为，所谓“天断”，至少也是一种伪科学，充其量只有一定的威慑作用和侥幸的概率，并不能真正判明是非曲直。但藏族立法者以及民众则认为天断是最公正的，其最主要的根据就是在起誓、捞油锅、烧石子、掷骰子等天断仪式的背后由神灵发挥作用，天断是神灵旨意的体现，因此又称之为“神判”。

法律明文规定，宗教人员不参加起誓。《十六法》、《十三法》及玉周卓巴的《十五法》都说：“喇嘛、善知识、普通僧人等不能参加起誓，因为他们本身没有咒誓可言，此曰‘金鸟不可网捕’，具有法力的咒师，可通过各种方法解除咒誓效力，因此也不可参加起誓，此所谓‘黑蛇不可穷追，’宗教人员之所以不参加起誓，法律公开的理由是他们本身没有咒誓，或咒誓对他们没有约束力。但我们刚刚述及，起誓之能用以天断，最主要的是认为神灵在起作用，而宗教人员没有咒誓或者咒誓不能约束其行为，说到底就是承认神灵不能奈何他们。那么，以神灵支配力为前提条件的捞油锅、烧石子、掷骰子等天断方式，对宗教人员也如同起誓一样没有任何意义，他们自然也不宜接受任何形式的天断。由此可以证明，宗教人员只有主持天断的权力，而无接受天断的义务，只有特权审判别人，而不会成为被他人所审判的对象。

综上所述，藏族法律对僧、尼赋予了较多的权利，使他们具有较高的社会地位。那么，法律的天平为什么要明显地向宗教人员倾斜呢？这有深刻的阶级根源和社会根源。藏族社会自元朝初年起正式实行“政教合一”制度。之后，这一制度在藏区进一步发展并延续下来，直至20世纪五十年代民主改革时才被废除。藏区“政教合一”的特点，就是许多宗教人员参与政事，有些宗教领袖直接掌握地方政权。在这种情况下，作为立法者，为了自己的利益，必先保护僧尼的利益，如果维护了宗教人员的权益，也就保全了统治阶级的利益。这是阶级根源。藏族的先民起初信仰原始宗教。公元7世纪后佛教传入，它与原始宗教经过长期斗争、融合，最终形成藏传佛教，并形成许多宗派。藏族社会全民信教，尤其到了近代，佛教在藏族社会深入人心，人们言必诵佛陀，文必据佛经，行必合佛理。宗教在藏区具有良好而广泛的社会基础，法律有意识地与宗教结合在一起，戴上宗教的首饰，更易于在社会上推行，更易于为民众所接受，这样，也就能更好地成为阶级统治的工具。这是社会原因。最后，有必要特别说明的是，由于宗教盛行，藏族宗教界实际上成为一个小社会，在其中的职业宗教人员内部又有高低贵贱之分。藏族法律所极力保护的实际上就是宗教上层的利益，从法律中获益最多的也只是僧、尼中的少数人。

作者附记：本文所引资料，均选自《西藏历代法规选编》（藏文），西藏人民出版社1989年版。

试论西藏古代法律与佛教根本戒律的暗合

——以藏巴汗《十六法》为例

阙成平*

从法律的渊源与历史演变来看，任何国家或地域的法律都受到宗教，尤其是宗教戒律的深刻影响，至少是与宗教戒律并行，表现为相互融合、相互依托，彼此维护，甚至高度的同一，宗教戒律即法律，法律即宗教戒律。这一点在西藏表现得尤为突出，西藏古代法律就暗合了佛教“不杀生、不偷盗、不邪淫、不妄语、不饮酒”这五条根本戒律。为探讨这一问题，本文以藏巴汗《十六法》为例，对此进行一个简要的比较分析。

一、佛教根本戒律的基本内容

（一）佛教戒律的界定

所谓佛教戒律，依律藏梵音译有四种：（1）尸罗，本义为“清凉”，汉译为戒，《大乘义章》云：“言尸罗者，亦名为戒。三业之非，梵烧行人，事筹如热：戒能防息，故名清凉。清凉之名，正翻彼也。以能防禁，故名为戒。”（2）毗奈耶，又称“毗尼”，本义为“灭”“调伏”“善治”等，律为正翻。《四分戒疏》云：“律者，法也，从教为名。断割重轻，开遮、持犯，非法不定，故正翻之。”（3）波罗提木叉，本义为“别解脱”，专指对身戒（主要三种：杀、盗、淫）及口戒（主要四种：妄语、两舌、绮语、口恶）而定的外在行为上解脱，有别于针对心意或精神的戒法（指定共戒、道共戒），故名为“别解脱”。（4）优婆罗叉，也译为“优婆罗仟”，其义也是律。这四类名称虽异，其意义都指“戒律”。“戒”指内心自发地持守规定，属于精神的、自律的；“律”则是为维持教团秩序的种种规则及违犯规则的处

* ［作者简介］阙成平，西藏自治区委党校教员；

罚，属于形式的、他律的。二者合起来就是佛教僧侣的行为规范和僧团的管理规则。这充分体现了“诸恶莫做，众善奉行；自净其意，是诸佛教”的精神，其最终目的是促进佛教的发展，使佛教“正法久住世间”。

（二）佛教根本戒律的内容

佛教戒律的内容十分繁多，《大藏经》所收编的戒律及相关文献，其篇幅约15 000页，真是“浩如烟海”！一般来说，佛教戒律可分为作持戒和止持戒。“作持戒”，即必须做的行为，通常就是指“十善”，即要求僧侣积极地从事“放生、布施、梵行、诚实语、和净语、爱软语、质直语、不净观、慈悲观、因缘观”十种善行；“止持戒”，指不得做的事情，也就是通常所说的戒律。“止持戒”的内容十分繁杂。但是，归结起来就是佛教的“不杀生、不偷盗、不邪淫、不妄语、不饮酒”5 条根本戒律。

1.“不杀生”。“不杀生”戒要求佛教信徒不得伤害生命。“杀人”无疑是被严厉禁止的。据说，当佛陀在毗舍离时，诸比丘修“不净观”，因而有厌恶自己的身体而向往死亡的念头。一位外道比丘名为难提的，竟然接受欲自杀的比丘之请托，进行杀人之事，使得当地的居民惊怖万分。佛陀因而制定戒条，今后禁止任何杀人行为。这里的“生”“杀”字在后来作了扩张解释，“一切有形、蠢动、含灵，皆不得加害”。[①] 包括食用家禽在内均不得杀害。为了避免“杀生”，不踩伤虫蚁，在万物生长发育、频繁活动期间，佛教僧侣一般都足不出户，在家闭门修习，即所谓的“长净和夏安居”活动。这一活动在西藏的历史发展中，逐渐演变为“雪顿节”这一民俗活动。

“不杀生”戒是在万物有灵、众生平等的基础上要求人们珍爱生命，主张世间一切生灵和谐共处，他们享有同等的生存权和发展权。通过不杀生来谋求世间万物的共同繁荣和发展。

2.“不偷盗”。佛教戒律中的“偷盗”与现代法律中的“盗窃”的内涵基本上是一致的，但其外延则远比“盗窃”要广。依佛经的通解“不与（而自）取”就构成了偷盗，其构成条件为：(1) 他物（他人的财物）；(2) 他物想（明知属他人的财物）；(3) 盗心（意图为己所有）；(4) 值五钱（不足五钱为轻罪）；(5) 与方便（用种种方法，如强、抢、窃等）；(6) 离本处（离开原来的位置）。由于佛教中的“偷盗”的范围太宽泛，就演变成很多烦琐碎细的种种态样。弘一大师认为“道俗诸戒中，以盗戒戒相最为繁密。僧祇律，释盗戒文有十卷。十诵律，四卷。

---

① 参清·弘赞：《归戒要集》，续藏一〇七册第137页。

善见律，三卷。南山、灵芝诸撰述中，述盗戒者，亦有三卷。盗戒戒相既是繁密，若欲护持，大非易事。”

“不偷盗”是社会稳定、和谐的基本要求，不仅是佛教实现其终极理想的必然要求，也是整个人类社会和谐、安宁的应有之义。人类社会生存、发展的基础是社会财富的分配和再分配有序，而偷盗则打破了这种秩序，严重损害了秩序定分止争的作用，从而引发各种罪恶，使社会陷入混乱。要恢复被破坏的秩序，必然要求禁止人们的贪欲，使社会平稳、宁静，适于人类生存和发展。

3. “不邪淫”。“淫戒”是佛陀制定的第一条戒律，对出家人列为波罗夷的首要戒条，禁止一切的性行为。① 据说，释迦牟尼因其弟子须提那在父母的苦苦哀求下，为延续后代而与妻子发生关系，被逐出僧团，并定为第一条戒律，开佛教制戒之先河。可见“淫戒”对出家僧人之严厉，但是对在家信徒则移为第三戒，实行的是节欲：“除己妻外，余诸男女鬼神畜生可得淫者，悉是邪淫。虽是自妻不犯，然须避于非处。谓非道及得妊者，亦禁之，恐伤胎故。”依佛教戒律，犯淫戒有其构成要件：一是有淫心，即有“如饥得食，如渴得饮”的欲乐之心。反之，如深得像“热铁入身，臭尸系颈”的感觉，毫无乐趣，仍不构成犯戒。二是失道，于人女、非人女、畜生女三道行淫；人男、非人男、畜生男二道行淫。方足以当之。否则，于非道行淫，为轻罪。

“淫戒”主要是对治人的痴。修炼成佛是佛教徒的基本目标，实际上是一项没有现实可能性的终极理想，需要佛教徒抛弃一切世俗尘务，戒除痴心，将全部身心投入到佛法的修行中。然而，淫欲不仅是一切世俗尘务的根源，更直接影响痴念的戒除，是成佛路上的最大障碍。所以，成佛就得禁欲。但是，佛陀也知道淫欲是人类以及生物界繁衍的基础，如果完全“断欲”的话，人类自身也无法生存，何谈成佛、正法久住。因此，佛教对在家人和出家人实行区别对待。

4. “不妄语”。即不得欺骗诳人，也就是要讲真话，实事求是，不得编造谎言欺骗社会欺骗他人。按照佛教的规定，妄语有四：一者妄言，谓口是心非，欺诳不实；二者绮语，花言巧语，伤风败俗；三者恶口，辱骂毁谤，恶语伤人；四者两舌，向此说彼，挑拨是非。但是佛教对“妄语”并没有一律禁止，而是“具体情况，具体分析”，把妄语区分为“大妄语”“小妄语”和“方便妄语”三类，分别对待。“大妄语”是指骗人自称成圣得道、有神通之类；“小妄语”一般是指不见而说见、不知而说知、不闻而说闻等；“方便妄语”是指无恶意的谎言。犯“大妄语”戒对比丘（尼）是波罗夷重罪，对在家信徒是不可悔罪；犯“小妄语”戒为可悔罪；犯

---

① 参清·弘赞：《归戒要集》，续藏一〇七册第137—138页。

“方便妄语”则不构成犯戒。

“妄语戒”也是成佛的应有之义。佛教中的极乐世界是一方未受污染的清净国土，众生平等，一片祥和，没有世俗社会的尔虞我诈，是佛教徒追求的终极目标和理想境界。在这样的世界里，人与人之间的信任是最基本的要求，“妄语”无疑会受到严厉禁止。

5. “不饮酒”。在佛教看来，饮酒本身并不是罪恶，但它是引发触犯其他戒条的因缘。很多佛经都记载了制“酒戒”的缘由。据说是有一位优婆塞，禀性仁贤，平时护持五戒。有一次口渴，误饮了一杯酒而醉。当时邻居的一只鸡跑入屋内，他痴醉之下捉来杀了煮食。不久邻妇来觅鸡，他一时淫心大起，将其强奸。随后邻居告到官府。审问时，他百般抵赖不认罪。因为酒的缘故，杀生戒、盗戒、邪淫戒、妄语戒全犯了。因此，佛教规定酒也是不能饮的。至于饮酒的构成要件《在家律要广集》认为，不论米粮或水果酿造之酒，只要含酒精能醉人的，即使吞咽一点点，都算犯戒。但如因病须用酒作药引而吞服，则不是犯戒。若以酒作煮食的佐料，已失酒味，不能醉人，食此亦不算犯戒。

饮酒戒是为了避免犯前四戒而制定的。佛教这五条根本戒律是为了促进社会的安宁、和谐而制定的，其最终目的仍然是为了成佛进入极乐世界。

二、西藏古代法律简介

西藏古代法律的渊源主要来自于三个方面，西藏古代地方法律、佛教的教法和元明清历代王朝的法律。佛教的教法属于佛教的内规范，指佛教戒律。元明清历代王朝的法律包括通行于全国的法律以及中央政府针对西藏地方的具体情况而制定的规范性文件。本文仅探讨西藏古代地方法律。

（一）吐蕃王朝时期的法律

早期西藏并无法律现象，原始宗教的某些教义和长期形成的生活习惯成为人们普遍遵守的行为准则。随着佛教的传入，特别是佛教占据统治地位后，佛教的戒律和宗教仪轨日益深入人心，开始变为人们尊崇与遵行的主要规范，后弘期藏文史籍普遍记载，松赞干布时已参照佛教内容制定了吐蕃法律，即所谓“十善法”［2］，是为西藏第一部成文法，俗称吐蕃王法。由于历史的原因，这些法典早已不复存在。据《贤者喜宴》、《智者喜筵》等藏文史籍记载，这些法律的主要内容有以下几种：

1.《吐蕃六法》包括：王廷、衙署职官安置之法；度量衡位差之法；15 种奖善惩恶之法；据两造申诉而判决之法；分级审理诉讼之法；内府管理之法。

2. 《神教十善》是指：不许杀生造罪；不能偷抢大于针线的财物；不能邪淫；不许谎言；不许挑拨人和；不可恶言咒骂；不许散布流言；禁贪欲；禁害人心；不做违背因果之事。

3. 《入教十六净法》分别为：敬信三宝；求修正法；报父母恩；敬重有德；利济乡邻；直心小心；义深亲友；追踪上流，远虑高瞻；饮食有节，货财安分；追认旧恩；及时偿债，称斗无欺；慎戒嫉妒；不听邪说，自持主见；温语寡言；担当重任，度量宽宏。

从以上法律名称和条目我们不难看出，吐蕃法律与佛教戒律极为相似，其中有些干脆就是佛教戒律的完整移植。例如《神教十善》与佛教的五条根本戒律“不杀生、不偷盗、不邪淫、不妄语、不饮酒”以及“十善道”是极其接近的。《吐蕃六法》和《入教十六净法》的内容与佛教教义、教理和戒律的相似性也是十分明显的。

（二）西藏封建农奴制时期的法律

西藏自元朝开始归入中央政府的管辖后，开始进入封建农奴制时期，不仅要遵行中央政府的法律，而且西藏地方政府也制定自己的法律。这些地方法律虽深受中央政府法律的影响，但其根本精神仍与佛教戒律保持高度一致。

萨迦政权是西藏第一个地方政权，沿用的仍然是吐蕃法律，并以佛教的戒律作为重要补充，同时受中央政府法律的影响，还执行了当时元朝的法典和蒙古族的一些法律。公元 14 世纪中叶，帕木竹巴政权取代了萨迦政权在西藏地方的统治地位。帕木竹巴政权统治的 260 年，是西藏封建农奴制上升发展时期。在这期间，帕木竹巴地方政权执政的第一代绛曲坚赞参照松赞干布以来的历代法律纂集而成了西藏第一部法典——《十五法》。明末清初时期，由于噶玛噶举派和格鲁派的矛盾和冲突的激化导致了西藏的内乱，在这场内乱中，被噶玛噶举派倚为靠山的第悉藏巴汗在第十绕迥土马年（公元 1618 年）建立了统治前后藏的藏巴汗政权。藏巴汗政权虽然只存续了 24 年（1618—1642 年），其施政措施也不多，但它有一个重要的建树：在噶玛丹迥旺布执政时，在帕木竹巴地方政权原有的《十五法》的基础上，制定了统一的法典——藏巴汗《十六法》。五世达赖喇嘛时期，将藏巴汗噶玛丹迥旺布时期制定的《十六法典》进行了综合调整，删去第一条“英雄猛虎律”、第二条“懦夫狐狸律”、第三条“地方官吏律”和第十六条“边区异族律”，并对前言和个别条目作了修订、补充，对一些名词重新作了解释，最后编成了《十二法》。

上述《十五法》、《十六法》、《十二法》在内容上是大同小异的，只是对条目的筛选、排序和解释方面略有不同而已，其中所贯穿、所体现的精神无不与佛教根本戒律保持高度统一。《十五法》奠定了西藏古代法律的基础，从此以后它的所有立法活动，几乎都是在这个基础上，或增删，或修改。

《十六法》是西藏历史上具有代表性的立法相对严谨、内容相对丰富的完整的法律。由于《十二法》是由佛教界人士制定的，与佛教戒律“不杀生”的要求不一致的有关战争方面的内容均被删去，因此《十二法》更多地体现了佛教根本戒律的精神。

三、藏巴汗《十六法》的基本内容及其中体现的佛教根本戒律精神

藏巴汗《十六法》因其总共规定了16个方面的内容而得名，是保存至今的比较完整的、具有典型代表意义的西藏古代地方法律。这里根据周润年、喜饶尼玛译注的《西藏古代法典选编》对其基本内容进行简要介绍和分析。

1. 英雄猛虎律。这是一条相当于“兵法”的法律，主要讲战争取胜的规则：“要制服敌人，对此，《根本说一切有部毗奈耶》论典记载曰：‘智者须具备摧毁、极多施、引诱、辨别和完成诸项任务等五种能力。’制服敌人之办法，应为不战而胜。正如民间谚语所述：‘外部不使莲花蕊瓣凋落，内部不使百灵穴受损。即既飞不了鸟，又要得到蛋。’”

“它既是一种规定，同时又是一种军事思想、作战理论和指挥艺术”[3]。这里的《根本说一切有部毗奈耶》是一部佛教戒律经典，也就是说这一条法律直接来源于佛教戒律。而“外部不使莲花蕊瓣凋落，内部不使百灵穴受损。即既飞不了鸟，又要得到蛋”的意思是既要取得战争的胜利，又要使敌我双方都少死人、不死人。显然，这暗合着“不杀生”的要求。在社会发展过程中，战争有时是不可避免的，杀生也是一个无法回避的问题。因此，要通过“摧毁、极多施、引诱、辨别”等智慧来取得战争的胜利，从而减少“杀生”。尽管这一条讲的是如何取得战争的胜利，并没有明确说“不杀生”，但其直接依据佛教戒律经典制定，其适用又导致了“不杀生”和“少杀生”的结果。结合第二条的“懦夫狐狸律”禁止杀害俘虏来看，这一规定与佛教“不杀生”戒律的要求是一致的。

2. 懦夫狐狸律。这还是一条有关战争的法律，主要讲在遭受强敌、敌强我弱、寡不敌众，或者战败的情况下应像狐狸一样狡猾，避免人员伤亡。此外，它还特别强调：“不要攻击善良的调解者”、“若遇败阵者，无杀害之例”、“两将相遇时，若其中一懦夫杀害对方，则可用丝条缚其双手……”、“释放其回家时，若对其存有疑心，应签订契约，契约之内容应根据俘虏身份的高低而定。”违背这些规定，要承担相应的责任。就这些规定来看，无论是禁止杀害俘虏，还是宁可做懦夫、狐狸，

其实质是尽可能保全生命，不要无谓地“杀生”和被“杀生”，这都暗合着“不杀生”的要求。而通过签订契约来释放俘虏的规定，无疑是建立在相互信任的基础上，显然暗合了“不妄语”戒的要求。

3. 镜面国王律或地方官吏律。这是一条有关地方官吏的品德和职责要求的规定：“按照大王所派遣的地方官吏，要摈弃谋私之恶习，以操持公务为主，尽力效忠于历代第悉和法王所开创的业绩，其目的即为以服侍和信奉佛法为主，不改教派之冠，不改信他宗。”这些要求与佛教“五戒”和“十善”的根本精神是完全一致的，而“以服侍和信奉佛法为主，不改教派之冠，不改信他宗”更是直截了当的宗教戒律要求。

4. 听诉是非律。该条规定类似于现代的诉讼程序：“首先要有双方相当的人进行起诉，初须要诉讼双方到场对质。如不到场即无法进行对质。后可通过调查审讯，从而满足双方之意愿。”“诬告者则予以严惩。”关于诉讼程序的规定因为一般不涉及实体性内容，似乎很难与佛教戒律发生关系，但程序的公正、给予当事人对质的机会，可以有效辨别“妄语”、防止偏听偏信，为查明事实真相提供程序保障。“诬告者则予以严惩”的实质是说假话要受到严惩。可见，这一规定暗合了“不妄语”戒。

5. 逮解法庭律。这条也类似于程序性规定，如果把上条认定为是民事诉讼程序的话，这条则属于刑事诉讼程序：“对违纪犯法者，首先要下令进行逮捕法办。尤为在王宫前持刀殴斗者拘捕；饥寒行窃者拘捕：向头人造反者拘捕；恶意起诉者拘捕，以恶语攻击地位高于自己者拘捕；对重刑罪犯则要强行拘捕，加盖关防，并套上枷锁、脚架。

对处以肉刑者，则要发布告示，严加法办……此外，凶手要根据被害者身份的高低，给予适当的命价赔偿，并予以赔礼认罪。”同上条一样，这条规定既可以在一定程度上督促执法者查明事实真相，防止“妄语”（如果执法者认定事实错误，显然是“妄语”）、妄判，使审判结果符合佛教“不妄语”戒的要求。

6. 重罪肉刑律。本条属于刑罚方面的内容，主要是摧残“重罪”犯的身体：“行五无间之罪孽者；抢劫上师、僧人和国王之财物者；严重损害官方之名声者；投毒者；挑拨离间者；无论何时杀人劫马者；在太平年代，进行打家劫舍，持械行凶，阴谋策划进行平民叛逆，总之凡违法犯纪者，即施行肉刑，处以剜目、刖膝、割舌、剁肢、投崖、屠杀等刑。须根据情节严加惩办，以儆效尤。若多人向上造反，则将主犯投溺水中。”从这些刑罚内容来看，主要是肉刑，这是因为这些法律是从原始社会的习惯法演变而来，不能不带有较多的野蛮性和残酷性，这是世界各地早期刑罚的普遍现象。尽管这些刑罚大都可能导致人的死亡。但就其总体内容来看，都很难体现“杀生”的意愿，而从其名称“重罪肉刑律”来看，其本意只是“肉刑”而已，其目的不是剥夺生命。从“罪行”来看，是直接针对统治阶级的暴力行为、叛逆行为，在现代社会之前的任何社会任何时代都是要受到“灭种灭族”的严厉制裁的行为。但藏巴汗《十六法》却只对本人处以“肉刑”而已。尽管这个条文中出现了“屠杀”一词，但没有进行说明和阐释，不能将其简单地视为死刑或“杀生”。因为这些规定过于简略：而第九条“杀人命价律”的规定则十分详细，不仅有具体的实体性内容，也有十分详细的程序性规定，并把人分为九等，规定了每一等级具体、精确的“命价”，找不到任何“杀死”的意思。事实上，整部法律都没有明确的“死刑”规定。结合当时全民信教的实际，以及佛教对社会生活的巨大影响，我们认为这不是立法者的疏漏，也不是立法技术的落后，而是为了符合佛教“不杀生”戒律要求的结果。就世界各地历史上的法律来看，不规定死刑的现象是十分罕见的。西藏古代法律中的这种独特规定，说明世俗法律暗合着佛教根本戒律的精神。

7. 警告罚锾律。这条是对“重罪肉刑律”的补充，是关于“轻罪”的刑罚规定：“凡未构成肉刑罪的违法者，皆给以一定的处罚，以警告之。所谓的‘处罚’，即由法庭依据罪行的大小做出处理。惩罚的轻重，一般以黄金的两为单位，或以合金的两为单位，或以合金的钱为单位等多种形式进行处罚。”

8. 使者薪给律。“这是一条古代西藏人民为官家派来的差役供应食宿、支付脚钱的法律。使者，指官方派来公务的官吏；薪给，指食宿供应”。“此处引申为要对官吏加以尊重，诸官吏亦要掌握一定的分寸。尤其是拉萨一带，因正法混乱，不分公私，凭仗权势在布达拉宫领到印章后，随便从拉萨一带选派人前往逼债”。“按交纳差税者，可不支付脚钱；若拖延交纳差税者，每日要交纳脚钱为五升青稞，天数要从讨税者抵达之日算起，讨税者一旦离开交纳差税者之家门，即可不用支付脚钱”。

9. 杀人命价律。这是关于责令蓄谋杀人的凶手赔偿被害人家属一定金钱的法律，大致相当于现在的刑事附带民事诉讼中的民事赔偿部分。但在古代西藏，这条是独立适用的，并非附加适用。也就是说只要赔了钱案件就结了，并不需要再承担其他责任。如它规定：“即命价者，无比昂贵，尤以人之等级分为上中下三等，此三等中之上上即指德高恩重之赞普，其命价是无法偿还的。此后，上上者与妇女大概不会被人所杀，如果被杀，即判罚以土地与沙金无数，以示其身价之贵重，所有这些均酌情处理。对于妇女则要比各自之命价少出半倍。”关于人的社会政治地位及其相应的命价，此律有着明确具体的规定。前文已将此条与第六条“重罪肉刑律”结合起来分析，认为这暗合了佛教“不杀生”戒的根本精神、“杀人者偿命”

可以说是古今中外法律的通行规定，但在古代西藏却并不需要“偿命”，只要赔钱就可以了。尽管这部法律规定的一些审判方式、处罚措施十分残酷和野蛮，但通篇找不到与“杀生”类似的字眼。这不是偶然和疏忽，而是为了适应佛教戒律的要求，世俗法律规定不能突破“不杀生”戒的要求。“杀人命价律”在一定程度上是对暴力式的“血亲复仇”的规制，在社会生产力较低的时代有利于保存生产力，易为人们所接受，有利于社会的和谐稳定。

10. 伤人抵罪律。与上条类似，本条是关于伤害他人而应赔偿一定金钱的规定：“若受伤者本人是贵族，应交付其称为‘活命价胜利金和养伤补血费’，其数额为命价的1/4。总之，要根据伤势之轻重来决定赔偿的物品。”此条与“杀人命价律”的实质是一致的，是在佛教戒律的根本精神的指导下，通过金钱赔偿的方式较温和地解决暴力犯罪的法律规定，只不过后者的损害小，所赔的钱也相应减少，体现了“罪刑相当”原则。

11. 狡诳洗心律。这是关于“天断”的法律，即对于那些案情比较复杂，而当事人双方又比较狡猾，一时难以辨别真伪和谁是谁非的案件，采取“天断”的方法进行审判：在神前发誓，并通过特定的仪式，让天意来判明是非。“对是非狡诳者需要进行立誓，所谓‘立誓’，即像自己的鼻子所处于面部之位置，相当于正直。所谓‘立誓’亦要由具有智慧眼和幻化身等先知先觉的护法神作证，以明鉴真伪”。就审判方式而言，其本身并没有太多的实体性内容。但是“天断”前的“立誓”则把查明事实的希望寄托在被审判人的诚实和不说假话上，无疑暗合了佛教“不妄语”戒的基本要求。尽管这种审判方式毫无科学性而言，但通过“立誓”来约束人们的言行，对市场经济条件下营造社会诚信是有一定借鉴价值的。

12. 盗窃追赔律。这是关于如何对盗窃行为进行处罚的法律：“盗窃赞普之财物等罚赔原物之万倍，偷至宝之财物等罚赔八十倍，偷与已同等地位人之财物罚赔七倍至八倍或八倍至九倍不等，依退赃、科罚、赔新三法，盗者被抢，交付羞耻费等多种方法对小偷进行不同方式的惩处。赞普包括官员、地方首领和头人；至宝包括上师、僧人之物品和寺院之供品等。偷地方上与已同等地位即近处百姓之财物，须罚赔七倍至八倍；偷盗邻居之财物，须罚赔八倍至九倍；偷距离远而未能返家之盗贼，须对其以退赃、科罚、赔新等三种方法进行惩处，上述均可根据退赔的情况做出公正的处罚。傻子或边地语言不同之流浪者，因饥饿不能忍受而进行盗窃，须给予所谓的‘羞耻同情费’，给予适量的食品和衣服。”这一条显然是将佛教“不偷盗”戒完整地移植到法律中来，所不同的是处罚方式，佛教戒律主要适用“果报”来进行精神处罚，“堕焰热地狱92亿一千六百万年”。这对于非佛教徒来说是没有任何实际意义的，因此，法律改为经济赔偿的方式来进行处罚。

13. 亲属离异律。这是一条有关婚姻家庭的法律，其内容涉及离婚、赔偿、财产分割、子女抚养等："夫妻众乐而离异或由中间人调解而离异等，无论彼等高兴还是痛苦离异，皆按最初结合之誓约，查清夫妻离异之主要原因，认真判处，务须公正。若夫有理而被妻抛弃。妻方要分 3 次付夫方 18 钱黄金，且赐予一套衣服或照管好饮食、衣服等。对身份高的人要赔偿其活人命价。对身份较低的人要赔偿其 1/3 的活人命价。总之，要根据占理的多少来赔付。若妻有理，被夫抛弃，男方要付给女方 12 钱黄金，以及交付称之为'服侍赔偿费'。日薪为 3 藏升青稞，夜薪亦为 3 藏升青稞，具体的赔法，要根据女方人口的多少及占理的多少来判定。赔偿时，妻子出嫁之前由父方赐给的衣服和粮食归女方。无论是给男方，还是女方的，只要是父方赐给的，不论是否有理，均归女方所有。若以夫方之名义所赐给的财物，皆归夫方所有，女方虽有，丈夫亦不必因理亏而将财物送给女方。"表面看起来，这些内容与佛教戒律没有什么关系，但从其强调"誓约"来看，实质上是要求讲诚信，夫妻关系即便到了离异的边缘，仍然要按守"誓约"来处理，也就是说当事人以前说过的话不能是"妄语"。可见，其暗合佛教"不妄语"戒的要求是不言而喻的。

14. 奸淫罚锾律。这是对通奸行为进行处罚的法律："与不同地位者之妻通奸，则要处罚为三两罚金以及活人命价之四分之一的罚金，赔礼费是以茶叶为主的七份礼品。倘若奸污同等地位者之妻，须判活人命价之总数为二至三两金，赔礼主要以衣服和食品为主的五份或七份均可。如系女方主动勾引男方所致，则处罚男方奸金一两，赔礼费是以瓷碗为主的三份，无须赔偿活人命价。奸污尼姑者，皆须按寺院法规惩处。若有女人勾引邻居有妇之夫，勾引之妇须交付其妻赔礼费以茶叶为主的七份，或以瓷碗为主的五份不等。总之，须根据情节轻重做出合理的判决。若丈夫偶尔一二次犯奸，后可改邪归正，则无须交付赔礼费。"这说明，无论是奸污还是通奸，都被视为犯罪，并要被判罚一定的财产。这自然暗合了佛教"不邪淫"戒的要求。

15. 半夜前后律。这是有关生产工具借用所产生的风险转移的规定："无论马、骡、犏牛、牦牛等何种家畜被人所借，若牲畜死于借者之手，则须赔付偿金。若所借牲畜无病无伤归还后，过夜而死，主人则不可诿罪于借者。又如将所借牲畜无病无伤归还后，若前半夜死亡，借者须付给主人偿金；若后半夜死亡，主人不得向借者讨取任何赔偿费。"

16. 异族边区律。这是适用于边界地区解决不同民族之间关系的法律，"指盛行于西藏四周如门巴族、珞巴族和蒙古族等地之法律"。其内容包括杀人赔偿、牲畜伤人、劫获分配、狩猎规则、劫掠习俗、盗窃追赔、审判程序等，"如内部发生口角及殴斗，设法使双方和解”。“在门地方被杀死的中等官员，规定交付八十眼绿松石作为其之命价……”“盗贼窃官员之马鞍垫子，则须交出其之马匹；窃地位相同者之财物，赔偿牛或羊均可”。

就这些规定来看，在处理边地民族关系中，法律在解决民族之间的“杀人”“偷盗”等纠纷，处罚方式主要还是经济赔偿，即便是杀死“中等官员”，也只是赔偿几十眼绿松石而已。在以“血亲复仇”方式来解决氏族之间、家族之间、民族之间和种族之间冲突的时代，法律之所以规定如此温和的解决机制，其实质是不能“杀生”。可见，这些内容无不反映了佛教5条根本戒律的要求。

可见，除第七、第八和第十五条外，藏巴汗《十六法》中共有十三条的内容直接或间接暗合了佛教五大根本戒律，有些甚至与佛教根本戒律高度一致。事实上，第七、第八和第十五条的内容也体现了佛教戒律思想的根本主旨，同样暗合了佛教根本戒律精神。

四、结　论

通过上述对佛教根本戒律思想和西藏古代法律的简要介绍及其对比，可以看出，西藏古代法律无论是内在的指导思想还是外在的表现形式，都暗合着佛教根本戒律的精神，具体表现为以下几个方面：（1）西藏古代法律以佛教戒律为立法的指导思想，以戒律中的“五戒十善”作为立法的主要依据，把用来约束佛家弟子的戒律上升为法律，以强制的形式来约束全体民众的言行和一切社会活动；（2）在法律的制定方法上，借鉴了佛教戒律“因犯而制”、逐渐结集成“律藏”、并以案例作为制定条文的来源的方式。因此，古代西藏的法律具有较强的历史连续性；（3）在具体内容上，早期的法典如《吐蕃法律二十部》等大多直接套用佛教戒律中的“五戒”“十善”中的名称、形式和内容等。而后期的法典如《十六法典》、《十三法典》等则不再直接照搬佛教戒律的表述，而是将佛教戒律的精神融入相关法律的表述中，使法律更适合社会的实际情况，提升其可操作性，从而有利于统治的需要；（4）总体来看，法律的处罚形式主要是经济赔偿，较少暴力色彩，有利于受害人对加害者的谅解，促进社会和谐，保护和发展社会生产力；（5）法律的强制性使佛教的行为规范在藏族人民身上打下了深刻的烙印。一方面，人们逐渐习惯于以佛教戒律思想的好恶来评判一切，形成了慈悲为怀、宽容相待、诚实公正的社会风气，“封山封林、禁猎野生动物”的规定使藏地成为一个生态平衡、人与动物和谐相处、未受人为污染的良好生态环境；另一方面，人们慑于法律的威力，在披着宗教外衣的农奴主阶级的统治之下，只能是逆来顺受，听天由命，而缺乏抗争意识。

西藏由于其特殊的历史原因，曾经形成全民信教的社会，按照佛教的教义、教理和戒律思想进行思维已经成为人们日常的思维方式。统治阶级按照佛教戒律制定法律，甚至将佛教戒律直接写进法律条文是再自然不过的事情。这些提醒我们，在研究西藏的法律以及研究西藏的其他方面时，是不能离开两藏特有的佛教环境的。

参考文献

［1］劳政武：佛教戒律学［M］，北京：宗教文化出版社，1999年。

［2］五世达赖喇嘛：西藏王臣记［M］，刘立干，译，拉萨：西藏人民出版社，1986年，第16页。

［3］娄云生：雪域高原的法律变迁［M］，拉萨：西藏人民出版社，2000年。

［4］周润年，喜饶尼玛：西藏古代法典选编［M］，北京：中央民族大学出版社：1994年，第28页。

藏族部落纠纷解决制度探析

华热·多杰*

一、藏族部落社会关系的特点和纠纷类别

纠纷是不同社会主体在不同问题上的利害冲突和利益之争，也是纠纷解决制度形成的前提。有什么样的社会便有什么样的纠纷解决制度，而社会关系的性质和纠纷类别又决定纠纷解决制度之内容。民主改革前，由于藏族地区地域辽阔，各地不仅在自然条件、经济形态、社会发展水平等多方面存在较大差异，而且在社会经济关系方面亦呈现出不同的特点。

首先，从经济关系上看。藏族部落社会是一个以牧为主，农牧并存，自然经济为主体的社会，牧区面积远远大于农区，从事牧业生产的人口亦多于农业。有限的农业十分落后，产出少，效益低。因此，除了一些简单的日用品外，几乎无商品生产和商品交换，社会处于封闭状态。人与人之间的关系往往以土地为中介。土地的部落头人或名义上的部落集体所有制，把农牧民群众束缚在一定的部落中，离开部落就意味着各种利益的丧失，从而使部落的经济关系具有封建经济关系的基本特征。

其次，从政治关系上看。藏族部落社会虽然在不同历史时期从属于不同的政治实体，甚至有些政治实体在各地设立了行政机构，但这一切不仅没有削弱部落组织的功能和头人的权势，由于新的行政机构设立在部落旧制基础上，反而强化了部落的社会功能。它既是行政组织，又是司法和军事组织，其社会作用远远超出了现代社会的基层行政组织。政治上的依赖性和相对独立性，使它在政治关系上呈现出复杂和简单的双重性。

再次，从法律关系上来看。藏族部落社会由于受经济关系和社会发展水平的制约，对法律的各项功能认识不够，其作用尚未充分发挥出来，制定法一直未得到高

* ［作者简介］华热·多杰，男，青海民族大学法律系讲师。

度重视。长期以来，仅靠习惯法维持社会关系。由于简单的经济关系和政治关系，限制了法律调整范围的拓宽。同时习惯法所固有的被动性使它面对日益复杂的社会关系越来越显得苍白无力，更谈不上积极引导和促进社会关系向前发展。当时法律所能够调整的社会领域也仅限于以下方面：其一，保护农田、草原所有权和使用权，严惩盗窃、抢劫等严重侵犯财产权的犯罪；其二，保护人的生命健康权，严惩杀人、重伤等犯罪；其三，公然确认和保护封建等级制度，尤其维护部落头人的特权，对于损害头人的尊严，不服从管束的行为设立了诸多体罚和罚款；其四，维护部落利益。在部落社会，作为主要生产资料的农田和草原与部落组织密不可分，由于部落的利益关系到属民的安居乐业，因此，往往被部落成员奉为至高无上的利益，并千方百计地加以维护。

众所周知，藏族部落的社会经济关系和政治法律关系具有明显的封建性。正是这一特性决定了纠纷的性质、类别和特点。从涉及的社会关系的性质看，藏族部落社会的纠纷主要有以下几类：其一，财产纠纷。这类纠纷主要围绕生产资料（即草原、农田）的归属、使用而发生的，也有少量的借贷、买卖等纠纷；其二，人身权纠纷。主要指因杀人、重伤、淫乱、抢劫等行为而引起的侵犯属民人身健康权的纠纷；其三，婚姻纠纷。主要指离婚纠纷。由于以上三类纠纷关系比较复杂，解决起来有一定的难度，往往需要第三者的参与。从现代法的理念上看，这类纠纷主要有以下特点：第一，它主要受习惯法的调整。习惯法与成文法比较，内容不稳定，随意性强；与制定法相比较，缺乏主动性和适应性。解决纠纷的标准不统一，法律在纠纷面前显得软弱无力。第二，正因为受习惯法的调整，没有明确的刑事、民事之分，从而制约了与处理各类纠纷相适应的程序法制度的形成。第三，对哪些纠纷应适用调解，哪些纠纷适用审判，界限还不明确，更没有民事诉讼与刑事诉讼之分、调解与审判之别。毋庸讳言，这种状况在一定程度上阻碍了程序法从实体法中尽早分离出来，自成一体。

二、纠纷的调解模式

调解是一种在第三者主持下，根据双方当事人的合意解决纠纷的方式。在现代社会，调解已由民间习惯上升为国家制度，成为解决纠纷的有效方式之一，越来越受到世界各国的重视。在藏族部落社会中，虽然不存在严格制度意义上的调解，但作为实际意义上的调解，其适用范围则相当广泛。大多数民事案件和轻微刑事案件均可以通过调解解决。真正留给头人裁决的案件并不多，即使在以头人名义裁决的案件中，其实体部分也是通过调解解决的，裁决只是一种程序，即调解结果的确认。

作为独立解决纠纷的方式，调解主要有以下特点：第一，调解必须是在第三者主持下进行，而自行和解无须第三者介入，只要当事人一方或双方通过积极主动的努力协商并达成一致意见，即可解决纠纷。第二，由于调解通过双方当事人合意并就所争议事项达成一致意见。因此它是一种双方都乐于接受的方法，对于平息纷争，维护社会秩序十分有效。第三，从调解的效力来看，判决做出后，当事人双方须无条件执行，而调解的执行，主要靠当事人内心的信念和社会舆论作保障。第四，从调解的适用范围看，它主要用于解决非讼纠纷和民事诉讼纠纷。其中非讼纠纷的数量虽多，但法律意义不大，而民事诉讼纠纷其实体权利不论是通过调解解决的，还是通过强权解决的，最终都表现为判决。这说明，藏族部落社会的判决具有实质意义上的和形式意义上的两层含义。形式意义上的调解相当于诉讼程序内的调解。它同诉讼程序外的调解构成了部落制度的全部内容。

三、审判制度

审判是部落头人或授权审理案件的人员解决纠纷的一种方式，本质上体现了头人对司法案件的管辖权。这一制度形成于吐蕃王朝时期。随着吐蕃王朝的覆灭，它对边远地区的影响随之削弱。截至民主改革前，那种古代意义上的审判制度已不复存在，取而代之的是民间的习惯做法，即事实意义上的审判。它与制度意义上的审判的区别在于：没有明确的法律依据和严格的程序，具有较大的随意性。当然，与纠纷解决的另一种方式—调解相比较，在程序和法律效力等方面都存在一定的差异。首先，权力的垄断性。从审判权的归属上看，头人拥有行政司法大权，掌握着对各类纠纷的最终裁决权，其次，手段的强制性。合意是调解之本，它反映了双方当事人的意思自治以及对自身权利的运用和处分，即使是以调解解决实体权益之争，而结果又表现为头人判决的案件，同样反映了当事人对自身权利的自主处分。与此相反，判决的本质在于以强制手段解决纠纷。其结果并不一定符合当事人的意愿，但有利于维护社会秩序。这是阶级社会所必需和共有的秩序维护手段。判决之强制性主要表现在：判决一经做出，必须无条件执行。各部落对那些不执行判决、违背头人权威的行为设立了一系列罚款措施。正是这些罚款措施成为判决得以执行的强有力后盾。第三，审判程序的严格性不论以何种方式解决纠纷，都不能离开程序。每一种方式由于掌握机关、适用范围、法律效力及其作用不同，因而在程序的严格性和法律性方面存在较大差异。在现代社会，只要是纳入法制轨道的纠纷解决方法（如诉讼审判、行政决定、仲裁等）无一例外地重视程序，往往把严格程序作为公平、解决纠纷的保障。藏族部落的审判制度．虽然不比现代法严格，但也有一套适合本社会状况的诉讼审判程序。就其基本内容看，主要有以下方面：从诉讼方式上看，有官告和自告两种。小纠纷以自诉为主，大案由头人实行纠举式审判；从审理方式上看，不论是刑事案件，还是民事案件，均实行两造主义的审理原则，双方当事人必须到庭参加诉讼；重证据，允许当事人申辩和对辩；对于不遵守法庭纪律和拒不到庭的，头人可予以适当的财产处罚；从执行上看，由头人负责监督执行，不执行判决者，头人可酌情予以财产处罚。第四，审理依据的法律性。从理论上说，审理案件应以事实为根据，以法律为准绳。法律应当是判断是非曲直的唯一标准。但在古代社会，做到这一点并不容易。藏族部落虽然有各自的习惯法，乃至成文法，但法是否为唯一的断案标准值得讨论。首先，“习惯法”本身是一个外延十分广泛的概念，其中既包括习惯法和制定法、成文法和不成文法，也包括一般社会道德、宗教规范和其他行为准则。其次，部落制度是头人专制制度。诸事“一断于上”，头人以言代法、以言易法习以为常。加之习惯法适应社会的能力即调整新型社会关系的能力远远不如制定法。于是，只能以个人意志来弥补法之不足。这样法也就很难成为唯一的断案标准。当然，我们这里说审理依据的法律性只是相对而言的，它与调解相比，在审理依据方面更具有稳定性和合理性。

四、特殊审判方法

藏族部落解决纠纷的一般方法是调解和审判，此外还有一些特殊方法。这里所说的特殊方法主要是指奴隶社会遗留下来的神明裁判方法，是一种利用人们的宗教和迷信心理调查案情、解决争议、平息矛盾的方式。神明裁判的具体方法因部落而异，可谓名目繁多，花样各异。诸如赌咒法、油锅捞物法、抓阄法等。从本质上说，这些方法是野蛮、落后和反科学的。但其形成、延续具有一定的社会历史根源和内在机制。藏族传统社会是一个以自然经济为主体，全民笃信佛教，佛教思想支配一切的社会。部落统治者正是利用人们的信教心理，以神明裁判来查明案情，解决纠纷。

神明裁判作为一种特殊审判方法，其功能主要有以下几点：其一，用以判断案件事实真伪。案发后各关系人围绕案件事实会有各种各样的表述，用一般审理方法无法查明哪些属实，哪些失实时，使用神明裁判方法。其二，用以判断证据的可靠性和真实性。一种证据是否具有证明力以及证明力之大小，要看它与案件之间的内在联系和联系之紧密程度。在用一般审理方法无法查明二者之间的内在联系时，神明裁判便成为必然的选择。其三，判断嫌疑人是否有罪。在用一般审理方法无法确认嫌疑人员是否有罪时，神明裁判便成为主要的补救措施。由此不难看出，神明裁判既不是藏族传统审判法的全部，也不是最主要的，只是对一般审理方法的一种补充。这种方法与一般审理方法相比较，具有以下一些特点：

（1）反科学性。一般审理法都是建立在尊重客观事实，尊重法律规定这两个必要条件之上的，而神明裁判方法既不是以事实为依据，也不是以法律为准绳，更不是靠充分的事实、确凿的证据和科学的逻辑推理，而是仅靠某种偶然言行判断真伪，确定罪与非罪。很显然．这种审判违背了法律的基本精神，具有反科学性。

（2）裁判的虚假性。审判之目的在于惩治邪恶，匡扶正义。如果运用错误的方式，很难得出正确结论，审判之目的也就无从实现。由于神明裁判法不是以科学理论为依据，从表面上看，似乎是公正的，实际上裁判的结果是虚假的，很难真正分清责任，使当事人心悦诚服，也很难从根本上解决纠纷，平息矛盾，维护正常的社会秩序。

（3）残酷性。神明裁判法不仅是反科学的，而且还非常野蛮和残酷。它在歪曲事实、用纯粹的唯心主义方法大搞欺骗活动的同时，使当事人肢体伤残，表现出惨无人道的一面。

五、司法裁判权的归属

司法审判权作为国家权力，只能由特定机关独立行使，这是现代司法制度的重要特性。习惯法社会的审判组织虽不如现代社会那么严格和高度统一，但案件的最终裁决权始终掌握在当权者手中，大多数部落由头人执掌。也就是说，只有具备特定身份且握有实权的极少数人才能执掌司法审判权。在藏族部落，有资格参与审判的人员主要有以下几类：

第一类为头人。藏族古代社会，赞普是国家的象征，具有至高无上的权威。赞普握有最高司法权和对各类纠纷的最终裁决权，下设专门机构，以协助赞普行使司法权。吐蕃王朝灭亡后，那些远离藏族政治文化中心区的部落头人便取得了这项权力。他们或亲自行使审判权，或将权授予特定的人和组织。

第二类为宗教组织和人员。长期以来，宗教思想在藏区占统治地位，不论是政教分离时期，还是政教合一以来，宗教组织和宗教人员在社会政治生活中始终享有特权。他们不仅享有广泛的参政、议政权，而且在有此部落中直接行使统治权。这种状况一直持续到民主改革前。宗教组织和人员与地方行政、司法的关系主要有两种形式。一为宗教组织和部落组织合二为一。也就是说有些部落并无头人，直接由宗教寺院管辖。寺院既是当地的行政机构，又是司法机构，部落内外的一切事宜（包括纠纷的解决）均由寺院一手把持，至于具体解决方式因部落而异。二为宗教组织和部落头人并存。由部落头人执掌本部落各项事宜，宗教组织和宗教人员只有参与权和过问权，无决定权。宗教组织和宗教人员对审理活动影响之大小，取决于寺院和教职人员的威望以及他们与头人的关系。在此，宗教组织与行政制度虽已分立，但宗教仍以直接或间接方式影响着司法。可见，在藏族传统社会中，宗教对世俗的影响，不只是思想领域，在其他领域也是很深的。从上述两种形式中不难发现，尽管宗教以不同的方式影响着诉讼审判活动，但这并不意味着他们就握有司法审判权。只有在第一种形式中宗教组织才能成为事实上的司法机构和审判组织。第二种形式中，有时他们虽然取得了参与审判的资格，而且有可能对审判起决定性作用，但它毕竟不是司法机关，也不享有审判权。

第三类为“成本”或其他授权人员。藏族部落虽实行的是行政、司法、军事一体化制度，通常情况下由头人直接掌管各项事宜，但在有些内部制度健全的部落中，头人之下还设有专理司法的官员，藏语称为“成本”、“永宦”、“求德合”等，由他们直接负责司法事务，头人仍保留着最终裁决权。“永宦”和“求德合”分属不同的层次，既是基层行政管理者，又是司法官员。对各类纠纷拥有一定的处理权和裁决权。

与审判权不同，调解权的行使则显得灵活而自由。一般情况下由双方当事人共同选择。所谓共同选择是指由当事人一方聘请并征得另一方同意或默认。事实上经协商共同选择调解人的情况是很少见的。当然当事人的选择权并不是毫无限制的，能够成为第三者参与调解的人选也有一定的讲究。一般情况下，只有以下几种人才能成为第三者参与调解。第一类为本村或本地区享有较高威望的“老兰”，即老人、长者。这些长者中的大多数人具有一定的社会地位，往往是本村或本地区的富户或头面人物，具有较高的威望和影响力。第二类为本村或本地区的知名宗教人士。这类人凭借其宗教威信，在纠纷解决中起着举足轻重的作用。第三类为头人或专职司法人员。这些人在诉讼过程中拥有调解权。

在调解过程中，第三者既是主持人，又是仲裁者和监督人。作为主持人，他掌握着调解的全过程并维持现场秩序；作为仲裁者，他有了解案情的权力，还可提出解决方案供双方参考。通过说服教育，减少分歧和对抗情绪，化解矛盾。作为监督人，他有权督促双方履行各自的承诺。

总之，与审判必须严格依照法律规范这样的普遍标准不同，调解中合意的形成基本上是以当事人个人是否有利，是否有理为标准。因此，调解的过程是一个合意和动之以情、晓之以理的过程。而这里所说的“理”，是指判断是非曲直的标准，它是社会公认的并得到普遍维护和遵循的价值标准，其中既有习惯法的成分，也有伦理道德、宗教道德以及宗教观念等因素。有时“理”与“利”并不能达到和谐一致，但以双方是否接受为衡量调解成败的要素。当纠纷涉及面广，案情错综复杂时，调解标准则会因事而异，因人而异。

藏族成文立法的演变及特点探议

刘艺工*

藏族是中国多民族大家庭的一员，有着悠久的历史和独具特色的法律文化传统。成文立法是藏族传统法制中的重要组成部分，已有上千年的历史，并形成了一系列显著的特征。新中国成立，藏族传统立法仍然在藏区存在。民主改革后，虽然形式上的藏族传统法制已经不存在，但传统的法制观念仍然在藏族地区有一定的影响力。改革开放后，传统藏族法制中的“赔命价”还一度在藏区复活，并与国家法律发生冲突。因此，系统研究藏族法律传统对于更好地理解传统藏族法律文化和保持藏区的和谐稳定均有重要的意义。

一、藏族成文立法的演变

传统的藏族法制包括历代由中央政府和地方政府颁布的各类法律和民间以部落为基础形成的部落习惯法。中央政府和地方政府颁布的各类法律多为成文法，部落习惯法多为不成文法。

藏族成文法的历史可以追溯到赞普时期，历史上的藏族成文法包括赞普时期颁布的《法律二十条》、《六大法典》、吐蕃《三法》和元、明、清时期西藏地方政府组织有关人员编写的《三典》等。

公元7世纪松赞干布建立吐蕃王朝以前，藏族已经有十几个部落，部落中没有文字，当然也不会有成文立法。到了松赞干布时代，他用武力统一了西藏全境。在松赞干布的授命下，西藏学者根据印度梵文创制了藏文，为成文立法创造了条件，成文法开始出现。

但即使进入松赞干布创制成文法的时代，习惯和习惯法在吐蕃社会中也仍然影响巨大，甚至发挥着比成文法更加有效的实际作用。之所以如此，一是因为早期立

---

* ［作者简介］刘艺工，教授，主要从事法理学、比较法研究。

法的粗陋与简单。从有关文字记载看，这些立法的规定内容单一，可操作性不强，其具体实施还离不开习惯的补充与支撑；二是由于西藏地广人稀，居住分散，经济、文化均非常落后，立法的传播和人们对立法的理解都需要较长的过程；三是统一伊始，各部落间的融合尚需时日，各地区的特殊性与地域性依然较强，统一立法的实施必须以地方习惯来加以辅助。①

松赞干布时期，由印度传入的佛教取代了藏族的原始苯教成为占据统治地位的信仰，为统治阶级的统治提供了重要的精神支持。佛教中，最基本的教义是提倡“十善”，即不杀、不盗、不淫、不嫉妒、不憎恨、不愚痴、不谎言、不巧辩、不挑拨、不恶骂。吐蕃王朝立国的7世纪初期，松赞干布便命令吞米桑布札、噶尔东赞域松等大臣，依据佛教“十善”的精神，制定了法律二十条，于公元629年颁布，在全国施行，开吐蕃立法之先河。

《法律二十条》的内容为：1. 杀人者偿命，争斗者罚金；2. 偷盗者，除追还原物外，加罚八倍；3. 奸淫者断肢，并流放异地；4. 谎言者，割舌或发誓；5. 要虔信佛、法、僧三宝；6. 要孝顺父母，孝敬侍养；7. 要尊敬高德，不与贵族及贤俊善良人争斗；8. 敦睦亲族，敬事长上；9. 要帮助邻里；10. 要出言忠信；11. 要做事谨慎，未受委托，不应干涉；12. 要行笃厚，信因果，忍耐痛苦，顺应不幸；13. 要钱财知足，使用食物与货物务期适当；14. 要如约还债；15. 要酬德报恩；16. 要斗秤公平，不用伪度量衡；17. 要不生嫉妒，与众和谐；18. 勿听妇言，自有主张；19. 要审慎言语，说话温雅，讲究技巧；20. 要处世正直，是非难判断时，对神发誓。

松赞干布在位时期还颁布了《六大法典》，包括：（1）“六六大计法”；（2）度量衡标准法；（3）伦常道德法；（4）敬强扶弱法；（5）判决势力者法；（6）内库家法。内容涉及行政区域的划分、军事行动的管理制度、大臣等官员的地位和义务、农牧管通方面的法律、以道德伦理为基础的法律规范、度量衡标准、君王在审判中的权威等。松赞干布去世后，后世赞普还颁布了《以万当十万之法》、《王朝准则之法》、《纯正大世俗十六条及戒十恶法》及《三法》等。所谓《三法》是指《狩猎伤人赔偿律》、《纵犬伤人赔偿律》和《盗窃追偿律》。《三法》共有两万余字，内容相当丰富，是吐蕃时期重要的律例文献。《三法》已脱离格言形式的教义和道德规范，将吐蕃狩猎、游牧生产方式下形成的法律关系以规范性的律令加以调整，其中涉及禁止性、义务责任性、许可性和引导性的规范内容有所增加。②

---

① 彭宇文：关于藏族古代法律及文化的若干思考——借鉴梅因〈古代法〉进行的研究［J］，载《法学评论》，2004，（2）.

② 徐晓光：藏族法制史研究［M］，北京：法律出版社，2001年，第15－16. 186. 366. 367. 374—375页。

所谓《三典》是元、明、清时期西藏地方政府组织有关人员调查整理的三部影响较大的法典，即《十五法典》、《十六法典》和《十三法典》。[①]

元朝后期帕木主巴政权曾制定《法律十五条》，原文虽已亡佚，但从此后藏巴汗政权的《十六法典》中可见其原貌。目前的史料尚无《十五法典》详细内容的记载，但《续藏史鉴》和《西藏王臣记》等史料记载了其篇名。即1. 英雄猛虎律；2. 懦夫狐狸律；3. 地方官吏律；4. 听讼是非律；5. 逮解法庭律；6. 重罪肉刑律；7. 警告罚锾律；8. 使者脚钱律；9. 杀人命价律；10. 伤人抵罪律；11. 狡诳洗心律；12. 盗窃追偿律；13. 亲属离异律；14. 奸淫罚锾律；15. 半夜前后律。

明朝建立以后，在藏区采取"因俗而治"的政策，继续对各教派的大喇嘛加以怀柔，以期发挥蕃僧"化道愚顽、阴助王化"的作用，同时设置藏族地方统治机构，建立土司制度，加强对藏区的管辖；通过土官朝贡和赏赐制度强化了与藏区僧俗贵族的联系；继续实行唐以来的"茶马互市"，实现汉藏两地资源互补。明朝末年，帕木主巴政权被推翻，彭措南杰建立了第悉藏巴地方政权，又称噶玛政权。社会变革带来社会关系的变化，使法制的变化不可避免。因此，噶玛丹迥旺布下令由地方长官贝色利用藏族传统法律资源、伦理道德资源、宗教禁忌，并直接参照吐蕃王朝法律和《十五法典》，制定了《十六法典》。在立法体例上，《十六法典》直接继承了《十五法典》的传统体例，甚至许多律名都是从《十五法典》中直接照搬而来。清代为西藏地区制定的《十三法典》又是以《十五法典》和《十六法典》为蓝本，有一脉相承的关系。[②]《十六法典》与《十五法典》的主要区别是：在《十五法典》的基础上增加了一个法条"异族边区律"。该法对生活在西藏周边地区各民族的杀人赔偿、牲畜伤人、截获分配、狩猎规则、劫掠习俗、盗窃追赔、审判程序等行为和活动制定相关的法律予以规范和调整。[③] 明朝后期藏巴汗政权制定的《十六法典》，是藏族法制史上内容最为丰富，体系最为完整的法律，是清代藏族地方政权制定《十三法典》的蓝本。[④]

清朝前期，康熙帝平定西藏，结束了蒙古准噶尔部的统治，巩固了西南边疆，这时藏区法制的任务主要是惩办杀人、放火、抢劫、偷盗，处理男女通奸和借贷纠纷案件，维持社会秩序。与此相适应，西藏地方制定了包括刑事、民事法律规范在内的《十三法典》。《十三法典》是在集西藏政教权力于一身的五世达赖喇嘛的授命下完成的，他命令第巴索南饶丹借鉴吐蕃、元代及帕摩主巴等时期立法的经验制定

① 杨士宏：藏族传统法律文化研究［M］。兰州：甘肃人民出版社，2004. 83。
② 李占荣：历史上藏族社会的经济法律［EB/OL］。http：//www. law－lib. com。
③ 甘措：藏族法律文化研究［M］。西宁：青海人民出版社，2009. 118. 67—68。
④ 转引自黄奋生：藏族史略［M］。北京：民族出版社，1985. 198。

法典。索南饶丹按照五世达赖喇嘛所规定的立法宗旨，将藏巴第悉噶玛丹迥旺布时期制定的《十六法典》进行了综合调整，删去第1条英雄猛虎律、第2条懦夫狐狸律和第16条异族边区律，并对前言和个别条目作了修订、补充，将一些名词重新作了解释，最后编成《十三法典》。《十三法典》与《十六法典》比较，尽管在内容上大同小异，但在条目的筛选、排列和解释等方面有所不同，这反映了清代藏区统治者对法律条目的具体认识和理解。《十三法典》对每个法律条目的解释更加翔实、完备，所依据的资料丰富、可靠。不仅体现了统治阶级法律的观点，而且反映了当时藏族社会的状况、价值观念、人伦关系、生产关系等。①

二、藏族成文立法的特点

藏族成文立法的主要特点有以下几个方面：

（一）具有浓厚的宗教色彩

藏族是一个虔诚信仰宗教的民族，神在藏族群众心目中一直占有重要的地位。宗教对藏族法制的渗透深广，从原始宗教中衍生出来的神明裁判，宗教禁忌与法律条款的相互交织，这诸多的渗透现象，一直伴随着藏族法律文化的发展而长期存在着，在藏族历史上，藏族曾一度信奉本土宗教苯教。随着佛教传入藏区以后，佛教得到了中央政府的大力扶持，使得苯教在与佛教激烈斗争后日渐式微。现在佛教几乎成为藏族全民信仰的宗教。

藏族法律规范将人际关系连同人与自然、人与社会、人与宗教三类关系作为一个有机整体来看待。在人与人、人与社会关系的规范设定中，强调法与世俗伦理、道德、宗教、信仰、禁忌的结合。吐蕃的《法律二十条》中的"争斗者罚款，杀人者以大小论抵"，"奸通者，断其股体，流放异方"等法律条文，与"要报父母恩，孝敬侍养"，"要尊敬长辈，以德报德"等格言式的道德规范紧密结合在一起。它的执行，不但要靠法律措施，而且要靠舆论力量。在藏区宗教盛行的情况下，大量道德规范也是佛教规范，两者之间相互吸收，融为一体。②

自吐蕃王朝兴盛开始，藏族的历史就与佛教结下了不解之缘。随着藏传佛教的创立和广泛传播，佛教的影响更是与藏区人们的生活密切相关。可以说，佛教的影响已深入到人们生活的各个方面，深入到社会的各个角落。在这种情况下，作为藏区社会制度中重要内容的法律法规，亦受到佛教思想的深刻影响，不少法律条文还

① 徐晓光：藏族法制史研究［M］。北京：法律出版社，2001. 15—16. 186. 366. 367. 374—375。

② 陈光国，徐晓光：历史上的藏传佛教与藏族法律［J］。攀登，1992，（7）。

是直接来自佛教教义。

如松赞干布命令大臣吞米桑布札、噶尔东赞域松等制定的《法律二十条》，就是依据佛教“十善”的精神制定的。这20条法律，前4条对于杀、盗、淫、谎的处罚非常严厉，这把佛教最禁戒的有关内容（佛教中对于杀、盗、淫、谎及饮酒特别加以禁止。称为“五戒”）以法律条文的形式加以公布，意在止人为恶，这是宗教教义法律条文化最明显的例证。后16条，也是依据佛教“十善”的精神制定的，作为公众遵守的法规和道德的标准，意在引人向善。由于这20条法律的内容都是从佛教基本思想“十善”的精神中孕育出来的，因此，后世常称该20条法律为“十善法律”。此后，吐蕃王朝的统治者及后世藏区各地政权的执政者在制定法律和确认当地的习惯法时，都将“法不悖教”和遵从佛教教义作为立法的一项首要原则。特别是后世藏传佛教在藏区确立了绝对统治地位，建立起政教合一的政权体制后，佛教教义及其基本思想在藏区法律法规中的影响进一步加大了。①

（二）诸法合体

古代世界各国的法律大多是刑民不分、诸法合体的，古代中原王朝的法律是这样，藏族的成文立法也是这样。吐蕃时期的法律规范表现在诸法合体的各种法律中，往往在同一部法律中，既包括民法规范，又包括刑法规范；既包括实体法规范，又包括程序法规范，而未形成一部单一的法典。② 吐蕃时期的法是一种混合法，公法、私法和教法合一，成文法与不成文法并行不悖，它同习惯、禁忌、道德等相融，在有些方面很难区分。虽然佛家的行为准则已经成为吐蕃君臣老百姓共同遵守的准则，但同时部落习惯法仍起着重要作用。不成文的习惯法与成文法并行不悖，法律中保留了某些原始社会的残余习惯。③

例如，《狩猎伤人赔偿律》规定：“……放箭人发誓并非因挟仇有意伤害，可由担保人（即证人）十二人连同本人十三人共同起誓。查明实情，受害人中箭身亡，赔偿命价一百五十两，给受害人和告发人平分。若无告发人，一百五十两全归受害人。受害人中箭未死，赔偿医药、食物费三十两，归受害人和告发人平分。……无论是给死者之命价银还是给伤者医药、食品银，不管是谁，缺一两将处以死刑。……”④从这段规定可以看出，其中有诉讼方面的规定：“必须有十二个证人及

---

① 洲塔：甘肃藏族部落的社会与历史研究［M］，兰州：甘肃民族出版社，1996年，第402—404.427页。

② 徐晓光：藏族法制史研究［M］，北京：法律出版社，2001年，第15—16.186.366.367.374—375页。

③ 甘措：藏族法律文化研究［M］，西宁：青海人民出版社，2009年，第118.67—68页。

④ 转引自徐晓光：藏族法制史研究［M］，北京：法律出版社，2001年，第366—367页。

其本人共十三人，共同起誓作证”等；也有民事损害赔偿的规定：“受害人中箭身亡，赔偿命价一百五十两，给受害人和告发人平分”等；还有刑事方面的规定无论是给死者之命价银还是给伤者之医药、食品银，缺一两处以死刑”。《盗窃追赔律》、《纵犬伤人赔偿律》等法律也有相类似的规定。这种法律体例是吐蕃时期法律体系不完善，立法经验尚不成熟的反映。清朝藏区立法也是诸法合体、民刑合璧的。如《番例条款》中，既有处理误杀人、斗殴伤人的规范，又有无力纳罚立誓、搜查贼赃的规范。古代藏族部落法更是如此，各种法律混合在一起，没有明显的分化。[①]

吐蕃王朝当时采取诸法合体的形式，既有刑事方面的规范，又有民事方面的规范；既有实体法的内容，又有程序法的内容；外部结构上虽采取唐朝的律令形式，但内容中很多规范是从部落习惯发展而来，又具有很强的原始习惯法的特征。

（三）惩罚上的等级性

传统藏族法制具有等级性，不同身份、社会地位的人在接受刑事惩罚上有所不同。法律面前人人平等是现代社会所追求的目标。但在古代社会，很多民族和国家的法律明文规定阶级不平等。古印度的法律把人分为四等，不同等级的人享有不同的权利和义务。中国古代中原地区也存在身份的划分和等级制度。汉族历史上曾有“刑不上大夫，礼不下庶人”的说法。自《魏律》规定了“八议”制度以后，中原历朝法律都实行此制度。凡属八议特权优待范围以内的贵族、官僚，除犯谋反、谋大逆、谋叛、恶逆、不道、大不敬、不孝、不睦、不义、内乱十恶大罪外，流罪以下减等。死罪则根据其身份和犯罪情节，由官吏集议减罪，奏请皇帝裁定。实行“八议”制度，就使得封建贵族、官僚地主更全面地获得了凌驾于法律之上的特权。而下层人民的权利毫无保障，只要稍微侵犯封建地主的特权，都会受到严惩。

传统藏族社会，有着森严的社会等级和地位。各等级之间界线分明，不能逾越。这种等级制度，反映在法律方面，就是要承认等级差别，严格区分贵贱，捍卫等级制度。藏区法律和内地法律一样，按等级论罪处罚，不同等级的人在法律上有不同的待遇，犯了罪也有不同的处罚，法律的阶级性非常明显。按照《十六法典》的规定，人分为上、中、下三等，每等中又分为上、中、下三级。不同等级的人有着不同的命价，法律不仅按等级规定命价，而且按等级来量刑。在杀人赔偿命价的规定中，人有等级之分，因而命价也有多寡之别。凡上等上级的人，如王子、大活佛等，其命价金与尸体等重；下等下级的人如工人、流浪者，其命价如草绳一根。

对于农奴、奴隶和下等人犯上的行为，法律规定严惩，而对于上等人犯下等人

① 徐晓光：藏族法制史研究［M］，北京：法律出版社，2001 年，第 15—16. 186. 366. 367. 374—375 页。

的行为，按规定处罚相对较轻，甚至可免除刑事责任。在伤人赔偿的法律中规定，凡仆人反抗主人而使主人受重伤的，应砍掉仆人的手或脚；如主人打伤仆人，仅延医治疗，且不赔偿损失。在偷盗赔偿的法律中规定，凡盗窃活佛的财物，要赔原物的80倍；盗窃官员的财物，要赔原物的5倍；偷窃一般人的财物，要赔原物的4倍；而偷盗穷人的东西，则只赔原物即可。盗窃活佛和部落头目的财物，在赔偿的同时，往往还被判处肉刑，或鞭笞，或断手、割鼻。①

清朝藏区的立法也规定按等级论罪、判刑，死刑一般是判处小头目和平民的，若是大头目，即使犯抢劫罪也可以不判死刑。但是，自1733年（雍正十一年）以后，藏区法律虽在身体刑、生命刑方面执行原来的规定，如《番例条款》规定：头目抢劫，罚犏牛了事；平民抢劫，不分首从皆斩。可是在财产刑方面，却做出了相反的规定。该条款规定在犯同一种罪行的情况下，对头目的处罚不但不比平民轻，而且还比平民重；对大头目的处罚不但不比小头目轻，而且还比小头目重。藏区法律之所以这样规定，是从清朝统治的实际来考虑的。因为在游牧部落中，土官品级越高，财产越多；平民地位越低，财产越少。如果把平民和土官同等看待，罚以同等数量的牲畜，那判决就会执行困难或根本不能执行，法律就无法维护其严肃性了。② 藏族有着独具特色的法律文化传统和上千年成文立法的历史，藏族传统立法一直延续到1959年民主改革时期。今天，虽然形式上的藏族传统法制已经不存在，但传统的法制观念仍然在藏族地区有一定的影响力。如藏族古代法典确立的命价制度，在今天的藏区仍然有相当大的影响力。改革开放以来，赔命价现象在藏区重新出现，这种由古代流传下来的以罚代刑观念，常常左右着藏族群众的思想和行为，使本来具有科学性、公正性的国家统一法律难以深入贯彻执行。因此，应加强对藏族传统法制的梳理和研究，对传统藏族法律文化遗产的优秀部分进行批判地继承，使藏区传统法制与国家法制有机对接，从而促进藏区社会的健康发展与和谐稳定。

---

① 洲塔：甘肃藏族部落的社会与历史研究［M］，兰州：甘肃民族出版社，1996年，第402—404.427页。

② 徐晓光：藏族法制史研究［M］，北京：法律出版社，2001年，第15—16.186.366.367.374—375页。

清代以前西藏司法特征略论

袁　剑*

作为中国固有领土的西藏地区，由于其特殊的地理位置及社会宗教环境，在历史上一直在内地人头脑中形成了某种特殊的“映像”，这种异样的异域想象在某种程度上割裂了内地民众与西藏民众之间的联系。随着时代的发展，重新“理解西藏”成为国家与国民的一项重要任务。可以说，唯有了解西藏的过去，方能更好地规划西藏的未来。而对清代以前西藏司法状况的进一步梳理，亦成为重新“理解西藏”的必要一环。

一、西藏司法架构的“地方性”

基于地理条件与人文环境的差异，西藏地区的族群分布状况不同于中国其他地区的族群分布，清代以前西藏地区的司法审判体系亦大异于中原传统的道德化、儒家化的司法审判体系。① 马克思对于特定历史问题的探究曾经提出过著名的“历史特殊性原则”。他认为，任何一个给定社会都要根据它所存在的特定时代来理解，而无论如何界定这一“时代”，在这个给定时代所流行的制度网络、意识形态甚至各种类型的社会个人都构成了一种独一无二性。依此，则清代西藏具有这种“独一无二性”，“西藏空间”是清代中国的“一种物质产物，并与其他的因素相联系，例如人，而人自己又进入各种特定的社会关系，这给空间（并给这一结合体的其他因

---

* ［作者简介］袁剑，德国弗莱堡大学历史系教师。

① 关于中原传统社会法律之儒家化问题，瞿同祖先生曾有专门论述。他认为：“儒家以礼人法的企图在汉代已开始。虽因受条文的拘束，只能在解释法律及应用经义决狱方面努力，但儒家化运动的成为风气，日益根深蒂固，实胚胎酝酿于此时，时机早已成熟，所以曹魏一旦制律，儒家化的法律变应运而生。自魏而后历晋及北魏、北齐皆可说系此一运动的连续。前一朝法律的儒家因素多为后一朝所吸收，而每一朝又加入若干新的儒家因素，所以内容愈积愈富而体系亦愈益精密……归纳言之，中国法律之儒家化可以说是始于魏、晋，成于北魏、北齐，隋、唐采用后便成为中国法律的正统。其间实经一长期而复杂的过程，酝酿生长以底于成。”参见瞿同祖：《中国法律与中国社会》，北京：中华书局，1981 年版，第 345—346 页。

素）带来一种形式、一种功能、一种社会意指（signification）。因而，空间不单单是提供利用社会结构的一个机遇，而是每一个历史整体的一种具体表达，在这样的历史整体里，一个社会能得到具体的说明”①。可以说，清代之前西藏的司法空间具有其特殊性，有其特别的历史惯性，而这种空间特殊性引发了对于西藏“地方性知识”的强调。

西藏位于雪域高原，这一地区被称为地球之“第三极”，北接昆仑山、唐古拉山与新疆维吾尔自治区及青海省，东隔金沙江，与四川省相望，东南接云南省，西邻巴基斯坦克什米尔地区，南与印度、尼泊尔、锡金、不丹及缅甸接壤，中间按东南向自北向南排列着如下的几组山脉：昆仑山、喀喇昆仑山—唐古拉山、冈底斯山—念青唐古拉山和喜马拉雅山脉；同时横断山脉沿南北向一字排开，这些山脉在高原西端形成了帕米尔“山结”，在东端形成横断山“山束”。② 形成了一个在高原环境下的“盆地”面貌，这种地域格局使得西藏社会的结构具有先天意义上的独特性。在古代，西藏藏族的祖先吐蕃人曾经自认为处于由各国组成的一个四方形的中央，“大海沸寂极清凉，‘贡格曲拉’被开通，四茹满水沉其中，周围之水亦沉人，藏区地形重展显”。③ 这被认为是“地的肚脐”。“最原始的吐蕃人从他了门的猴社团肠里继承了长满汗毛的储面，而同时又从其罗刹女母亲那里继承了不长尾巴和贪肉食的特征。一部分人从其父亲那里承袭了笃诚、热情、智慧和善良等品质；另一部分人则从其母身上沿袭了爱好杀生、身体强壮和富有勇气的秉性。”④ 这种关于族群来源的传说与中原汉族的族群来源大相径庭，进而在两个族群的具体的体质、思维方式和生活、宗教态度方面表现出很大的差别，从而使得我们通常所认为的客观的“西藏研究”实际上常常是汉族族群本位的“西藏观研究”，类似于西方人研究中国的“西方中心观”，没有得到“被试者”的接受。西方在之后兴起的“中国中心观”⑤ 的理论视角，试图使“被试者”与“试验者”能建立起一种话语上的平权关系。探究西藏司法问题亦当如此，应着力构建起一种“文化持有者的内部眼界”

① 曼努埃尔·卡斯特利斯：《城市问题》（1977）。转引自［美］爱德华·W. 苏贾：《后现代地理学—重申批判社会理论中的空间》，王文斌译，北京：商务印书馆，2004 年版，第 127 页。

② 徐华鑫编著：《西藏自治区地理》，拉萨：西藏人民出版社，1986 年版，第 2833 页。

③ 《贤者喜宴》铅印本，第 149150 页。转引自恰白·次旦平措等著：《西藏通史—松石宝串》，陈庆英等译，拉萨：西藏古籍出版社，1996 年版，第 4 页。

④ ［法］石泰安：《西藏的文明》，耿异译，王尧审订，北京：中国藏学出版社，1999 年版，第 40 页。

⑤ 见［美］柯文：《在中国发现历史——中国中心观在美国的兴起》，林同奇译，北京：中华书局，1989 年版。书中强调了研究中国问题时的“中国史境”（Chinese context），“内部取向”（internal approach）等问题，要求扭转长期以来西方的中国研究中的“冲击—回应”模式（impact - response model），“传统—近代”模式（tradition - modernity model）以及帝国主义模式（imperialism model）的诸种弊端，特别是由于种族主义造成的歪曲。

(the native's point of view)① 强调"地方性"和"地方群体"(local population)的重要性，提倡重新认知(cognitive)，确立起"深度描写"(thick description)的重要手段，从而更有效地理解当地的文化"符号之网"中的司法部分。② 吉尔兹并认为，"法律就是地方性知识；地方在此处不只是指空间、时间、阶段和各种问题，而且也指特色(accent)，即步曰寸所发生的事件的本地认识与对可能发生的事件的本地想象联系在一起。这种认识与想象的复合体，以及隐含于对原则的形象化描述中的事件叙述，便是我所谓的法律认识。"③ 而这种"地方性知识"并不仅仅与地域、时代等因素有关，还关系到"特征"，可以说，"这是那种同能够怎样的本地想象(vernacular imaginings)联系在一起而关涉实际怎样的本地特征。……法律之为物，并不是有限的一组规范、规则、原则、价值或者它据以回应特定事件的无论什么东西，它是想象真实世界之特殊方式的一部分。如果说法律因地而异，因时而异，因民族而异，那么，法律之所见也是如此"。④ 清代以前西藏司法特征的探讨，即从这一原则基础上加以展开。

二、成文法的成长与完善

清代以前西藏地区司法架构的形成和完善乃是一个漫长而又曲折的过程。杜齐(G. Tucci 也译成图齐)对于清代之前西藏地区的法制情况是这样描述的：西藏"刑法非常严厉，虽然体刑可以缴纳适当的保释费(金钱或实物)缓赎。司法是按照习俗执行的。而这习俗总说是起源于松赞干布所颁布的法律，沿用迄于蒙古时代，这不无臆断的成分。大概在蒙古时代，蒙古的刑法传入西藏，它是成吉思汗的札撒(法典)，更可能是成吉思汗法典的陆续的加工修订，包含在元朝法律里的条例。这些法律非常严酷，对人命毫不重视，对犯人经常处以死刑。元朝将法律推行入藏，而萨迦巴恰好接受并实行之。随着萨迦巴衰微和由绛曲坚参所体现的民族意识的复兴，西藏恢复了古代的法律和传统习俗。绛曲坚参自诩恢复了松赞干布的法典。其实松赞干布法典是刑法，但也是第一个和最早的道德信条的汇集。在这个领域里，绛曲坚参也把西藏从外族统治下解放出来。他利用元朝的衰落和对西藏事务干预的

① 马林诺夫斯基语，转引自［美］克利福德·吉尔兹：《地方性知识——阐释人类学论文集》，王海龙、张家煊译，导读一：对阐释人类学的阐释，北京：中央编译出版社，2004 年版，第 19 页。

② ［美］克利福德·吉尔兹：《地方性知识——阐释人类学论文集》，王海龙、张家煊译，导读一：对阐释人类学的阐释，北京：中央编译出版社，2004 年版，第 14—23 页。

③ ［美］吉尔兹著：《地方性知识：事实与法律的比较透视》，邓正来译，载梁治平编：《法律的文化解释》(增订本)，北京：三联书店，1998 年版，第 126 页。

④ 梁治平编；《法律的文化解释》，北京：生活·读书·新知三联书店，1998 年版，第 53 页。

不断减少的时机，恢复了本民族的习俗。他的法典不是当时编成的唯一法典。……帕竹的法典普遍流传。经五世达赖和桑结嘉错修订，至今仍然通行于西藏。……我们不知道怎样进行审判和通过什么机构审判。只知道犯人被带到法庭上，有高级官员司法。……在小邦里一般都是由囊勤监督审判”①。据藏文史料记载，西藏地区最早为“非人统治”，后来又相继出现了“四十四小王”、“十二小邦”等。而这些“小邦不给众生住地，居草原亦不允许，惟依恃坚硬岩山，饮食不获，饥饿干渴，藏区众生极为艰苦”，② 而作为小邦的王则居住在十几个堡寨之中。到了达布聂塞时期，悉补野完成了雅鲁藏布江流域的统一。③ 这一时期，可能已经存在基本的法律和法规了。这些习惯规范为松赞干布建立吐蕃王朝后制定成文法律④，为后来藏族部落所沿用的法律制度的形成都产生了深远的影响。

到7世纪中期，松赞干布最终统一青藏高原，建立起强大的吐蕃王朝。在此时，松赞干布意识到，由于其父朗日松赞时期“没有统一的法规，致使小邦纷纷叛逆，如果再不制定法律，就会恶行泛滥、民众困苦”，⑤ 故而决定制定一系列法律。他亲自主持制定并颁布了《王廷十万法》、《十万顶具鹿之法》、《论常道德准则》、《强弱诉讼之法》、《权势决断之法》、《国库修内之法》“六大法律”，⑥ 以及20个佛教法规。⑦ 在整个吐蕃王朝时期，西藏地区法律的制定活动一直持续进行至公元842年。不久之后，吐蕃赞普达磨被杀，吐蕃政权趋于瓦解，在其后的近四百年的时间

① ［意］杜齐著：《西藏中世纪史》，李有义、邓锐龄译，中国社会科学院民族研究所民族史、民族学室，1980年版，第63—64页。

② 《藏族简史》，成都：四川人民出版社，1987年版，第11页。

③ 《贤者喜宴》，北京：民族出版社，1986年版，第112页。

④ 徐晓光先生认为吐蕃王朝法律的主要形式（即法律渊源）有：1. 赞普的命令。它是最基本的法律渊源，具有最高的法律效力。盟誓，这是一种具有习惯法性质的法律约束形式，盟誓的种类很多，有个人与个人、氏族与氏族、王朝对邦国以及吐蕃与邻国和部族等地各种盟誓。3. 王室颁布的法律、法令。这些是吐蕃中央政府制定和颁布的，普遍行用于吐蕃所属各地的成文法。4. 习惯法。详见徐晓光：《中国少数民族法制史》，贵阳：贵州民族出版社，2002年版，第8791页。

⑤ 巴俄·祖拉陈瓦：《智者喜宴》（藏文）上册，北京：民族出版社，1986年版，第185页。

⑥ 星全成、马连龙：《藏族社会制度研究》，西宁：青海民族出版社，2000年版，第41页。另参考青海省社会科学院藏学研究所编著、陈庆英主编：《藏族部落制度研究》，北京：中国藏学出版社，2002年版，第208页。

⑦ 具体是：（1）杀人者偿命。（2）窃物者归还，并付八倍罚款。（3）强奸者阉后驱逐出境。（4）被告撒谎，要起誓没有撒谎。（5）皈依佛、法、僧。（6）报答父母以孝顺。（7）敬老。（8）学温和和聪明的人。（9）不准对出家人和长者无礼，而要遵从他们的教导。（10）向正义的人学习。（11）学佛教，学经书，了解它的意义。（12）相信因果，羞于作恶。（13）帮助亲属和朋友，而不打扰他们。（14）力求正心。（15）勿饮酒过度。（16）按时偿还债务。（17）不要用自制的度量衡。（18）不要干涉旁人的事务，除非经人请求。（19）处理重要事务，要负责任，不要听妇人的话。（20）假定拿不准何者为是，何者为非，则在神前发发誓。见李安宅：《藏族宗教史之实地研究》，上海：世纪出版集团上海人民出版社，2005年版，第23页，注［9］，

中，西藏地区的司法状况可以说是“一条沟有一部不同的法律”,① 西藏地区在此一时期没有统一的通行法规，各个割据势力各司其政，按各自的法律规范解决民事纠纷以及刑事案件。按常理推断，这些割据性势力的法规不应是空穴来风，而应该与吐蕃王朝时期的法律制度有相当的关联。至于具体的关联程度，由于资料的缺乏，已经不可清晰考究了。

到了13世纪中叶，西藏地区被纳入元朝的版图，正式统一于中央王朝之下，整个藏区被交由萨迦派掌管，在遵守元朝中央政令的前提之下，各地具体诉讼事宜由各地方的万户府根据西藏原有的习惯法处理。这一时期，西藏地区作为元朝全国行政体制中的一个地方政权（萨迦政权），元朝皇帝对西藏地区下达的圣旨具有最高的法律效力，而帝师的法旨、命令等则具有仅次于圣旨的法律效力。西藏各地具体的诉讼事宜虽然由各个地方的万户府根据原有的习惯法加以处理，但是，“对西藏的重要法律事务，如家族血统的认定、法王的承继、重大纠纷的解决都由元中央政府掌握”。② 在西藏地区具体的诉讼事务的自主处理方面，萨迦政权之下的每个庄园都设有刑堂和监狱设施，可以任意审讯、监禁农奴，领主还使用各种残酷手段（如割鼻、挖眼、剁手、挖心等）维持农奴体系和对农奴的人身占有。③ 孙镇平先生认为：“……元蒙政权……通过颁布诏旨，确立了西藏上层管教喇嘛‘国师’、‘帝师’的名号，并赋予其‘法旨’的法律效力，使元蒙的‘世法’与西藏的‘教法’成为治藏并行不悖的两套法律体系。……元蒙治藏的这种思路，开启了明清治藏方略的先河。……元中央政府对西藏地方势力派的封官授职，对西藏地方的政治权力、土地、房屋、属民的占有，甚至对征调差赋等各个方面都发挥着实际上的根本效力，而其法律依据便是《铁券文书》。《铁券文书》不仅在当时起到了作用，而且涉及土地、属民的占有、差赋的征调等事项，直到明、清乃至民主改革前都发生着持续的效力。”④ 此外，在元代西藏也实行蒙古法。《红史》曾称“元代西藏执行的法律实际上是元朝的法律”。甚至在夏格巴所著《西藏政治史》中也不得不认为，“在萨迦喇嘛统治时期被怀疑的犯人不加审讯就正法了。这是按照蒙古人的规矩”。⑤ 到了元朝末年，噶举派帕木竹巴政权取代萨迦派成为西藏地区的主导力量，其万户长大司

---

① 《西藏历代法规选编》（藏文），拉萨：西藏人民出版社，1989年版，研究所编著、陈庆英主编：《藏族部落制度研究》，北京：中国藏学出版社，第94页。转引自青海省社会科学院藏学2002年版，第209页。

② 徐晓光：《中国少数民族法制史》，贵阳：贵州民族出版社，2002年版，第197页。

③ 郑灿：《西藏发展史》，昆明：云南民族出版社，1992年版，第114页。

④ 孙镇平：《清代西藏法制研究》，北京：知识产权出版社，2004年版，第134页、141页。

⑤ 夏格巴：《西藏政治史》，李有义译，中国社会科学院民族研究所历史研究室藏族史组1978年油印本，第73页

徒绛曲坚赞（1302—1372 年）掌权之后，主持制定了十五条法律，[①] 成为西藏大部分区域长时间可依据的成文法典。

三、诸法合体、民刑不分及诉讼非程序化

清代之前西藏地区的法律乃是诸法合体，民事刑事法律往往混杂在一起，西藏地区的法律实际上并不存在我们通常所认为的国家/社会的二元格局（更不是社会/第三领域/国家的三元模式），作为当时西藏地区包容了婚姻、继承及一般的纠纷在内的民事法律规范，在诉讼方面的规定是不清晰的，[②]“地区政府为了阻止人们经常诉讼，双方在诉讼前，都要根据诉讼中涉及的金额情况，事先支付多少不等的费用。因为有这个规定，所以一般的纠纷就会在双方之间解决，或者由一位权威人士帮助调解，不必到公共的法庭去裁判了”。[③] 婚姻中的诉讼纠纷往往由民众按照当地的习俗私下加以解决，几乎不存在将其提交正式裁判机构的事例。至于经济方面的纠纷，如牧区的牦牛顶撞骡、马致死的纠纷等，则往往由当地头人出面加以裁判，在这中间，头人实际上扮演了终审法官的角色，[④] 甚至当时的一些民间寓言故事也能说明这一点。[⑤] 此外，由于西藏地区寺院林立，权势巨大，诸多农牧民与寺院之间存在

---

① 其主要内容为：1. 对强悍的人加以压抑；2. 对懦弱的人加以扶导；3. 对办事的人规定应付的任务；4. 处理诉讼的人要明辨真伪；5. 对欺压的人加以拘捕；6. 对犯重罪的人处刑；7. 立约要凭契据；8. 对勒索贪污的人予以处罚；9. 杀人的人要赔偿命价；10. 伤人的人以血还血；11. 诬枉人的人要明誓于神；12. 盗窃的人要偿还物主损失；13. 亲眷要和睦；14. 奸人的人要赔偿奸价；15. 对满足的人加以抑制。（参见中华文化通志编委会编，丹珠昂奔：《中华文化通志·民族文化典·藏族文化志》，上海：上海人民出版社，1998 年版，第 170171 页）

② 清朝中央政府在西藏地区推行“法制”的过程，实际上也是将内地的体系复制给西藏的过程，这一过程中，缺点也被复制过去。清代之前的西藏地区的诉讼规定是不清晰的，我们可以发现，甚至在清代治理西藏时期，西藏的司法诉讼还是不清晰的。清朝末年张荫棠在任驻藏大臣时给西藏地方政府提的一些问题（如《传谕藏众善后问题二十四条》中关于法律适用的问题），正说明了这一情况。直至民国年间，西藏地区仍在进行司法诉讼条理化、清晰化的努力，这一进程事实上要到新中国 1959 年之后在西藏的农奴制改革以后才算初步完成，而这是用马克思唯物主义的逻辑体系加以清理的。

③ ［意］依波利多·德西迪利撰，菲利普·费立比编：《德西迪利西藏纪行》，杨民译，拉萨：西藏人民出版社，2004 年版，第 151 页。

④ 青海省社会科学院藏学研究所编著，陈庆英主编：《藏族部落制度研究》，北京：中国藏学出版社，2002 年版，第 234 页。

⑤ 可见藏族民间寓言故事《猴鸟的故事》（选自《中国少数民族文学作品选》第四分册，上海：上海文艺出版社，1981 年版，第 7285 页），它叙述了扎西则嘎地方，有座名叫滚桑的大山，山顶是雪山，住着白猴子；山腰是草地，住着各种各样的鸟儿；山脚下是森林，住着野兽和猴子。有一天猴子到草地吃花草和果实，鸟儿认为猴子侵犯了它们的住地，于是就派出白松鸡去跟猴子交涉。猴子认为滚桑山是公有的地方，花草果实应该大家共同享用，双方争执不休，几乎引起争斗。最后乃由兔子和公鸡出面调停，最后达成的结果是草地三分之一的花草果实允许猴子去吃，同时也允许鸟儿飞到猴子住的森林里去吃东西。在事情平息之后，猴鸟之间从此得以和睦相处．过着和平安定的生活。这实际上就是头人或第三方终审的民俗学表现。

着债务债权关系，藏民受宗教影响强烈，认为一旦欠下寺院的债，就是欠菩萨的债，这种债不能脱，必须马上还清，但是，往往有人会依托寺院的所谓“神力”放债，这样就使得寺院与民众之间的债权债务关系复杂化了。在涉及个人与个人之间的债权债务关系纠纷之际，西藏地方往往会按照《王统世系明鉴》中的规定加以处理，即，如果债务人违背契约而使债权人受到损害，要负民事赔偿责任；如果债务人事实上造成了他人人身或者财物方面的损失，则也要负赔偿之责任。此外，为了使得债务人履行契约中规定的义务，法律还规定了担保制度，如果在最终执行的时候债务人未能按规定履行应承担的义务，则必须由其担保人履行。事实上，这方面的规范在清代西藏还是有其效力的。①

刑事规范在西藏地区的法律条文中间占据了很大的比重。事实上，由于古代西藏法律的诸法同体，一系列的生产、民事以及军事方面的法律规范中间都掺杂着刑事规范的内容，而刑事规范可以被认为是清代之前西藏地区法律制度的核心。在诉讼方面，当时西藏部落之中如果发生刑事方面的案件，无论是原告还是被告，按照习惯（惯例）都得向部落之头人和具体的裁判人员缴纳一定的财物，而这对于双方都是一个负担，故而在相当多的情况之下，如果发生一般的刑事案件甚至个别重大的案件，由当事人双方和必要的中介人根据案件的性质及其双方责任，按照当地传统或者习惯法进行必要的经济补偿，加以私了。在个别情况下，如果当事人觉得有必要，则可以向头人起诉，起诉没有一定的程式，以让头人和其他裁判人员了解其中的缘由为目的。藏北的重大案件要上报宗政府，而更多的是原告带着少量的礼物向头人口述纠纷的原因。② 在接到当事人的起诉之后，随即开始进行审理（或者可以称为裁判）。以川康牧区为例，在当地头人领导之下，由当事人双方两位长老和两位“孜克巴”共四人组成一临时裁判机构，花费很多的时间询问诉讼双方情况，并将案情作认真的分析，再作裁决。

四、延续中的习惯法及其神判传统

在西藏历史上，依据习惯法进行裁判的现象一直存在。习惯法，在英文中称 Customary Law。“当习惯、惯例和通行的做法已经相当地确定并在相当一部分地区已被使用，像以书面明确表述规则的法律体系一样，为人们所了解、公认并被视为具有法律约束力时，它们就可称为习惯法。习惯法一直广泛地存在于世界上。当习

① 徐晓光：《藏族法制史研究》，北京：法律出版社，2001 年版，第 232—233 页。

② 青海省社会科学院藏学研究所编著，陈庆英主编：《藏族部落制度研究》，北京：中国藏学出版社，2002，236 页。

惯法适用时，成文法和判例法就是次要的……习惯法在很大程度上为罗马法的发展所取代，这种发展只是在遇有较大的习惯法整理时才暂时中断……”① 直到民国年间，大部分藏区的刑事诉讼案件，基本都是依照清以前就有的“番例”审讯和判决的，而民事诉讼案件也多按各地原有的习惯法条款调解和裁决。这些习惯法通常以“格言”的方式流传，与传统的宗教教育密切相关。在西藏地区民事刑事案件查证落实的过程之中，如果碰到偷盗等难以辨明之案件，则采取原始人群（原始社会）所常用的“神判”（也称神断、天断）主要有五六种基本形式，如起誓、捞油锅、捧镰刀、浑水摸石、投掷骰子等。② 徐珂在其《清稗类钞》中也载：“藏民讼事，在浪孜沙衙门，以钱之多寡定曲直，大抵每案必罚。也有不值讼而私辩曲直者，则掷骰，点多者为直。冤不伸，则赌大咒，两造皆至藏西二十余里之山麓。其地有四方大神石一块，以火在石上烧圆石二块，红如炽炭，两造白事毕，即以烧石置于掌中，拳握之，外缝以生牛皮，至大昭开视，谓曲者手焦，直者无恙也。”③ 徐晓光先生认为，“藏族部落在审理案件时也重视证据……在没有证据的情况下，才采取神判的方式处理。但并非全部案件，有时司法官通过刑讯程序拷问被告及根据‘诬告反坐’原则追究原告和证人的责任。……无证据情况下的部分偷盗案件主要采取设誓和神判两个步骤解决。……设誓是神判的前奏。……神判证明设誓的真伪”④。神判的“特点是在发生偷盗或其他财物争执纠纷以及通奸等类行为，失主或受害人对被嫌者提出指控但未掌握真凭实据，而被嫌者断然否认自己有所控之不义行为，清浊难分的情况下便试图通过一种超自然的力量——以神的意志去鉴别是非真伪”。⑤ 这中间实际上也蕴含了一种内在的终审意识，只是将其托付给了上天。让上天作为最终的主宰。由于上天被认为是永世公正和无所不知的，所以神判的判断功能在前现代社会的组织维持中具有不可动摇的权威性。日本学者穗积陈重在其《法律进化论》一书中说：“国家初期，法规未立，神意有为人民公认行为之基准之潜势力，故于争讼事件有疑难时，多依神签卜盆而窥神意，以决曲直，或直接请神之裁判；如用祷审法，使争讼者握铁棍，探热汤，蹈火焰，呛毒物，神则直接启示救护直者，明其曲直，又或使争讼者决斗，依个人之胜负，为军神之裁判。”⑥ 由于神判的“权

---

① ［英］戴维·M. 沃克：《牛津法律大辞典》，李双元等译，北京：法律出版社，2003 年版，第 1055 页。

② 青海省社会科学院藏学研究所编著、陈庆英主编：《藏族部落制度研究》，北京：中国藏学出版社，2002 年 239、240 页。

③ ［清］徐珂编撰：《清稗类钞》第三册，“藏民讼事”条，北京：中华书局，1984 年版，第 976—977 页。

④ 徐晓光：《藏族法制史研究》，北京：法律出版社，2001 年版，第 353—354 页。

⑤ 夏之乾：《神意裁判》，北京：团结出版社，1993 年版，第 2 页。

⑥ ［日］穗积陈重：《法律进化论》，北京：中国政法大学出版社，1998 年版，第 1617 页。

威”和“灵验”（偶尔在实践中获得的验证），它作为一种社会控制现象就在西藏地区的司法实践中间为人们所接受，慢慢转化为公众意志，并在实践中逐步形成了一套基本上得到公认的是非标准以及严格、规范化的操作规程。[①]

在西藏社会，进行神明裁判的思想基础除了藏人虔诚的宗教信仰，尤其是对佛家的信仰外，[②] 还源于西藏社会的趋简化运行。由于宗教和习惯的影响，“谋杀罪在西藏几乎很少听到，残忍地伤害他人者不多，聚众闹事者很少，而抢劫也不是常常发生的。据说他们的上帝命令，西藏人应该对正义有一种宗教的敬畏，这样，当人们放弃了暴行，那么这个高低不平，山峦起伏的地区就可以在居民心中永存了”。[③] 尽管如此总的来说，西藏地区在这一时期的“神判法”与此时的一系列成文法典如“六大法律”、“十五条法典”等一起共同在西藏社会中起着判断、惩治、威慑等社会功能，并基本上成功地维持了西藏社会架构的稳定。当然，在清代，西藏地区依旧进行着地方法制的完善过程，如西藏地方政府所制定的《铁虎清册》[④] 等，但这并不妨碍我在上面所做的一般论断。

五、余论：清代西藏的司法一体化尝试及其缺陷

清代经历着传统中国社会的巨大变革。在中原地区，面对着西方势力的外来压力，这一地区的社会结构正艰难地进行着近代化的过程。而在西藏地区，尽管清朝中央政府对西藏事务有了更大的影响力，但是由于格鲁派政教合一体制的存在，西藏地区的法制资源依旧有其相当的自主性和自足性，清朝中央政府在对西藏的司法改革进程中除了所施加的“儒家化”、“中原化”影响之外，亦往往尊重其“本土”的公规（通过头人终审、神判等宗教、习惯法则，前已述及），而这种“本土化”

① 张冠梓：《论法的成长——来自中国南方山地法律民族志的诠释》，北京：社会科学文献出版社，2000年版，第495页。

② 中华文化通志编委会编，丹珠昂奔撰：《中华文化通志·民族文化典·藏族文化志》。上海：上海人民出版社，1998年版，第178页。

③ ［意］依波利多·德西迪利撰，菲利普·费立比编：《德西迪利西藏纪行》，杨民译，拉萨：西藏人民出版社，2004年版，第152页。

④ 全称《噶丹颇章所属卫藏塔工绒等地区铁虎年普查清册》，藏历铁虎年（清道光十年，1830年）西藏地方政府为了增加财政收入并解决差赋负担不平衡问题而制定。本《清册》共六十件，原件系藏文，现存于西藏自治区历史档案馆。现已有汉文本编译出版（格桑卓噶等编译：《铁虎清册》，北京：中国藏学出版社，1991年版）。

公规的存在和延续又进一步固化了清代西藏的"特殊性"。[①] 西藏地区的藏传佛教与本土化的及外在的法制约束"彼此处于对立之中：法律以其稳定性制约着未来；宗教则以它的神圣观念向所有既存社会结构挑战。然而，它们同时又互相渗透。一个社会对于终极之超验目的的信仰，当然会在它的社会秩序化过程中显现出来，而这种社会秩序化的过程也同样会在它的终极目的的意识里看到……法律赋予宗教以其社会性，宗教则将其精神、方向和法律赖以获得尊敬的神圣性给予法律"。[②] 西藏的藏传佛教"愈是循着'信念伦理'（Gesinnungsethik）的途径体系化与内化，与现世的关系就愈是紧张。然而，只要这个宗教具有仪式化或律法化的形态，其与现世的紧张性就会显得较不一致，也较不会是个基本问题。……一个命令一旦成为神之诫命，它即超脱出可变的惯习之列，而拥有神圣的地位。……在这个阶段，宗教对整个法律制度与社会惯习的领域发挥了定型化的作用，就像象征主义定型化了某种特定内容的文化要素，以及巫术禁忌的规定定型化了与人类及财物之关系的具体形态一样。……法律的支配性之为宗教所定型化，构成了法秩序之理性化以及由此而来之经济理性化的最重要的限制之一"。[③] 这种社会结构（包括法制）的定型化，再加上清朝中央政府治藏实践活动的较为被动化，使得西藏的现代化改造极为艰难。

通常认为，法律实践的进行能够有效地推动社会发展，但是，法对于社会变迁的积极意义却是有条件的。美国社会学家威廉·M. 埃文曾列出了以下一些条件：（1）立法机构应当具有权威性；（2）表述新法的基本原理必须与已形成的文化和法律原则保持一致和延续，那种不顾社会文化结构、价值观念和被普遍接受的法律发展模式而盲目推行法或社会变革的做法往往会遭到人们的普遍抵制；（3）必须制定实际的服从法律的典范；（4）在法律确定与法律生效之间的时间距离不能太长，而缩短两者的过渡时间可以使有意识或无意识的抵制社会变迁的因素尽可能减少到最小的限度，这段时间越短就越能达到法的目的；（5）执法机关的行为必须绝对地受

---

① 奥蒂斯·李认为法律公规的本质可以分成以下三个命题：第一，每一个文化、社会甚至集团，不论如何有限，都代表着全人类的潜在的一个有限制的选择，包括个人和集体。第二，这种选择的趋势与该社会占统治地位的价值观念或公规一致。第三，它随着每一个集团的稳定化而制定为紧密连接的模式、组织或制度。见奥蒂斯·李：《社会价值和法哲学》，载《弗吉尼亚法律评论》1946 年版，第 811—812 页。转引自［美］E. 霍贝尔：《原始人的法》，严存生等译，贵阳：贵州人民出版社，1992 年版，第 95 页。实际上，我个人认为，还存在着一个第四命题，即形成的这种紧密连接的模式、组织或制度又反过来进一步"固化"了原有的文化、社会甚至集团，清代西藏就是一个典型的例证。关于清代西藏法制问题，亦可参见拙文《清代西藏终审权问题再研究》，载（台湾地区）"中央研究院"历史语言研究所、中国法制史学会合编《法制史研究》第 14 期，第 109—138 页。

② ［美］伯尔曼：《法律与宗教》，北京：生活·读书·新知三联书店，1991 年版，第 38—39 页。

③ 韦伯：《宗教社会学》，康乐·简惠美译，台北：远流出版事业股份有限公司，2003 年版，第 3 次印刷，第 267—268 页。

法律的约束，否则这种机构的腐败和虚伪将有损于法律的实施；（6）法律应将积极鼓励和消极处罚视为同样重要，因为依据法律采用积极鼓励方法同样也能使法律达到促进社会变迁的效果；（7）法律对因他人规避或违反法律而受害的人必须规定保护他们权利的有效措施。① 从历史上来看，清朝在西藏地区进行的法律实践并未能有效地推动西藏社会发展，究其原因，主要有如下一些：（1）清朝中央立法机构在西藏地区缺乏辐射力，各种制度规约必须经由驻藏大臣才能转达给西藏，而驻藏大臣本身并不是一个中央立法机关的派出性机构；（2）虽然清朝的边疆政策有着“从俗从宜”的方针，但是，具体到对于各个边疆民族区域的法律实践方面，其法律实施能力和实施效果并不一致，大致说来，在蒙古地区要好于西藏地区，由于清朝皇室与蒙古贵族的长期联姻和军事同盟关系，因此，清政府对于蒙古地区的社会文化结构和价值观念有着深刻的认识，故而在推行蒙古地区民族法制的过程中产生的效果也较好，事实已证明，这对于促进蒙古族的社会发展有积极影响；但是，清中央政府在西藏无法做到这一点，由于西藏的政教合一传统以及西藏与中原交往的有限性，使得西藏和作为清王朝核心地区的中原之间存在诸多隔膜，双方的彼此认识在某种程度上都是被扭曲的，按照中原法律思维所构建出来的中央治藏法律并不能很好地契合西藏的社会文化结构及价值观念，故而在事实上受到当地官僚贵族等的抵制；（3）清中央政府并没有确定实际的服从中央治藏法律的典范，缺乏足够的判例；（4）西藏地处边远，清中央政府的政令传达过去一般都要数十天的时间，遇有战事，则联系几于断绝，这种状态使得清中央治藏法律的确定和实际生效过程中的时间间隔很长，这就有意无意地使得西藏地方抵制社会变迁的因素大为生长；（5）在清代体制下，不管是清朝中央的还是西藏地方的执法机关的行为事实上都可以超越法律的约束，而这必然导致法律的腐败和虚伪，并最终导致法律失去信用；（6）清朝中央治藏法律只重视对违规行为的消极处罚，而忽视了对于守法行为的积极鼓励，从而使得这些法规纯粹成为“压制性”的规范，对于西藏的社会变迁起不到持续的推动作用；（7）清中央治藏法律承继西藏传统，对于西藏地方的权利（以对命价的规定为例）极为轻视，这样就产生了一个恶性循环：法制残酷—轻视权利—无法“革新”—社会停滞—社会分层固化—体制维持—法制残酷—轻视权利……总而言之，清代西藏社会发展的长时期停滞，除了西藏地方的自身因素之外，与清中央一系列治藏法律实践活动也有着直接的联系。而新中国对西藏地区所采取的以政教分离及废除农奴制度为中心的司法体制改革，正是对清代时期中央治藏政策失误的有效弥补，这是一条完全正确的道路。

---

① 详见罗杰·柯特威尔：《法律社会学导论》，潘大松等译，北京：华夏出版社，1989年版，第67—71页。

略论清朝中央政府辖治西藏的法律

——《钦定西藏章程》

赵　音*

清乾隆五十八（7793）年，清军击败了入侵后藏地区的廓尔喀军以后，统军主帅福康安根据乾隆“当妥立章程，以期永远遵循”的旨意，会同驻藏大臣、达赖、班禅等，共同拟定了《藏内善后章程》上报朝廷，经修改批准定名为《钦定西藏章程》。对清代西藏社会的稳定和发展起过重要的作用。本文就这部地方法规的产生、内容和历史意义略作论述。

一

藏族是中华民族大家庭中的一个古老成员。明朝建立以后，把包括西藏在内的藏族地区置于中央政府的统一管理之下。起初在河州设立西安行都指挥使司，统辖藏族地区，后改设朵甘行都指挥使司和乌思藏行都指挥使司分别管理。明王朝采取“多封众建”的政策，分封喇嘛教各派领袖为王、大国师、国师、禅师等僧官使他们互相牵制这样更有利于明王朝对藏族的统治。

清初，对喇嘛教仍采取扶植利用的政策。1653 年（顺治十一年）正式册封五世达赖为“所领天下释教”的宗教领袖，但却将西藏的行政统治权授予了蒙占和硕特部领袖固始汗。这就使政教产生了矛盾。1654 年（顺治十一年），固始汗病故，政教矛盾开始激化。1717 年蒙古准噶尔部借故进兵西藏，西藏官民配合清军于 1720 年 8 月将准噶尔部军队全部逐出西藏。之后，清政府将七世达赖接回布达拉宫“坐床”，同时废除总揽地方大权的第巴职务，设立四名噶伦，共同主持藏内地方政务。

1723 年，原蒙古和硕特部固始汗之孙罗卜藏丹津对清政府废除他在西藏的统治极为不满，遂勾结准噶尔部的策妄阿喇布坦发动叛乱，清军很快平定了叛乱。1725

* ［作者简介］赵音，上海大学法学院教授。

年（雍正三年），清廷在西宁设置办事大臣，监视蒙古和硕特部的行动。1727 年，清政府开始在拉萨设置办事大臣二人。1747 年，清廷命四川总督策楞入藏，拟定了《酌定西藏善后章程》十三条，对西藏的管理体制作了重大改革，确定了“政教合一”制度。

清王朝建立以来，顺治、康熙、雍正、乾隆对西藏事务都倾注了颇多精力，但西藏内部各项制度极不健全，对内无法控制吏治的腐败，对外无力抗拒强敌。1793 年，趁战胜廓尔喀的有利时机，乾隆筹思再三，决心“将藏中积习剪除”。他指示福康安：“将来撤兵后，必当妥立章程，以期永远遵循。”《钦定西藏章程》就是在这样的历史背景下产生的。

二

从乾隆十六（1751）年开始，清政府便以立法的形式整饬藏务。其立法共有：乾隆十六年的《酌定西藏善后章程》；五十四年的《设站定界事宜》；五十八年的《酌议藏中各事宜》。《酌议藏中各事宜》是对前二个法规的补充。法规制定后，驻藏大臣、达赖和噶厦（地方政府）并没有认真实施，所以接着便发生了廓尔喀第二次入侵。入侵发生后，乾隆当即派遣孝贤皇后之侄、大学士傅恒之子嘉勇公福康安为主将入藏。乾隆认为战胜“区区廓尔喀”并不难，难的是战后如何治理藏区。乾隆五十七年八月，下旨福康安做好廓尔喀受降事宜的同时，还对藏务作了具体指示：(1）在藏内的巴勒布人，愿留者，编入户册作藏内民人，不愿留者，押送出境。(2）统一藏内钱币。(3）疆界划定以后，廓尔喀人不许偷越，藏民亦不许私往贸易。(4）驻藏大臣将驻前藏，于后藏事务鞭长莫及，嗣后应分驻一员后藏，遇有事务，就近办理。最后乾隆还特别叮嘱福康安“当会同驻藏大臣，将应办各条，参酌损益，妥协办理，以期经久。”隔了五天，他觉得“前旨尚有未详尽之处，今思虑所及，再为逐条开示。”计为六条旨意：(1）关于金瓶掣签制度。(2）关于前后藏的财政管理。(3）关于驻藏大臣的地位与职权。(4）关于西藏边卡的设置与管理。(5）关于廓尔喀人抢掠扎什伦布寺财物的处理。(6）关于前后藏财政统归驻藏大臣总理及其使用原则。

上述前后十条旨意，即是以后《钦定西藏章程》的核心内容。

福康安会同驻藏大臣、达赖、班禅等藏内有关人员拟定了《藏内善后章程》102 条，于乾隆五十七年上奏朝廷。

军机处收到章程奏本后，对 102 条章程重加整理，归并为 29 条，然后分项于乾隆五十七年十二月至五十八年三月上奏。奏本上还附了军机处的意见。乾隆收到奏本后详细审阅，而且联系历史和现实，权衡利害得失，提出了自己的意见，最后才加以裁定，批准颁行。这就是著名的《钦定西藏章程》。

以后，清朝的综合性民族法规《理藩院则例》几乎全盘吸取了章程的内容，把它改称为《西藏通制》。当然“通制”在规范化、条例化和文字的简洁上都更进一步。

《钦定西藏章程》主要包括了七方面内容，下面就此略作论述：

（一）关于金瓶掣签制度

章程规定：“大皇帝为求黄教得到兴隆，特赐一金瓶，今后遇到寻认灵童时，邀集四大护法，将灵童的名字及出生年月，用满、汉、藏三种文字写于“牙签上，放进瓶内，选派真正有学问的活佛，祈祷七日然后由各呼图克图（即活佛）和驻藏大臣在大昭寺释迦佛像前正式认定。假若找到灵童仅只一名，亦须将一个有灵童名字的牙签和一个没有名字的牙签共同放进瓶内。假若抽出没有名字的牙签，就不能认定已寻得的儿童，而要另外寻找。达赖喇嘛和班禅额尔德尼像父子一样，认定他们的灵或时，亦须将他们的名字用满、汉、藏三种文字写在牙签上，同样进行。”

金瓶掣签制度，是针对西藏上层贵族企图控制达赖、班禅的灵童转世而制定的。这一点乾隆在五十七年八月的六条旨意中讲得很清楚：“查藏内达赖喇嘛、班禅额尔德尼等呼毕勒罕（即指转世灵童）圆寂后，令拉穆吹忠（即巫师）作法降神，俟神附伊体，指明呼毕勒罕所在，乃拉穆吹忠往往受嘱，任意妄指，以致达赖喇嘛、班禅额尔德尼等亲族姻娅，递相传袭，总出一家，与蒙古世职无异，甚至丹津班珠尔之子，亦出有呼图克图之呼毕勒罕者。”乾隆还说：“此等拉穆吹忠，即系内地巫师，多以邪术惑人耳目”。

西藏上层贵族控制达赖、班禅的灵童转世的目的，是要控制西藏的政教大权，并进而摆脱清廷对西藏的统辖，同时上层贵族争相控制灵童转世，势必引发争权斗争，进而暴发藏内战争。金瓶掣签制度比起拉穆吹忠的巫术，要进步得多。它体现了对灵童选择的公开和公平，彻底铲除了藏族上层贵族控制灵童转世的弊病，所以很受藏族僧俗的欢迎。至今这一制度仍在延续着，可见它在藏族僧俗间的生命力。

（二）关于驻藏大臣的地位与职权

驻藏大臣是清廷驻西藏的代表。它设置于雍正三年，当时对驻藏大臣的地位与职权尚无明文规定。乾隆十六年（1751 年）制定的《酌定西藏善后章程》，对驻藏大臣的职权作了一些规定，但仍不明确。所以乾隆在对福康安的关于藏务的六条旨意中强调“嗣后藏中诸事，皆当隶驻藏大臣管束料理”。五十七年十一月乾隆更进一步谕示：“趁此将藏中积习剪除，一切事权，俱归驻藏大臣管理。”章程根据乾隆的指示，明确规定："驻藏大臣与达赖喇嘛、班禅额尔德尼等，共同协商处理政事，所有噶伦以下的首脑及办事人员以至活佛，皆是隶属关系，无论大小都得服从驻藏大臣。扎什伦布一切事务，在班禅额尔德尼年幼时，由索本堪布（寺院主持）负责处理，但为求得公平合理，应将一切特殊事务，事先呈报驻藏大臣，以便驻藏大臣出巡到该地时加以处理。"

这个规定，实际上把除达赖、班禅之外的（包括噶厦在内）所有西藏地方政府和僧俗都置于驻藏大臣的领导之下。而且达赖，班禅"系出世之人，不谙俗务，疏于查察"，他们主要活动偏重于宗教，只是精神领袖。西藏政权实际掌握在驻藏大臣手中。同时清廷对达赖喇嘛也很不放心。乾隆在给福康安的旨意中说："前此藏内两次滋事，皆由达赖喇嘛诸事惟听左右近侍亲族及噶布伦等专擅率意径行，以致屡生事端。"故乾隆帝又指示驻藏大臣"对于达赖喇嘛，不可过于崇奉，傅擅事权，亦不可稍露轻忽，致失众望，必须留心体察，处置得宜。"这些都是清政府提高驻藏大臣权威的意图所在。

除章程（第十条）专门对驻藏大臣的地位与职权作出规定外，章程对驻藏大臣职权的规定共达九项之多，如在对达赖、班禅和其他活佛的转世灵童进行金瓶掣签时，驻藏大臣必须在场监督等，涉及政治、军事、外交、财政、税收、货币、贸易、宗教、司法等方面。所以《钦定西藏章程》的是对驻藏大臣的地位与职权的规定。表明了清政府在西藏行使主权的坚定立场，但为了维护达赖宗教上的权威，在驻藏大臣与达赖相见的礼仪上，清廷让达赖稍显尊贵，如达赖位正坐，驻藏大臣位旁坐，达赖的坐褥层垫较厚，驻藏大臣的坐褥较薄，等等。

（三）关于西藏地方政府的官制、职官任免、升迁等的规定

章程在乾隆十六年的《酌定西藏善后章程》的基础上进一步确认了西藏地方官制。

西藏地方政府为噶厦，由四名噶伦组成，其中一名为僧官、三名为俗官。噶伦必须从代本、孜本、强佐中择优，由驻藏大臣和达赖共同举荐两份名单，报奏皇上选择任命。藏军中的最高军官为代本，共六名，各率五百人，由皇上任命。其他各级政府中的职官、军队中的军官、宗教中的僧官章程也都作了规定：(1) 所有大小官员，遇有缺任，必须逐级升迁，不得逾制。(2) 重要官员均须由驻藏大臣和达赖协商选任。(3) 各宗之僧官宗本，过去是由达赖的随从承当，而他们多不能亲自到宗任职，而是派人前往代职。这些代理人借机敲诈贪赃，故章程规定一律由驻藏大臣选派。

藏军原兵民不分，没有固定编制，平日组织涣散，没有战斗力。为此，章程规

定藏军固定编制三千名，其中前后藏各一千名，定日、江孜各驻五百名。章程还对军队的粮饷、装备、管理等作了规定。

（四）关于藏内地方财政、税收、货币、差徭等方面的规定

章程规定：（1）政府所有税收，有以银两折交物品者，即照所定折收章卡兑换之数，分别折收，不得稍有浮多。（2）藏内的税收、乌拉等差役，过去都转嫁贫苦藏民，各级官员、喇嘛和富有人家都享有免役执照。对此，章程规定："今后所有免役执照一律收回，使所有差役平均负担。"对各村落应交之赋税、地租及物品，过去僧俗官员将所收赋税、地税不交政府而入私囊、甚至在催收本年赋税时，预收明年的赋税，还将逃亡的赋税强加给住地户负担，以致苛捐繁重，民不聊生。章程规定"只准催清当年赋税，不得提前催收来年赋税"，"逃亡户的负担应予减免"。（3）对"济咙、聂拉本两地边境贸易抽收的大米、食盐及各种物品之进出口税、可依原例办理。""非经驻藏大臣同意，不得私自增加税额"。（4）对藏内货币章卡规定：每一章卡重一钱五分，正面铸"乾隆宝藏"，边缘铸年号，背面铸藏文。对旧章卡和尼泊尔流入的假章卡，一律以汉银一两换一百枚，以后不得流通和私自铸造。并设立了专门机构管理铸币。

章程对廓尔喀入侵所造成的"许多村落夷为废墟、人民饱尝痛苦"，深表同情，并决定："济咙、绒夏、聂拉本等三个地方免去两年的一切大小差徭。宗喀、定日、喀达、从堆等地方各免去一年的一切差徭。并免去前后藏所有人民铁猪年以前所欠的一切税收。政府僧俗官员、各宗（相当于县）、奚谷负责人等，所有欠交税收也都减免一半。"

（五）关于对外关系的规定

章程规定对外关系由驻藏大臣统一管辖。（1）有关"尼泊尔、不丹、锡金等的国事往来．以驻藏大臣为主，和达赖喇嘛协商处理"。"有关边界的重大事务更要根据驻藏大臣的指示处理"。（2）这些国家"派人来见达赖和驻藏大臣，其回文必须遵照驻藏大臣之指示缮写。"给达赖的来文，"须译呈驻藏大臣查看，并代为酌定回书"（3）所有噶伦都不得私自向外方藩属通信，即或由外方藩邦行文给噶伦时，须呈交驻藏大臣和达赖喇嘛审阅处理，不得由噶伦私自缮写回信。（4）外方人入藏，各边宗本须将人数登记，报告驻藏大臣，由江孜和定日的汉官检查后方可准其前往拉萨。这些规定体现了只有中央政府及其派出的代表才是国家主权的代表。

（六）对宗教的规定

这方面的规定有：（1）达赖、班禅的收支、由驻藏大臣审核，防止亲族和随员

从中舞弊中饱。(2) 达赖、班禅的亲族不准参与政事。在他们圆寂后，根据其亲族的技能给予适当的职务。(3) 各大寺院的大堪布（即主持）活佛。得由达赖喇嘛、驻藏大臣及济咙呼图克图等协商决定。这是针对专事经商谋利、贪财好货的大堪布的。(4) 各寺庙之活佛和喇嘛与全藏所有人户一样，详造名册，于驻藏大臣和达赖处各存一份。以便各对寺庙喇嘛的监管，防止他们不领护照私行外出。(5) 青海、蒙古的王公欲请喇嘛活佛到家念经祈祷须经驻藏大臣发给通行证，始得出行。(6) 达赖亲族和各活佛头目，一律不得派用乌拉（夫役）。因公须由驻藏大臣和达赖发给加盖印章之执票。(7) 活佛及喇嘛的俸银定时发放，绝不可提前支付。

这些规定，加强了驻藏大臣对宗教活动的监督控制，遏制了达赖亲族、活佛及喇嘛在选择大堪布、税收、差徭、俸银等政事方面的胡作非为。

（七）对刑事法律和司法制度的规定

章程在这方面的规定仅有一条（第 25 条），但意义重大。清廷对藏族发布了四个（到乾隆为止）法规，大多是行政法规，只是其中涉及一些刑事法律。藏族在刑事、民事、诉讼方面的法律，主要依习惯。这些习惯法有一部分为《理藩院则例》吸收，有的则为清廷所认可。章程规定“对于打架、命案及偷盗等案件之处理，可以缘依旧规，但须分清罪行大小轻重、秉公办理。”(1) 今后规定对犯人所罚款项，必须登记，呈交驻藏大臣衙门。(2) 对犯罪者的处罚都须经过驻藏大臣审批。(3) 没收财产者，亦应呈投驻藏大臣，经过批准始能处理。对于噶伦，“如有依仗权势，无端侵占人民财产者，一经查出，除将噶伦职务革除及没收财产外，并将所侵占财产，全部退还本人，以儆效尤。”

这些规定，使驻藏大臣成了西藏的最高司法裁判者。这对广大藏民是有利的。同时也说明，农奴制的司法制度比封建制的司法制度更加黑暗。

章程中七个方面的主要内容，全是针对西藏地方政府和社会宗教中的弊病而做出的规定，因此，可以说这个章程是对西藏政治制度和宗教制度的一次重大改革。它确立了驻藏大臣领导管理西藏政府的地位和职权。在宗教方面，确立了金瓶掣签制度，消除了上层贵族对达赖、班禅灵童转世的控制。同时对西藏社会的一些弊病的革除，也减轻了藏族人民的负担和痛苦，加强了西藏人民与中原人民的联系与往来。此外，清军击败廓尔喀的入侵后，划定了边界，加强了国防。这些对西藏社会的稳定与发展起到了积极作用。当然，清朝统治者这样做的根本目的，是联合藏族上层贵族实施对藏族人民的统治。

浅谈五世达赖喇嘛时期的《十三法典》

隆英强*

藏族的先民早在4000多年前就繁衍生息在青藏高原这块古老而神奇的土地上，到元朝时已逐渐形成为一个居住地域相对固定、语言大体统一、具有共同宗教信仰、共同生活方式、共同人文精神和共同心理素质的稳定共同体。藏族作为中华民族的一员，创造了独具特色，形式多样，内容繁杂的法律文化。尤其是《十三法典》的编纂和问世，不仅关系到清朝藏区的政治、经济、文化等各种体制的发展，而且成为后期整个藏区立法的典范。其严谨的结构、简明的文字、精确的注疏、完备的内容，为广大藏区民众所信奉，沿用不废。认真解读这部古老的法律文献，我们可以发现它不仅是藏族法律文化的精髓，而且还有着巨大的法理学价值。它对未来西部藏族地区的立法和司法实践仍会产生较大的影响。《十三法典》是在五世达赖喇嘛罗桑嘉措时期制定的，“它始终贯穿于藏族习惯法和成文法中，并一直沿用到新中国成立后1959年西藏民主改革之前。”① 至今还影响着藏族社会的稳定与发展。

一、《十三法典》产生的历史背景

《十三法典》的全称是“五世达赖喇嘛时期的颂词十三法”②，制定于五世达赖喇嘛时期。五世达赖喇嘛罗桑嘉措命令第悉索南饶登借鉴吐蕃、元代及帕木竹巴时期制定的典章制度，并依其规定的法律总则，对第悉噶玛丹迥旺布时期制定的《十六法典》进行了综合调整，删去了十六法中的第一条：英雄猛虎律，第二条：懦夫狐狸律和第十六条：异族边区律。后又由第五任第悉桑杰嘉措对前言和个别条目以及一些名词做了修订、补充和重新解释厘定，最后编纂成《十三法典》。该法典的形成和发展过程，是与藏族地区的社会形势及清朝政府的治藏方略紧密相连的，也

* ［作者简介］隆英强，助教，研究方向：藏族习惯法及现代法学。

① 国务院公报，西藏自治区人权事业的新发展［Z］，1998年，(6)：第28页。

② 恰贝次旦平措：西藏历代法规选编［M］，拉萨：西藏人民出版社，1989年。

是与清朝统治者民族立法经验的积累程度相适应的。因为我们打开中国历史和中国法制史就可清晰地看到一个不争的事实，在当时的中央政府管辖下，不管是藏区地方政权制定的各种法规，还是藏族社会根深蒂固的习惯法，都需要经过中央政府的认可，“特别是清朝前期和中期，对藏区进行‘因俗制宜’的同时，加强了行政管辖与司法管辖，保证国家法制的统一，在西藏是中国领土的一部分，维护祖国统一方面取得很好的成效”。① 清朝前期以五世达赖为首的西藏地方政府制定的《十三法典》删除了《十六法典》中的第一条、第二条和第十六条，完全是为了当时执政的需要。噶玛丹迥旺布时期制定的《十六法典》包括英雄猛虎律、懦夫狐狸律、官吏执事律、诉讼是非律、逮解法庭律、重罪肉刑律、警告罚锾律、使者薪给律、杀人命价律、伤人处刑律、狡诳洗心律、盗窃追赔律、亲属离异律、奸污罚锾律、半夜前后律、异族边区律。因为噶玛丹迥旺布时期西藏一直处于武力兼并的动荡年代，军事管理成为当时政权最为主要的政治需求。因此，《十六法典》把军事管理的法律：“英雄猛虎律”、“懦夫狐狸律”和“异族边区律”置于法典之首尾。英雄猛虎律，是关于在政权遭受外敌进攻时，用和平或武力手段制伏敌人的一些措施。律令要求战时三军将士要服从命令，听从指挥。如果战争取得最后的胜利，所有参战人员就可获得“英雄猛虎律”的褒奖。懦夫狐狸律，是关于军队在遭受强敌进攻而无法克敌制胜时，用以避免失败的一些措施。异族边区律，是关于调整和解决西藏周边少数民族矛盾的法律，专用于西藏周边的门巴族、珞巴族和蒙古族等聚居地方的法律。

到了清初，五世达赖时期的西藏地方政权要比明末噶玛丹迥旺布时期明智得多，政局也较稳定，其政治制度、经济结构也有了进一步的发展和完善。因此，主张用“武力压服”的政策需求不太强烈，为了巩固相对稳定的社会秩序，则将立法的重点放在了其余十三种法律的进一步修订和实施上。从此，中国藏族法制史上被称为西藏地方政府的经典成文法—《十三法典》伴随着藏族法制历史的变革而诞生了。

清朝初期，西藏地方习惯法的订立和《十三法典》的诞生与蒙古和硕特部进入藏区有着重大关系。公元 1637 年（明崇祯十年），蒙古和硕特部固始汗进入青海。在固始汗进入青海之前，西藏教派矛盾异常激烈，第巴索南饶丹和四世班禅急召固始汗入藏协助，平息了教派矛盾。在当时特定的历史条件下，五世达赖喇嘛亲自委任第巴总理政务，限制了蒙古和硕特汗在西藏的权力，蒙藏封建农奴主阶级在西藏建立了联合政权。这一时期，西藏的政治、宗教中心逐渐集中于拉萨，集中于五世达赖喇嘛一身。为了调整藏族和蒙古族的关系，巩固、加强西藏地方政权，五世达

① 徐晓光：藏族法制史研究［M］，北京：法律出版社，2002 年。

赖令第巴索南饶登制定法律，委任桑杰嘉措为第五任第巴，督促他进一步扩大第巴的权势；委任卫、藏封建领主为地方政府官员，领主管辖下的庄园，亦由第巴政权赐封。同时，要求加强并建立各种规章制度，修订法律，用法律调整寺院和地方政府的关系。为进一步确立格鲁派寺院领主在西藏的统治地位，促进政教合一制度的巩固与发展，决定吸收前人立法的经验，修订《十三法典》。由此，我们从利益冲突的制度分析及其现实意义的角度看，《十三法典》的制定确立了五世达赖在西藏政教舞台上的统治地位，也为清朝政府进一步统治西藏提供了良好的法制环境。所以，在当时的历史条件下制定《十三法典》也是西藏社会发展的必然。

二、《十三法典》的内容及其顺序

"《十三法典》与《十六法典》比较，尽管在内容上大同小异，但在条目的筛选、排列和实际运用等方面却有所不同。这反映了清代藏区统治者对法律条目的具体认识和理解。《十三法典》对每个法律条目的解释更加翔实、完整，所依据的资料丰富、可靠。不仅体现了统治阶级法律的观点，而且也反映了当时藏族社会的状况、价值观念、人伦关系、生产关系等。"①

《十三法典》是十三种法律、条例诠释的总称，其内容有：

（1）镜面国王律。是有关地方官吏在执行政务时应遵循的行为标准。本律条系统规范了官吏及其他公职人员（包括僧，俗）的行政准则。规定：凡任公职者，均须舍弃自私的恶习，以公务为主，尽力效忠于历代第悉。《十三法典》的制定者对《十六法》中的第三条"地方官吏律"作了详细的解释后放在了《十三法典》的首位。从法律排列的顺序和编纂的意图看有两点：第一，甘丹颇章政权建立之后，为了逐步完善西藏地方政府的机构设置及其管理职能，强化对各级官员职守的监督。第二，为了完善当时的政体改革，更加强调了行政法律的作用，并提出了防止官吏腐败的措施。

（2）听讼是非律。是两造对质，辨别是非曲直的法律。将此作为第二条的原因也有两种：第一，制定者，提出了在稳固的政治体制中立法要严明，执法要公正的思想，从而使藏区社会保持稳定发展的势头。第二，从《十六法典》中吸收了"执法者审理案件要认真、谨慎，不要过早下结论。诬告者各以所告之罪反坐，如果两造都有一定理由则各自承担一半责任"的内容。处理诉讼的关键是辨别是非。所以把诉讼是非律从《十六法典》的第四位排到了《十三法典》的第二位。由此，可以

① 柳新元：利益冲突与制度变迁武汉，武汉大学出版社。2002 年。

看出五世达赖时期比较重视诉讼制度，为藏族社会的和谐与稳定营造了公平、正义之法律氛围。

（3）拘捕法庭律。是有关逮捕人犯、依法治罪的法律。规定：对违反法律者，首先要捆绑押解至执法机关。特别是在王宫前持刀打架、因饥饿行窃、不按领主旨意办事、向别人讨教坏主意者、顶撞上级等行为不轨者，均逃避不了本法的制裁。情节严重者要从重处罚，罪大恶极者要处以肉刑，或根据具体情况赔偿命价等。

（4）重罪肉刑律。是对犯人施以挖眼、砍足等摧残人身肢体的法律。规定：有危害社会和人身安全的犯罪都要施以肉刑，即挖眼、抽筋、割舌、投崖、溺死、屠杀等。制定这种法律的原因是，当时的统治者为了捍卫法律的尊严和社会的安定。

（5）警告罚锾律。是为了警戒犯人不再犯罪过，责罚缴纳财物赎罪的法律。规定：犯法而不及施肉刑者，为杜绝再犯罪而警告。结伙杀人、报复抢劫、蓄意干坏事等严重触犯法律者，依其罪行轻重，罚 15 到 80 两碎银。制定这种法律的原因，是根据当时藏族社会的实际而制定的一种经济制裁法。

（6）使者薪给律。是藏族百姓对官府来人供应食宿等费用（脚力钱）的法律。规定：属民等应差使是对官吏的尊敬，但官吏、使者要注意自己的行为，不要扰民。制定这种法律的目的是为了更好地监督官吏廉洁自律。

（7）杀人命价律。是责令蓄谋杀人已遂者赔偿命价的法律。规定：凡蓄意杀人者，必须向死者家属赔偿命价，命价数额依被害人的社会地位和不同等级而定。各等级命价虽有具体规定，但实赔数额的多少可由有关人员协商决定。其原则是双方都能接受，做到既要被害人家属满意，又要加害人赔偿得起，目的是为了避免出现新的纠纷。

（8）伤人赔偿律。是责令斗殴伤人者根据被伤者伤势轻重而赔偿损失的法律（也叫赔偿血价）。规定：按照等级划分，首先查明哪一方先动手，分清责任，无理一方要赔偿；其次是鉴定伤情，查清是内伤还是外伤，是否流血，是否裂唇露骨，再依据伤势决定血价金额。血价因人的身份不同，赔偿金额也有所不同。本条是对第七条伤人赔偿律的补充。

（9）狡诳洗心律。是责令狡辩的诉讼双方接受神判，辨别是非的法律。诉讼双方以“山盟神证”，发誓赌咒、捞油锅、烧泥汤等神判的方式来明辨是非。制定本条的目的是对前八条的完善和补充，同时为后四条的制定起到一定的铺垫作用。

（10）盗窃追偿律。是对盗窃他人财物者依情节轻重，视受害人等级责令偿还赃物并加倍赔偿的法律。规定：同等级平民间盗窃，罚赔 7 倍到 8 倍或 9 倍不等的罚金，盗窃赞普财物罚赔原物之百倍的罚金，偷“三宝”（佛法僧）之财物罚赔 80 倍的罚金。对诬告他人盗窃者，同盗窃者一样对待。对捡到财物不归还失主者，将财物隐藏他处狡诈欺骗者，以退赃和赔新等法论处。因盗窃而被打死、打伤，一般不付命价、血价。此条法律是在前九种律条的基础上制定的，丰富了法律内容，补充了当时司法实践中的缺憾。

（11）亲属离异律。是在调解亲属间的利益纠纷和离异时，责令理屈一方赔偿理直一方以及有关财产分割的法律。本条沿袭传统律文，夫妻离异如理在男方，女方则赔偿18钱黄金等物。此条是为了创建藏区社会民事调解制度的需求而制定的。

（12）奸淫罚锾律。是对与他人妻女或丈夫通奸者，科以罚金的法律。规定：与喇嘛、官人之妻通奸者处以重刑。如果女人勾引男人，只取一两罚金和以碗为主的三件或五件实物，不取未遂命价。如果有妇之夫被邻里有夫之妇玷污，对该女人处以茶等七件或碗等五件财物。对在客途发生的奸情及情节较轻的初犯者，一般不作处理。此条法律是根据当时藏族社会家庭婚姻状况的实际，而制定的具有时代意义的婚姻家庭法。

（13）半夜前后律。是关于农牧业生产方面的法律。农牧民在生产活动中相互借用马匹、牦牛等驮畜或耕畜，如果死于借用者手中，要照价赔偿。如完好交还，过夜死亡，借用者无罪。若前半夜死亡，则由借用者赔偿。若死于鞍疮等因，则依具体情况作适当的赔偿。另外，还对商业活动、田间管理等方面也作了比较具体的规定。此条列在最后是对前十二条法律的补充。说明在当时藏区社会的各种经济活动中，契约或借贷方面纠纷频仍，法律需求迫在眉睫。

三、《十三法典》的特点

从人类学和民族文化学的角度对我国西部边疆少数民族传统习惯法的系统进行考察，我们不难看出，法的形成与发展经历了由图腾崇拜、各类禁忌、习惯规范，再由习惯上升到习惯法，最后为成文法的发展过程。《十三法典》是最好的证明。《十三法典》具有鲜明的习惯法特征，它虽然不具备纯粹的国家法律的性质，但具有法的一般特征和功能，是对国家法律的有效补充。它具有权威性、规范性和强制性；对人们的行为起着指引、评价、教育、预测和强制的作用；具有规范、协调、整合、保护和扼制人们行为的功能，有时还弥补国家法的不足。藏区成文法的成型，是基于习惯法的发展，除此之外，在其发展历程中，有中央政府对藏区制定的法律、有地方政权制定的法规、有区域性的部落习惯法和寺院寺规，这种国家法和地方法并存、世俗法和宗教法兼容的特征，是藏族法文化的最大特征。《十三法典》更是如此。中央政府和地方政权订立的《十三法典》具有条理清楚，适用范围广泛，法律效力强的特点。而并存于藏区的部落习惯法则属于浅层和现象性的规范体系。在

《十三法典》的控制系统中，隔离规范要求的界限并不是泾渭分明、各自独立地发挥作用，而常常是互相交叉渗透，协同发挥法律效力。各类规范都有自己的功能和控制特点，分别从不同角度表明藏区社会向人们提出的警示要求。

四、《十三法典》的社会影响及其意义

清初藏区的《十三法典》，经过几代第巴的修改、补充，使条文不断增多、内容不断丰富，从而形成了具有一定规模的藏区地方性法规，对藏区社会的发展和西藏地方政权的巩固曾产生过积极的影响。这些法律的运用，加强了对政治与宗教、地方与政府之间的法律调控力度，确立了格鲁派寺院领主在西藏的领导地位，稳定了社会秩序。在调整蒙藏关系，巩固和加强西藏地方政权的同时，也对中央统一边疆的大业做出了划时代的历史贡献。

《十三法典》的制定和实施，标志着藏区法律走向成熟。《十三法典》的制定，以承袭往日立法的成果为内涵，以中央各封建王朝和周边蒙古族为主的其他少数民族法律为外延，构建了区域性法律体系。在中国法制史上，藏族法律是中华法系不可分割的一部分，并占有一定的历史地位和发展空间。无论是立法思想、原则、篇章体例，还是法律内容（主要是指十三种法律），都是前人立法之集大成者，同时又有所发展和创新，使《十三法典》熔中国封建法典之共性与自身的特点于一体，以“因时因地，因俗制宜”著称于世，它不仅对清政府治藏方略的施行起到了积极的促进作用，而且直接影响了后期藏区封建法制的发展，成为后期藏区立法的典范。它以其严谨的结构、简明的文字、精确的注疏、完备的内容，在21世纪今天的广大藏区仍产生着影响。这种法文化的长时期积淀和发展，是与藏族人全民信仰藏传佛教文化密不可分的。

藏族《十三法典》的存续与发展有它自身的特点。西藏地处祖国西部的青藏高原，由于历史原因和地理条件的限制，在政治、经济、文化、信息等方面的发展相对滞后，宗教信仰、风俗习惯，以及长期形成的民族心理等因素至今仍影响着藏族群众的价值趋向和区分善恶的标准，从而为传统法律文化的存续提供了生存的土壤和空间。由此，今天我们才能有机会解读和研究、探索和发现《十三法典》及藏族社会部落习惯法的来龙去脉。我们也不妨从现在推想遥远的既往，这些法律在当时的藏族社会里一定发挥过重要的作用。其遗存至今也就说明了《十三法典》当时在藏族社会的重大影响。

从20世纪的80年代到今天，在藏区的社会主义法治实践中，影响最突出的是《十三法典》之第七条“赔偿命价律”和第八条“赔偿血价律”。就青海、四川、

甘肃等省的部分藏区来说，在司法机关处理伤害类案件时，往往遇到赔偿命价的问题。

案例一：青海贵德县森多乡1994年发生一起杀人案，被告将自家的牛羊折合人民币10多万元，赔偿了被害家属。而被害家属将10多万元的财物，用以念经外，将剩余的全部奉献给了二十多家寺院，自己却未留分文①。

案例二：更藏多杰故意伤害（致人死亡）案。

被告人更藏多杰，男，藏族，23岁，文盲，青海省黄南藏族自治州泽库县多福顿乡顿日村牧民。1986年11月1日晚，被告人更藏多杰与本村的南太加去嫖风，行至索乃帐房附近，南太加在风墙处等候，更藏多杰进帐房缥专太日（索乃的女儿），由于专太日拒绝和索乃的阻止，引起更藏多杰的不满。出帐房后随手摸起一土块扔过去，打在帐房上。索乃气愤，边骂边追，这时更藏多杰照着手电从地上拾起一块石头（重2.25千克）朝索乃打去，结果石头打在索乃头部（左眉弓中上7厘米处），引起其颅内溢血死亡。

本案经泽库县公安局侦查终结，泽库县人民检察院审查起诉，泽库县人民法院公开审理，认为被告人更藏多杰无视法律，公然侵犯人民的人身权利，故意伤害他人致死。案发后又去搞攻守同盟，情节恶劣，后果严重。决定判处被告人更藏多杰有期徒刑12年。

赔偿命价情况：案发后，被害人家要求被告人家赔偿命价，后经多方调解，被告人家给被害人赔偿命价：羊115只、马2匹、牛2头，并向寺院购买了经卷等，总计逾万元。赔偿命价后，被害人家属联名投书司法部门，要求对被告人从轻处理。②

今天的藏区社会，已经发生或正在发生的不管是草山纠纷、还是其他纠纷引起的杀人案件和伤人案件，仍然存在着司法机关和民间双重处理的现象。这种社会现象和法制观念给中国的司法机关和法学界、宗教界以及党政决策部门提出了很多值得思考的问题。其中，影响最大的是地方司法机构，在执行国家的某些法律、法规时，常常遇到一些干扰和困难。尤其在杀人、伤人案件中，“赔命价”、“赔血价”的传统死灰复燃，阻碍着国家法律、法规的贯彻实施，严重地影响着国家法律的严肃性和应有的尊严。这种社会现象，是在社会转型期出现的历史重复，不足为怪。是传统习惯法根深蒂固的民族性、稳定性、群众性在起着作用。由此，希望并呼吁有关部门的重视和正在蓬勃发展的共和国法学界的关注。

---

① 张济民：渊源流近：藏族部落习惯法法规及案例辑录［M］，西宁：青海人民出版社，2002年，第3期。

② 张济民：诸说求证：藏族部落习惯法专论［M］，西宁：青海人民出版社，2002年。

五、结束语

总之，《十三法典》所折射出的诸多法律思想，对藏族人民的日常生活及生产活动带来了很大的影响，并受到藏族社会的广泛接纳和社会成员的普遍遵守，在对地处偏远、交通不便、经济落后、信息闭塞和自然条件极其恶劣的藏区社会的发展起到一定作用的同时，也对我国的司法体制改革带来了极大的挑战。社会主义法制建设和进一步贯彻落实民族区域自治制度，是实现包括藏区社会在内的西部大开发战略目标的两个重要保证。笔者认为，因西部大开发战略目标中制度文明和法治建设的需求，积极汲取传统法律文化之精华，不仅对21世纪我国民族地区的社会稳定与发展具有重大的现实意义，也利于西部大开发战略在广大藏区的顺利推进与发展。

清代民族立法略论

——《清代民族立法文献编·总叙》

张双志　张羽新*

清朝在统一全国的历史进程中，以巨大的政治勇气和智慧，比较稳妥地解决了民族问题。同时，因时因地制宜地抓紧民族立法，颁行了一系列颇有成效的法律、法规。这对于边疆民族地区向心力的加强和社会稳定、抵御外来侵略以及巩固和发展多民族国家统一、奠定近代中国版图等，都是巨大的历史推进力。对后来（乃至现代）中华民族的发展，也产生了重大影响。这是一份珍贵的历史文化遗产，我们应该继承，并作为新时期研究、解决民族问题的借鉴。

我国自古就是统一的多民族国家，各族人民共同创造了辉煌灿烂的中华古老文明。各族人民政治、经济、文化的交流与融合是推动中华民族历史发展的永恒动力。当然，由于生活环境、文化传统、社会发展的不平衡等原因，在历史上，各民族之间也曾发生过碰撞，甚至兵戎相见，从而造成一定时期内的社会动荡与国家的暂时分裂。但是，多民族统一的历史主流，总会以不同的方式为中华文明的进步开辟道路，从而在新的历史条件下，重新实现国家的统一。纵观中国历史，社会安定与动荡、国家的统一与分裂，几乎都与民族问题密切相关。历代王朝为了维护政权稳定，无一例外地十分重视民族问题，其经验与教训都为清代处理民族问题提供了历史借鉴。

清朝从 1644 年入主中原到 1911 年灭亡，统治全国二百六十余年。清朝作为一个少数民族政权，在入主中原、进而统一全国的历史进程中，曾遭到作为国家主体民族——汉族以及边疆各少数民族顽强地、长期的抵抗。如何稳妥地解决这个问题，是其夺取和巩固全国政权的关键。所以清朝比历代王朝都更加重视民族问题。另外，作为末代王朝，和其他王朝相比较，清代历史有一个最显著的特点，就是边疆民族问题和反对西方殖民者的侵略紧密联系在一起。几乎在清朝入关的同时，1640 年的

* ［作者简介］张双志，博士，主要从事中国近现代西藏历史研究；张羽新，研究员，主要从事西藏历史及文献整理研究。

英国工业革命，标志着世界开始进入资本主义时代，各国的事情开始连在一起了。中国成了西方殖民者侵略的大目标。边疆民族地区成为反对外来侵略的前沿，其在国家政治生活中的地位空前提高，它不仅关系着一代王朝的兴亡隆替和各族人民的苦乐盛衰，而且直接关系到国家的安危和民族的存亡。用清朝统治者的话来说，边疆地区是“国门锁钥”，边疆民族为国家“屏藩”。因此，清朝对于民族问题给予了特别关注，在借鉴历代王朝经验教训的基础上，采取了一系列重大政策措施，并使之法制化，制订了一套比较系统、完备的民族法，主要有：

设置理藩院作为管理蒙藏等边疆民族事务的中央机构。其地位与吏、户、礼、兵、刑、工六部平等，直接听命于皇帝。作为主官的尚书，均由皇帝亲信的满蒙大臣充任。以行政法形式颁行的清朝典章制度汇编——《大清会典》和《大清会典事例》，对于理藩院的职官设置与执掌，以及其处理边疆民族问题的责权和基本方针、原则等都做了详细、具体的规定。同时，将有关边疆民族问题的政策法规汇编成《理藩院（部）则例》，作为处理有关问题的法律根据。其实质是一部清代民族法，也是历史上首部由中央政府正式颁行的国家民族法。

不过，理藩院管理的主要是蒙藏事务，其“则例”的主要法律条款，多是关于蒙古族和藏族的。所以，就全国而言，它还是很不完备的民族法。因此，清朝又陆续制订了一些与之衔接并加以补充的有关民族问题的法律、法规。

首先，应该说明的是《钦定八旗则例》。八旗是清朝政权的根基，直接关系着清王朝的兴衰存亡。所以清朝特别重视，用行政法规定了八旗内部满族、蒙古族、汉族（八旗分为满洲八旗、蒙古八旗、汉军八旗）之间权益分配、关系协调，以及八旗与民人（府县所管辖汉族人民）之间关系的处理原则，从而形成了这部独具特色、兼具行政法和民族法性质的法规—《钦定八旗则例》。它是一部八旗内部的民族法。由于八旗制度随着清王朝灭亡而消亡，这部奇特的民族法，也就成了千古绝唱。

清代还根据不同地区、不同民族的特殊性，颁布了一批地区性的民族法。

最早的是《蒙古律例》。始颁于清朝入关后第二代皇帝康熙统治时期，后来又多次加以修订。对于清朝来说，蒙古有着特殊的重要性。早在入关之前，占据东北广大地区的满洲贵族就与蒙古土公结成了政治联盟，并借助蒙古铁骑夺取了中原，蒙古王公成为清朝政权的重要支柱。清朝前期，来自北方沙俄的侵略成为威胁国家主权和领土完整的主要危险。为此，清朝多次武装反击沙俄的入侵。在这场关系国家和民族命运的大搏斗中，蒙古始终处于反击外来入侵的最前线。所以，康熙说蒙古各部为国家“屏藩”。正是在这种历史背景下，清朝颁布了《蒙古律例》，力图运用法律手段稳定蒙古地区社会秩序，加强蒙古各部的向心力，构筑抵御外敌侵略北部边疆的“政治长城”。

清朝颁布的另一部地方性民族法是《回疆则例》。清朝夺取全国政权后，经过百年左右，到乾隆统治时期，才彻底统一了割据天山南北的厄鲁特蒙古准噶尔部，设官治理。随着沙俄、英国对我国西北边疆侵略的加剧，新疆对国家安危的重要性空前提高，被视为“北门锁钥”、“西北屏藩”，“乃国家根本”重地[①]，它“东捍长城，北蔽蒙古，南联卫藏，西依葱岭，以为固居神州大陆之背，势若高屋之建瓴。得之，则足以屏卫中国，巩我藩篱；不得，则关陇隘其封，河湟失其险，一举足而中原为之动摇。[②]”正是在这种大的历史背景下，基于上述认识，清朝把安定新疆，作为维护国家安全的首要问题。当割据北疆的准噶尔部被平定以后，天山南麓的维吾尔族地区（清代称为“回疆”）就成为新疆稳定的关键。因此，乾隆二十四年（1759 年）彻底统一天山南北之后，陆续颁布了一系列有关维护维吾尔族地区社会秩序稳定的政策措施。在此基础上，嘉庆和道光时期根据变化了的社会情况又加以修订、补充，正式形成法律条文，于道光二十三年（1843 年）刊刻颁行，名为《回疆则例》。这部法规，本着强化国家统一和因俗为治、因地制宜的原则，对于维吾尔族地区的伯克（职官）制度，以及年班和赏赉、度量衡和货币、赋税和贸易、军事、卡伦设置及巡察、集市和农田水利、宗教管理、司法制度等，都用法律条文进行了规范。这是我国历史上第一部由中央政权颁行的维吾尔族地区民族法，对于维吾尔族历史的发展和新疆地区的稳定，都产生过重大影响。

清朝颁行的以“藏内善后章程”二十九条（简称“二十九条章程”）为代表的关于西藏地区和藏族的一系列法规，是清代著名的民族法，在历史上产生过重大影响。清代的西藏，不仅是西南国门，而且作为藏传佛教的发源地和中心，通过宗教，对于甘、青、川、滇以及蒙古和新疆北部厄鲁特蒙古等地区的许多少数民族，在政治、经济、文化、宗教，乃至社会生活的方方面面都产生了重大影响。有鉴于此，清朝十分注重对西藏的治理和法规建设。雍正五年（1727 年），设驻藏大臣，由钦差大臣直接管理西藏重大军政事务，并开始逐步进行行政立法。乾隆十六年（1751 年），平定珠尔墨特那木扎勒之乱、废除郡王制之后，由清军统帅班第疏奏、乾隆皇帝批准，正式颁行《西藏善后章程》十三条，对西藏的职官制度、差徭制度等重大问题作了法律规定。这是清代由中央政权正式颁发的第一部西藏地方行政法和民族法。乾隆五十四年（1789 年），鄂辉再奏定“藏中各事宜”十条，对有关藏事章程条文做了补充，使之更加系统化、法制化。乾隆五十六年（1791 年）、五十七年（1792 年），在第二次反击廓尔喀（今尼泊尔）侵藏的过程中和胜利之后，统军入藏的大将军福康安、驻藏大臣和琳等，根据西藏的具体情况，就社会稳定、藏政改

① 何秋涛：《朔方备乘》卷一［M］。
② 钟广生：《新疆志稿》卷一［M］。

革，提出了一系列政策措施，经乾隆皇帝分别批准施行。福康安等将上述各项政策措施，汇编成“藏内善后章程”二十九条，经清政府批准后正式颁行。这个章程，对西藏的行政管理、地方官制、财政金融、活佛转世、宗教管理、军事与边防、涉外事宜等，都做了明确、具体的法律规定，特别是法定了驻藏大臣“总揽藏政”的行政管理体制，成为有清一代治藏纲领，也有人称之为清代西藏“基本法”。道光二十四年（1844 年），驻藏大臣琦善等奏定“酌拟裁禁商上积弊章程”二十八条，根据当时西藏的具体情况，对二十九条章程做了一些具体补充、修订，但基本原则未做丝毫改动。清朝末年，曾掀起一股“新政”之风，欲图挽救即将倾覆的危局。在这种情势下，查办藏事大臣张荫棠和驻藏大臣联豫先后提出了改革、整顿藏政的主张，并疏奏清中央政府批准，成为清朝末年整顿藏政的政策性文件，同时据此采取了一些具体措施，学术界将其称之为“筹藏新政”。但仅过了几年，清朝就进了历史的坟墓，筹藏新政的许多政策并没有形成正式的法律条款，只是保留在张荫棠、联豫的奏稿中，因此，我们将这些奏稿作为附录，供研究参考。

青海及甘肃、四川北部藏族地区，清代也称之为“安多”。清朝对于安多地区颁行了三部民族法规。青海联结着西藏和汉族地区，明代以前，在这一带生产、生活的主要是藏族。明朝末年，厄鲁特蒙古和硕特部从天山北麓移牧青海，其首领顾实汗应四世班禅、五世达赖之邀，率兵入藏，掌握了西藏政教大权，死后由子孙继承汗位。他的另一支子孙则留居青海，成为青海的统治者。康熙末年，清朝派军队入藏清除扰藏的准噶尔势力，清中央政府开始直接任命官员管理西藏地方事务，顾实汗家族在西藏的统治宣告结束，因而心怀不满。雍正元年（1723 年），留居青海的顾实汗之孙罗卜藏丹津以“复先人霸业，总长诸部”为号召举兵反清，清朝任命年羹尧为大将军率兵平乱。第二年，青海平定，年羹尧疏奏《青海善后事宜十三条》，经雍正皇帝批准实施。其主要内容是关于青海蒙古和藏族的行政管理制度、藏传佛教的管理以及驻防、屯垦制度等，是历史上第一部关于青海地方的民族法。（由于这部法规的许多内容是关于藏族和藏传佛教的，所以有的学者认为它同时也是清朝颁行的第一部西藏民族法。）年羹尧同时还奏定了《禁约青海十二事》，对善后事宜十三条的一些内容加以补充和具体化，又增加了关于刑法和民事法的部分内容。雍正三年（1725 年），设置“总理青海蒙古番子事务大臣”（简称“西宁办事大臣”），这两部法规就成为其执政青海的法律依据。之后，雍正十一年（1733 年），西宁办事大臣达鼐等奉命据《蒙古律例》和上述两部法规以及青海蒙藏民族的习惯法，编纂《西宁青海番夷成例》，这是一部地方性的以刑事法为主要内容（只有少量的民事法和军事法内容）的地区性民族法，其适用范围也扩展至甘肃、川北藏区。有清一代就是靠这三部法规治理安多地区。

由于历史的原因，清代众多的少数民族聚居于西南地区。清代官方文献中通常将云、贵、川、两广、两湖少数民族地区通称为“苗疆”，将这些地区的少数民族（川滇藏族、回族除外）统称为“苗民”①，为研究、利用清代文献方便，本文沿用其说。

由于苗疆地域广阔、民族众多，其社会情况、文化传统、风俗习惯、宗教信仰等各不相同，清朝难以颁行一部适用于苗疆各民族的系统、完备的成文法，而是以“苗律”、“苗例”、“苗疆章程”、“苗疆条款”、“戒苗条约”（或称“禁约”、“禁令”等）等不同名目，作为法律约束。出现在官方文献中的这些名目，都是苗疆民族法的各种不同初级形式。本书选辑的有关文献，大体分三类：一是皇帝圣旨、上谕和大臣奏议，以及《皇（清）朝经世文编》中的“蛮防”、“苗防”等，这些是制订苗疆民族法规的指导思想和基本原则；二是正式颁行的《大清律例》、《吏部则例》等法规中有关苗疆各民族的条款；三是有关的官书和私人著述，例如，《钦定平苗纪略》、《苗防备览》、《抚苗录》、《鄂尔泰奏疏》、《湖南苗防屯政考》、《平黔纪略》等。这些典籍保存有大量苗疆局部地区民族法规文献及相关背景史料，是研究清代苗疆民族法规的必备文献。由于这些官私著述历来刻本极少，搜求不易，故一并影印供学术界亟须。清代官方文献除特指情况外，通常是从“苗民”、“苗疆”的广义而言。例如，乾隆皇帝就说：“云贵省份，向有僮、瑶、倮等，均系苗民”（《清高宗实录》卷1416）；《清史稿》也说：此外，还有许多地方是用官府告示、乡规民约（很多都刻石立碑，垂之永久）规范人们行为，久而久之，有的已经成为地区性民族习惯法，因此，辑录了一些有关碑刻资料，供研究参考。（清代文献有时也将海南、闽台等东南沿海地区少数民族附于苗疆，故有关这些地区的乡规民约等习惯法史料，也附于此。）

另外，为便于读者了解清代边疆民族概况，将《皇清职贡图》（其内容为清代边疆少数民族图说）附后，作为研究清代民族法的参考。

从学术研究的角度来说，清朝颁行的这些民族法，有以下几个突出特点：1. 强调地方服从中央、满洲皇帝为全国各民族共主的政治原则，客观上来说，就是维护

① 清代的“苗民”和“苗疆”有狭义、广义之分。狭义的“苗民”指苗族，“苗疆”即苗族地区，如《清史稿·鄂尔泰传》所说：“苗疆四围仅三千余里，千三百余寨，古州据其中，群寨环其外”；广义的“苗民”是指包括苗族在内的西南众多少数民族（藏族、回族除外），大体相当于清以前典籍中的“西南蛮”或“西南夷”。广义的“苗疆”则是泛指云、贵、川、两湖、两广少数民族地区。清代官方文献除特指情况外，通常是从“苗民”、“苗疆”的广义而言。例如，乾隆皇帝就说：“云贵省份，向有僮、瑶、倮等，均系苗民”（《清高宗实录》卷1416）；《清史稿》也说：“若粤之僮、之黎，黔楚之瑶、四川之倮、之生番，云南之野人，皆苗之类。”（《清史稿》卷512）这些，都说得很明确：“苗民”就是泛指西南地区各少数民族。关于“苗疆”也有明确所指，如雍正皇帝所说：“云、贵、川、广、湖南等省苗疆地方，请照台湾例，令文武官介一互相稽查。”《佰青世宗实录》卷147）另外，也多次称云、贵、川、两广、两湖为“边省苗疆”。（参见《清世宗实录》卷49）其含义非常明确。

多民族国家的统一；2. 借鉴历代王朝治理各民族的基本经验——“修其教不易其俗，齐其政不易其宜”，在制定不同民族地区的法规时，充分照顾到各民族的生活环境、历史传统、风俗习惯等的不同，在有利于加强国家统一的前提下，具体的法律措施、条款灵活变通，不强求一律，用乾隆皇帝的话来说，就是“从俗从宜”、“因俗习为治”；3. 针对不同民族而制定的民族法，都带有鲜明的地域特征，因而也是地方性法规；4. 将不同民族地区的民法、刑法、行政法、军事法等合而为一，是一种“混合法”（也可以称为“综合法”），这是早期民族法的重要特点；5. 清朝实行的是封建专制的民族统治，各民族之间存在着事实上的不平等，它必然反映在民族法中，这是其不可避免的历史局限性；6. 清朝是我国最后一个封建王朝，在面临西方殖民主义大规模入侵的特定历史条件下，颁行了系统、完备的民族法，集历代王朝处理民族问题经验教训的大成。它坚持多民族国家统一、地方服从中央的基本原则，为后世有关民族法规的制定，提供了成功的历史经验。在法制史上具有承先启后的作用。7. 清朝民族法中有不少关于防御外来侵略、巩固国防的内容（这在《蒙古律例》、《回疆则例》以及治藏法规中，表现得最为突出），这是清代民族法最鲜明的时代特征；8. 立法、执法、监督三权归于同一机构——理藩院，这是封建专制制度的体现。清朝民族法在贯彻执行中存在许多不利于民族地区社会发展的问题，主要根源也在于此。

从历史发展的角度看问题，清代的民族法在当时特定历史条件下，对于维系多民族国家的统一，边疆巩固，抵御外来侵略等，都起到了一定积极作用。清朝以东北一隅之力，夺取了大江南北广大地区，统治全国二百六十余年，没有发生过大的民族分裂，处理民族问题比较稳妥，是其中一个重要原因。当然，由于其历史的局限性，政治上的民族不平等，也在一定程度上妨碍了民族地区经济、文化的交流与发展。其经验与教训都是宝贵的历史文化遗产，需要认真总结，以为镜鉴。这有待于历史学家、法制史专家、民族史学者的深入研究，这套文献汇编，将为之提供最主要、最基本的史料。

历史给人以启迪，又给人以智慧。回顾历史不是发思古之幽情，而是为了建设美好的今天，创造更加辉煌的明天。我们在为振兴中华伟大事业而奋斗的时候，应该继承这一份珍贵的历史遗产，借鉴历史的经验教训，从中获得启迪和智慧。例如，清代民族法中关于维护国家统一、“从俗从宜”、“因地制宜”等民族立法思想，至今不失现实意义。又如，其中的蒙古地区旗盟制、维吾尔地区政教分离、藏族地区的活佛转世和金瓶掣签，以及安多地区和“苗疆”（西南少数民族地区）的许多习惯法等，至今仍然有着广泛的社会影响。深入研究其渊源，以历史为借鉴，对于我们做好边疆民族工作，是有巨大帮助的。

清代涉藏民刑案件研究与展望

柏 桦* 冯志伟

清王朝是以满洲贵族为主体的专制主义中央集权制国家，其历史影响是巨大的。就其主要问题而言，政治、边疆与民族问题是不能忽略的，而对这些主要问题给予支持的法律问题，以及因此形成的多种途径的司法行政问题，更是研究清代法律应该关注的问题。笔者近年来一直关注清王朝涉及藏族的民事与刑事案件，对其处理的过程产生兴趣，并试图挖掘资料，以期对多民族国家法律及司法特点进行重点研究。

一

所谓的涉藏民刑案件，主要是指藏民与汉民、藏民与蒙民、藏民与满民、藏民与其他民族发生纠纷的民事案件，出现冲突的刑事案件。这里的关键是“涉藏”问题，如果不加以明确，则难以理解研究的问题。

一般来说，“涉藏”，肯定与藏区、藏族有关。从地理区域角度看，既包括西藏地区，也包括甘肃、四川、青海、云南等藏族聚居区。中国境内的藏族分布在广袤的青藏高原上，现今藏族居住区划分为西藏自治区和青海、四川、甘肃、云南四省的十个藏族自治州和两个藏族自治县（即青海省海北藏族自治州、海南藏族自治州、黄南藏族自治州，果洛藏族自治州、玉树藏族自治州、海西蒙古族藏族自治州；四川省甘孜藏族自治州、阿坝藏族羌族自治州、木里藏族自治县；甘肃省甘南藏族自治州、天祝藏族自治县；云南省迪庆藏族自治州）。这一行政区划是在长期历史发展中形成的，有其地理、经济、政治等多方面的原因，更主要的是因为元代以来历代王朝对藏族地区实施统一行政管理的结果。

从民族的角度看，藏族不仅仅居住在西藏自治区及藏族聚集区，在全国各地或

* ［作者简介］柏桦，博士，南开大学法学院及周恩来政府学院双聘教授，博士生导师。第二作者冯志伟信息不详。

多或少都有居住，而其他民族在西藏自治区及藏族聚集区也有居任。从清王朝涉及藏族的民刑案件来看，有的发生在京师，也有的发生在内地，还有的发生在民族杂处的交往贸易地区，而更多的是在各民族交界的地方。至于发生在西藏地区腹地的案件，一般的民事纠纷和刑事案件，清王朝原则上不予审理，只有事涉重大，理藩院和驻藏大臣才参与审理。基于此，涉藏案件从民族的角度，不牵扯藏族本民族内部的民事纠纷和刑事案件，只有涉及其他民族的民事纠纷和刑事案件，才能够称为涉藏案件。

既然涉藏案件是指涉及其他民族的民事纠纷和刑事案件，则涉藏民刑案件研究就应该审视发生在藏民与汉民、藏民与蒙民、藏民与满民、藏民与其他民族之间发生的民刑案件。可以说“清代涉藏民刑案件研究”是一个综合性的课题，既牵涉到藏区的习惯法、清代的藏区立法和司法审判制度，又包括清代对涉藏民事、刑事、反叛、宗教等案件的司法处理过程。

基于上述理由，本文将“涉藏民刑案件”定位为：以分析藏民与汉民、藏民与蒙民、藏民与满民、藏民与其他民族之间发生的民事纠纷和刑事案件为重点，关注藏族与汉、满、蒙、维等民族成员之间的纠纷解决，分析刑事案件审理过程，以清王朝官方处置的案件为主，从法律和政治层面解析案件处理背后的政治理念，以期对现代民族关系的和谐提供历史的启示。

二

藏区法制研究起步较晚，而民族史研究也不可能回避藏区的法制问题。从专著来看，如黎宗华、李延恺《安多藏族史略》（青海民族出版社，1992 年）编译很多与法律制度相关的藏文资料。陈庆英主编《藏族部落制度研究》（中国藏学出版社，1995 年）以两章的篇幅来论述藏族部落的法律制度，并且将藏族部落法律归纳为生产、民事、刑事和军事，然后分别对这些法律规范进行分析。星全成、马连龙《藏族社会制度研究》（青海民族出版社，2000 年）在论述各项社会制度时，特别对司法、惩罚、继承、婚姻、借贷等制度进行研究。陈光国《青海藏族史》（青海民族出版社，1997 年）在探讨清代的青海藏族时，对青海藏区的法律渊源、法律文件也略有介绍。

专门以藏区法制为主要研究对象的，如徐晓光《清代蒙藏地区法制研究》（四川民族出版社，1996 年），认为清王朝藏区立法可以分为：以地方立法为主的阶段、零散立法阶段、特别立法阶段，然后分析藏区立法的指导思想和原则。此后考察了藏区法制的基本内容，将藏区法制的特点总结为九个方面，并强调这些特点在民族地区的普遍性。作者认为：《十三法》和《十六法》应该是清朝藏区具有主导地位的基本法，而其他民事、刑事法规则被视为具体法，此外还有广泛存在的例，属于具体法中更具灵活性和实用性的部分。作者另一部著作《藏族法制史研究》（法律出版社，2001 年）分别对吐蕃王朝的法律制度、唃厮啰到藏巴汗政权的法律制度、清朝对藏区的立法调整与藏族地方法、近代中央政府藏区立法与藏族部落法等，共计五个政权时间段的藏区立法进行了分析，然后总结了历史上藏族地区法制的特点，勾勒出藏区法制史的全貌。孙镇平《清代西藏法制研究》（知识产权出版社，2004 年）将清代西藏法制划分为清朝治藏前期（1642—1793）、治藏中期（1793—1840）、治藏末期（1840—1911）三个发展阶段，认为治藏前期是“从俗而治”；治藏中期是“从宜而治”；治藏后期是“固我主权”。在分析了清朝治藏三个时期的法制状况之后，进行了综合评述，总结了发展历程、发展规律、法制特色，并且指出经验教训，以及对当今的借鉴意义。

除了以上专著之外，涉及藏族法制的论文很多，可以大致分为几类：

首先，从制度层面谈及藏族法制问题。如何峰从藏族谚语分析藏族部落制度，认为藏族谚语是藏族部落制度的反映，藏族部落制度则是对藏族谚语的最好注解，其中也涉及法律问题。星全成则认为依法治理蒙藏地区，是清王朝治理蒙藏昀方略，其成败得失，耐人寻味。彭建英则认为法律化和制度化是清廷治藏的重要方略。周伟洲在论述甘青藏区行政体制改革时，将“建立法规，制定律例”作为一个改革措施来论述，认为《番例六十八条》起到维护藏区秩序稳定的作用。清廷对西藏的治理，驻藏大臣的设置及职权是不容忽略的，这方面的论著较多，而在论述驻藏大臣职权时，也不可避免地谈到相关的法律①。理藩院是清代专门处理民族事务的机构，在分析该机构的设置沿革、职掌、行政特点及其在治理边疆过程中作用的时候，也必然会提到相关的法律②。

---

① 丁实存：《消代设置驻藏大臣考》载《边政公论》1941 年第 7 期；王忠：《中央政府管理西藏地方的制度及发展》载《历史研究》1959 年第 5 期；陈鸣钟：《清朝前期中央政府对西藏地方政治制度、宗教制度的改革》载《史学月刊》1960 年第 1 期；王辅仁：《略论清朝前期对西藏的施政》载《清史研究集》第二辑，1982 年；顾效荣：《清代设置驻藏大臣简述》载《西藏研究》1983 年第 4 期；吴健礼：《略论清朝对西藏地方的主权》载《西藏研究》1983 年第 4 期；吴丰培：《清朝驻藏犬臣制度的建立与沿革》载《中国藏学》1989 年第 1 期，《清代驻藏官员的设置和职权》载《中央民族学院学报》1981 年第 1 期；张云侠：《略论清代驻藏大臣的设置、职权及有关问题》载《社会科学研究》1985 年第 3 期；申新泰：《清代中央政权对西藏行政体制和宗教制度改革述评》载《西藏民族学院学报》1996 年第 1、2 期；张羽新：《驻藏大臣政治地位和职权的历史考察》载《中国藏学》1998 年第 2 期等。

② 吕士朋：《清代理藩院——兼论清代对蒙藏回诸族的治理》载《东海大学历史学报》，1977 第 1 期；《清代的理藩院》见中国史学论文选集：第三辑，1979；王钟翰：《试论理藩院与蒙古》载《清史研究集：第三辑》，1984；赵云田：《清代治理边陲的枢纽——理藩院》载《新疆人民出版社》，1995。

清代在藏区的立法及立法内容，是学者们关注的重点内容之一。如对藏区法律规范中的刑法、民法、军法、诉讼法等内容进行分析，从“因俗而治”及“众建而分其势”统治政策，总结清王朝关于藏区立法的特点，认为清廷通过对藏区的立法，成功地调整了中央与藏区以及各民族间的法律关系，有效地维护藏区社会秩序的稳定，其成败经验教训，对现代藏区管理也有裨益①。

研究藏区的法制，就不可能忽略有关藏区的各种法规，诸如《理藩院则例》、《蒙古例》、《番例》、《钦定西藏章程》、《青海善后事宜》、《西藏通制》等。学者从不同角度对这些法规进行分析，认为这些民族法规，既是发挥区域性法规的效用，也起到调节民族关系的效用，不但体现了清王朝治理民族地区的政治理念，而且具有很强的实践意义②。

清王朝有关藏区的立法内容是学者关注的对象，而这些立法所体现的思想与理念，更是学者关心的问题，并且试图从思想到实践，总结一些特点，谈一些经验，最终提出一些有益的启示。这种宏观地分析清王朝对藏医立法的原则，总结立法特点，与那些微观及中观研究，相得益彰，为整体把握清王朝民族立法提供了分析路径及方法③。

---

① 陈光国：《民主改革前的藏区法律规范述要》载《中国社会科学》，1987 年第 6 期；王志刚：《试论清朝政府治理藏族地区的法律措施》载《西北政法学院学报》，1984 年第 4 期；陈光国、徐晓光：《清朝对青海蒙藏民族的行政军事诉讼立法初探》载《青海民族学院学报》，1991 年第 2 期；徐晓光、周健：《清朝政府对喇嘛教立法初探》载《内蒙古社会科学》，1988 年第 1 期；刘志：《清政府管辖西藏地方的立法制度述评》载《青海民族研究》，2006 年第 2 期；那仁朝格图：《试述清朝对青海蒙藏民族地方的立法》载《内蒙古社会科学》，2008 年第 1 期；焦利：《清代对西藏地方行政管理的法律成果考察》载《国家行政学院学报》，2008 年第 5 期等。

② 苏钦：《〈理藩院则例〉性质初探》载《民族研究》，1992 年第 2 期；徐晓光、陈光国：《清朝对“蒙占例”、〈理藩院则例〉的制定与修订》载《内蒙古社会科学》，1994 年第 3 期；史筠：《清王朝治理西藏的基本法律——〈西藏通制〉》载《民族研究》，1992 年第 2 期；何峰：《从〈番例〉看清王朝对青海藏区的管理措施》载《青海社会科学》，1996 年第 6 期，《〈番例〉清王朝对青海藏区的特殊法律》载《青海社会科学》，1997 年第 3 期，《〈番例〉探析》载《中国藏学》，1998 年第 2 期，《从〈番例〉看藏族下百户制度》载《青海民族学院学报》，1998 年第 2 期；星全成：《〈钦定藏内章程二十九条〉及其意义》载《青海师范大学民族师范学院学报》，2005 年第 ll 期；张云：《钦定藏内善后章程二十九条的形成与版本问题》载《民族研究》，1997 竿第 5 期；卓嘎：《〈铁虎清册〉产生的背景及内容》载《中国藏学》，1992 年特刊；牛绿花：《略论〈钦定西藏章程〉及其历史意义》载《青海民族研究》，2009 年第 1 期；隆英强：《浅谈五世达赖喇嘛时期的〈十三法典〉》载《西北民族大学学报》，2005 年第 1 期；李鹏年：《西藏摄政阿旺降白楚臣被控案与裁禁商上积弊章程》载《中国藏学》，1999 年第 4 期；王希隆：《年羹尧〈青海善后事宜十三条〉述论》载《西藏研究》，1992 年第 4 期等。

③ 王立艳：《清代“从俗从宜”治理西藏的法律思想与实践》载《中央政法管理干部学院学报》，2000 年第 4 期；田莉姝：《清朝民族立法特点之研究》载《贵州民族研究》，2003 年第 4 期；张晋藩：《清朝民族立法经验浅析》载《国家行政学院学报》，2011 年第 1 期。

三

谈到藏区的法制，就不能够忽略藏族习惯法，因为习惯法是清王朝针对藏区立法的重要法律渊源，也是历史上形成的，并且通行于藏区的，以习惯为基础发展起来的，具有广泛约束力的规则。

对于藏族习惯法的研究，可以说是成果斐然，而张济民主编的《藏族部落习惯法研究丛书》中，以《寻根理枝——藏族部落习惯法通论》、《诸说求真——藏族部落习惯法专论》、《渊远流近——藏族部落习惯法法规及案例集录》（青海人民出版社，2002 年），构成藏族习惯法的研究系列。在《寻根理枝——藏族部落习惯法通论》中，不仅系统地论述了藏族习惯法与藏族道德、藏族禁忌、藏族仪式、藏传佛教等的关系，而且对藏族习惯法的行政法规范、军事法规范、民事法规范、刑事法规范以及各种纠纷的解决及程序也有分析。《诸说求真——藏族部落习惯法专论》则就区域性习惯法进行细致分析，诸如甘南藏族自治州盗抢牲畜及杀人命案的解决方式，多采用习惯法进行调解，有藏民族的特殊性。《渊远流近——藏族部落习惯法法规及案例集录》分为青海省范围的法规资料、兄弟省区的法规资料、案例汇编、附录、词语解释等 5 个部分，收录一些现存的法规及案例，诸如“赔命价”、“婚姻”、“赘婿”等。

另外，洲塔《甘肃藏族部落的社会与历史研究》（甘肃人民出版社，1994 年）在论述甘肃藏区社会法律规范的来源时，对该地区传统法律规范的主要内容进行分析，并且总结该地区的法律规范特点。陈庆英《藏族部落制度研究》（中国藏学出版社，2002 年）则设专章论述藏族部落的法律制度，从生产、民事、刑事等方面讲述藏族习惯法的内容，也总结了藏族部落法律制度的特点。

此外，星全成《藏族社会制度研究》（青海民族出版社，2000 年），杨士宏《藏族传统法律文化研究》（甘肃人民幽版社，2004 年），徐晓光《藏族法制史研究》（知识产权出版社，2004 年），孙镇平、王丽艳《民国时期西藏法制研究》（知识产权出版社 2006 年）等，也都用较大的篇幅论述藏族习惯法的文化内涵、基本特征，并从婚姻和土地纠纷，人命案件等方面分析藏族习惯法在具体解决过程中发挥的作用。

最新著作当是华热 · 多杰《藏族古代法新论》（中国政法大学出版社，2010 年），作者积 20 余年研究之功力，完成此书。该书 3 篇 23 章，分别对藏族古代私法，藏族古代公法，藏族传统法律观进行论述，认为藏族古代公法则以吐蕃王朝以来制定的法影响最深，在藏族古代法中占有十分重要的地位，而藏族习惯法也是法律的重要渊源之一。藏族习惯法之所以在具体纠纷处理过程中能够发挥重要作用，主要是由藏族地区地广人稀，情况复杂；法制尚不健全这两个因素决定的。对于习惯法发挥的作用，作者从草原纠纷、边界性争议、饮水和其他方面的争议，来论述纠纷的产生原因及解决的方式，对其普遍性和严重性进行解析，提出自己的思考。

有关藏族习惯法研究的论文很多，综其研究来看，主要集中在藏族习惯法的内容解析，具体应用的效果分析，以及对现代的影响方面。内容解析是针对某些地区性习惯法的形成及传承问题进行研究。具体应用的效果分析，则对婚姻、土地纠纷的解决，人命的赔偿制度等方面进行研究，分析其适用原则。对现代的影响则从历史传承的角度，讲到民族特征的形成，在民族心理素质、风俗习惯、宗教信仰没有大的变革的情况下，藏族习惯法依然有很大的市场，因此应该给予高度重视①。

四

以清王朝涉藏民刑事案件为主要研究对象的论著比较少见，但研究藏族法制史，无论是论述藏区公法，还是藏族习惯法，都不可能忽略具体的案件，而在谈论清王朝有关藏区司法审判制度和纠纷解决机制时，也少不得要谈到一些民事纠纷解决的

① 参见文献：《藏族习惯法在部分地区回潮的原因分析》载《青海民族研究》，1999 年第 3 期；杨士宏：《藏族部落习惯法传承方式述略》载《青海民族学院学报》，2004 年第 1 期；孙镇平：《西藏“赔命金”制度浅谈》载《政法沦坛》，2004 年第 6 期；陈光国：《试论藏区部落习惯法中的刑法规范》载《西北民族学院学报》，1997 年第 3 期；何峰：《论藏族部落的赔偿制度》载《青海民族学院学报》，1996 年第 4 期；张济民《浅析藏区部落习惯法的存废改立》载《青海民族研究》，2003 年第 4 期，《藏区部落习惯法对现行执法活动的影响及对策》载《青海民族研究》，1999 年第 4 期；白廷举：《土族习惯法探析》载《青海民族学院学报》，2002 年第 3 期；索南才让：《藏传佛教对藏族民间习惯法的影响》载《西北民族大学学报》，2004 年第 2 期；陈文仓：《玉树藏族部落习惯法初论》载《青海民族研究》，2004 年第 1 期；李明香：《果洛藏族部落习惯法浅议》载《西北民族大学学报》，2004 年第 1 期；彭宇文：《关于藏族古代法律及法律文化的若干思考》载《法学评论》，2004 年第 2 期；唐萍：《部落习惯法对青海藏区社会生活的影响及对策分析》载《青海民族学院学报》，2003 年第 4 期；多杰：《玉树藏族部落法规职能初探》载《青海民族学院学报》，1991 年第 4 期，《浅谈藏区环保习惯法》载《青海民族研究》，2003 年第 3 期，《浅谈藏族习惯法中“命价”的意义及其适用原则》载《青海民族研究》，1993 年第 1 期，《关于藏区民间法文化现象的透析》载《青海民族学院学报)，2004 第 1 期；牛绿绝：《对藏族部落习惯法中妇女地位及财产继承权问题的探讨》载《西北民族大学学报》，2004 年第 6 期；贾烯儒：《试论藏区部落习惯法的文化成因及其改革》载《攀登》，1997 年第 2 期；隆英强：《本土民族法文化的价值与内涵——以藏族赔命价习惯法对我国刑事司法的贡献为视角》载《中南民族大学学报》，2011 年第 4 期，《藏族习惯法中的“赔命价”制度——兼论原生态藏族赔命价习惯法与中国的死刑存废问题》载《原生态民族文化学刊》，2010 年第 4 期；张锐智，黄卫：《论藏传佛教精神与司法权威的结合——藏族“赔命价”处理模式改革探析》载《中国政法大学学报》，2011 年第 6 期；后宏伟、刘艺工：《藏族习惯法中的神明裁判探析》载《西藏研究》，2010 年第 5 期；半国祥、毛晓杰：《藏族赔命价习惯与刑事法律的冲突及立法对策》载《青海民族学院学报》，2001 年第 1 期；胡秋妍：《浅析藏族婚姻习惯法》载《四川民族学院学报》，2011 年第 6 期；匡爱民、黄娅琴：《藏族习惯法中的惩罚性赔偿规则研究》载《中央民族大学学报》，2012 年第 1 期等。

事例和一般民刑案件的处理原则，至于宗教犯罪、反叛犯罪等特殊刑事案件，更是研究者所关注的问题。

在清代藏区司法审判方面。牟军简述了自清朝以来西藏地方司法行政体制以后，对那个时期的诉讼、证据和执行等制度进行论述，虽然没有具体的案例分析，但对《法律十三条》在实际上应用进行分析。陈柏萍对藏族传统司法制度形成、发展的历史轨迹进行描述，谈到起诉、调解、审判和执行等司法程序。杨华双则在田野考察的基础上，对四川西部嘉绒藏区习惯法中现存的司法制度进行总结，认为嘉绒习惯法的司法制度主要是调处和神明裁判。调处往往由土司、守备主持，先向双方罚款，理由是"好人不做，却吵嘴"。神明裁判则主要适用于疑难案件的审理，有盟誓、神托、神罚等形式。何峰分析了"天断"这一藏族传统法律中独具特色的审判制度，将天断形式归纳为起誓、视伤情、视征兆三大类，这些形式广泛地应用在疑难纠纷和案件的处理。马青连在分析清代理藩院司法管辖权时，注意到理藩院定期不定期派遣司员、理事官巡视的问题，有些少数民族与汉民族发生纠纷的案件，常常由这些巡视官会同地方土司及官员进行裁断。

清代藏族纠纷解决机制是学者关注的重点问题。多杰从经济、政治、法律关系来分析藏族部落特征，而这些特征决定了纠纷解决的性质、类别和特点。能够纳入解决的有财产纠纷、人身权纠纷、婚姻纠纷等，然后对调解模式、审判制度、特殊审判方法解决纠纷的不同进行比较，最后论述司法权的归属，认为审判是有法律规范的，调解则是动之以情、晓之以理的过程。后宏伟则先论述了藏族习惯法中的调解特征，然后讲述调解纠纷解决机制的内容，也就是民间调解权威、调解评价依据、调解的强制力、调解的适用与排除、调解的维系力量等，并且分析调解纠纷的优点与不足。王玉琴等则从藏族民间调解的成文法基础、宗教渊源，来论述藏族纠纷解决的历史渊源，然后在田野调查的基础上，提出新时期藏族民间调解对国家法的补充，转型时期藏族民间调解的困境，藏族民间调解的规范化等问题，希望能够达到民间习惯法与国家法的良性互动。佴澎从清代云南藏族纠纷解决机制的多元性谈起，分析纠纷解决机制的趋同性以及纠纷解决机制变迁的原因，以一些案例以及地方性的《团规》，讲述变迁的过程，认为云南藏族纠纷解决机制的变迁，是云南藏族固有纠纷解决机制的变迁，也是中央王朝的政策调整和变通，因此呈现出多元化和趋同性的特点，而且两套纠纷解决机制并存，在各自的领域内发挥解决纠纷的效用。潘志成从藏族传统社会对纠纷的认识入手，谈到藏族社会传统纠纷调解制度，对历史上藏族的调解人，如官方或部落头人、领主，活佛及喇嘛，老人及其他调解者的调解方式进行解析，然后分析藏族社会传统调解制度在现代社会的境遇，认为调解作为历史上藏族社会处理纠纷的一种最重要的方式，无论是稳定社会秩序，还是协调社会成员关系，都发挥了重要的作用，而将藏族社会传统调解制度有选择性地纳入当今的纠纷解决机制，乃是比较明智的做法。杨多才旦较早注意到藏区草场纠纷的成因和危害，并尝试性地提出了相应的对策。针对这种纠纷，李虹则通过调查，以案例分析的方式，解析藏区存在着多元化纠纷解决方式的优劣，认为增强多元化纠纷解决方式的层次性和结构性，明确各个纠纷解决方式的范围，保证民间调解协议的效力和行政调解的强制执行力，是解决草场资源纠纷的最佳选择。该文虽然没有谈到清代的案例，但对解析清代类似的案例，还是有所裨益。冯海英以果洛藏族自治州牧区为调查对象，基于对安多藏族牧区常见的草场和婚姻冲突纠纷类型及其解决机制的分析，提出了安多藏族牧区社会冲突治理的可行策略。熊征基于近年来有关藏族牧区犯罪治理的理论争鸣，分析了藏族牧区刑事司法现状，以一些案例为支撑，提出传统刑事司法的功能失调，刑事和解之契机的问题，最后设想一种刑事和解模式。该文也没有涉及清代问题，但清代解决藏族刑事犯罪的实践，可以扩展研究视角。

总之，对于涉藏民刑案件的研究开展并不充分，几乎所有的研究都局限于藏区及藏族，而对藏族与其他民族之间发生的民事纠纷、刑事案件，缺少足够的关注。如果是藏族与其他民族发生民事纠纷，其解决方式是使用藏族的调处形式呢？还是使用其他民族的调处方式呢？抑或是按照清王朝法律来裁断呢？这些问题无论是在清代，还是在现代，都是值得特别关注的问题，因此本研究具有独特之处。在刑事案件方面，学者们的研究都关注到具有民族特色的法规，并认为这些法规在实际审理过程中发挥重要作用，然而，当刑事案件涉及藏族与其他民族时，是按照民族特色法规量刑？还是依据《大清律例》量刑？是由藏族部落首领负责审理？还是由地方官员负责审理？抑或是部落首领与地方官员共同审理？这些问题在以往的研究中都很少论及，这又给本研究带来更大的挑战。

五

综合上述研究，可以看出学者对于清代藏区法制史的关注，无论是资料整理、田野考察，还是文献分析、历史研究，都取得可观的成果，值得认真关注。然而，研究集中在藏区立法、司法及习惯法，纠纷解决，很难看出藏族与其他民族的关系，尤其是出现民事纠纷及刑事案件时，不同民族有不同的风俗习惯，更有特别法与整体法的区别，因此研究藏族与其他民族之间出现的民事纠纷，发生的刑事案件，分析其解决的方式，既是藏族法制史的重要内容，也是中国法制史不可或缺的部分。

通过对藏区法制史研究的梳理，可以发现清代涉藏民刑事案件研究课题的难点所在。因为所有的研究都集中在藏区和藏族，基本上没有谈到在藏区的其他民族与藏族发生民事纠纷及刑事案件是如何解决及审理的，也罕见藏族与其他民族之间发生民事纠纷及刑事案件，官府及民间是如何解决及审理的，也就使研究缺少必要的参考。但毕竟清代涉藏民刑事案件研究具有重要意义，学者们在对藏区及藏族法制史研究的基础上，会把研究重点转到涉藏问题上来，由此可以对今后的研究进行展望。

首先，清代处理不同民族的刑事案件与民事案件的法律依据是什么？这些法律体现出哪些不同于当今法律的特点？以清代治理西藏政策而言，经历过“以蒙治藏”、“以藏治藏”、派遣大臣治藏三个阶段，这仅就西藏之前、后藏而言，其适用的法律是西藏地方《十三法典》、《法典明镜二十一条》等，以及后来的《酌定西藏善后章程十三条》、《设站定界事宜十九条》、《酌议藏中各事宜十条》。对于在青海、甘肃、四川、云南藏族与其他民族杂处的地方，适用的法律则主要以《大清律例》为主，而在关注各民族习惯的情况下，制定一些条例，是“以伸国家之法，以服番众之心”卷30，雍正三年三月戊申条。从清廷及地方官府插手解决的涉藏民刑案件来看，民族杂处地区发生的民事纠纷及刑事案件多由官府负责调解与审理，因此《大清律例》为优先适用，又因为清王朝有关各民族的特别法规，在具体处置过程中也必须予以考虑。由于清王朝对藏族采取的是安抚政策，在事涉藏族的案件处置过程中，也会考虑到藏族习惯法，但毕竟是王朝，所以在处置时也会有总体考虑，尤其是牵扯到其他少数民族时，也要关注其他少数民族的习惯法。不过总的来说是以安抚为主，力求达到恩威并济的效果。

其次，清代对民族冲突和纠纷的实践过程，其基本政治理念是什么？案件处理以后的政治与社会效果如何？是激化民族矛盾、还是促进民族和谐？清代满、蒙、汉、回、维等民族关系，不但是清王朝立国的基石，也是清王朝得以延续的根本。对于其他少数民族管理比较宽松，其主要原则是“治内地当先宽而济之以严，治边夷宜先威而继之以恩”卷30，雍正四年复四月戊子条，是所谓的“恩威并济”。从清廷及地方官府审理藏族与其他民族发生的纠纷来看，无时无刻地体现出这种理念。如乾隆四十四年（1779），出现藏人惨杀撒拉回民多命之案，此事涉及藏族与回族，在处理过程中，督抚仅将主犯正法。乾隆帝认为：“惨杀回民五命，且敢将被杀之尸，剥皮肢解，凶恶已极，自应将现获各犯严讯明确，即于番境集众正法枭示，庶足以警凶顽而戢残暴”。“至该番头人，虽于事后将凶犯绑缚献出，然其平日约束不严，致所属番人凶横不法若此，自有应得之咎”卷1078，乾隆四十四年三月丁亥条。不但处死凶手，还将头人罚赎，用罚赎来安抚回众。在处理藏汉之间的民刑案件时，往往对汉人罚重而对藏民罚轻。如乾隆五十二年，青海藏民抢掠出卡外牧放的牲畜，乾隆帝则要求地方官约束所属，毋得任意出卡，“如有违例，一经抢掠，不但不为办理，并将被掠之人治罪”卷1295，乾隆五十二年十二月乙卯条，在保证各自生存的领域的同时，尽量避免民族冲突。在藏族与汉族发生纠纷时，只要是在藏区，汉人就会按“汉奸”处置。

再次，不同区域发生的民族冲突和纠纷处理存在哪些异同？其具体原则是什么？清王朝在藏民居住地区设有交易场所，并制定条例规定：不许汉民用强短价及兵役借端措勒，其或私入藏民居住地交易，要从重治罪，因此在交界之处发生涉藏案件，首先要查内地人是否有不法行为，然后再行处置。对于藏民进入内地，如果藏民违法，则按照内地的法律处置，如规定喇嘛容留犯罪盗贼者，与犯人一律科罪等。至于藏民与其他民族之间的民刑案件，则因为他们之间争论及犯人命窃盗等事，多系罚赃减免，所以不能够按照内地律例科罪，而具体的罚赎则要看各民族习惯。总之，不同区域发生涉及藏族的民刑案件，处理方式存在很大差异，但自始至终体现着政权不容侵犯与质疑，有许多值得总结和研究的价值。

此外，清代对民族冲突和纠纷案件处理的程序问题。按照清代规定的案件处理程序：一般人到官府投诉，称之为“告”、“控告”、“首告”、“举告”。而重大刑事案件还需要呈报，即则相关的责任人必须协同当事人，或直接到官府报案，称为“报”、“呈报”、“首报”、“举报”。此外还有自首与投首。之后有受理与缉捕、申报与审理、拟罪与执行等程序。从现在已经掌握的涉藏民刑案件来看，这些程序在实际处理过程中基本上得到应用，但在“因俗而治”的前提下，还出现许多特殊程序，与《大清律例》规定的程序相同，因此分析这些特殊程序，就是深入理解涉及藏族民刑案件处理的基本原则及适用法律的重要环节。瞿同祖先生认为：“研究法律自离不开条文的分析，这是研究的根据。但仅仅研究条文是不够的，我们也应注意法律的实效问题。条文的规定是一回事，法律的实施又是一回事。某一法律不一定能执行，成为具文。社会现实与法律条文之间，往往存在着一定的差距。如果只注重条文，而不注意实施情况，只能说是条文的、形式的、表面的研究，而不是活动的、功能的研究”。对涉及藏族的民刑案件处置过程的研究，就是法律条文与社会现实的问题，条文与实施的关系，也是深入研究涉及藏族的民刑案件必须关注的问题，因为有大量的案例存在，相信这方面的研究会日益得到学界的关注。

最后，在藏族与其他民族发生的民事纠纷，出现的刑事案件的案例资源日益发现的情况下，有了深入研究的基础。例如西藏研究编辑部编辑《清实录藏族史料》（西藏人民出版社，1982年），吴丰培《清代藏事奏牍》（中国藏学出版社，1994年），金晖《中国西藏社会历史资料》（五洲船舶出版社，1995年）、陈燮章等辑《藏族史料集》（四川民族出版社，1983年），陈乃文、吴从众《西藏门隅地区的若干资料》（中国社科院民族研究所，1978年），王玉平译《藏文历史资料译文选》

（中国社科院民族研究所民族学研究室，1984 年），西藏社会科学院西藏学汉文文献编辑室编《西藏奏疏》（中国藏学出版社，2006 年）、西藏自治区档案馆《西藏历史档案荟萃》（文物出版社，1995 年）、藏学中心《元以来西藏地方与中央政府关系档案史料汇编》（中国藏学出版社，1994 年），西藏社会历史调查资料丛刊编辑组编《藏族社会历史调查》（西藏人民出版社，1987 年），西南民族学院民族研究所《嘉绒藏族调查资料》（1984 年），青海省编辑组《青海省藏族蒙古族社会历史调查》（青海人民出版社，1985 年），赵云田《清代理藩院资料辑录》（全国图书文献缩微中心印制，1988 年），中国社科院中国边疆史地研究中心《蒙古律例·回疆则例》，周润年、喜饶尼玛译注《西藏古代法典选编》（中央民族大学出版社，1994 年），杨选第等校注《理藩院则例》，张荣铮点校《钦定理藩部则例》，赵云田点校《钦定大清会典事例·理藩院》（中国藏学出版社，2006 年）和《乾隆朝内务府抄本〈理藩院则例〉》，张羽新主编《〈清朝治藏法规〉选编》，格桑卓噶等编译《铁虎清册》（中国藏学出版社，2002 年）等。

在众多资料被整理出版的情况下，特别值得指出的是藏区与藏区相邻的府、厅、州、县的档案资料。20 世纪 90 年代，中国藏学中心与甘肃、四川、青海、云南各省档案馆通力合作，编写出上述各省所存 1949 年以前的西藏和藏事档案史料目录，其中甘肃 7 875 件，四川 4 559 件，青海 5 272 件，云南迪庆州 276 件，共计有 17 981 件，清代档案占一半以上。目录按照政治、军事、经济、司法治安、民政、宗教、文教卫生、外事等分类。笔者通检上述目录，按照目录注明事由，整理出涉藏民刑案件有关目录，然后分赴各收藏的档案馆去查阅，也得到部分档案馆的支持。有些档案馆为了方便读者查阅，正在将档案缩微复制，实行信息化管理，不久将实现网上查阅。

甘肃、四川、青海、云南等省档案馆整理的西藏和藏事档案史料目录，仅仅涉及四省 21 个省、市、县档案馆所藏档案，而据笔者考察，至少还有 9 个市县级档案馆、10 余个寺庙还有类似的档案。诚如编辑者所讲："由于时间、人力、经费等种种条件所限，未能一次编入，留待将来条件具备时再与考虑"。相信随着档案的利用，研究成果的出现，这些湮没日久而鲜为人知的档案，终究会呈现在世人面前。

综观藏区与藏区相邻的府、厅、州、县的档案资料中有关司法治安部分，主要有一些地方性的规章制度及禁令，属于地方法规；另外还有许多抢劫、杀人、偷盗、债务、继承等民刑案件的呈控诉状，其中有不少是比较完整的粘连卷。粘连卷是完整的司法卷宗，从案件提起、审理过程中的原被告及人证供词，到判决、执行情况，涉及许多细节，对了解和分析整个案件处理的情况最有帮助，目前利用者还不多。有理由相信，历史文献的整理出版，档案的开发利用，已经为深入研究奠定了基础。

更相信今后有关藏民与汉民、藏民与蒙民、藏民与满民、藏民与其他民族发生冲突和纠纷的刑事案件与民事案件的处理过程，将会成为学界关注的重点，期待有更多的成果出现。

参考文献

[1] 陈庆英，冯智．藏族地区行政区划简况［J］．西藏民族学院学报，1996（1）：41－50.

[2] 何峰．从藏族谚语看藏族部落制度［J］．青海社会科学，1991（5）：94－100.

[3] 星伞成．清朝治理蒙藏方略之得失［J］．青海社会科学，2007（4）：107－111.

[4] 彭建英．试沦清朝的治藏方略［J］．西北史地，1997（2）：56－66.

[5] 周伟洲．清代甘青藏区建制及社会研究［J］．中国历史地理论丛，2009（7）：10－31.

[6] 牟军．近代西藏地方司法制度简述［J］．现代法学，1993（5）：79－84.

[7] 陈柄萍．藏族传统司法制度初探［J］．西北民族学院学报，1999（4）：1－8。

[8] 杨华双．嘉绒藏区习惯法中的司法制度［J］．西南民族大学学报，2000（4）：71－74.

[9] 何峰．论藏族传统的天断制度［J］．西北民族学院学报，1996（4）：43－47.

[10] 马青连．清代理藩院之司法管辖权初探［J］．思想战线，2009（6）：137－138.

[11] 多杰．藏族部落纠纷解决制度探析［J］．青海民族学院学报，1999（3）：74－78.

[12] 后宏伟．藏族习惯法中的调解纠纷解决机制探析［J］．北方民族大学学报，2011（3）：59－64.

[13] 王玉琴，德吉卓嘎，袁野．藏族民间调解的脉动［J］．西藏大学学报，2011（4）：130－140.

[14] 佴澎．在博弈中走向和谐——清代云南藏族纠纷解决机制研究［J］．云南农业大学学报．2008（1）：91－96.

[15] 潘志成．藏族社会传统纠纷调解制度初探［J］．贵州民族学院学报，2009（1）：15－18.

[16] 杨多才旦．藏区草山纠纷的成因、危害及对策［J］．西藏研究，2001（2）：96－101.

[17] 李虹．藏族习惯法在藏区草山纠纷解决中的作用与困境［J］．甘肃高师学报，2011（4）：136－139.

[18] 玛海英．传统与现代：论安多藏族牧区社会冲突治理——基于两类常见纠纷的思考［J］．西藏研究，2010（4）：8389.

[19] 熊征．藏牧区刑事和解初探——以甘南藏族自治州为例［J］．西北师大学报，2011（6）：36－41.

[20] 清世宗实录［M］.

[21] 清高宗实录［M］.

[22] 瞿同祖．中国法律与中国社会［M］．北京：中华书局，2003：2.

[23] 甘肃省档案馆、中国藏学研究中心合编．甘肃省所存西藏和藏事档案史料目录（1412 1949年）［M］．北京：中国藏学出版社，1997.1.

清代西藏地区的法律适用特点考察

马青连　方　慧*

一、适用清中央政府制定的国家法

清代适用于西藏地区的国家法主要指《大清律例》、《钦定藏内善后章程二十九条》、《钦定理藩院则例》、《酌拟裁禁商上积弊章程二十八条》。

《大清律例》在西藏地区的适用有个历史的发展过程。清军入关前的满族统治者就开始与西藏的宗教领袖五世达赖有过亲密的接触，1644年清军入关后不久，顺治获得统治大权，继续沿袭其祖先的策略，进一步笼络西藏的宗教上层人士。1653年，五世达赖进京受到顺治的很高礼遇，不仅赏赐金银礼品，还册封五世达赖。当然，清政府没有忘记笼络西藏地方政权的实际持有者和硕特蒙古部首领固实汗，封其为"遵行文义敏慧固实汗"以及"作朕屏辅，辑乃封沂"。① 因此，在康熙设驻藏大臣以前，清政府对西藏的治理是一种间接的统治，对西藏的基层社会不插手不干预。但是，随着五世达赖的圆寂，西藏地方的僧俗势力的斗争风起云涌，康熙大帝高瞻远瞩派兵入藏恢复秩序，同时在西藏初步设立驻藏大臣，从而使清政府的统治势力渗入到西藏的基层社会。自从清政府开始设立驻藏大臣，就表明清中央王朝对西藏的治理逐步的深入，中央集权也在不断地加强，表现在司法制度上就是不断在西藏地区推广《大清律例》的适用，同时不断地减少西藏地方特色的法律或者说固有法的适用范围。

就具体的司法实践来说，大体上遵循两条路径发展：一条路径是，《大清律例》从刚开始只适用于西藏地区的汉人之间的案件逐步发展到汉藏民之间的案件再到藏民之间的案件；另一条路径是《大清律例》从开始仅仅适用于重大的政治性案件和影响较大的宗教案件，发展到重大的刑事案件到普通的刑事案件。这里必须指出的

---

* ［作者简介］马青连，安徽医科大学人文学院讲师，博士；方慧，云南大学法学院教授、博士生导师

① 《清实录》第3册，《清世祖实录》卷74，北京：中华书局，1985年，第587页。

是，有清一代，对于西藏地方的民事问题基本不予干涉，因此《大清律例》中的民事法律部分基本不适用于清代的西藏地区，所以笔者这里仅就刑事案件、政治案件及宗教案件而言。另外一部适用西藏地区的国家法是《理藩院则例》，它是清朝治边行政法规之集大成卷《理藩院则例》中有关处理西藏地方事务的种种规定，不仅是清朝在西藏地区完全行使主权之法律依据，也是我们研究清代西藏与中央王朝之间各种隶属关系的宝贵资料。[①] 特别是《理藩院则例》中《西藏通制》和《喇嘛例》，是清朝有关西藏事务的行政法令和规章制度汇编，也是理藩院主管藏政的法律依据和对西藏施政的行为准则。[②] 还有一部适用西藏地区的国家法是《钦定藏内善后章程》，它是清王朝结合藏族地区的固有法而制定的专门适用于西藏地区的国家法。

清代西藏地区实施国家法的案例很多，笔者选取三个案例予以解释，这三个案例分别涉及汉藏民、汉人之间以及藏民之间的纠纷，应当具有一定的代表性。

案例1：据察木多粮务童沛霖详称：咸丰十一年八月内有陕西零县人朱元，往来察、硕贸易，至边坝二道桥，路遇博番三人，将朱元杀毙，劫去鹿茸、骡马、行李等物……—奴才查例载白昼抢杀人者，斩立决。该凶犯噶“‘既经拿获，追出赃物，又复当堂供认……—奴才照例将该犯噶丫就地正法，并严伤商上查拿在逃凶犯……—军机大臣奉旨：知道了。钦此。[③]

本案当事人系汉人朱元和藏民噶丫等，是一起西藏地区的汉民与藏民之间的争讼，涉及的司法机关从最基层的番官、营官到汉人充任的粮务，再到驻藏大臣，最后到皇帝。但是在审判案件中使用的法律是《大清律例》，如“奴才查例载白昼抢杀人者，斩立决。”这里判词中的例当指的是《大清律例》。

值得注意的是，本案涉及清代晚期的“就地正法”这种特殊程序，而“就地正法”所使用的法律也是国家法。按照清朝法律的规定，京师以外全国各地的死刑案件，都由案发地的州县进行初审，然后层层转解。经各级审转复核，最后由巡抚总督以结案报告形式向皇帝专案具题，由皇帝做出终审裁决。这种死刑复核审判制度，既保证了皇帝手中握有对臣民的生杀大权，维护了皇帝的绝对权威，也是中国千百年来“慎刑”思想的体现。但是，它也存在弊病。一是层层审转递解人犯，结案时间长，耗费的资财大。二是转解途中囚犯安全没有保障。这种费时耗资的制度，适

① 苏发律：《清代治藏政策研究》，北京：民族出版社，2001 年，第 194 页。

② 理藩院是清王朝设置的管理清代蒙古、回疆及西藏等西部及北部各少数民族事务的中央最高机构，尚书等决策人物一定是满洲贵族中皇帝的亲信担任，是皇帝的代言人，他们极力维护清帝国的中央集权。清帝国为了有效治理这些地区的少数民族，通过理藩院给予这些民族地区一定的地方自治权力，其存在于整个清代，在客观上对维护清帝国西、北边疆民族地区的稳定和发展做出了重大贡献。

③ 吴丰培：《清代藏事奏牍》，赵慎应校对，北京：中国藏学出版社，1994 年，第 376 页。

于和平安定时期。太平天国运动爆发，农民军席卷全国，各地匪盗随之猖獗，使本已失序的社会更为混乱。在太平天国革命爆发，全国性的大动乱年代，显然不能有效地为维护封建统治服务。以快速、省事、严厉为特征的“就地正法”，正好弥补了这种死刑复核制度的缺陷。但是，在起到积极意义的同时它也造成了一个恶果，即原有的封建法制由此而被打乱。因为，这种制度实际上是授权全国各级地方官，对抓获的“土匪”即行“就地正法”。清代的死刑案件，以命、盗为月飞“就地正法”的“土匪”，无一不与命、盗相连。因此，允许地方官即行“就地正法”，也就等于宣布废弃原有的死刑复核审转制度。命盗案件的死刑裁决权，由高度集中走向高度分散，这就是“就地正法”实施后所带来的审判制度上的变化。

《青史稿》记载“准就地正法一项，始自咸丰三年。时各省军兴，地方大吏，遇土匪窃发往往先行正法，然后奏闻。……自此章程行，沿及国变，而就地正法之制，讫未之能革”。[①] 封建统治阶级中的一些人，为消除因农民起义而造成的封建统治集团内部在权力分配上出现内轻外重情况，从削弱地方权力以加强中央皇权出发，屡次倡言取消就地正法，恢复旧有法制。然而，出于维护统治秩序的需要和地方督抚的反对，直到清末也没能取消。

案例2：据署理西藏夷情怀唐武详称：据霍尔族总百户专差番目朗穷杂吗、扎里等二名享称：于同治五年十月内由该族来藏商纳正赋银两，因将随带驮牛雇与果洛克番顺便驮脚回族，当令属下番民结噶、布穷二名，赴偏坡地方，与果洛克交代牛只。于十二月十五日天明时，该番民等行至扎什城老坟园被贼将该番民二人杀毙……一奴才以劫财找命，案情重大，当伤噶布伦同该管地方番官硕第巴等，勒限务将该犯严拿到案，以凭按律定拟……[②]

本案当事人结噶、布穷及协饶曲批、协饶桑垫都是藏民，是一起藏民之间的争讼。但是在审判中并没有适用当地的固有法而是严格以国家法裁判，如“噶布伦同该管地方番官硕第巴等，勒限务将该犯严拿到案，以凭按律定拟。”按律定拟就是指按照《大清律例》裁定之意。

案例3：窃据管理西藏粮务即补知县觉罗宝诚详称：道光二十二年一七月初一七日据乡约虎定国灯具报：民人马金潮戳死民人麻成玉，理合报乞验究等情……一查律载：凡斗殴杀人者，不问手足他物金刃，并绞监候等语……除全案供招，咨送刑部，为此谨奏。十二月初四日奉到朱批：刑部议奏，钦此。[③]

该案中的当事人都是汉人，在适用法律的时候考虑适用《大清律例》，同时司

---

① 《清史稿》卷143，北京：中华书局，1977年，第4203页。

② 吴丰培：《清代藏事奏牍》，赵慎应校对，北京：中国藏学出版社，1994年，第376—377页。

③ 吴丰培：《清代藏事奏牍》，赵慎应校对，北京：中国藏学出版社，1994年，第226—227页。

法审判程序与内地汉人之间的案件没有太大区别，程序相对于汉藏民之间或藏民之间的案件要简单得多。

总之，在清代西藏地区发生的刑事案件的管辖权基本上是收归国家的，而在法律的适用上也是极力推进国家法的运用。

二、适用西藏地方的固有法

清代中央王朝除沿用了吐蕃王朝的王法和佛教的教法外，还参用了元朝的法律规范以及明清时期制定的法律。西藏地区不同历史时期有数十种法典。而安多、康区也有相应的区域法规——《番例》。这些规定都加强了千百户等部落首领的司法管辖的强制性。还有部落法律法规，如玉树部落法规、千以录法规、黄科部落法规、阿曲乎部落法规、果洛阿将三部落法规、阿哇铁吾部落法规、浪加部落法规、莫场部落法规等。[①] 在清代的数百年间，不论是西藏地区，还是安多、康藏地区其内部基层社会组织在发生着变化，相应的法律法规也随之在改变。乾隆后期出现中央高度集权但对基层社会的控制日感困难，经济发展尚处于清代的高峰，而社会的动荡又日渐加剧。应当说，这些法律法规为基层社会设立了法律层面的约束，对基层社会的控制发挥了重要作用。

笔者同时还注意到《大清会典》中有一处记载："凡定例，有边腹之异。凡边外与腹地立法不同……西藏治以番律，各回城治以回律，俱各从其俗。"[②] 这里的番律主要指西藏地方的固有法《十三法典》，它是五世达赖罗桑嘉措时期制定的，借鉴了吐蕃、元代及帕木竹巴等时期的法律制度而形成的，具有宗教性的一部诸法合体的基本法典，是民族习惯与民族宗教的结合。它的形成主要是将藏巴第悉噶玛丹迥旺布时期制定的《十六法典》进行了综合调整删节成"法律十三条"，后经第五任第悉桑结嘉措的修改而成《十三法典》。该法典充分体现了佛教的教义性，具有典型的宗教性。正如该法典的制定者所说，法律制定的目的是为了满足人们自我修行的需要，是实现功德圆满的工具。该法典更加强调，人们居于崇佛藏界，必须通过自身修行达到最高境界。在法典的序言中是这样说"人间涅槃圆满路宽广，稀有福德、智慧俱圆满，赐法与僧伽具妙善、吉祥。如同光明之劫来临。供施宛如日月，转动法律之轮……"[③] 另外一部重要的清代西藏地方的固有法是《法典明镜二十一

① 参见杨一凡，田涛：《中国珍稀法律典籍续编》第9册，哈尔滨：黑龙江人民出版社，2002年，第143—227页。

② 清德宗（昆冈等奉）敕撰《钦定（光绪）人清会典》，光绪（总理衙门大）石印本，53卷《刑部》

③ 周润年，喜饶尼玛：《西藏古代法典选编》，北京：中央民族大学出版社，1994年，第83页。

条》，也是五世达赖时期制定的，它是在继承了萨迦政府时期的13个行政部门的编制基础上有所损益的结果。它是清代西藏地方政府的一部行政法规，可以说直到1751年西藏地方政府噶厦制的建立以及1793年的《钦定藏内善后章程二十九条》的颁布后，它们的影响和适用在整个清代都没有停止过。

《清实录》中记载，乾隆五十一七年（1792年）……现令阿哥等同军机大臣，将普福严加询问……又据和琳奏，查办沙玛尔巴亲属，请将其亲侄乐伞、建本等犯，照大逆缘坐律拟斩，其堂侄阿里等男女大小一七名口，应否发往烟瘴地方安插，抑赏给功臣为奴等语。藏内人等不谙缘坐条例，所有沙玛尔巴亲侄乐伞、建本等三犯，著解京交部治罪；其阿里等一七名口，即交四川总督分发两广福建烟瘴地方安插，不必解京。①

该案指的是乾隆年间六世班禅的兄弟沙玛尔巴，因怀恨勾结廓尔喀人入侵西藏后被清政府镇压。案件说词表明在法律适用方面，原则上适用《大清律例》，但按照清代对边疆民族地区实行因俗而治、因地制宜的方针，则要适用民族地区的法律和习俗，也就是西藏地区的固有法。如案例中乐伞等三犯原本适用大清律照大逆缘坐律拟斩，但因为他们是藏族人，所以不适用缘坐条例。

该案是重大政治性案件，因为极大地挑战了皇权，对国家的安定构成重大的损害，一般是由皇帝下诏亲自审理或责成有关机关审理。但是，这样的案件审理的程序往往较为简单，同时也是一种非常规的特殊审判程序，是皇权对司法的介入，为实现某种政治目的打乱了清代的正常的司法审判程序，更加体现出皇权的至高无上性和专断性。通过皇权的彰显能清楚地告诉人们这类案件的司法终审权是毫无疑问收归中央的，体现出中央集权的态势。

另外，在《清代藏事奏版》中还记载一案："定日守备与番官戴捧互相享评审系虚诬折……守备刘赢与番民任增黄夜进城至兵丁冯友家与番妇通奸，辄据兵丁等享报，率以任增越城抢夺，并戴捧聚众夺犯等情具享，虽事由误听，并非有心诬陷，究属不合。又失察兵丁私娶番妇，应请交部议处……系番民，应与犯奸之番民任增、番妇边坝竹玛，勾引奸犯之番民长寿，及将任增带走之中译鲁垫，均交诸门罕查照夷例办理……"② 从此案中非常清楚地看出，汉藏民之间的争讼所适用的法律是不一样的，汉人适用《大清律例》而藏民适用西藏地区的《十三法典》。

笔者还可以用"鄂辉等奏酌筹西藏善后章程"来进一步佐证西藏固有法的适用情况。例如，《钦定巴勒布纪略》中记载"乾隆五十四年（1789年）六月十三日，查，西藏遇有鼠牙争讼之事，向设有管理刑法头人，番语呼为郎仔辖。凡犯罪者俱

① 《清实录》第26册《清高宗实录》卷1415，北京：中华书局，1986年，第1028页。

② 吴丰培：《清代藏事奏牍》，赵慎应校对，北京：中国藏学出版社，134年，第318—320页。

照夷例分别重轻，罚以金银、牛、羊，即行减免。查，唐古式番人自相构讼，原不妨听其照夷例完结，…嗣后除唐古式番人所犯私罪，仍照旧发郎仔辖按情妥办外，至有关涉汉、回、外番及别项公罪之事，无论大小重轻，均令该郎仔辖呈报驻藏大臣拣派妥干文武，会同审理，秉公剖结存案，毋许仍听郎仔辖任意议罚，致滋枉纵。”①

这段材料的目的是，指出清代西藏地区发生不同民族间的争讼案件应当区别对待，不能像从前那样无论是汉人和藏人之间的案件还是藏人之间的案件，抑或是回人间的案件一律都是由郎仔辖管辖审判，并且适用西藏地区的固有法。如“查，西藏遇有鼠牙争讼之事，向设有管理刑法头人，番语呼为郎仔辖。凡犯罪者俱照夷例分别重轻，罚以金银、牛、羊，即行减免。”即是证明。但是，这样容易使案件审理非常不公正。因此，清中央政府加强对此类案件的审理管辖权，同时对法律的适用进行干预，强调今后只有藏民之间的案件，才可以继续由郎仔辖审判并且适用西藏地方的固有法，涉及汉、回及番民之间的案件则一律责成郎仔辖上报驻藏大臣委员与郎仔辖会同审理。这一做法表面上看是在加大驻藏大臣的权力，削弱西藏地方的审判机构郎仔辖的司法权力，实际上是清中央政府加强中央集权的同时逐步弱化地方自治权的一种表现。

总之，清代西藏地区民事案件、轻微刑事案件和涉及宗教案件的法律适用主要是固有法，表现出极大的灵活性。究其原因，在充分考虑到西藏地区的自治权的同时，还兼顾到对宗教上层人士的威望。比如沙玛尔巴案，原本是一起非常严重的政治性案件，但是，因为沙玛尔巴是六世班禅的兄弟，所以没有适用《大清律例》的极刑。

三、有关清代西藏地区司法终审权问题②

谈及清代西藏地区的司法，终审权问题不能回避。整个清朝近300年的民族立法过程，采取的是一个逐步实行国家统一法律的过渡方式。从历代皇帝对相关律例的修订来看，民族地区的固有法与国家法之间的此消彼长，总的趋势是国家法越来越普及强大，固有法受到诸多的限制，适用的范围越来越狭窄，法律效力越来越

---

① 方略馆纂：《钦定巴勒布纪略》，全国图书馆文献复制中心，西藏学汉文文献汇刻第一辑，1992年，卷22。

② 现代意义上的司法审判制厦，特别强调国家主权下各级法院的分工，因为现代意义上的司法审判制度是建立在宪政制度和司法独立或者追求司法独立的基础之上，而清代的司法审判制度体现出强烈的政治性为皇权政治的中央集权服务，不存在现代意义上司法审判制度应有的正当性。

弱小。①

对于西藏地区的司法终审权问题是无法从历史文献的记载中找到证据的，但是，我们同样可以从司法判案实践中发现答案。可以肯定地说，发生在西藏地区的重大政治性案件的终审权肯定是收归中央的，重大的宗教案件往往是由理藩院亲自审理报皇帝裁决，这也表明终审权已经收归中央。如五世达赖圆寂秘不发丧一案就是由理藩院审理报皇帝裁决的。就西藏地区发生的所有民事案件及一般的藏民之间的刑事案件的终审权是没有收归中央的。必须指出的是，随着清王朝对西藏治理的不断深入，在过去看来是普通刑事案件的终审权也有上收的趋势。如道光二十一七年(1847 年)，驻西藏粮员武雨来抓获吸食鸦片烟民周文炳等 6 人，经粮员一审，驻藏大臣二审，最后报刑部核查，并将定案拟罪理由奏请皇帝裁决。② 如果说此案打击的重点是鸦片犯，目的是堵住鸦片的交易和泛滥，稳定国家动荡的局势，维护国家安全的政治诉求，那么《西藏奏疏》中记载了汉藏民之间的一起非常普通的刑事案件，却有“除将全案供招咨送兵部刑部外，所有审拟缘由，理合恭折具奏，伏乞皇上圣鉴，敕部核复施行。谨奏”。③ 的判词。在该案中，虽然驻藏大臣没有对藏民做出明确具体的判决，但是，他指令商上处理并报皇帝敕刑部核复施行，已经很清楚地表明此类案件的司法终审权已上收到中央。

因此，笔者认为应把西藏地区的司法终审权问题放在清中央政府治理西藏地区的历史变迁中来考察。随着政治势力的不断深入，司法终审权也在不断地扩大范围，再结合具体不同性质的案件来分析也许可以得出较为信服的结论。正如袁剑博士所说：“我们应该清楚地认识到清代中央政府在西藏地区的终审权的受限制性和不完整性。”④ 所以，对于清代西藏地区的司法终审权问题不能一刀切地下结论。

---

① 李鸣：《中国民族法制史论》，北京：中央民族大学出版社，2008 年，第 368 页。

② 孟保：《西藏奏疏》附《西藏碑文》，黄维忠，季垣垣点校，北京：中国藏学出版社，2006 年，第 130—133 页。

③ 吴丰培：《清代藏事奏牍》，赵慎应校对，北京：中国藏学出版社，1994 年，第 318—320 页。

④ 袁剑：《清代西藏终审权问题初探》，载张世明等《世界学者论中国传统法律文化》，北京：法律出版社，2009 年，第 502 页。

清末西藏治外法权的确立初探

孙镇平*

鸦片战争之后，外国帝国主义列强通过一系列不平等条约在中国攫取了司法主权，主要表现为领事裁判权（Consulal jurisdiction）和会审公廨（mixed court 制度在中国的确立。西藏，由于受制于清朝政府与外国帝国主义之间的一系列不平等条约的制约，司法主权也在遭到侵夺。外国治外法权在近代西藏的确立，与祖国东南沿海和内地还有所不同。面对着外国列强企图利用治外法权扩大在西藏的司法特权，清朝政府是采取了一定的抵制态度并最终使扩大治外法权的图谋遭到破产。外国治外法权在西藏的确立是与外国列强对西藏侵略的加深分不开的。

1. 廓尔喀（尼泊尔）首先在西藏确立了领事裁判权

1854 年，正值祖国内地革命风起云涌，西方帝国主义加紧对中国西南边陲侵略之时，尼泊尔廓尔喀王在英国支持下，不断挑起边衅，于 1855 年借口西藏地方官吏在边境多收廓商税米，阻挡廓商及杀伤抢劫等事，派兵侵入西藏，占领了济咙、聂拉木、宗喀等军事要地。当时祖国内地太平天国革命战争正在进行，清政府无暇西顾，不得已向廓尔喀人屈服，订立了《西藏尼泊尔条约》，这是清廷在西藏签订的第一个出卖西藏人民利益和国家利益的条约，首次确认了廓尔喀享有在西藏的领事裁判权。[①] 廓尔喀在西藏所取得的领事裁判权，同此前帝国主义列强在中国所取得的领事裁判权相比，有着不同之处。

1.1　廓尔喀在藏领事裁判权较其他列强在案件管辖上范围窄。

众所周知，1843 年 10 月 8 日中英签订的《五口通商章程》首次确立的领事裁判权，在案件管辖的主体上按照被告人主义原则确定领事裁判权管辖的权限：第一类是《五口通商章程》所确定的华人与英人的争讼案件，被告人是英国人的由英国领事管辖，即该条约所说“英人华民交涉词讼一款：……其英人如何科罪，由英国

---

* 孙镇平，博士，北京建筑工程学院人文社会科学系副教授、系主任。

① 牙含章：达赖喇嘛传，北京：人民出版社，1984 年，第 83—84 页。

议定章程、法律发给管事官照办。华民如何科罪，应治以中国之法。① 第二类是《五口通商章程》所援引的“应照前在江南原定善后条款办理，”② 的英国人之间或与英国属国人之间的争讼案件，归英国领事管辖，即“凡通商五港口，必有英国官船一只在彼湾泊，以便将各货船上水手严行约束，该管事官亦即藉以约束英商及属国商人。”“其英国水手、兵丁或别项英人，不论本国、属国，黑、白之类，无论何故，倘有逃至中国地方藏匿者，华官亦必严行捉拿监禁，交给近地英官收办。”③ 可见，英国在华设立领事裁判权之始，即明确了领事裁判权所管辖的是英国人为被告人的案件和英国人与其本国属国人之间的案件。

1844 年的中美《望厦条约》扩大了领事裁判权的适用范围，即只要是美国人为被告人，不论原告是何国人，也不论案件是否发生在通商的五口，更不论是何性质的案件，即“嗣后中国民人与合众国民人有争斗、词讼、交涉事件，中国民人由中国地方官捉拿审讯，照中国例治罪；合众国民人由领事等官捉拿审讯，照本国例治罪。”“合众国民人在中国各港口，自因财产涉讼，由本国领事等官讯明办理；若合众国民人在中国与别国贸易之人因事争论者，应听两造查照各本国所立条约办理，中国官员均不得过问。”④ 从此，自《中英五口通商章程》领事裁判权在中国的确立到中美《望厦条约》对领事裁判权的扩大和完善，外国帝国主义在华领事裁判制度基本定型。

廓尔喀在藏的领事裁判权在案件管辖上却不同，虽然中美的《望厦条约》足以作为领事裁判权定型的蓝本，并足以影响到西方列强的不平等条约，但是廓尔喀所确定的领事裁判权管辖的案件范围是在藏廓尔喀人相互之间的案件，即《西藏尼泊尔条约》所说的“西藏政府不得审讯寓居拉萨的廓尔喀商人的案件”，⑤ 这与此前各列强依据领事裁判权所管辖的案件范围相比，明显窄得多。

1.2　廓尔喀在藏领事裁判权较其他列强先获得“会同办理”的特权

“会同办理”不是会审公廨，它是领事裁判权扩大的一种表现，根据“会同办理”的特权，外国领事便获得了参与对领事裁判权国家侨民为被告人以外的案件审理权，其中主要是涉及中国人为被告人的案件。

帝国主义列强较早在条约中确立“会同办理”特权的国家是俄国和英国。1858 年 6 月 13 日《中俄天津条约》签署，其中第 7 条规定：“通商处所俄国与中国所属

---

① 梁为楫，郑则民主编：《近代不平等条约选编与介绍》，北京：中国广播电视出版社，1993 年，第 30 页。
② 梁为楫，郑则民主编：《近代不平等条约选编与介绍》，北京：中国广播电视出版社，1993 年，第 30 页。
③ 梁为楫，郑则民主编：《近代不平等条约选编与介绍》，北京：中国广播电视出版社，1993 年，第 25 页。
④ 梁为楫，郑则民主编：《近代不平等条约选编与介绍》，北京：中国广播电视出版社，1993 年，第 37 页。
⑤ 牙含章．达赖喇嘛传：北京：人民出版社，1984 年，第 84 页。

之人若有事故，中国官员须与俄国领事官员，或与代办俄国事务之人，会同办理。”① 1858 年 6 月 26 日《中英天津条约》签署，英国仿效俄国扩大了领事裁判权，不仅规定英国人之间的所有纠纷，中国官员不得过问，而且凡涉及中英两国人民的民事案件，也必须在英国领事馆的监督下，由中英双方官员实行“会同办理”。即所谓“英国民人有犯事者，皆由英国惩办。中国人欺凌扰害英民，皆由中国地方官自行惩办。两国交涉事件，彼此均须会同公平审断，以昭公允。”“凡英国民人控告中国民人事件，应先赴领事馆衙门投禀……中国民人有赴领事馆告英国民人者，领事官亦应一体劝息。间有不能劝息者，即由中国地方官与领事馆会同审办，公平讯断。”②

但是廓尔喀在藏领事裁判权中的“会同办理”特权要比英、俄等帝国主义列强获得的早，在 1856 年的《西藏尼泊尔条约》规定“惟廓尔喀与西藏人民的争讼，则由廓藏官吏共同会审，西藏人民罚款归西藏官吏，廓尔喀人民罚款归廓尔喀代表。”③ 在这一点上看廓尔喀在藏的领事裁判权，较西方列强成熟的早。

综上，廓尔喀在西藏的领事裁判权的确立，一方面是英帝国主义怂恿廓尔喀侵略西藏的结果，另一方面也是英帝国主义直接干涉、侵略西藏的结果。廓尔喀在藏领事裁判权在本质上与英、美所攫取的领事裁判权没有什么两样，但毕竟有所不同。

2. 英国在藏领事裁判权的确立

2.1　英国在藏领事裁判权的攫取是与其不断地侵略西藏分不开的

鸦片战争后，英帝国主义一直对西藏存在觊觎之心，他们希望通过对西藏的侵略来达到对长江上游的四川、云南等地的商品市场的控制，以倾销他们的工业产品。英国在西藏领事裁判权的确立，是与英帝国主义不断侵略西藏、不断强迫清朝政府一系列不平等条约来实现的，其目的就是保护他们在西藏已经攫取的政治、经济利益，并进而分裂西藏。

早在 1876 年的《中英烟台条约》中，英国就取得了游历西藏的特权，④ 从而把英帝国主义侵略西藏的特权载入了约章，但是却遭到了西藏人民的坚强抵制，直到 lass 年英军发动第一次侵藏战争之前，英人入藏游历始终没有成行。之后，英军于 1888 年和 1903 年两次发动侵藏战争，先后迫使清朝政府签署了《藏印条约》、《藏印条款》和《修订藏印通商章程》。在《藏印条约》和《藏印条款》（又称《藏印续约》的附加条款，英文本称为《1890 年哲藏条约附属通商、交涉、游牧章程》，

① 梁为楫，郑则民主编：《近代不平等条约选编与介绍》，北京：中国广播电视出版社，1993 年，第 75 页。

② 梁为楫，郑则民主编：《近代不平等条约选编与介绍》，北京：中国广播电视出版社，1993 年，第 89 页。

③ 牙含章：达赖喇嘛传，北京：人民出版社，1984 年，第 84 页。

④ 梁为楫，郑则民主编：《近代不平等条约选编与介绍》，北京：中国广播电视出版社，1993 年，第 37 页。

用以补充《藏印条约》）中，英国取得了在中国西藏的领事裁判权，“凡英国商民在藏界内与中国商民有争辩之事，应由中国边界官与哲孟雄办事大员面商酌办……如两边官员意见有不合处，照被告所供，按伊本国律例办理”。[①]《藏印条约》与《藏印续约》签订后，英人又利用第二次武装侵藏的胜利，强迫西藏地方政府签订了《拉萨条约》，获得了比《藏印条约》及《藏印续约》更多的利益，西藏地方官员在《拉萨条约》签字之后，清政府才如梦方醒，发现《拉萨条约》伴有抢中国主权的企图，况且西藏地方政府作为清廷的一个地方权力机构也无权与外国缔约，为此，清政府电令驻藏大臣拒绝在《拉萨条约》上签字画押，因此该条约因为没有得到清朝中央政府的批准，而成为一个非法的条约，不具有法律效力。直到 1906 年 4 月，在清政府的抵制和各国列强的干预下，中英两国政府签署了《续订藏印条约》，正式承认经修改过的《拉萨条约》。然而英国侵略中国西藏的野心并未因此告终，于是在 1907 年商改 1893 年通商章程之际，英方首先提出必须有权力画押的藏官参加的要求，以图使“西藏即成为独立国性质”，[②] 遭到清政府的抵制。但在英方坚持之下，清政府只得同意派藏官噶布伦汪曲结布等八人随同张荫棠参加谈判，但以他们行事须得中国钦差大臣的认可为条件。1908 年 4 月 20 日，中英签订了《修订藏印通商章程》。中英《修订藏印通商章程》共巧款，英国扩大了在西藏各商埠享有的治外法权。关于治外法权，是本章程的一个核心内容，《章程》以五款的内容对英国在藏司法特权和归还治外法权的许诺作了规定，[③]《章程》最终确立了依被告人主义的领事裁判权制度，并确立了主审、会审和观审的制度。

上述条约，使我们清晰地看到，英国和印度通过享有单方面的贸易特权而从中国攫取了更多的经济权利，通过领事裁判权的设立和主审、观审、会审的被告人主义民、刑事审判制度，使得中国清朝政府在自己的土地上原应独断的权力遭到蚕食，部分司法主权沦丧，较之以前关于西藏的条约中的内容是有过之而无不及。特别是在治外法权的放弃问题上，英国人提出以“俟查悉西藏律例情形及其审断办法，及一切相关事宜皆臻妥善”为条件，实际上是为其在西藏长期享有治外法权寻找借口。

应当说，英帝国主义对西藏的侵略，其根本目的是想将西藏分裂出去，但在这个最终目的没有实现之前，其在西藏所攫取的特权，总是需要一定的合法形式表现出来，这就是关于西藏的一系列不平等条约的签订所确定的各项政治、经济特权，以及为保障这些特权的实现而规定的领事裁判权。随着英国对西藏殖民欲望的加深，

① 梁为楫，郑则民主编：《近代不平等条约选编与介绍》，北京：中国广播电视出版社，1993 年，第 37 页。
② 吴丰培编辑：清代藏事奏牍，北京：中国藏学出版社，1994. P1385.
③ 梁为楫，郑则民主编：《近代不平等条约选编与介绍》，北京：中国广播电视出版社，1993 年，第 37 页。

分裂西藏成为其始终不变的宗旨，而为达此目的，英帝国主义在关于西藏不平等条约的签订上一直玩弄着政治和文字阴谋。这就是为什么英国第一个在中国攫取了治外法权，而在关涉西藏一系列不平等条约所涉及的治外法权条款的谈判中，仍存在着激烈而持久的斗争的缘故。

2.2 英国在藏领事裁判权确立过程中存在着分裂与反分裂的斗争

英帝国主义两次武装侵略西藏之前，其分裂西藏的图谋并不十分明显，因此在西藏不平等条约中关于治外法权的规定，仍强调被告人主义的法律管辖原则，即“须照被告所供，按伊本国律例办理。”① 但到了英帝国主义两次武装侵藏之后，英国分裂西藏的图谋逐渐暴露出来，其中在治外法权问题上表现得就比较充分，一方面，英国试图扩大在藏治外法权的内涵，使之一律适用“西律”，以实现西藏殖民地化；另一方面，英国为分裂西藏企图赋予西藏独立国的地位。但这些都被清朝政府所识破和拒绝，为此，围绕着治外法权，展开了激烈的分裂与反分裂的斗争。

在《中英修订藏印通商章程》谈判过程中，英方为使西藏殖民化，提出了商埠内一律适用“西律”处理中英之间的民、刑事案件，而抛弃了被告人主义的领事裁判权管辖原则，即“凡英印商民控告中藏民商案件，…中藏商民控告英印商民案件，…俱按西律一体科罪……”② 英印汉藏商民一体适用“西律”，使中国人民在自己的国土上失去了自己的法律

保护，英国人对中国司法主权的侵夺太暴露、太过分，其欲图殖民西藏的阴谋太凶险，于是连清政府也感到不能忍受，于是清政府电告张荫棠指出：“第六款中藏商民赴英官投诉，听候劝息，英印商民并不赴华官投诉，办法未能平允。改照烟台条约会审章程办理，视被告系何国人民，即由该国官员审判，其原告之国官员只能从旁观审。至商埠法律应各按本国律科断，如恐中律偏重，应候政府改良法律编定颁发，再行遵守。”③ 为此，英方只得同意：“六（第六款一作者注）删，拟增英人所有人役财产身家权利，归英国官管辖。又藏人控告英民，藏官赴英国商务官公堂观审。”④ 从而阻止了英国殖民西藏的阴谋，也使得清廷在领事裁判权问题上又争回了一点权利。

但是，英方并未就此罢休，1907 年 9 月 25 日，英方在新拟定的《修订藏印通商章程》领事裁判权条款中，通过文字游戏，企图把西藏作为一个独立国家看待或者把西藏地方与中国国家等量齐观。如英方提议：“如英国人民在西藏与西藏人民

① 梁为楫，郑则民主编：《近代不平等条约选编与介绍》，北京：中国广播电视出版社，1993 年，第 37 页。
② 吴丰培编辑：清代藏事奏牍，北京：中国藏学出版社，1994 年，第 1385 页。
③ 吴丰培编辑：清代藏事奏牍，北京：中国藏学出版社，1994 年，第 1386 页。
④ 吴丰培编辑：清代藏事奏牍，北京：中国藏学出版社，1994 年，第 1387 页。

有所争论，应由最近商埠之英国商务委员与西藏官员会同查询，面议办法。…藏人民有对于英国人民或其所用人役犯罪者，应由西藏官拿获，按西藏法律惩办。英国人民在西藏有犯罪者，应由最近犯罪之地之商埠英国商务委员按印度法律审讯惩办。…凡控诉者为西藏人民，西藏官得有派员往英国商务委员公堂观审之权利，凡英国人民到西藏公堂控告西藏人民之案件，英国商务委员亦得有派员往西藏公堂观审之权利。”又规定：“西藏大员深愿改良西藏法律，俾与各西国律例改同一律。…英国即弃其治外法律。”[①] 10 月 7 日，中国政府就英印政府利用治外法权文字企图分裂西藏的图谋，进行了严厉的驳斥，并明确指出其鬼蜮伎俩：其一，商埠内发生的民刑案件不应由英设公堂或西藏公堂分别审理，而是在商埠内的裁判局会审，并根据原告的情形，确定原告所属国官员的观察权。其二，在民刑事案件管辖权上指出，商埠会审权不局限于“西藏人民”，而是“中藏人民”，一方面表明在会审权的适用上包括了藏族人民在内的中国各在藏民族的人民，另一方面表明西藏隶属于中国，而排斥了西藏独立国的嫌疑。其三，在法律的适用上，不单纯地提出适用“英国法律”和“西藏法律”，而是规定适用“各犯罪人本国法律”，也表明了防止英藏直接交涉的企图以及在中方除“西藏法律”外其他大清律例的有关规定通同适用。其四，明确了“治外法权”的放弃而不是“治外法律”的放弃，“治外法权”的含义较“治外法律”含义更为宽泛，因为这不仅是法律适用的问题，还包括法律的审判问题，这就是张荫棠所提出的“英军撤退后，一切地方治理权均归汉藏官管理。英国商务官、边界官或将来所派各官不得干预地方词讼”[②] 的愿望与设想。故此拟议：“英印人民与中藏人民有所争论，如不能劝息，应会同审讯，视被告者为何国人，即由该国官承审。其原告人之该国官只可会审，审定后，各按该犯罪人之本国法律惩办。两国审断，俱应至公且平。凡中藏人民赴英国商务官处控告英印人民之案件，中藏官得有派员往英国商务官署观审之权利。凡英印人民赴裁判局控告中藏人民之案件，英国商务官亦得有派员往裁判局观审之权利。又中国深愿改良西藏法律，愿与各西国律例改同一律。英国允愿如英国在中国弃其治外法权，或无论何时，英国在中国弃其治外法权，并候查悉西藏律例及审断办法皆臻妥善，英国即弃其治外法权。”[③] 1908 年 3 月 20 日，中英《修订藏印通商章程》签订，关于商埠内领事裁判权的问题最终确定下来，《章程》第四条规定：“如英印人民在各商埠与中藏人民有所争论，应由最近商埠之英国商务委员与该商埠裁判局之中藏官员会同审讯，……应按照被告之国法律办理。凡属此种交涉案件，均由被告国之官主审，其原告之国

---

① 吴丰培编辑：清代藏事奏牍，北京：中国藏学出版社，1994 年，第 1389 页。
② 吴丰培编辑：清代藏事奏牍，北京：中国藏学出版社，1994 年，第 1385 页。
③ 吴丰培编辑：清代藏事奏牍，北京：中国藏学出版社，1994 年，第 1391 页。

之官，只可会审。…英印人民在商埠及往各商埠之商道中有犯罪者，应由地方官送交最近犯罪之商埠英国商务委员，按印度法律审讯惩办；…中英人民对于各商埠内或往各商埠之道中之英印人犯罪者，应由中藏地方官拿获，按律惩办。…凡中藏人民到英商务委员处控诉英印人民，中藏官员有派员往英国商务委员公堂观审之权利。凡英印人民到商埠内裁判局控告中藏人民之案件，英国商务委员亦得有派员往裁判局观审之权利。”第五条规定：“西藏大吏遵北京政府训令，深愿改良西藏法律，愿与各西国律例改同一律；英国允愿，无论何时，英国在中国弃其治外法权，并候查悉西藏律例情形及其审断办法，及一切相关事宜皆臻妥善，英国即弃其治外法权。”①

关于英国领事裁判权在西藏设立的斗争，反映出清朝政府在维护国家领土完整上的立场态度，虽然清末积贫积弱，但在反对英国殖民和分裂西藏的立场上还是表现出一定的强硬性，中英《修订藏印通商章程》能够在斗争中最终按照清朝政府的意志进行修改，也不能不说是一种不小的胜利。

3. 近代西藏的商埠会审局是西藏新政的产物

近代西藏的商埠会审局是西藏新政的产物，不是外国治外法权的产物。外国在西藏初期所确立的领事裁判权的行使，主要依靠的是外国在西藏所设立的领事机构或官署，如廓尔喀在藏设立的被称为“格乌丹”的尼泊尔代表处、商埠内英商务委员处。随着西藏商埠的开放，商埠内涉外案件的管辖主要是由商埠会审局处理，外国领事也享有在商埠会审局观审、会审之权，但它却不是会审公廨。第一，它不是在租界而是在商埠设立的；第二，它不像上海会审公廨那样应租界国家的要求而设立，而是适应清末变法改革和整顿藏务需要而设立；第三，它不像上海会审公廨那样一开始就确立了单纯的审判职能，而是在清末藏政改革中不断变换主管机关，经多次演变后才最终确立了“会审”职能。

清朝末年，为加强西藏的政务管理，特别是为响应清末的预备立宪，清朝派张荫棠出任驻藏大臣，开始整顿藏务并推行西藏新政，西藏新政的重要组成部分就是新的司法审判体系的建立。商埠会审局就是西藏新政的司法产物。单就西藏商埠司法而言，早在1890年议定《藏印条约》之时，驻藏大臣就考虑到在亚东通商事关边境安危，决定在亚东建立靖西外关，由靖西驻边同知署理包括司法在内的一切汉番事务。1906年中英《续订藏印条约》签订，西藏开放江孜、噶大克及亚东为商埠。驻藏大臣张荫棠在江孜、亚东、噶大克三商埠设立商务委员，实行商埠内“裁判均归我自办，冀收主权。”“1907年张荫棠又提出在亚东、江孜、噶大克酌设道府

① 吴丰培编辑：清代藏事奏牍，北京：中国藏学出版社，1994年，第1408页。

同知，治理地方，兼办裁判事宜，一如内地州县之制。同年，张荫棠在《咨外部为西藏议设交涉等九局并附办事草章》中提出设立巡警局，巡警局内附设裁判局，管户婚钱债词讼之事。1907 年 6 月 12 日，张荫棠又奏请亚东关税司兼办三埠商务委员，[①] 同年 8 月 8 日，在商定《修订藏印通商章程》中，再次提出“商埠内应由中国督饬藏官……设会审局，以管理商埠内所有商民词讼等事。”[②] 1908 年 3 月 20 日，张荫棠奏请整顿商埠事宜，提出设立以汉官充任的三埠监督各一员，兼办裁判局事宜。10 月，张荫棠提出，在拉萨设立巡警总局，在江孜、噶大克、亚东三商埠设巡警分局，兼办裁判局事宜。1910 年巡警总局在拉萨成立，后逐步推广到江孜、亚东，直至清朝灭亡。

可见，清末新政中，管理西藏商埠裁判事宜的机构设置的变化是十分频繁的，但始终没有脱离传统的行政兼理司法的体制，主管西藏商埠内案件的裁判机构（包括会审局）不是因治外法权的存在而存在，而是始终围绕着清末“固我主权”“收回治权”[③] 的新政需要而变化。

近代西藏一直是帝国主义国家觊觎分裂和殖民的重要区域，由于西藏地理位置的重要性，它成为帝国主义国家主要是英国长期侵略的场所，无论是西藏开埠通商，还是攫取治外法权，都是服务于帝国主义英国侵略西藏的政治意图。由于西藏开发较晚，加上长期以来西藏与清中央政府之间的关系不同于其他边疆省份和内地省份，清末在西藏进行的一系列整顿藏务改革，无不是围绕着“固我主权”、“收回治外法权”的目的。特别是为收回治外法权而在西藏所进行的司法审判体系改革，建立新型的审判机构—裁判所和商埠内的“会审局”，都是从晚清变法改革的自身需要而设立的，这与早期的“会审公廨”设立的背景、目的、管理体制是不同的，会审公廨的设立具有被动性，而西藏商埠裁判机构的设立则具有主动性，西藏治外法权的行使是依托于这种不断变化的审判机构的发展而发展起来的，商埠裁判机构也是伴随着治外法权的扩张而不断对其进行规制发展起来的。西藏商埠内裁判机构的演变与发展，是与当时西藏新政的时代背景紧密相连的，而不是单纯地附庸于帝国主义的治外法权，它的建立具有一定的积极性，即它是西藏新政的重要组成部分和重要成果。

---

① 吴丰培编辑：清代藏事奏牍，北京：中国藏学出版社，1994 年，第 1377 页。
② 吴丰培编辑：清代藏事奏牍，北京：中国藏学出版社，1994 年，第 1386 页。
③ 吴丰培编辑：清代藏事奏牍，北京：中国藏学出版社，1994 年，第 1304、1586 页。

清王朝治理西藏的基本法律

——《西藏通制》

史　筠*

清王朝对西藏的管辖治理，是持十分谨慎态度的，比较讲究采取切合西藏实际的政策措施，并注重依法治理。收编入清王朝的民族法典《理藩院则例》中的《西藏通制》，就是清王朝治理西藏的基本法律。这部基本法律最早颁行于嘉庆二十二年（1817），最后一次增修颁行是光绪三十四年（1908）。这中间虽然经过多次复审增纂，但变化不大，是清王朝一部相当稳定的法律。《西藏通制》是在自清朝开国管辖西藏以后一百几十年的对藏工作经验的基础上制定的，是清王朝治藏一系列政策措施的制度化、法律化、也是清王朝封建统治者治理西藏的国家意志的集中体现。

一、《西藏通制》颁布以前清王朝所颁发的治藏谕旨和章程

《西藏通制》是逐步形成和逐步完善起来的。早在康熙朝《大清会典》"理藩院"这一部分中，就收录有关于治藏的例案。譬如，这部会典的"柔远清史司""喇嘛"条载：顺治十年（1653），"给达赖喇嘛金册金印，又给厄鲁特顾实汗金册金印。"以后，终清之世，给历世达赖喇嘛颁给金册金印，成为定制。随着清王朝对西藏工作的扩展以及对西藏管辖和统治的强化，有关治理西藏政教及军事、经济问题等的皇帝谕旨及军政大臣的奏议日益增多，除了历朝的《大清会典》有所汇集之外，到乾隆年间，清王朝关于治理西藏的各项制度建设有重要发展。

在康熙、雍正、乾隆年间，西藏地区累滋事端，政局极不稳定。先是五世达赖喇嘛逝世，第巴桑结嘉措秘不发丧，籍势与顾实汗后裔争权，康熙四十五年（1706）拉藏汗杀第巴桑结嘉措，使西藏局势稍定。接着是准噶尔策妄阿喇布坦攻西藏，清王朝派军入藏，到康熙五十九年（1720）才告平定。雍正年间，噶伦阿尔

* ［作者简介］史筠，全国人大常委会民族委员会副主任，同时任中国人民大学清史研究所兼职教授、北京大学法律系兼职教授。

布巴等杀康济鼐，清军入藏，阿尔布巴事件为颇罗鼐所平息。乾隆十五年（1750），朱尔默特那木扎勒勾结准噶尔谋反，清军再次入藏，等等。面对西藏的严重局势，清王朝总结了自开国以来的治藏经验，于乾隆十六年（1751）制定并颁布了由四川总督策楞等拟奏、经乾隆帝批准的《西藏善后章程》。这个章程收入《清高宗实录》的第十条，收入张其勤《清代藏事辑要》及藏文档案的第十三条[①]。主要规定西藏的噶隆额定为三俗一僧共四人；噶隆办事必须于噶厦公所并使用“官放”的官员会办，不许于私宅并使用私人办事，各处第巴头目等官不得任意各放私人；沙汰卓呢尔、商卓特巴、曾本等冗员，加强管理地方兵马、防范卡隘的代奔，由四人增至五人，调遣兵马必须听候达赖喇嘛并驻藏大臣印信文书送行，均定差徭，严禁私堂滥免和加派；严格仓储管理，禁止私自取用；噶隆、代奔缺出，由驻藏大臣商同达赖喇嘛拣选并请旨补放，噶隆、代奔报部颁给敕书等。

纂修于乾隆二十一年（1751）[②] 的乾隆朝内府抄本《理藩缺则例》，对西藏作了较多的规定。其中的“柔远清吏左（前）司上”的“疆里”条对西藏的藏、卫、喀木、阿里四部的地域作了详细记述，“旗制”条规定：“西藏，分藏、卫、喀木、阿里四部落，不设旗”，“肇封”条详细记述了西藏归服清王朝和受封过程，“设官”条规定，雍正四年议准：“西藏事务，以贝子康济鼐为正，以贝子阿尔布巴佐之，原令其会同众噶布伦等和衷办公而设，诸伊等不睦，后起衅端，亦有关系，应遣大臣前往，驻扎照看，一其大臣更换，皆由特简。”这一条还规定，乾隆十年（1745）议准：“驻扎西藏大臣司官笔帖式，均一体定为三年更换。”这部抄本《理藩院则例》的“柔远清吏左（前）司下”的“敕封喇嘛”条规定，康熙五十二年（1713）议准：“班禅胡图克图勤修释教，敬谨纳贡，应照达赖喇嘛之例给予金册金印敕书，封‘班禅额尔德尼’。”“喇嘛进贡”条对达赖喇嘛和班禅额尔德尼“间年轮班遣使进贡”的人数、贡物及进京路线等，都有详细规定。这一条还规定，雍正三年（1725）议准：“达赖喇嘛、班禅额尔德尼向例每年遣人在打箭炉等处征收番人贸易税银，应永行停止，按其年得之分加赠、每年折给达赖喇嘛茶叶五千斤，班禅额尔德尼二千五百斤，均由四川雅州荥经县办运至打箭炉赏给。”这一条还规定，乾隆“三年（1738）谕：闻西藏大小寺庙约有千数，各寺庙费用，养赡众喇嘛及往来行走喇嘛，并送布施人等费用，皆达赖喇嘛给予，所费甚多，用度不敷。从前皇祖皇考，皆眷顾达赖喇嘛，不时加恩赏责。今达赖喇嘛费用不敷，着于打箭炉所收税银

① 《西藏地方是中国不可分割的一部分》，西藏人民出版社，1986 年，第 212 页。

② 赵云田：《清代理藩院、理藩院资料和理藩院研究》，见中国边疆史地资料丛刊《清代理藩院资料辑录》。

内，每年拨给五千两，于达赖喇嘛遣人至打箭炉领取茶叶之便，将此项银一并带往。”①

乾隆五十三年（1788），尼泊尔的廓尔喀族统治头目苏尔巴尔达布等率军队侵入我后藏的聂拉木、济咙、宗喀等处掳掠滋扰。清王朝派军队入藏拒战，到第二年，廓尔喀侵略军逃归尼泊尔。清王朝为进一步加强对西藏的治理，于乾隆五十四年（1789）、五十五年（1790），连续议定了两份治藏条款：即乾隆五十四年（1789）经乾隆帝批准的、四川成都将军鄂辉等奏报的《收复巴勒布（尼泊尔）侵占藏地设站定界事宜》十九条②，乾隆五十五年（1790）批准的、四川成都将军鄂辉等的《酌议藏中各事宜》十条。③

乾隆五十四年颁行的十九条的主要内容是：于后藏派驻绿营官兵及加设塘汛，于拉孜等边境要地增兵防守并修筑卡碉，扩编藏兵数额，规定藏兵操演及口粮供应办法于扎什伦布等地建仓储粮；加强西藏基层第巴管理，严明第巴职责及补放办法，驻藏大臣及驻藏帮办大臣按年轮赴后藏巡边以及噶布伦四人按年轮派后藏稽查藏兵操演，严禁第巴及官兵倚势勒索外番来藏贸易人员，规定边境贸易收税办法，改革刑讯听断办法；改进噶布伦、戴绷（代本）、第巴等的拣选补放办法，以及对西藏兵铜解运发放办法等。

乾隆五十五年颁行的十条，主要是针对当时西藏政教统治集团内部的复杂情况而发的，其中尤以当时达赖喇嘛身边的一些亲信随从，胡作非为，有的甚至推崇红教以与黄教相抗衡。清王朝容忍这种局面再延续下去，为维护黄教的影响，并为加强对西藏的控制，在这十条主要强调：发挥和加强达赖喇嘛和驻藏大臣对西藏事务的决策作用；在用人问题上，无论是噶布伦、戴绷、第巴等军政人员，以及寺庙堪布宗教人员等的拣选、补放，都强调要由达赖喇嘛和驻藏大臣公同酌定验放；严格免差印照的发放；因罪抄没田产和赏人田产，都必须报经达赖喇嘛和驻藏大臣酌定，严格达赖喇嘛商上仓库的管理制度，以及禁止昧扣来藏熬茶的“蒙古、番子”等应发的口粮等。

乾隆五十六年（1791），廓尔喀人第二次侵入西藏，清王朝派大军入藏，于次年击败廓军，迫其投降。清王朝从此又进一步采取了一系列治藏的善后措施，并规定了相应的章程。乾隆五十七年（1792）八月，乾隆帝对西藏工作开示了六项原则，主要内容：一是指示喇嘛首领转世实行金瓶掣签制度。二是严格西藏财赋管理，一面加强驻藏大臣对管理财赋官员商电特巴等人选的秉公任用和对收支的“综覆，

① 以上引文见中国社会科学院中国边疆史地研究中心编《清代理藩院资料辑录》。

② 《清高宗实录》，卷1333，第28页。

③ 《清高宗实录》，第17页。

一面是严申内地派驻西藏的官兵不许动用西藏的钱财。三是提高派驻西藏官员的素质，增加人数，加强驻藏大臣对“藏中诸事”的管理，“不得仍前任听达赖喇嘛等专擅，致滋弊端”。四是藏内边界“一一设立鄂博，毋许越界”，驻藏大臣应按季轮往边地稽查，并对各地驻兵“勤加操练”等。①

根据乾隆的谕旨，乾隆五十七年（1792）十二月，福康安、孙士毅、惠龄、和琳等“钦遵训谕，体察情形，公同悉心筹议”了关于在西藏加强防御边隅的六条措施。② 主要内容是：确定在西藏除派驻绿营兵以外，额设藏兵三千名，并规定戴捧分驻前、后藏及领兵数额和管辖办法；“核定管兵番目等级，以专责成”，规定各级藏兵军官领兵数额及拣选升攘办法，还规定非东科尔世家出身的人也可以依次升擢；规定藏兵管兵头目，“分别酌给钱粮口粮，以资养赡”；规定藏兵武器装备，由国家发给，额兵三千名中，“每一千名定为五分鸟枪，三分弓箭，二分刀矛”；提高派驻西藏绿营官兵的质量，不许“将平庸之员充数”，“严禁将备弃兵欺凌番兵并役占番兵”。

乾隆五十八年（1793）正月，清王朝的军机大臣会同大学士、九卿议复福康安等条奏的《酌筹藏内善后章程》十六条。主要内容是：严格管束西藏地方政府同境外的往来，藏地边界不许私越；改变历来只许世家子弟东科尔升任“大小番目”的做法，允许其他藏民也有“进身之路”，不许东科尔袭祖父职，不许选用十八岁以下不及岁的东科尔任职；大寺坐床堪布的补放，达赖喇嘛会同驻藏大臣拣补，“小寺堪布仍专令达赖喇嘛拣补”；严格藏民供应乌拉夫马及给票免差办法；严格户口管理，各大小寺喇嘛及全藏寨落户口，“一体造册，于驻藏大巨衙门及达赖喇嘛处各存一份备查”；犯罪罚赎，不许“倍罚肥私”，不许私议抄没，并规定“嗣后译写罚赎内例一本，交驻藏大臣酌票拟办”；在工布地方就近以硝磺制造火药，“其铅丸火绳由川省运解；噶布伦、戴绷等官房庄田“随任交代，不准私占”；喇嘛钱粮按期支放，不许“先期预领”；按年向各寨征收租税，“立限严催，清缴商上”；驻藏大臣衙门设廓尔喀语文通事；廓尔喀使进京必须“预约”等。

清王朝的上述一系列关于治理西藏的谕旨、章程，大体都是每批准一件即由驻藏大臣衙门逐件“晓谕”达赖喇嘛和班禅额尔德尼。乾隆五十八年（1793），福康安、孙毅、惠龄、和琳等“恐日久遗失，致碍于事”，将历次所定治藏章程中的主要内容，重新增删汇集成共二十九条的《藏内善后章程》译成藏文，分送达赖喇嘛和班禅额尔德尼。这一藏文的二十九条章程，保存在西藏地方政府的《水牛年文书》内，藏历阴水牛年即乾隆二十八年，癸丑。福康安等要求西藏地方政府“永远

① 《清高宗实录》卷1411，第22页。

② 《钦定廓尔喀纪略》卷47，第1页

遵行”，并说“如仍有轻慢悖逆者，定严惩不贷。”① 二十九条许多藏史著作都有论介，学术界人已相当熟悉。我们只要将这二十九条章程，逐条同本文前面所述乾隆五十八自多以前的有关规定作比较，就可以明显地看出它并不是当时的新规定，而是这以前已有规定的新汇集、新综合。而且，正如乾隆五十八年福康安等就这二十九条章程致达赖喇嘛的咨文所说的，这些内容的藏文译稿，驻藏大臣也不是第一次咨告达赖喇嘛和班禅额尔德尼，而是以前“已渐次抄送”过，这一回只是“故今再次咨会”。②

譬如，这二十九条章程中的第一条，关于寻找活佛、呼图克图灵童建立金奔巴瓶掣签制度问题，乾隆五十七年（1792）八月乾隆帝所“逐条开示”的西藏善后六条中的第一条就有规定。同年十月福康安等的会奏中，还有更详细的规定。③ 第一二条关于境外人员来藏的管理的规定，乾隆五十八年（1793）正月的《酌筹藏内善后章程》十六条的第一条，以及乾隆五十一七年（1792）十月，乾隆帝给军机大臣的谕旨④中，都有所规定。只是这二十九章程的第二条，较之以前规定得具体、详细一些。第三条关于西藏币制“章卡”的规定，这以前有过多次关于这一问题的“谕旨”和“议复”。如乾隆五十六年（1791）九月庚子“谕”；⑤ 乾隆五十七年十二月庚午“谕军机大臣”及“又议复”⑥ 等，累有规定。这二十九条中的第三条，只是在上述历次规定的基础上加以综合而成。

本文限于篇幅，不再逐条一一比照。大体可以这么说，这二十九条章程，基本是这以前所定章程、谕旨、条奏等的基本内容的重申；有一小部分条文则是在原有规定的基础上的进一步完善。

二、《西藏通制》所规定的主要内容

《西藏通制》是在总结清王朝自开国以来的治藏对策得失，特别是在总结和综合上述乾隆朝一系列章程、谕旨等内容的基础上编纂而成的。综观上述乾隆朝的治藏章程，有以下几个共同特点：

第一，章程的内容和形式，基本都是关于西藏问题的皇帝谕旨和经过清王朝中央批谁的有关军政大臣的条奏等的汇编。

---

① 《西藏地方是中国不可分割的一部分》，第265—266页。

② 《关于新订二十九条章程的咨文》，见《西藏地方是中国不可分割的一部分》，第265页。

③ 《卫藏通志》，卷6，第2页。

④ 《清高宗实录》，卷1415，第15页。

⑤ 《清高宗实录》，卷1387，第26页。

⑥ 《清高宗实录》，卷1918，第11页。

第二，章程中的条文，基本是每一个问题都是有关的历史沿革和当前的决策同列。

第三，许多条文的内容，既规定长期定制，又规定当前具体问题的处理办法，即定制与具体问题处理办法同列。

第四，关于西藏的政治、经济、军事问题的规定与关于宗教问题的规定同列。

从法律建设的发展进程来看，这一类的章程应系只是清王朝在一定时期的政策性文件。当然，从清王朝是封建皇帝专制的政治体制来说，皇帝的谕旨和经皇帝允准了的军政大臣的条奏本身，就是“金科玉律”，就其当时的法律效力来说，这一系列的章程就是法律。但是，从清王朝立法工作的规范化水平来说，这一类章程的内容要成为清朝的国家定制，还有待进一步“升华”，使之精练和完善。清王朝关于西藏的这一项法制建设的重要历史任务的完成，是到嘉庆年间才实现的，这就是《西藏通制》的制定和颁布。

《西藏通制》分上、下两卷。嘉庆年间最早刊行的《西藏通制》，上卷为 14 条，下卷为 11 条，共 25 条。这 25 条“通制”，一直沿用到清朝末年。光绪三十四年（1908）排印本《西藏通制》上、下两卷及条目、内容，同最早的嘉庆刊本基本相同，只在上卷增加了“后藏扎什伦布增设业尔仓巴等官”一条，并对上卷“噶布伦以下各官给予顶戴”一条，以及“唐古找属额设噶布伦以下各官”、“补放噶布伦以下各缺”等条文的内容上有所修改和增删。

《西藏通制》的内容，可综合归纳为以下七个方面：

第一，关于清王朝在西藏设驻扎大臣及其执掌的规定，有两条：

“西藏设驻扎大臣”条规定：

“西藏设驻扎大臣二员，办理前、后藏一切事务。其大臣更代，均由特简。”

“西藏诸处事务均隶驻藏大臣核办”条规定：

驻藏大臣总办阖藏事务，与达赖喇嘛、班禅额尔德尼平行。噶布伦以下番目及管事喇嘛，分系属员，无论大小事务俱察明驻藏大臣核办。至扎什伦布诸务，亦一体禀知驻藏大臣办理。不准岁捧、堪布等代办。该大臣巡边之便，稽查管束。

第二，关于西藏的财政管理办法的规定。包括“稽查商上公用”、“稽查商上收支”、“打箭炉税银拨赏达赖喇嘛”、“噶布伦等官房庄田随任交代”、“西藏喇嘛钱粮不许预领”等五条。譬如“稽查商上收支”条规定：

“达赖喇嘛、班禅额尔德尼商上得项，除养赡喇嘛番众外，如有盈余，作为唐古武兵丁养赡之用。一切收支悉责成驻藏大臣稽查。凡换班官兵以及驻藏大臣公私费用，不准于商上侵挪。”

“打箭炉税银拨赏达赖喇嘛”条规定：

“打箭炉所收税课内，每年拨银五千两，赏给达赖喇嘛作为养赡僧众之费。于每年遣人至打箭炉领取茶叶之便抵领带往。”

“噶布伦等官房庄田随任交代”条规定：

“藏内噶布伦等拨给房屋庄田，照内地衙署廉体之例，给现充之人居住管理。一经缺出，即行交代新任，不许稽迟。”

第三，关于西藏主要军政官员的任用、顶戴及回避办法的规定。包括“噶布伦戴棒颁给敕书”、“噶布伦以下各官给予顶戴”、“后藏扎什伦布增设业尔仓巴等官”、“拣放坐床堪布喇嘛”、“达赖喇嘛班禅额尔德尼族属不得擅越管事”等五条。“噶布伦戴棒颁给敕书”条规定：

“西藏噶布伦、戴捧缺出奉旨补授者，令其将旧领敕书送院（按：指理藩院）查销，另行办给敕书。”

“噶布伦以下各官给予顶戴”条规定：

“噶布伦给予三品顶戴，戴捧给予四品顶戴。其花翎除恩赏外，均不准戴用。嘛噶布伦消除扎萨克名号。如捧、第巴、甲捧、营官人等，按照等级给予五、六、七品顶戴。”①

“拣放坐床堪布喇嘛”条规定：

“各大寺坐床堪布喇嘛缺出，达赖喇嘛知会驻藏大臣办事胡图克图公同拣放，给予合印执照，派往住持。其小寺堪布喇嘛缺出，由达赖喇嘛自行补放。”

“达赖喇嘛班禅额尔德尼族属不得越界管事”条规定：

“大小番目及前、后藏管事喇嘛，均不得以达赖喇嘛、班禅额尔德尼族属挑补摄越管事。俟达赖喇嘛、班禅额尔德尼转世后，方准将前辈亲族量材录用，以昭公允。”

第四，关于藏民争讼及禁止私发照票的规定。包括“番民争讼分别罚赎不得私议抄没、禁止私给照票免差”两条。“番民争讼分别罚赎不得私议抄没”条规定：

“卫藏唐古成番民争讼，分别罚赎，将多寡数目造册呈驻藏大臣存案，如有应议罪名挤总须察明驻藏大臣核拟办理。其查抄家产之例，除婪索赃数过多，应察明驻藏大臣酌办外，其余公私罪犯，凭公处治，严禁私议查抄。”

“禁止私给照票免差”条规定：

“藏内各寨番众供应乌拉人夫马匹，达赖喇嘛、班禅领尔德尼及伊等用事亲族、大胡图克图等，并噶布伦、戴捧及大喇嘛所管之庄佃人户，不准私给牌票或免差徭，或免税赋。如实有劳绩者，达赖喇嘛告知驻藏大臣方准给予照票。至番民挑定额兵，

---

① 光绪朝增纂本《西藏通制》，本条规定略有修改。

由驻藏大臣及达赖喇嘛于挑兵时发给照票，填写住址名字，免其门户差使。如有事故革退，即将原票缴销。”

第五，关于管束西藏与“外番”廓尔喀、布鲁克、哲孟雄等的往来的规定，有“稽查外番差人来藏”条：

“西藏地方遇有廓尔喀察请之事，均由驻藏大臣总理。其呈送达赖喇嘛、班禅额尔德尼土物，应给谢礼回谕，亦由驻藏大臣代为酌定给发。如有关系地方事件及通向、布施，均报明驻藏大臣，听候办理‘其布鲁克巴素信红教，每年遣人来藏向达赖喇嘛呈递布施，哲孟雄宗木洛敏达等小部落差人来藏，均由边界营官查明人数，察明驻藏大臣验放进口，并令江孜、定日驻扎备弃实力稽查。其到藏驻扎后，该部落差人享明驻藏大臣，由驻藏大臣给谕。其呈达赖喇嘛等察启，俱应呈送驻藏大臣译出查验，由驻藏大臣与达赖喇嘛将谕帖酌定给发，查点人数，再行遣回。其噶布伦虽系达赖喇嘛管事之人，不准与各部落私行通信。即各部落有寄信噶布伦者，亦令呈送驻藏大臣与达赖喇嘛商同给谕，仍不准噶布伦等私行发给。即各部落有寄信噶布伦者，亦令呈送驻藏大臣与达赖喇嘛商同给谕，仍不准噶布伦等私行发给。倘有私行来往，暗通信息之事，驻藏大臣即将噶布伦等革退。”

第六，关于西藏地方各级军政官员设置名额及补放的规定。包括“唐古武属额设噶布伦以下各官”、“补放噶布伦以下各缺”、“增设戴捧以下各缺均按等第递升”、“边缺营官三年更换”、“东科尔及岁方准当差”等五条。譬如，“唐古武属额设噶布伦以下各官”条规定：

“唐古武属设三品总理大小事务噶布伦三人，喇嘛噶布伦一人（不给顶戴）①，四品总理兵丁戴捧六人，稽查商上出纳仔玲三人，总理库务商卓特巴二人；五品管理兵丁如捧十二人，管理粮储业尔仓巴二人，管理拉撒（按：即拉萨）番民朗仔辖二人，管理刑名协帮二人，管理布达拉番民希约第巴二人；六品……，五品边缺江卡营官一人，准噶尔本营官二人，哈拉乌苏营官一人、喇嘛营官一人（喇嘛营官不给顶戴），错拉营官二人，…七品小缺雅尔堆营官一人，金东喇嘛营官一人，…工布塘喇嘛营官一人。”

扎什伦布属大缺拉孜喇嘛营官二人，练喇嘛营官一人，金咙喇嘛营官一人，中缺昂忍喇嘛营官二人，“一六品协营官一人、喇嘛营官一人；一七品冻噶尔营官一人，扎苦营官一人②。”

“补放噶布伦以下各缺”条规定：

“噶布伦缺出，驻藏大臣会同达赖喇嘛于戴捧及商上仔捧、商草特巴内择其才

① 光绪朝增纂本《西藏通制》，此句修改为：“唐古忒属设三品总理大小事务噶布伦四人。”

② 光绪朝增纂本《西藏通制》，关于扎什伦布属各缺这一款，全部删去。

具优长著有劳绩者，拟定正陪，奏请补放。其喇嘛噶布伦一缺，于番目内挑补。"①戴琫缺出，先尽新设管领番兵之各珠内拣选，如一时不得其人，再以边缺营官内拣选奏补。商上仔球、商卓特巴缺出，以业尔仓、协尔帮、大中译及济仲喇嘛升补。…所有营官缺详细分别大缺、边缺、小缺，造具册档，驻藏大臣存案办理。一凡大小各缺，均由驻藏大臣会同达赖喇嘛挑选。如达赖喇嘛徇私不公，准驻藏大臣验正，秉公拣补。除噶布伦、戴棒奏明补用外，其余各缺由驻藏大臣会同达赖喇嘛发给清、汉、西番字印照为据。至管理柴草、门户、糟粑、帐房第巴及管理牛羊、草厂头人等缺，悉听达赖喇嘛自行拣补。

扎什伦布均系喇嘛管事，其商卓特巴缺出，以岁捧喇嘛、森本喇嘛升补。森本缺出，以传事之卓尼尔升补。不准越次补放，均照前藏之例，由驻藏大臣会同班禅额尔德尼补放。其管理茶叶、柴草等缺，悉听自行补放，仍察知驻藏大臣注册存案，以凭查核。②

"东科尔及岁方准当差"条规定：

"凡挑取办事番目，于东科尔内择其端详历练之人拔补，不准袭充伊祖、父职分。即挑取小中译、噶厦卓尼尔小缺营官等番目，亦必须年至十八岁以上者方准当差，不得以幼小之人滥等充数。"

第七，关于藏兵定额、军器定制、兵丁号衣、应支银米等规定。包括"设立番兵定额"、"番兵军器定制"、"唐古武兵丁号衣"、"番目番兵应支银米于春秋二季散给"、"校阅番兵技艺"、"驻防员异及戴捧等不得滋扰兵丁"等六条。譬如，"设立番兵定额"条规定：

"前、后藏客设番兵一千名。此外，衡途要隘之定日、江孜地方，安设番兵各五百名，共额设番兵三千名。此项即于安设处所，就近挑外，以省调戍之烦。设立戴捧四人，以二人驻扎后藏，以一人分驻定日，一人分驻江孜，管理所设兵丁。即令各处驻防将弃督帅管束，教演技艺。前藏番兵归游击统辖，后藏及江孜、定日番兵，归后藏都司统辖。所有挑补番兵，造具花名册，交该管游击、都司及戴捧稽查外，另缮名册二本，一呈驻藏大臣衙门，一交噶厦公所。遇有事故，核实挑补，随时呈报，以资考察。"

"驻防员弃及戴捧等不得滋扰兵丁"条规定：

"前、后藏及定日、江孜官员兵丁，均由四川省总督拣选人才技出色员并派往分驻。如内地拨派驻藏官兵，有营私舞弊，欺凌唐占忒兵丁等事，准该戴珠票知驻藏大臣随时严办。倘该戴捧操防怠惰，苦累番兵，亦准将备等享明究办。所设番兵

① 光绪朝增纂本《西藏通制》，"其喇嘛噶布伦一缺，于番目挑补"一句，删去。

② 光绪朝增纂本《西藏通制》，删去了本条关于扎什伦布这一款。

三千名，该管将并及戴捧等不得擅行役使。若于例外私行服役者，一经查出，照例治罪。”

从总体看，《西藏通制》的结构，已基本摆脱了清乾隆以前编纂会典、会典事例的旧体系，[①] 它已不再是关于西藏问题的谕旨、条奏的简单汇纂，也不再是各个时期处理西藏问题的沿革和决策、定制和具体办法并列，而是将清初以来的治藏政策定制化，法律化，它已是初具近代法律模式的法律文书。从每一律条的规范形式来看，《西藏通制》每条前有条目即条旨，以概括本条的主旨，这是适应当时满、汉、藏等官民易于掌握的情况而采取的办法，使之一看条旨即可一目了然。

《西藏通制》颁布以前的一系列关于西藏的“章程”，往往是政教不分，关于政治、经济、军事的规定和关于宗教的规定，综合写在同一章程中。《西藏通制》中除对西藏各大寺坐床堪布及扎什伦布官员的任免作了规定之外，不涉及对喇嘛教事务的管理问题。关于喇嘛事务的管理，在《理藩院则例》中另有《喇嘛事例》五卷做出专门规定。

《西藏通制》全面地、准确地规范了清王朝管辖和治理西藏的基本制度。这一部关于西藏的基本法律，一直通行到清末，实施达九十多年。它在清王朝稳固地统治西藏的历史过程中发挥了重要作用。

① 见史筠：《民族事务管理制度》第二章，吉林教育出版社《中国少数民族文库》本，1991 年。

试论西藏政教合一体制下相关法律框架及其特点与启示

牛绿花*

政教合一体制下西藏的法律情况是分两条线进行的，一方面是西藏地方政府制定的成文法律，另一方面是封建中央政府针对西藏制定的法律。元朝时期法律上的统一和统领及管辖效力十分有限，基本上未触动原有的法律制度和运行轨迹，主要通过帝师发布命令、上通下达的方式，通过宣政院的政策实施来进行。明承元制又有所改进，但从直接立法来说，依然建树不多。清代有了前两朝的经验与教训，以及时代发展的需要，到清朝中后期实现了对藏的直接立法，将驻藏大臣制度、活佛转世的金瓶掣签制度等具体化、法律化，实现了法律上的有效干预和治理。经过几百年的政教合一体制的运行，其法律体现了一些特点，也为当今国家处理藏区的民族、宗教问题有诸多有益的启示，梳理并总结这些法律制定的经过、内容、特点及启示，在今天复杂的国际局势下，对有效处理涉藏问题及宗教问题有着极大的现实意义。

一、佛教传入西藏及政教合一制度的形成

自吐蕃时期佛教传入西藏，就与原有宗教——苯教发生矛盾。为此吐蕃王室进行了一系列扶持佛教的政策，如规定了"（僧人钵阐本）参政"、"七户供养一僧"等。但无论是"佛教僧侣集团或苯教僧侣都是在以赞普为首的世俗统治集团的支配下进行活动"①②。教权受控于君权。随着朗达玛灭佛，吐蕃王朝开始崩溃，佛教不得不转入边远地区，在民间暗自传继。经过数百年的分裂、割据、纷争，西藏社会完成了从奴隶制向封建制的过渡，确立了封建经济体制，形成了一大批新兴的割据

---

* ［作者简介］牛绿花，女，藏族，西北师范大学政法学院副教授，法学博士。

① 多杰才旦：西藏封建农奴制社会形态．北京：中国藏学出版社2005：332.

② 徐晓光：藏族法制史．北京：法律出版社，2004。

一方的大大小小的互不统属的地方势力，为了巩固自己的政权，很显然“重鬼右巫”、杀牲献祭、没有系统理论的古老宗教——苯教，已不能适应封建农奴主阶级的需要；再说，饱尝战争、自然灾害之苦的劳苦大众迫切渴望和平安定，这些无疑为佛教的再次复兴创造了条件。10 世纪后半期，佛教通过“上路弘传”与“下路弘传”，在西藏复兴，这在西藏佛教史上称为“后弘期”。佛教改变了前弘期佛教仅仅在上层活动的局限性，深入民间为群众行医治病、祈福、禳拔，加上佛教的人生无常、追求来世、众生平等、大慈大悲、和平反战等一套说教，对苦海无边、归宿渺茫的劳苦大众来说，显得特别有说服力，得到强烈的共鸣与同情，于是佛教在民间树立了牢固和广泛的信仰基础。在此基础上，佛教也改变了与苯教的生存关系，从对立走向相互吸收和包容，真正成为普通人的信仰，实现了佛教的本土化。在各地方割据互不统属的情况下，地方政权首领所推崇的教派也就得到快速发展，出现了宁玛派、噶当派、噶举派、萨迦派、希解派、觉宇派、觉囊派等大量教派。各世俗割据政权及各佛教教派在发展壮大过程中彼此吸收消融，或者在世俗割据政权身上滋生出教派力量，或者在佛教教派身上发展出世俗权力，这样，一个个割据状态下的政教合一制政权在后弘期时纷纷出现，典型的有萨迦政教合一制地方势力、帕竹政教合一制地方势力、止贡政教合一制地方势力、雅隆王朝政教合一制地方势力等。这时的西藏政教合一制尚处于雏形阶段。到 13 世纪北方蒙古势力建立起包括西藏在内的全国统一地方势力后，结束了后弘期西藏政权纷立的割据局面，在原来萨迦地方势力的基础上建立起了一个统一的政教合一制政权，西藏的政教合一制开始真正确立。

二、政教合一制度下的西藏地方政权的法律

除了沿用吐蕃王朝时的法律之外，政教合一制度下制定了《十五法》、《十六法》、《十三法》、《十二法》、《正直明镜鉴》、《蒙古法律六十条》、《哲蚌寺的法律条文》、《止贡绛曲林寺的法律条文》、《噶厦办事规则二十三条》、《山谷共同纲领》以及《山南地区的夏季法契约》等，构成了政教合一制度下的西藏法律体系。以下就《十五法》、《十六法》、《十三法》的有关规定予以简要说明。

（一）《十五法》

根据《续藏史鉴》和《西藏王臣记》载，在萨迦政权统治时期曾融合蒙古法律和吐蕃时期的法律制定了《十五法》。《十五法》在《续藏史鉴》和《西藏王臣记》等史料中仅有条目的介绍，没有具体的内容的引证，因而引起了一些学者的特别关

注。对《十五法》的版本问题学界有一些争议。徐晓光教授在其《藏族法制史》中援引了日本学者山口瑞风的相关研究，并给出了自己的理解："绛曲坚赞建立了第悉帕摩主巴政权。此时纂修《十五法》，是在原萨迦政权整理法律制定细则的基础上进行的。《续藏史鉴》和《西藏王臣记》等史料中仅载《十五法》的几句前言和篇名，两书所记略有差异，想必是翻译问题。"其篇名有：《英雄猛虎律》：对强悍的人加以抑制的法律；《懦夫狐狸律》：对懦弱的人加以扶助的法律；《地方官吏律》：规定官员应尽职责方面的法律；《听讼是非律》：要求司法官明断是非的法律；《逮解法庭律》：对欺压百姓的人加以逮捕的法律；《重罪肉刑律》：对犯重罪的人处以肉刑的法律；《警告罚锾律》：对轻微的犯罪处以警告和罚款的法律；《使者脚钱律》：对贪污的官吏予以处罚的法律；《杀人命价律》：杀人赔偿命价方面的法律；《伤人抵罪律》：伤人要作相应赔偿的法律。①

杨士宏先生在分析了日本学者山口瑞凤《松赞干布的"十六法"》一文和徐晓光教授《藏族法制史》中的相关内容，并结合自己的研究提出："《十五法典》是自元而明，自萨迦而向帕莫竹巴政权过渡的产物。""在现已出版的藏文版《西藏历代法规文献选编》中有两份关于《十五法典》的文献，一份名为《大司徒·绛曲坚赞时期制定的十五法典条目》。……另一份是《霹雳十五法典》。"认为前一份之所以只具有条目是因为处在前期的准备阶段，只是立了个条目而已。而后者才是正式的文本，"'霹雳'只是对《十五法典》的修饰，说明《十五法典》影响之如雷贯耳。"② 这些讨论，由于藏族法律具有极强的连续性，再考虑到当时政权更迭的时间，以及杨士宏教授能够阅读翻译古藏文原籍，他的观点更具有可信性。此后的藏族法律都是在此《十五法典》（指《霹雳十五法典》，以下所谈《十五法》均指该法）基础上的增减，内容的变化不大。

《十五法》的主要内容③

1. 杀人命价律。根据蒙古法典，杀人要偿命，藏区依据佛教精神，杀人偿命等于杀了两条人命，所以杀人要赔偿命价。规定了赔命价的等级，普通人的命价又分了二十七级；详细规定了命价的赔偿标准；交付命价的时限，命价以实物交付时的换算标准。

2. 伤人流血抵罪律。规定了按受害人的等级不同血价也不同；伤口大小的认定标准、实物与钱的换算标准和比例。

3. 盗窃追赔律。详细规定了盗窃者赔偿的数额，一般是 8 倍再加原物。但盗窃

---

① 徐晓光：藏族法制史，北京：法律出版社，2004 年。

② 杨士宏：藏族传统法律文化研究，兰州：甘肃人民出版社，2004 年，第 88，60—82 页。

③ 杨士宏：藏族传统法律文化研究，兰州：甘肃人民出版社，2004 年，第 88，60—82 页。

本地、外地、邻里财产以及寺院财产和佛的贡品的赔偿数额不同。

4. 赌咒昭雪律。这是有关神裁的法。具体规定了赌咒神裁时的除外主体、赌咒的方法、发誓赌咒神裁费用的负担、赌咒神裁的适用范围、神裁作为终裁的不可反悔的保证金的缴纳等内容。

5. 奸污罚锾律。规定对奸污别人的妻子、母亲或妹子者，剁手指或脚趾后驱逐，对奸污者分不同情况予以罚款。

6. 离异调解律。规定了夫妻离异时分过错情况进行赔偿，男女因过错向对方赔付的金额不等。

7. 听诉是非律。调解人要用三天时间从知情人处了解情况，然后考虑三天，弄清纠纷双方的是非。有过错方要赔偿标的三分之二，也有赔四分之一的。

8. 诽谤侮辱律。当众污辱人或以势欺人，或以假借法律的名义实施抢劫，均视为当众污辱人，处以下跪罚酒的惩罚。

9. 平衡度量衡。买卖双方首先要确定在自愿的基础上进行公平交易，详细列举了主要交易物的交易价及金与银的换算比价。

10. 多少清算率。买卖中的计算错误，当事人有三年的追溯期。对借贷利息、买卖中出现的计算错误，双方意见不一致时，须拿出算子当面核算。

11. 损失平摊律。例如，某人翻山去实施抢劫，被追赶人抓住，称在双方交接被抢物资过程中又丢失了牲畜，对此有异议时，经协商同意后发誓。现有失主发誓说："我的牲畜是在这里丢失的。"抢劫者说："我抢到的就是这些。"相互间取得信任后，至于损失则由双方平均分摊。

12. 半夜前后律。邻里间相互借用马、牛、驴，傍晚时还给了主人。如果该牲畜死于前半夜，损失由借用者承担；若牲畜先前有毛病，损失则由双方平均分担。

13. 英雄猛虎律。以防止双方误会（误解、失误、错误）为前提。如双方之间曾有过大契约或大怨恨（仇），然而难以强制（硬性）决断（判定）之诸事，经交换（变更）诉讼书（争辩词）而涉及不利于一方时，此方收受一定的赎金等，先派调解人调解（或放弃原起诉，或不再坚持原起诉），使之符合贤哲之成规。

14. 懦夫狐狸律。例如某人曾盗窃别人的财物，事后自觉惭愧，主动交还所偷财物，或者在未引起失主怀疑的初期，立即归还财物者，叫作"自首的盗贼胜过亲子"。所以直追还被盗财物获赔偿相当于被盗物本身价值的钱物外，不予追究罪责。

15. 诉讼费用律。本条对诉讼费用的承担进行了规定。包括诉讼费、润笔费、办案官员的报酬；收集证据等过程中的其他费用等，按照过错所在方而承担相应的费用。

(二)《十六法》的主要内容①

明朝中后期藏巴汗政权统治期间，贝色②在此《十五法》的基础上增加了《异族边区律》，并对其他条文进行统一解释，编成法律十六条。《十六法》的每一条都调整相同或同一类的法律关系，包括：

1. 英雄猛虎律。该律条是遭受外族入侵时通过和平或武力方式制服敌人的措施规定。认为，两军对峙，上策是不战而胜。如果无济于事，“若遇两股敌人同时进攻，则进行分化瓦解，方法是给他们一些土地、房屋、城池，进行拉拢，逐步削弱敌军核心力量”，“以有效方法诱骗、羁摩之”。如果以上两策均不奏效，只能兵戎相见，此乃下策。若想战而必胜，必须有一支素质良好的军队，于是便规定了军务整治、军官委任、行军等一系列军事法律规范。

2. 懦夫狐狸律。这是遭受强敌进攻无法取胜时，避免遭到惨败的一些军事措施。如果被俘，就要接受捆绑，听任摆布，服从处理。

3. 地方官吏律。这是地方官吏应该遵守的法律。要求各级官吏“摒弃谋私利的缺点，以公共事务为重，敬奉第司，承办法王之事；主要为佛法服务，不改变教派信仰和帽色；在五个节日月份要封山禁河”，宗本等地方官要严格制度，“除个别因战乱而流浪者之外，不许发给有关减租免税的凭照”；对拖欠债务者要按规定征收，不得随便没收财产；“对喊冤告状者，不得置之不理，而要以理服人，不得有偏向，执法者不得因亲疏而厚此薄彼”。

4. 听讼是非律。这是听取诉讼，辨明是非曲直的法律。该律条说：处理诉讼的关键是辨别是非，认定曲直的方法视双方的地位而有所不同：“如果两造地位平等，就要当面对质；属于不同等级的不这样处理，而是采取侧面问讯等适当方法争取良好的效果”。以前，拉萨河下游的一些不法之徒，在邻里间结怨计仇，法庭上袒护亲人、报复仇人，以致自讨苦吃。从今以后，执法者审理案子要认真、谨慎，不要过早地下结论。规定“诬告者各以所告之罪反坐，……如果两造都有一定理由则各承担一半责任。”

5. 逮解法庭律。这是囚捕犯人、依法惩治的法律。本律条规定：对违反法律者，首先要捆绑解至执法机关。特别是在王前持刀打架、因饥饿行窃、不按领主旨

---

① 何峰：藏巴汗〈十六法〉试析（第五辑）「G」藏学研究论丛，拉萨：西藏人民出版社，1993 年，第 307—329 页。周润年，索郎班觉：西藏古代法典选编，北京：中央民族大学出版社，1994 年，第17—39 页。

② 贝色是噶玛丹迥旺布执政时的一名地方官员。其曾受第悉之令，草拟了《十六法典》，在起草过程中主要参考了日喀则的《法典晶印》、《法律通论如意妙善》以及奈邹溪卡的法律记录残片、蔡巴时期的法律等文献，并走访了藏区许多谙熟法律的专家，所到之处又细心观察了当地的地方习惯法，最后撰写而成。

意办事、向别人讨教坏主意、对上级顶嘴等行为不轨者，都不能逃避本法的制裁，罪行严重者更要从重处罚，罪大恶极者要处以肉刑，或根据具体情况赔偿命价等。

6. 重罪肉刑律。这是对犯人施以挖眼、刖足等摧残人身肢体的法律。本律条规定：对于“行五无间业者”（杀父母、阿罗汉、破僧、使坏心、往佛身上洒血者），偷盗喇嘛、僧伽和领主财物者，严重损害领主声誉，制毒投毒、谋害人命，直接或间接杀人抢马，秘密武装，平民犯上者，总之，一切破坏社会治安的人都要处以肉刑，即挖眼、抽筋、割舌、投崖、溺死、屠杀等。

7. 警告罚锾律。这是为警戒犯人再犯罪过，责罚缴纳财物赎罪的法律。律文规定：“犯法而不及施肉刑者，为杜绝再犯要给以警告”。警告的重要方式是罚款，结伙杀人、报复抢劫、蓄意干坏事等严重触犯法律者，依其罪行轻重，罚 15 到 80 两碎银。因过失或偶然事故而致死人命、确因饥饿行窃等罪行较轻者，罚三两左右金子或等价细软；违反取舍规范者可视情节罚取一定数量的酥油等物。本律还对钱银与实物的比价作了规定，同时记述了西藏有关地方的度量衡制度。

8. 青吏供给律。这是藏族百姓对官家来人供应食宿支应脚力钱的法律。本条认为，属民支应差役是对官吏的尊敬，但官吏使者要注意自己的行为，不要扰民。还对差役的有关问题作了明确的规定，“凡属官派出的讨价人员，偿还债务的户头对主要人员每两天送给两条羊小腿和一条羊大腿，其侍从人员，每三天送一条羊小腿。此外要送五碗茶和酒等物；骡马等牲畜供应二升饲料”。属民要按期缴纳差税，偿还债务，“对按期缴纳者不得借口索取脚力，每拖延一天要加收五升脚价……”。同时对青吏处理问题的原则、青吏安全保护措施等方面也作了粗略的规定。

9. 杀人命价律。这是责令蓄谋杀人已遂者赔偿命价的法律。规定，凡是蓄意杀人者，必须向死者家属赔偿命价，命价数依被害人的社会地位分为不同等级。各等级的命价虽然都有大致的规定，具体数额可由有关人员协商决定，其原则是双方都能接受，做到既要被害人家属满意，又要加害人赔偿得起，如果太轻则起不到应有的惩罚作用而造成不良影响，如果太重则加害人承担不起，会引起新的纠纷。此外，加害人还要给死者家属支付一定的诵经超度费、遗孤抚养费等，最后，立据、签名、盖章、结案。

10. 伤人血价律。这是斗殴伤人者根据伤势轻重责令赔偿损失的法律。本律条规定：同等级间斗殴致伤，首先查明是哪一方先动手，分清责任，无理一方要赔偿；其次是鉴定伤势，查清是内伤还是外伤，是否流血，是否裂口露骨，再依据伤势决定血价金额，露骨越大，流血越多，血价也就越高，如果本人无理被殴打致伤，被害人只能得到 3 ~ 5 件的财物赔偿，不得索取血价。如果双方斗殴伤势相当，则看伤口感染情况，则相应地给羊肉、酥油、酒等物。

11. 狡诳洗心律。这是责令狡赖欺诈的诉讼双方接受神判，以此辨别是非的法律。神判的方式主要有起誓、捞油锅、烧泥汤、掷骰子、烧石子等。

12. 盗窃追偿律。这是对盗窃他人财物者依情节轻重，视受害人等级责令偿还赃物并加倍赔偿的法律。规定：同等级平民间盗窃，罚赔 7 倍到 8 倍或 8 倍到 9 倍不等，依退赃、科罚、赔新三法。盗窃赞普财物罚赔原物之万倍，偷三宝之财物罚赔 80 倍。对诬告他人盗窃者，同盗窃者一样对待。对捡到财物不归还失主者，将财物隐藏他处狡诈欺骗者，以退赃和赔新等方法进行惩处。因盗窃而被打死、打伤，一般不付命价、血价。

13. 亲属离异律。这是亲属间因纠纷相互离异时，责令理屈一方赔偿理直一方以及有关财产分割的法律。本律条沿袭传统律文，夫妻离异如理在夫方，要“虎行赔偿”即女方赔偿 18 钱黄金等物；若理在女方，夫方要“豹点赔偿”，即由夫方付给 12 钱黄金及一定的劳务费。此外女方婚前财产自主，若有子女男孩归男方抚养，女孩归女方抚养。因兄弟分家而分割财产时，先将支应差役所需要公共开支部分提留，尔后由父母长辈挑选应得部分，最后在兄弟间掷骰分配。

14. 奸淫罚锾律。这是与他人妻女或丈夫通奸者科以罚金的法律。律条规定：与喇嘛、官人之妻通奸者处以重刑。“若与上等级的妻女通奸，则罚取三两黄金、强奸未遂罚命价的四分之一及茶叶等七件忏悔物”，“同等级之间私通则罚取二至三两黄金及以绸缎为主的五件或七件实物”，“如果女人勾引男人，则取一两罚金和以碗为主的三至五件认罪物，不取未遂命价”。“如果有妇之夫被邻里有夫之妇玷污，该女人处以茶等七件或碗等五件财物”。在客途的奸情及情节较轻的初犯者一般不予处理。

15. 半夜前后律。这是关于农牧生产方面的法律。农牧民在生产活动中相互借用马匹、牦牛等驮畜或耕畜“如果死于借用者手中，要照价赔偿，如完好地交还过一夜后死亡，借用者无罪。若前半夜死亡，则由借用者赔偿。如死于鞍疮等原因，则依具体情况作适当赔偿”。另外，还对商业活动、田间管理等方面作了比较具体的规定。

16. 异族边区律。这是在《十五法》基础上增加的唯一一条律文，是调整藏巴汗政权与路巴、门巴、霍尔、蒙古等民族关系方面的法律。前述，藏巴汗政权建立后面临着格鲁派势力联合蒙古部落进犯的威胁，周边环境异常紧张。增加律目的是介绍缘边民族情况，订立对策，做好防御。比较详细地记述了周边地区杀人赔偿、牲畜伤人、劫获分配、狩猎规则、劫掠习俗、盗窃追偿、审判程序等方面主要规定，还与西藏本土的规范进行比较、分析。[1]

（三）《十三法》的主要内容

清初西藏地方政府又以《十六法》为范本，删去其中的“英雄猛虎律”、“懦夫狐狸律”、“异族边区律”三条，制定了《十三法》，并在内容上进行了补充解释。

（1）镜面国王律（地方官吏律）。（2）听诉是非律。（3）逮捕法庭律。（4）重罪肉刑律。（5）警告罚锾律。（6）使者薪给律。（7）杀人命价律。（8）伤人赔偿律。（9）狡诳洗心律。（10）盗窃追赔律。（11）亲属离异律。（12）奸污罚锾律。（13）半夜前后律。这十三条法律的内容与十六法基本一致，此不赘述。[2]

（四）政教合一制度下西藏法律的特点

1. 法律形式上的诸法合体性。通过对上述三部主要法律的内容的梳理，我们发现在形式上与内地中原地区法典一样是诸法合体的。有关杀人、伤人、盗窃等的刑事规定，有牲畜借用归还、交易买卖等方面的民事内容，还有青吏供给律、约束公职人员行为和有关食宿待遇方面的行政法内容，有诉讼、调节、神裁等方面的司法内容，还有军事与外交方面的规定。可谓治理国家、处理社会生活各方面关系的内容基本包含。

2. 法律内容深受宗教影响。认为王法导源于佛法，内容与佛教戒律联系很多。体现在对违反宗教戒律的人的严惩、僧人享有不参加起誓的特权、对偷盗寺院和僧人财产的加倍严惩、对毁坏寺院财产和佛的贡品及僧人不尊行为的严惩以及相信神灵公平正义下的疑案神裁等方面。

3. 惩罚手段偏向于经济型。体现在除了民事方面外，从人命案、盗窃案到强奸抢劫等刑事案件，都适用经济赔偿。

4. 突出了法律保护主体的等级性。综观上述三部法律的全部内容，可以看出法律维护政教合一的上层阶级利益的属性。从命价的等级性就可以看出社会各阶级各阶层人员的不同地位。如《十六法》规定，人分为上中下三等，其中上等又分为上上、上中、上下三等；中等又分为中上、中中、中下三等；下等又分为下上、下中、下下三等。其中，德高望重之赞普等上上等的命价是无法赔偿的，上中是有三百以上奴仆的头领、政府宗本、寺院堪布等，他们的命价是三百至四百两，依次往下，下下是流浪汉、铁匠、屠夫等三种人，其命价是草绳一根。女人的命价是男人的一

① 何峰：藏巴汗〈十六法〉试析（第五辑），「G」//藏学研究论丛，拉萨：西藏人民出版社，1993 年，第307—329 页。周润年，索郎班觉：西藏古代法典选编，北京：中央民族大学出版社，1994 年，第 17—39 页。

② 周润年，索郎班觉：西藏古代法典选编，北京：中央民族大学出版，1994 年，第 89—122 页。

半。僧人的政治地位极高，在这种等级规定中，连小寺院的普通僧人也被列为三等九级的中中阶层，体现了政权和教权相结合以保护政治上层和宗教阶层利益的政治目标。

5. 就法律本身来说，也体现了一些特点。①立法体例上的特点。这几部法律都设置了相当于总则的部分，提出了立法的指导思想和法律原则；每一律条后都有阐释部分，言明该条所应适用行为和对这些行为予以什么处罚。这点似效仿《唐律》的疏议部分的立法体例，阐释的部分所起的作用是：解释律义；解释律条的发展、沿革、参考了哪些习惯法；表明赔偿等级的划分、赔偿数量、物与金之间的换算；说明粮食、金的度量衡标准等。这种立法体例使得法律适用更加准确和简化，有利于实现在封建专制的不平等下的法律适用的相对平等，有助于避免司法者的随意专断和肆意定刑。②立法内容上做到了与时俱进。从《十五法》时的一些原始内容的遗留、概念含混不清，到《十三法》去掉了已不适用于当时社会现实的“英雄猛虎律”、“懦夫狐狸律”、“异族边区律”，并对条文的释义部分进行明确化。体现了立法内容紧扣现实需要，立法技术日益成熟。

三、中央政权对政教合一制度下的藏区的立法情况

（一）元明清中央政权对藏政策和立法

1. 元朝时藏区作为单独的行政大区由宣政院管辖，凡是有关藏区的军民钱粮、官吏任免、驿站交通、司法审判事务，都由宣政院处理。据藏文文献《红史》记载：“元代西藏执行的法律实际上是元朝的法律。”在《朗氏家族史》一书中讲得更为具体，称：“从1240年蒙古军队入藏，就开始推行蒙古法度。”这说明元代对藏设置专门的管理机构管理涉藏事务，法律方面则以蒙古法影响、渗透藏族习惯法，由于蒙藏社会经济条件的相似性，这种渗透影响取得了实效，藏族习惯法的许多内容与蒙古成吉思汗的《札撒》有很多相同的地方。①

整个元代，元朝中央也不拒绝排斥西藏地方政权的立法，但设立了帝师制度，实现具有最高法律效力的皇帝圣旨在藏区的下达实施，帝师是皇帝在西藏的代言人，皇帝的圣旨、政令主要通过帝师来昭示于西藏。帝师自己也具有发号施令的权力，即帝师的法旨，因法旨得到中央政府的认可，具有合法性，其效力仅次于皇帝圣旨。通过这种治理模式，元朝虽然未对西藏地方直接制定法律，但“实际执行的是蒙古

---

① 杨士宏：藏族传统法律文化研究，兰州：甘肃人民出版社，2004年，第88，60—82页。

的法律”确是事实。

2. 明代中央政权对西藏的政策。随着1368年明军攻克大都北京，蒙古退回漠北，元政权瓦解。明初统治者继承了传统的“大一统”思想，“凡在幅员之内，咸推一视之仁”①。对藏政策主要体现在：

（1）建立军政机构，加强对西藏的治理。1369年（洪武初年）派员外郎许允德到今甘、青、康、藏各地招抚元朝土官喇嘛。在甘、青方面，元朝吐蕃宣慰使受招入贡。设河州卫，任命指挥同知，世袭。并设千户8所，百户7所，由各酋长充任千百户。继又设置西宁卫、洮州卫、山民州卫，各卫由土官与汉官参治，并定世袭。各卫所在地，大抵系毗连藏族的汉族住地。洪武七年，置西安行都指挥司于河州，下辖乌斯藏、朵甘和河州三卫，管理整个藏区。后乌斯藏卫升为乌斯藏行都指挥司，管辖西藏大部分地区；朵甘卫升为朵甘行指挥司，管辖西康西部和青海南部一带；原设在河州的西安行都指挥司，基本上管辖元时吐蕃等处宣慰使司及脱思麻宣慰司辖区。此外，在康藏各地还设有元帅府、招讨司、万户府、千户所等，各以原有土酋为首领。设置土司，管理其民其地，对朝廷承担纳马、贡赋、征兵等的义务。

（2）利用宗教，多封众建。元朝是通过统治上层与藏传佛教的关系统治笼络西藏政治和宗教上层而达到治藏的目的。明朝将政治和宗教的界限区分得比较清楚，它不是扶持某一教派，而对各派都予以支持，取消了帝师，代之以法王作为最高僧职。法王与帝师相比，其享有的地位和权威在政治和宗教方面都大为减弱，且法王不似帝师那样处于独尊的地位，而是几大法王并存。实现了“分其势而杀其力”的政治意图，这样一来，既分散了这些教派的权力，又使他们互相牵制，任何一个教派，都不能大权专擅，从而相对地便利了明朝对藏区的监督和控制。

（3）朝贡与赏赐。明朝除了建立机构，利用宗教，多封众建以外，利用朝贡和赏赐来加强中央与西藏地方的关系。与西藏各受封首领对明朝的朝贡相对应的是明王朝对西藏地方各教派势力丰厚的赏赐，达到从经济上怀柔和安抚西藏各派势力的最终目的。

（4）茶马互市。茶马互市是明王朝为了达到“以茶马驭番”的政治目的而实施的又一项重要的治藏经济政策。明朝茶马交易政策以及与之配套的法律措施，除实现其政治目的外，客观上增进了汉藏民族间的经济联系，加强了民族之间的友好交往和汉藏两族间的团结，有一定的积极意义。

实际上，明朝的对藏政策是一种柔性的政策，通过广泛而密切的经济往来而实

① 明太祖实录，卷79。

现其治理的目的。因此，甘、青、川等藏区的土司制度中，实际适用的法律是传统法律和地方习惯法，在西藏，藏巴汗政权制定了《十六法》。从此可以判断，在明代也未能实现法律上的统一。

3. 清中央对西藏立法。

清代藏区的立法，经过了草创、发展与完备的阶段，经历了从简到繁、从低到高、从概略到完备的过程。清初，五世达赖喇嘛主持制定的《十三法》依然是西藏的主要法律。随着清政府全国政策的成熟和国力的强大，对西藏和其他藏区的立法也逐步开始。

清朝政府与西藏地方的政治联系在清军入关前就建立了，[①] 但以立法治藏是到清入关以后才逐步实现的。清王朝建立后，顺治、康熙、雍正、乾隆对西藏事务都倾注过大量的精力，力图以法律手段对西藏内部各项制度极不健全、吏治腐败、蒙藏上层贵族利用活佛转世之机夺取宗教权力造成的混乱，对外无力抗拒强敌的状况进行控制和改善。但在乾隆朝之前，顺治朝在确认明朝治藏法律的效力基础之上着手建立具有本朝特色的法律，康熙和雍正年间对藏派出驻藏大臣强化了对藏的行政立法，对藏系统性的法律文件的产生则在乾隆十六年以后。至清朝末年，清政府针对西藏地方制定了六部单行法规，即乾隆十六年（公元 1751 年，制定的《酌定西藏善后章程》13 条；乾隆五十四年（公元 1789 年）制定的《设站定界事宜》19 条；乾隆五十五年（公元 1790 年）制定的《酌议藏中各事宜》10 条；乾隆五十八年（公元 1793 年）制定的《藏内善后章程》29 条；道光二十四年（公元 1844 年）制定的《酌拟裁禁商上积弊章程》28 条；光绪三十三年（公元 1907 年）制定的《新治藏政策大纲》19 条。其中最重要的是《藏内善后章程》，它是根据乾隆皇帝的授意，由大将军福康安等人会同达赖、班禅等人共同拟定并经乾隆批准，故又称《钦定西藏章程》。该《章程》主要规定了活佛转世的“金瓶掣签”制度；驻藏大臣职权的规定；财政货币税收的规定；西藏地方军队的组建、驻防、管理、军官的任用、升迁，兵员的粮饷等，对边界防御、对外交往进行了限制性规定。总体上来看，是针对西藏地方政府、宗教和社会中的弊病做出的系列规定，是对西藏政治制度和宗教制度的一次重大改革，它的成功颁布和实施，标志着清廷对西藏治理经验的成熟，标志着清廷对治藏法律制度的完善达到一个新的层面。其中诸多制度是在长期治藏过程中经验的积累，是被认为行之有效的可操作的措施，把这些措施、规范、制度法律化，已成为清廷加强民族立法的重要基石。于是在嘉庆二十二年（1817 年）清廷在多次纂修《理藩院则例》稿案本的基础上，增加了“西藏通制

① 清代藏事辑要，拉萨：西藏人民出版社，1983 年，第 1—2 页。

上、下”，把调整西藏的法律规范分门别类地加以系统化，几乎把《钦定藏内善后章程》的全部内容加以吸收，从而提高了《钦定藏内善后章程》的法律效力，《钦定理藩院则例》的正式刊刻颁行标志着清朝加强民族立法的经国大典的正式诞生。这是清廷加强西藏治政法制建设的最重大成果。这些规定直到20世纪50年代还在藏区适用，足以证明和检验这些法律所定内容的合理性和实用性。

（二）中央政权依法治理政教合一下的西藏的启示

1. 因地制宜、因俗而治是中央政权对藏立法成功的保障。正如孟德斯鸠所言：“法律应该和国家的自然状态有关系；和寒、热、温的气候有关系；和土地的质量、形式与面积有关系；和农、猎、牧各种人民的生活方式有关系。法律应该和政制所能容忍的自由程度有关系；和居民的宗教、性癖、财富、人口、贸易、风俗、习惯相适应。最后法律与法律之间也有关系，法律和他们的渊源，和立法者的目的，以及和作为法律建立的基础的事物的秩序也有关系。应该从所有这些观点去考察法律。”① 的确，元明清中央政权既考虑了西藏的战略重要性“西藏屏藩青海、滇、蜀”，倘为准部所占据，“将边无宁日”② 又考虑了西藏地缘、气候、物产、经济方式、文化、宗教等方面的特殊性；既想把西藏地区的重大事务纳入国家法律的统一管辖之下，强化其对西藏地方事务的全面管理，又想稳定西藏的政治局面，避免统一法制强行推进中产生的冲突。通过不断地调整对藏政策和立法，既让其“从俗从宜，各安其习”，③ 又加强中央的权威和治理，最终实现对藏立法纳入国家统一法律体系当中。

2. 逐步加强中央政权的统一和权威，是西藏政治体制改革取得成功的基础。从元朝中央的帝师制度、设立管理西藏事务的宣政院，到明朝的多封众建、朝贡、茶马贸易的实施，逐步加强中央权威对西藏的渗入和对西藏事务的干预，这种循序渐进的方式，实践证明是成功的，为清朝中期对藏事务的全面改革奠定了观念意识和经济基础。清朝中央承继前朝治藏的经验教训的基础上，对西藏的行政管理体制进行了重大改革和设计，把外交、军队、主要地方官员的人事任命权收归驻藏大臣，实现了清朝中央政府对西藏事务的全面管理。④

3. 用法律手段调整宗教和宗教问题是治藏成功的关键。从元朝对藏传佛教的崇奉、支持、建立政教合一的治理模式，到明朝的多封众建、封王封爵，到清朝的达

---

① 孟德斯鸠：论法的精神（上册）. 张雁深，北京：商务印书馆. 1982年，第7页。

② ［清］魏源：圣武记，卷五，国朝抚援西藏记（上）。

③ 清太宗实录，卷80。

④ 牙含章：达赖喇嘛传［M］，北京：读书·生活·新知三联书店资料室，1963年，第47页。

赖、班禅活佛系统的确立以及活佛转世的金瓶掣签制度的建立和成功实施，完善了僧俗官员管理体制，使宗教上层、宗教事务及管理有法可依，从而避免了冲突和矛盾，促进了社会稳定。

从法律的视角看西藏

——试论“赔命价”制度与现行法律的矛盾

程婧玮*

前　言

近年来，藏区民间发生杀人、伤害案件后，采用赔命价、赔血价的习惯做法逐渐普遍。这不仅与我国现行刑事法律规范相冲突，而且也影响国家法律统一的正确实施，破坏了社会主义法制尊严和权威。在新的形势下，如何正确看待这一特殊的社会现象，引起了学者的众多关注。当前学术界有关赔命价习俗的观点，可谓是众说纷纭。如有的学者从人类学的角度，来阐释赔命价习俗的合理性。① 也有的学者对赔命价习俗存在的理由作了些考证，提出了赔命价习俗的弊和利。② 还有的学者以赔命价习俗与国家刑事法律的冲突，提出了相关的设想等。③ 本文将解析“赔命价”制度产生的原因，剖析其与现实社会的冲突、矛盾，同时提出正确认识与解决这种矛盾与冲突的方法。

一、藏区赔命价习俗简介及产生的原因

自古以来，“杀人偿命”是一条永恒的惯例，但这种惯例，在某些民族地区往往因为他们按照自己特有的惯例（如命价习惯法）来处理民族内部的各种命案纠纷而被打破。所谓命价，就是指以“杀人赔钱赔物”为主要内容的少数民族刑事习惯法。其渊源包括两个方面，一是内地法律对少数民族命案纠纷的调整；另一方面是

---

* ［作者简介］程婧玮，女，贵州大学法学院教师。

① 杨方泉：民族习惯法回潮的困境及出路——以青海藏区赔命价为例，中山大学学报，2004（4）。

② 孔玲：赔命价考析，贵州民族研究 2003（1）。

③ 辛国祥，毛国瑞：藏族赔命价习惯与刑事法律冲突及立法对策，青海民族学院学报 2001（1）。

该民族自身有关命案的规定。“赔命价”是千百年来藏族人在解决杀人案件的社会实践中逐步形成的民族法律文化传统，是宗教理念与现实要求相结合的产物。首先，高原藏族人普遍信奉藏传佛教，藏传佛教禁止杀生，所倡导的行为核心是改恶从善，发生伤害性命案件，杀人本来已是恶，又要杀人者以命偿命，这是犯罪孽。赔偿“命价”的所得大部分奉送布施，可以给死者请寺院宗教职业者进行超度、告慰亡灵。不仅如此，在藏族人看来，人的灵魂是不灭的，生死是可以轮回的，人死了还可以再生，因而即使是被判处死刑，也并不是严重的处罚。① 其次，高原藏族人认为赔偿“命价”所得能够安慰被害者的亲属、子女，有利于消除悲伤，有利于双方不结新的仇恨，不埋复仇的根源。② 随着历史藏区地方政权的建立，这一处理社会纠纷的习惯成为法律。松赞干布时期的《法律二十条》、元末帕主政权时期的《法律十五条》、17 世纪五世达赖时期的《十三法》与《十六法》都对“赔命价”给予了认同。③ “赔命价”作为一种法律文化是高原藏族人历史地凝结成的一种生存方式，它根植于高原藏族人的超越性和创造性是其价值和行为规范的体现，也是藏区社会运行的一种内在机理和图式。因在一定的历史条件下“赔命价”习惯法形成之后对稳定人心，解决社会冲突，维护藏区的社会稳定起到了不可替代的作用。

二、“赔命价”制度与现实的冲突

西藏和平解放后的相当长的时间内，通过社会主义法制的建设，新的体现劳动人民意志的法律在西藏得以执行，西藏自治区人民代表大会及其人民政府，按照一定的立法程序，根据立法权限，坚决贯彻了国家根本大法在内的基本法律，并制定了一系列体现地方特色和民族特色的地方性法规和变通条例、补充条例，使西藏在新中国成立前长期所执行的地方习惯法得以终止，使落后的刑罚执行制度得以废除。西藏自治区人大常委会一直坚持取缔和打击赔命价的违法活动，就在于这种制度本身与现实间有不可逾越的矛盾。下面，将作简要的分析：

第一，赔命价制度所赖以生存的人等制度是与社会主义的法律面前人人平等的制度相违背的。赔命价制度是建立在人剥削人、人压迫人的奴隶制社会和封建农奴制社会的经济基础之上。因此，无论是吐蕃时期的命价制度还是元、明、清以来的封建农奴制命价制度，都是以出身的尊卑、血统的贵贱、职权的大小来确定人在社会上的三六九等地位，同样的血肉之躯却在法律上存在着巨大的价值差异，这就是

① 高其才：中国少数民族习惯法研究，清华大学出版社，2003 年，第 257 页。

② 张济民主编：诸说求真——藏族部落习惯法专论，青海人民出版社，2002 年，第 81 页。

③ 张济民主编：诸说求真——藏族部落习惯法专论，青海人民出版社，2002 年，第 135 页。

体现了剥削阶级法律的反动本质。社会主义法制强调法律面前人人平等的原则，每个人都平等地享受法律上的权利并承担法律上的义务，生命价值在法律上是一概平等，毫无高低贵贱之分。西藏民主改革，翻身农奴得到了解放，人身权和生命权得到了保障，广大人民群众行使着参政议政的民主权利，在社会上只有劳动分工的不同，而无高低贵贱之分。所以，赔命价制度与社会主义的法律面前人人平等的司法原则是不兼容的。

第二、赔命价制度维护的是极少数剥削者的利益，这与社会主义法律维护最广大人民群众的利益是相违背的。在《十三法典》等反动法律中居于人等和命价最顶端的是封建农奴主阶级和寺庙的高级僧侣喇嘛，他们有凌驾于法律之上的特权，享受着特殊的司法保护，赔命价制度是封建农奴主的特权法，它仅维护着少数人的人身权，而对广大人民群众的人身权是漠视的，这也与社会主义制度维护广大人民群众利益是相违背的。

第三，赔命价制度是原西藏地方政府和封建地方宗（原西藏地方行政单位）、溪（封建庄园）控制司法、垄断司法的重要体现。为维护西藏的人与人不平等的社会制度，封建专政机关行使着最大压榨、剥削广大农奴血汗的职能，他们操纵司法，利用神明裁判，任意解释所谓的山盟神兆，从中渔利。社会主义法制强调是指正义和程序主义，废除了唯心主义的神明裁判制度，取而代以抗辩式的诉讼审判形式，重证据，不轻信口供。当事人对判决不服的，还可以上诉、申诉，对于审判机关及其工作人员徇私枉法的，还可以检举、揭发、控告。社会主义的司法是真正为人民服务的司法，而不是为少数人专断和服务的工具。

第四、赔命价制度与社会主义刑罚制度以及现今国际社会通行的刑罚制度是格格不入的。赔命价制度是建立在封建农奴制基础之上的刑罚制度，与它相配套的刑罚手段是剜眼、去指、剁脚、抛高崖、溺水等残酷死刑和肉刑制度，这与现代文明社会所实行的主刑、附加刑制度是格格不入的。

总之，“赔命价”制度有其产生的社会背景和赖以存在的社会制度，用现代的思维、角度去审视它，很显然其存在是不能被接受的。

三、如何正确处理“赔命价”制度与现行法律的矛盾

我们对藏族“赔命价”制度同现行法律之间的冲突、矛盾的主要方面有了一些基本了解，接下来的问题就是如何正确解决这类冲突和矛盾。我认为，要解决好这类矛盾、冲突需要坚持以下几个原则：

（一）与社会主义法律精神不相抵触。就藏族传统法律观与现行法律之间的矛

盾的性质而言，即是不同时代不同民族文化间的摩擦、冲撞，又是不同阶级的文化间的冲突和抗争。在解决这类矛盾、冲突时，我们必须要站在马列主义立场，以社会主义法律精神为准则，采用阶级分析的方法认真分析和认识这类矛盾、冲突的性质。如果它属于两个阶级、两种社会文化间的对立和抗争，就予以彻底批评、否定；如果它仅属于不同民族文化或不同时代文化间的矛盾，并不带有严格的阶级性，为了照顾该民族的切身利益则应继承、利用。对于那些有利于民族团结、有利于民族发展的内容，不但要继承、利用，而且还要宣传、发扬。在具体利用的过程中，要充分注意它的科学性和社会效用，必须要坚持与社会主义法律精神不相抵触的原则，也就是说，不能与宪法的有关规定相抵触。那么，对于“赔命价”制度而言，其与现行法律之间的矛盾很显然是不同时代不同民族文化习俗间的矛盾，并不存在严重的阶级性。

（二）继承和发扬各民族优良传统文化。藏族传统法律观与现行社会主义法之间的矛盾，实质上是一个在社会主义条件下如何继承和发扬各民族传统文化的问题。继承和发扬优良传统文化是总的方针。所谓民族优良传统文化，是指传统民族文化中代表社会进步、积极向上的成分，即有助于民族进步、社会进步与社会发展的总趋势相一致的内容；反之，那些阻碍民族进步、阻碍社会进步、反映封建观念、代表封建统治阶级利益的成分就是落后、反动的，应该予以彻底批判和全面否定。藏族传统法律观作为历史的产物，其中既有优良的内容，也有落后的成分。在利用的过程中我们必须要认真分析，去其糟粕，取其精华，对于那些确实代表藏民族心声和利益，又与社会主义法律精神不相抵触的内容，应给予充分的重视和评价，在必要的情况下，使之法律化和制度化，从而纳入社会主义法制的范畴。

“赔命价”制度并不能称之为民族优良传统文化，因为它毕竟与我国的现行法律有众多冲突之处。但是，它的存在也并非阻碍民族、社会的进步，在现实条件下依然存在，没有灭绝，而且还有回潮的趋势，这使我们不得不思考“赔命价”制度的存在也有其客观的合理性。

（三）尊重少数民族风俗习惯。我国是一个多民族国家，每个民族都有自己的传统文化和风俗习惯，由于历史、经济和文化等因素，各民族之间并不完全了解和理解，民族歧视还在一定范围内存在。要使藏族传统法律观与现行的社会主义法之间的矛盾得到合理解决，首先就要树立各民族一律平等，尊重少数民族风俗习惯的观点，站在历史唯物主义立场，科学地分析、评价各民族的传统文化和风俗习惯，充分肯定正确的一面，即使对落后的一面，也应认真对待，不能采用行政命令或“一刀切”的办法，更不能持有民族偏见，而应充分认识它发生、发展的历史和现阶段它之所以存在的社会必然性以及消亡的规律。对于看待“赔命价”制度这一习俗，人们总是带着严重的偏见，只要听到是“赔命价”制度便完全持否定态度。“赔命价”制度来源于西藏的风俗习惯，可以说，后来成了藏族习惯法中解决杀人刑事案件而被大家公认的良策，对于这种基于本民族风俗习惯、宗教伦理形成的习惯法，即使与我国现行法律、现实社会制度、价值观有众多冲突，但是我们依然必须尊重其存在的客观事实，并认真思考其存在的内在价值。

（四）实事求是，注重事实。摆在我们面前的问题都是一些实际问题，具体问题，也是必须要解决的问题。解决这类问题，不能脱离现实，也就是说既不能超越现实，也不能返回到过去，超越现实藏族人民有可能接受不了；返回到过去就有可能重新陷入落后。所以，从实际出发，坚持实事求是和为社会服务的原则，在明确了解决这一问题的总原则的基础上，逐层逐级把工作落到实处，具体问题具体分析，是什么问题就解决什么问题，出现一个问题就解决一个问题。笔者建议我国应召开专门针对藏族“赔命价”制度的藏民听证会，在民主的原则下从客观实际出发，完美地解决“赔命价”制度与我国现行法律制度间的冲突，帮助藏族法律与时俱进，同时也使我国的法律早日统一。

参考文献

[1] 孙镇平，西藏“赔命金”制度浅谈，政法论坛（中国政法大学学报），第 22 卷第 6 期 2004 年 11 月。

[2] 国家刑事制定法对少数民族刑事习惯法的渗透与整合，法学研究，2007 年第 6 期。

[3] 程雅群、景志明，藏区赔命价习俗价值考析，西藏民族学院报（哲学社会科学版），第 2 卷第 5 期，2006 年 9 月。

[4] 胡启忠，论民族地区的法律变通，西南民族学院学报（哲学社会科学版），总 23 卷第 7 期 2002 年 7 月。

[5] 陈强，浅论藏族风俗习惯与宗教信仰的关系。

立法视角下的西藏人权保障历程

韩小兵　喜饶尼玛*

《牛津法律大辞典》对人权的解释为：人权（或称人的权利、基本自由，Human right）即"要求维护或者有时要求阐明那些应在法律上受到承认和保护的权利，以便使每个人在个性、精神、道德和其他方面的独立获得最充分与自由的发展。作为权利，它们被认为是生来就有的个人理性、自由意志的产物，而不仅仅是由实在法所授予的，也不能被实在法所剥夺或取消"①。该定义描述了人权与法律之间的关系，即法律应是对人权的认可和保障。换言之，法律是人对其固有尊严和平等权利要求的固化和外在体现。

本文正是从该定义出发，侧重从法律与人权保障关系的视角研究西藏人权问题，同时也作为对中美人权之争中"西藏问题"的一种回应。

一、中华人民共和国成立前的西藏人权保障立法及其特点

（一）西藏地方性法律所体现的无视人权的特点

中华人民共和国成立前有代表性的、历史记载较多的西藏地方性立法主要是元明清时期西藏地方政权施行的《十六法典》和《十三法典》。概括这两个典型的法典，便可发现如下特点：

1. 法律抹杀了广大西藏人民作为人的基本尊严

在《十六法典》第六条②、《十三法典》第四条的"重罪肉刑律"中都有"杀

---

* ［作者简介］韩小兵，女，中央民族大学研究生院副院长，教授；喜饶尼玛，中央民族大学副校长，教授，博士研究生导师。

① 《牛津法律大辞典》［M］，北京：光明日报出版社，1988 年，第 426 页。

② 周润年译注，索朗班觉校：《十六法典》，载《西藏古代法典选编》［Z］，北京：中央民族大学出版社，1994 年，第 28 页。

人盗马，当施肉刑”的规定。[①] 同时，《十三法典》和《十六法典》都承认在《十五法典》中曾有流浪、乞丐、铁匠、屠夫和妇女等类人偿命价为草绳一根的规定。可见，占人口95.5%以上的西藏广大农奴和奴隶，在法律规定中的地位、生命价值如同马匹、草绳一般，无从谈起其人格尊严。

2. 法律公然维护特权，保护人与人之间的不平等

第一，法律明文规定人们之间的地位不平等。《十六法典》明晰地规定森严的等级制度，而非现代人权理论所倡导的人人平等。“人分为上中下三等，其中上等又分为上上、上中、上下三等；中等又分为中上、中中、中下三等；下等又分为下上、下中、下下三等”[②]。上上指吐蕃赞普；上中是有300名以上仆从的头领、政府宗本、寺院堪布等；上下是扎仓的活佛、比丘、政府仲科及有100名仆从的官员；中上是仲科官员的骑士、寺院扎仓的执事、掌堂师等；中中是运送粮草、弓箭武器者及小寺院的僧人；中下是世俗贵族；下上是无主独生者、政府的勤杂人员、屠夫；下中是占有差地的铁匠、乞丐；下下是流浪而无固定居所的铁匠、屠夫和乞丐。[③]《十三法典》除继续坚持对人的等级划分外，还明确将妇女与流浪乞丐、铁匠和屠夫一并列入下等下级。[④]《十三法典》第三条——拘捕法庭律中甚至更进一步的规定“与高于本人地位者争辩拘捕”。

第二，法律对不同等级的人给予不同的保护。对伤害中受伤者或伤人者的处理依各自的地位等级不同有明显区别。《十六法典》中的第十条——伤人抵罪律中称：“古代旧法典亦记载曰：‘尊者滴血值一钱，卑者滴血值一厘。’因此价值不等，伤人上下有别，民伤官，视伤势轻重，断伤人者手足。主仆之间，主失手伤仆，除治伤不再判罪，主殴仆致伤无赔偿之说。”[⑤] 被杀害的人，因地位等级不同而获得不同的命价赔偿额。《十六法典》第九条和《十三法典》第七条的“杀人命价律”中都有相同性质的内容，即赔偿命价数额从上上等至下下等依次递减。国王至尊之贵体，以万物作为其命价；上亚孜王为霍尔人所杀，其命价即为与尸等量的黄金，下格萨尔王被丹玛人所杀，命价则无法偿付；上中等命价值金300—400两；上下等命价值金200两；中上等命价值金140—150两；中中等命价值金50、60、70两多种；中下等命价值金30—40两；下上等命价值金30两；下中等命价值金20两；下下等命价值金10—15两对盗窃者的处罚标准也依被盗物主的身份等级区分轻重。《十六法

---

① 喜饶尼玛译注，索朗班觉校：《十三法典》，载《西藏古代法典选编》，中央民族大学出版社，1994年，第91页。

② 《十六法典》，《西藏古代法典选编》，第39页。

③ 同上。

④ 《十三法典》，《西藏古代法典选编》，第96页。

⑤ 《十六法典》，《西藏古代法典选编》，第45页。

典》第十二条——《盗窃追赔律》规定：凡盗窃王、官员、头人之财物，须罚赔原物之万倍；偷寺院僧人之财物，须罚赔 80 倍；偷与己同等地位人之财物，须罚赔 7—8 倍或 8—9 倍不等……[①]第十六条——《盗异族边区律》中规定："窃地位相同者之财物，赔偿牛或羊均可。"[②]

3. 极其野蛮残酷的刑罚制度

首先，旧西藏刑罚的野蛮和残酷从《十六法典》的绪论中所描述的藏巴汗历代王统居住的中心宫殿——桑主孜王宫外围墙景象可略见一斑："外围墙犹如罗刹之寨堡坚固而威严，墙上挂着敌人的头颅、肠子以及从残酷的刑法中拯救出来的眼珠和手串，令人毛骨悚然备感恐惧。"[③]

其次，我们可以引证《十六法典》第六条的规定："…在太平年代，进行打家劫舍，持械行凶，阴谋策划进行平民叛逆，总之凡违法犯纪者，即施行肉刑，处以剜目、刖膝、割舌、剁肢、投崖、屠杀等刑。须根据情节严加惩办，以防效尤。若多人向上造反，则将主犯溺水中。"[④] 该条不仅清晰可见当时刑罚的残忍程度，同时也显然反映出这些酷刑主要的适用对象是所谓危害封建僧侣农奴主利益的农奴和奴隶阶层。

4. 对宗教信仰的强制性《十六法典》第三条——镜面国王律或地方官吏律开宗明义即规定："按照大王之令所派遣之地方官吏，要摒弃谋私之恶习，以操持公务为主，尽力效忠于历代第悉和法王所开创的业绩，其目的即为以服侍和信奉佛法为主，不改教派之冠，不改信他宗。"[⑤]《十三法典》第一条之"镜面国王律"亦有类似规定："凡任公职者，…尽力效忠于历代第悉、法王传承为推行佛法的功业，不改同派之冠，不崇信异教。"[⑥] 也就是说，宗教信仰自由这一现代人权理念是不为旧西藏地方法律所采纳的，只有藏传佛教是唯一应该被信奉并推行的，其他任何不同类型的宗教均不得被崇拜和信仰。

5. 宗教神权在诉讼中居主导地位《十六法典》第十一条中载明了多种通过神明裁判的方法对诉讼双方争议的是非曲直进行判断。例如，可由所谓具有智慧眼和幻化身等先知先觉的护法神（通常是一位法官或中间人）对发誓人的陈述做出真伪与

---

① 《十六法典》,《西藏古代法典选编》，第 52 页。
② 《十六法典》,《西藏古代法典选编》，第 59 页。
③ 《十六法典》,《西藏古代法典选编》，第 11 页。
④ 《十六法典》,《西藏古代法典选编》，第 28 页。
⑤ 《十六法典》,《西藏古代法典选编》，第 26 页。
⑥ 《十三法典》,《西藏古代法典选编》，第 89 页。

否的判断；或者用煮油抓石和煮泥抓石的办法判断曲直。[①] 这些方法的使用，足可见宗教神权在诉讼中至高无上的地位。它同时说明，最终对诉讼结果起决定性作用的是神灵，而不是客观证据。

综上所述，“古代的法律对任何种类的个人不受国家干涉的自由都没有规定。至少最早的是土地贵族的权利宣言，…并不维护所有个人的权利”[②]。西藏在中华人民共和国成立前的社会形态是封建农奴制，自然其法律制度在人权保障方面也未能摆脱这一世界的普遍共性，广大农奴和奴隶因缺乏基本的人格权，因而没有生存权，更谈不到任何政治权利和其他权利。

（二）中央政府对西藏的立法所映出的关于人权保障方面的特点

中华人民共和国成立前，中央政府对西藏的立法始于元朝，终于民国，但相对集中在清朝和民国时期。

1. 清朝时期中央政府对西藏的立法鲜见人权保障的内容

清朝时期的典型立法有：乾隆时期颁布的《钦定西藏章程》、光绪年间的《大清会典》《大清会典事例》《钦定理藩院（部）则例》中有关西藏的部分。本时期的立法特点如下：

（1）确立中央政府对西藏主权的同时，实行较特殊的——有某种地方自治因素的行政管理体制。清朝中央政府对西藏实行独特的行政管理体制——实行驻藏大臣与达赖喇嘛、班禅额尔德尼共同管理西藏地方事务，即僧俗共管、政教合一的区域行政管理制度。正如《钦定理藩院（部）则例》卷61“西藏通制上”中曰：“西藏设驻藏大臣二员，办理前、后藏一切事务。”“驻藏大臣总办阖藏事务，与达赖喇嘛、班禅额尔德尼平行。”[③] 《大清会典》中则进一步明确规定驻藏大臣的职责：“置驻藏大臣，以统前藏后藏，而理喇嘛之事。乃正其官族，治其营寨，练其兵队，固其边隘，核其财赋，平其刑罚，定其法制，以安唐古特。”《钦定西藏章程》第十条规定：“驻藏大臣督办藏内事务，应与达赖喇嘛、班禅额尔德尼平等，共同协商处理政事，所有噶伦以下的首脑及办事人员以至活佛，皆是隶属关系，无论大小都

---

① 《十六法典》，《西藏古代法典选编》第47—52页。所谓煮油抓石，即于铜锅或铁锅中倒入干净的菜油，油量一般以淹没拳头为宜，将两块拇指大小重量相等的黑白小石子放入锅中。确认油达到沸点时，让争议当事人用手去抓石子，抓黑石子者视为无理，抓白石子者将获胜。所谓煮泥抓石即在锅中放入一种浓稀如酸奶一般且能淹没拳头之泥浆或浊水，将两块拇指大小重量相等的黑白小石子放入锅中，以人们看不见石子为准；待水沸后令争议各方用手去抓，其胜负结果的判断与煮油抓石相同。或者仅用手指伸入滚烫的油锅内，看双方的手是否会被油烫伤，根据受烫伤的轻重来辨明是非等。

② 《牛津法律大辞典》第426页。

③ 《清朝治藏行政法规》[z]，北京：五洲传播出版社，1999年，第101页。

得服从驻藏大臣。”这与中央政府对其他藏区的管理体制是不同的：“川西藏区采用的是清朝管理维吾尔族地区的制度，青海、云南的藏区的管理制度，是在当地藏族传统习惯法的基础上，参照了对当地汉族、蒙古族和其他一些少数民族的行政管理办法而形成的特殊管理制度。”①

（2）维护西藏僧俗贵族的特权和等级制度，但有些微进展。《钦定西藏章程》第十七条规定：“西藏过去委任大小职务，均在贵族中选任，平民完全无份。自今新立规章，凡普通士兵如有知能较强并有战斗能力者，虽非贵族亦得升任定本甚至逐级升至代本。其他一切官职，可依旧例从贵族中派任……”②《钦定西藏章程》第二十一条还有差役平均负担的规定：“西藏之税收、乌拉等各种差役，一般贫苦人民负担苛重，富有人家向达赖喇嘛和班禅额尔德尼领得免役执照，达赖喇嘛之亲属及各大呼图克图亦领有免役执照。各噶伦、代本、大活佛之藏民也多领得免役执照。今后所有免役执照一律收回，使所有差役平均负担。因其实有劳绩，需要优待者，由达赖喇嘛和驻藏大臣协商发给免役执照。”③

（3）在继续维护西藏宗教神权的同时，加强对宗教的规范管理。清朝中央政府分别于1653年、1713年册封五世达赖和五世班禅为“西天大善自在佛所领天下释教普通瓦赤喇怛喇达赖喇嘛”、“班禅额尔德尼”，确认这两位西藏最高宗教领袖的法律地位并赋予其行政管理权，以通过保护宗教神权实施对西藏的有效管理。

与此同时，清朝中央政府比以往任何时期都重视对宗教的规范化管理。其典型例证有：第一，建立金瓶掣签制度。《钦定西藏章程》第一条如是说：“关于寻找活佛及呼图克图的灵童问题，依照藏人例俗，确认灵童必问卜于四大护法，这样就难免发生弊端。大皇帝为求黄教得到兴隆，特赐一金瓶，今后遇到寻认灵童时，邀集四大护法，将灵童的名字及出生年月，用满汉藏三种文字写于签牌上，放进瓶内，选派真正有学问的活佛，祈祷7日，然后由各呼图克图和驻藏大臣在大昭寺释迦佛像前正式认定。假若找到的灵童仅只一名，亦须将一个有灵童名字的牌签，和一个没有名字的牌签，共同放进瓶内，假若抽出没有名字的牌签，就不能认定已寻得的儿童，而要另外寻找。达赖喇嘛和班禅额尔德尼像父子一样，认定他们的灵童时，亦须将他们的名字用满汉藏三种文字写于签牌上，同样进行，这些都是大皇帝为了黄教的兴隆，和不使护法弄假作弊。”④《大清会典》中也有类似规定。⑤第二，以

① 《清朝治藏行政法规》，第7—8页。
② 《清朝治藏行政法规》，第22页。
③ 《清朝治藏行政法规》，第23页。
④ 《清朝治藏行政法规》，第15页。
⑤ 《清朝治藏行政法规》，第116页。

多篇幅的“喇嘛事例”规范西藏的宗教活动。《钦定理藩院（部）则例》卷56—卷60喇嘛事例一至五中对西藏佛教事务做出了多方面的规定，例如各寺院喇嘛的人员定额，喇嘛的职衔、名号、薪俸标准，印钥掌管，进京朝觐礼仪、贡品及运送，达赖喇嘛和班禅额尔德尼来使进京的沿途照料，庙务管理，呼弼勒罕的指认，缺任喇嘛补选，喇嘛衣着颜色，寺庙留宿等诸多事宜。

（4）维持西藏地方性法律中的不平等及酷刑制度。清朝中央政府的立法目的显然并无平权之意，在承认等级制度的前提下，法律保护手段也必然与此相适应，故《大清会典》中称：“番民犯罪，仍依其俗论罚，按罪名轻重，以定纳赎多寡，译写定例，存驻藏大臣处。凡罪经协尔帮、朗仔辖、噶布伦剖断后，皆呈驻藏大臣核定。除婪赃至多者，仍籍家产示惩，其余犯公私罪者，不准辄议查抄。”①

相比较而言，清朝中央政府立法较西藏地方政权同时期立法有些微进步之处；但就总体而言，这点进步还是微不足道的。

2. 民国时期中央政府对西藏的立法在一定程度上体现出人权的思想

（1）在维护国家对西藏的主权并认可其特殊历史文化传统的基础上，民国时期中央政府提出了西藏为中央政府所管辖，可实行地方自治的思想。具体在法律上的表现有：

第一，立法始终将西藏作为中央政府管辖的一个行政区域。《中华民国临时约法》（1912）第三条规定：“中华民国领土，为二十二行省，内外蒙古、西藏、青海。”② 其后的《中华民国约法》（1914年）、《中华民国宪法》（1923年）、《中华民国训政时期约法》（1931年）、《中华民国宪法》（1946年通过，1947年实施）之第一条都将西藏作为中国的行政区域之一。③

第二，在中央政府中专设管理西藏地方事务的机构。《蒙藏事务局官制》（1912年）第一条规定：“蒙藏事务局直隶于国务总理，管理蒙藏事务。”④ 蒙藏事务局后改为蒙藏委员会。《蒙藏委员会组织法》（1929年颁布实施，1932年、1942年、1944年分别修订及1947年又修订两次）第二条规定“蒙藏委员会掌理事务如下：一、关于蒙古西藏之行政事项；二、关于蒙古西藏之各种兴革事项。”⑤ 按照该法第八条和第十一条的规定，蒙藏委员会下设总务处、蒙事处和藏事处，其中藏事处掌

---

① 《清朝治藏行政法规》，第120页。

② 中国藏学研究中心、中国第二历史档案馆合编：《民国治藏行政法规》[Z]，北京，五洲传播出版社，1999年，第15页。

③ 《民国治藏行政法规》，第16—21页。

④ 《民国治藏行政法规》，第22页。

⑤ 《民国治藏行政法规》，第38页。

理关于西藏事务。[①] 这类机构的设置既反映出民国时期中央政府对西藏地方事务的实际管辖，也反映出其对西藏地方事务特殊性的高度重视。

第三，吸收西藏僧俗贵族人士参加国家管理。《中华民国临时约法》（1912 年）第十八条规定："参议员，每行省、内蒙古、外蒙古、西藏，各选派五人，青海选派一人；其选派方法，由各地方自定之"[②]。《中华民国宪法》（1946 年通过，1947 年实施）第二十六条、第六十四条、第九十一条分别规定：国民大会代表"…蒙古选出代表，每盟四人，每特别旗一人。西藏选出代表，其名额以法律定之"[③]。立法院立法委员""依左列规定选出之。…蒙古各盟旗选出者；西藏选出者；各民族在边疆地区选出者"[④]。"'监察院'设监察委员，由各省市议会、蒙古、西藏地方议会及华侨团体选举之。其名额分配依左列之规定。…蒙古各盟旗共八人；西藏八人。"[⑤] 依照这些规定，民国时期，西藏代表能参与到国家决策和管理活动中，但遗憾的是这些代表无一不是占西藏人口少数的上层人士或知名人士，其代表性极其有限。

第四，逐步承认西藏的地方自治，但并非当代人权法意义上的自治。在行政管理方面，法律也顾及了西藏的特殊性：1929 年国民政府最高法院认定《钦定理藩院（部）则列》为特别法之一，在未经颁布新特别法令以前，得酌予援用；[⑥]《中华民国训政时期约法》（1931）第八十条规定："蒙古西藏之地方制度，就地方情形，另以法律定之。"[⑦]《中华民国宪法》（1946 年通过，1947 年实施）在第十一章"地方制度"中更是明文规定："西藏自治制度，应予以保障。"[⑧]《国民政府特派护送班禅大师回藏专使人藏训条》（1936 年）第四条、第五条、第六条订明："中央政府在中央地方均权原则下允许西藏自治，其自治方案另订之。""西藏之军政、外交及其他有关全国一致性质之重大事项，由中央政府处理之。""中央政府得依西藏官员之愿望，允许维持其固有之政教制度。"[⑨] 由此可见，法律规定的西藏地方自治制度实质上是依西藏贵族的愿望，保护该阶层利益的自治，并非满足广大西藏人民意愿的自治，因而不能构成当代人权法的范畴的自治。

第五，派任驻藏行政长官及专使，加强中央政府与西藏地方政权的联系。在承

---

① 《民国治藏行政法规》，第 38—39 页。

② 《民国治藏行政法规》，第 15 页。

③ 《民国治藏行政法规》，第 20 页。

④ 同上。

⑤ 《民国治藏行政法规》，第 21 页。

⑥ 《民国治藏行政法规》，第 19 页。

⑦ 《民国治藏行政法规》，第 18 页。

⑧ 《民国治藏行政法规》，第 21 页。

⑨ 《民国治藏行政法规》，第 37 页。

认西藏地方自治的前提下，民国中央政府已不再像清朝政府那样派驻藏大臣总揽西藏的各项事务，但也不是完全放任西藏事务，其管辖重点放在监督中央政府对西藏事务决策的贯彻执行方面。因而，自1912年起正式任命派驻西藏的办事长官。但实际上，其间几度因外国势力的干涉，使驻藏办事长官要么被迫离任，要么未能到任，未能真正发挥其作用。1940年，《蒙藏委员会驻藏办事处组织规程》颁布实施，据此，蒙藏委员会在拉萨设立了中央政府驻藏办事处。

（2）平等权的当代人权理念被写入法律，但缺乏现实性。《中华民国临时约法》（1912年）第五条："中华民国人民，一律平等，无种族、阶级、宗教之区别。"① 这是中国历史上首次将人人平等的理念纳入法律条文。其后，《中华民国约法》（1914年）第四条、《中华民国约宪法》（1923年）第五条也有类似表述。《中华民国训政时期约法》（1931年）第六条进一步规定："中华民国国民，无男女、种族、宗教、阶级之区别，在法律上一律平等。"② 《中华民国约宪法》（1946年通过，1947年实施）第七条则更明确为："中华民国人民，无分男女、宗教、种族、阶级、党派，在法律上一律平等。"③ 然而，这一美好的当代人权理念仅仅停留在法律规定中，并没有在全社会中，特别是西藏的社会生活中得到实践。众所周知，西藏社会直到中华人民共和国成立前始终处于封建农奴制社会，广大农奴与封建农奴主贵族之间毫无平等可言。《国民政府特派护送班禅大师回藏专使入藏训条》（1936年）第六条的"中央政府得依西藏官员之愿望，允许维持其固有之政教制度"，④ 更明了地揭示前述法律所称"人人平等"的虚伪性。

（3）制定多项宗教立法，实为继续维护西藏宗教神权的地位。民国时期，颁布了一系列有关西藏宗教事务的法律规范，例如：《寺庙登记条例》（1929年内务部制定）；《管理喇嘛寺庙条例》（1935年国民政府颁布）；《喇嘛转世办法》（1936年会令公布）；《喇嘛奖惩办法》（1936年会令公布）；《边疆宗教领袖来京展觐办法》（1934年会令公布，1943年修正）；《达赖班禅代表来京展觐办法》（1934年蒙藏委员会公布，1943年修正会令公布）……⑤

上述这些立法的主要内容均可归结到《国民政府特派护送班禅大师回藏专使入藏训条》（1936年）第七条、第八条之规定，即"中央政府尊崇西藏宗教"，"达赖、班禅之待遇程序，及在西藏政教上之职权，概仍旧制"。⑥ 因此，这些关于西藏

---

① 《民国治藏行政法规》，第15页。
② 《民国治藏行政法规》，第18页。
③ 《民国治藏行政法规》，第20页。
④ 《民国治藏行政法规》，第37页。
⑤ 《民国治藏行政法规》，第51—88页。
⑥ 《民国治藏行政法规》，第37页。

的宗教立法基本延续前朝的做法，丝毫没有动摇西藏传统社会中僧贵阶层的特权。

（4）意图推进西藏的国民教育。民国时期有关促进西藏教育的立法多达10余项，其中有1930年的《蒙藏委员会保送蒙藏学生办法》，1933年的《国立北平蒙藏学校组织大纲》《国立南京蒙藏学校组织大纲》《国立康定蒙藏学校组织大纲》，1934年的《捐资兴学褒奖条例补充办法》，1935年的《蒙藏回教育补助费补助规则》；1939年的《待遇蒙藏学生章程》，1940年的《改进边疆寺庙教育暂行办法》等。[①] 对西藏而言，这些立法的目的在于给西藏学生提供“来中央及各省求学”的机会；褒奖“在蒙古、西藏…等地捐资兴学”者；国家通过预算内教育经费对蒙藏回各民族之学校与学生予以经费补助使其规范化；“切实督导当地寺庙推行国民教育。”这些立法的初衷毫无疑问是有利于西藏教育发展的，但显然其受益者不可能是西藏的广大农奴，只能是僧俗贵族阶层。客观事实也证明了这一点：“旧西藏没有一所现代意义上的学校，适龄儿童入学率不到2%，青壮年文盲率高达95%。”[②]

可见，民国时期的立法已有当代人权的理念和萌芽，但在当时的中国，特别是在西藏并没有能够得到真正、全面的实现。

二、中华人民共和国成立至西藏民主改革前的西藏人权保障立法及特点

这一时期是指1951—1958年解放军和平解放西藏至西藏民主改革之前。此阶段具有法律效力的文件主要有：《中国人民政治协商会议共同纲领》、《中华人民共和国宪法》（1954）、《中央人民政府和西藏地方政府关于和平解放西藏办法的协议》、《国务院关于成立西藏自治区筹备委员会的决定》、《国务院关于帮助西藏地方进行建设事项的决定》、《西藏自治区筹备委员会组织简则》、《西藏自治区筹备委员会常务委员会关于目前在全区逐步开办群众业余文化学校的几项规定的决议》、《西藏自治区筹备委员会常务委员会关于大力培养藏族干部的决议》等十几项。从人权保障的角度看该时期的立法，主要呈现以下特点：

1. 西藏原有的政治体制、法律制度基本不变，在人权保障方面未作大的改变

为粉碎帝国主义的阴谋，保障西藏的和平解放和社会稳定，中央人民政府经与当时西藏地方政府的全权代表谈判，达成《中央人民政府和西藏地区政府关于和平

---

① 《民国治藏行政法规》第103—121页。

② 中华人民共和国国务院新闻办公室：《西藏的民族区域自治》白皮书，北京：新星出版社，2004年，第18页。

解放西藏办法的协议》。其中的第四、五、六、七、十一条规定：对于西藏现行政治制度，中央不予变更；达赖喇嘛和班禅额尔德尼的固有地位及职权，中央也予维持不变；保护喇嘛寺庙，寺庙的收入，中央不予变更；有关西藏的各项改革事宜，中央不加强迫，西藏地方政府应自动进行改革。人民提出改革要求时，得采取与西藏领导人员协商的方法解决之。①

2. 确立了在西藏实行民族区域自治的原则框架

《中央人民政府和西藏地方政府关于和平解放西藏办法的协议》第三条规定："根据中国人民政治协商会议共同纲领的民族政策，在中央人民政府统一领导之下，西藏人民有实行民族区域自治的权利。"② 根据1955年《国务院关于成立西藏自治区筹备委员会的决定》，建立了西藏自治区筹备委员会，该委员会是在西藏自治区未成立前过渡期间的"带政权性质的机关，受国务院领导"③。该委员会依职权开展了相应的工作，发布了一些重要的具有法规性质的文件。

3. 从经济、社会、文化等方面做出改善西藏人权状况的规定

《中央人民政府和西藏地方政府关于和平解放西藏办法的协议》第九、十条规定：依据西藏的实际情况，逐步发展西藏民族的语言、文字和学校教育，逐步发展西藏的农牧工商业，改善人民生活。④

在此基础上，《国务院关于帮助西藏地方进行建设事项的决定》中进一步具体规定，国家拨款并派遣技术人员帮助西藏建设发电厂、皮革厂、小型铁工厂、防洪及水利灌溉设施、农业试验场、道路、学校等。⑤《西藏自治区筹备委员会常务委员会关于大力培养藏族干部的决议》明确吸收藏族干部的来源：除由噶夏、堪厅、昌都和其他各方面原有机构选派和提拔，以及社会上的贵族官员、青年知识分子外，还包括"市民、工人、农民、牧民等"。⑥《西藏自治区筹备委员会常务委员会关于目前在全区逐步开办群众业余文化学校的几项规定的决议》要求逐步开办群众业余文化学校，动员广大人民群众利用各种方式，自愿参加业余文化学习，为逐步开展全区的扫盲工作吸取经验及打下基础。⑦ 此外，还有《西藏自治区筹备委员会常务委员会关于免去西藏各族人民参加国家机关工作的人员（包括勤杂人员，下同）、

---

① 中国社会科学院西藏人权研究课题组编：《西藏人权研究参考文献选编》[Z]，北京：中国藏学出版社，2004年，第12—13页。

② 《西藏人权研究参考文献选编》，第12页。

③ 《西藏人权研究参考文献选编》，第15—16页。

④ 《西藏人权研究参考文献选编》，第13页。

⑤ 《西藏人权研究参考文献选编》，第19—20页。

⑥ 《西藏人权研究参考文献选编》，第28页。

⑦ 《西藏人权研究参考文献选编》，第29—30页。

学员（包括大、中、小学生，下同）的人役税的决议》① 等也是体现改善现有人权状况的规范性文件。

三、民主改革后，至20世纪末西藏人权保障的立法及其特点

这一时期是指自1959年西藏开始民主改革后至《中华人民共和国民族区域自治法》的颁布和实施阶段。该时期是西藏人权保障立法的全面进展阶段，其立法主要呈现以下鲜明特点：

1. 昔日广大农奴和奴隶的人身自由权获得承认

1959年的《西藏自治区筹备委员会关于进行民主改革的决议》《西藏地区减租减息实施简则》《西藏自治区筹备委员会关于西藏地区土地制度改革的实施办法》等法律文件中都强调，要“彻底废除封建农奴制度”，“废除人身依附，解放农奴和奴隶”，“废除农奴主及其代理人的一切封建特权”，“废除寺庙的一切封建特权（包括委派官员，管理市政，私设法庭、监牢、刑罚，没收财产，流放人民，私藏武器，干涉民刑诉讼，干涉婚姻自由，干涉文化教育事业，破坏生产等）、封建占有、封建剥削、人身奴役、强迫群众当喇嘛或尼姑……”②

2. 广大西藏人民拥有了基本的生存保障权

1959年9月21日西藏自治区筹备委员会第三次全体委员会议通过的《西藏自治区筹备委员会关于废除封建农奴主土地所有制实行农民的土地所有制的决议》中阐明：在西藏民主改革前，“占人口90%的农奴，没有土地所有权，人身依附于农奴主；占人口5%左右的奴隶，人身和劳动全部为农奴主和农奴主代理人占有。农奴主及其代理人依仗封建特权和土地占有，极其残酷地、野蛮地压榨着农奴和奴隶，过着极端荒淫奢侈的生活，而广大农奴和奴隶，终年辛苦劳动，却过着牛马不如的悲惨生活”③。西藏民主改革的重要任务之一就是“废除封建农奴主（包括三大领主：封建政贵寺庙）的土地所有制，实行农民的土地所有制”④。《西藏自治区筹备委员会关于西藏地区土地制度改革的实施办法》第四条和第十一条规定：“对于西藏地区农奴主及其代理人所占有的土地及其他生产资料，分别实行赎买和没收的政策。”“所有赎买和没收的土地及其他生产资料除本办法规定收归国家所有者外，均由乡农民协会接收，在尽可能满足农奴和奴隶的要求，适当照顾中等农奴（包括富

---

① 《西藏人权研究参考文献选编》，第32—33页。

② 《西藏人权研究参考文献选编》，第41—43页，48页，53—61页。

③ 《西藏人权研究参考文献选编》，第51页。

④ 《西藏人权研究参考文献选编》，第53页。

裕农奴）的利益的原则下，公平合理地进行分配。农奴主和农奴主代理人也分给同样的一份土地。”① 这种土地分配制度，不仅是全体西藏人的人权保障中最根本、最重要的措施，而且受保障主体的普遍性也达到了当代人权理念的最高境界。

3. 广大西藏人民普遍拥有了基本的政治权利

1959 年 7 月 23 日西藏自治区筹备委员会第二次全体委员会议通过了《西藏地区各县、区、乡农民协会组织章程》。该章程关于会员资格的规定为：“凡雇农、贫农、中农、农村工人、奴隶、兼营农业的小商贩、农村贫苦知识分子与半农半牧区之牧民、牧工，赞成农民协会章程者，不分民族、信仰、年龄、性别，均可自动向当地农民协会请求，或由本会会员一人介绍，经当地农民协会委员会审查批准，即可加入本会为会员。”会员“在会内有选举与被选举之权利”。②

1962 年的《西藏自治区各级人民代表大会选举条例（草案）》第七条规定：“凡居住在自治区境内的年满十八岁的中华人民共和国公民，不分民族、种族、性别、职业、社会出身、宗教信仰、教育程度、财产状况、居住期限，都有选举权和被选举权。”③ 1965 年《西藏自治区选举委员会关于西藏自治区第一届人民代表大会代表名单的决定》公布的选举结果是：“共选举出自治区第一届人民代表大会代表三百零一人。其中：藏族二百二十六人、汉族五十九人、门巴族五人、回族四人、珞巴族三人、纳西族一人、怒族一人、其他代表二人；妇女代表四十四人。”④ “这种自下而上的民主选举，彻底改变了西藏社会政治统治的阶级基础和组织形式，激发了人民群众参政议政的积极性和主人翁意识，并使大批的贫苦农奴有机会参与公务。”⑤ 它同时也表明参政权在西藏拥有了民主性。

4. 确立西藏人民享有公民的其他基本权利和自由

1959 年的《西藏自治区筹备委员会关于西藏地区土地制度改革的实施办法》第三条规定：“废除农奴主及其代理人的一切封建特权。依照中华人民共和国宪法，保护公民的基本权利。”⑥ 1972 年《西藏自治区革委会转发区文教局、财金局、商业局关于公办普通中学及小学附设中学班学生人民助学金和口粮供应标准的试行规定》、1973 年《西藏自治区革委会批转关于农牧区公办完全小学高年级学生人民助

---

① 《西藏人权研究参考文献选编》，第 54—55 页。

② 《西藏人权研究参考文献选编》，第 44 页。

③ 《西藏人权研究参考文献选编》，第 78 页。

④ 《西藏人权研究参考文献选编》，第 122 页

⑤ 史金波等著：《西藏人权研究》[M]，北京：中国藏学出版社、中国社会科学出版社，1999 年，第 31 页。

⑥ 《西藏人权研究参考文献选编》，第 54 页。

学金的试行规定》，均保障了广大农牧民子女的受教育权。①

此后颁布实施的1975年、1978年、1982年《中华人民共和国宪法》规定的公民除人身自由权、平等权、选举权、结社权以外的其他基本权利包括：言论、出版、集会、游行、示威的自由，宗教信仰自由，人格尊严不受侵犯，住宅不受侵犯，通信自由和通信秘密权，批评、建议、申诉、控告和检举权，劳动权，休息权，社会保障权，获得物质帮助权，受教育权和文化权利，少数民族还享有保持或改革自己的风俗习惯的自由、使用发展自己的语言文字的自由等。这些广泛的权利西藏人民同样享有。

5. 确立和不断发展西藏的民族区域自治权

1959年4月28日《中华人民共和国第二届全国人民代表大会关于西藏问题的决议》就明确指出："在西藏地方，贯彻实行在中央人民政府统一领导下的、由广大人民和各界爱国人士当家做主的民族区域自治，…依靠各族劳动人民兄弟般的团结和互助，建设繁荣昌盛的社会主义新西藏，这是中华人民共和国的坚定不移的方针。"② 1965年9月，西藏自治区正式成立。

1984年5月31日《中华人民共和国民族区域自治法》颁布并实施至20世纪末，第一次以国家法律的形式集中而全面地确认包括西藏自治区在内的各民族自治地方的自治权。具体包括：立法自治权，语言文字自治权，人事管理自治权，组织公安部队自治权，经济贸易管理自治权，资源、环境管理自治权，财政税收管理自治权，教育、科学、文化、卫生管理自治权等。该法的颁布也标志着民族自治地方法律地位的正式确立，是我国少数民族人权保障立法的里程碑。它改变了我国以往在少数民族人权保障立法方面存在的立法位阶不完整——主要是欠缺高位阶立法的现象，即实现了与宪法的原则性规定、相关行政法规、规章或地方性法规的衔接。

四、进入21世纪以来的西藏人权保障立法及其特点

进入21世纪以后，西藏人权保障立法进入全面化、体系化、国际化的时期。主要表现为：

1. 西藏地方立法步伐加快，西藏人权保障立法内容更加丰富和有针对性

《中华人民共和国宪法》(1982年实施，分别于1988年、1993年、1999年和2004年修正)、《中华人民共和国立法法》(1999年) 和《中华人民共和国民族区域自治法》(1984年颁布，2001年修正) 都赋予包括西藏在内的民族自治地方有立

① 《西藏人权研究参考文献选编》，第141—142页，145—146页。

② 《西藏人权研究参考文献选编》，第40页。

法权。

依照该项权力，西藏立法机关制定了一系列符合西藏实际的与国家的相关法律法规相配套的地方性法规。例如，1981—2002 年由西藏自治区人民代表大会及其常务委员会制定和批准的、现行有效的 82 件地方性法规和具有法规性质的决议、决定中，有超过 1/3 的地方性法规是 2000—2002 年制定的，以适应实施西部大开发、加入世贸组织、实现跨越式发展和长治久安战略目标等客观形势的需要。①

2. 2011 年《民族区域自治法》修正，使我国的独具特色的全面保障少数民族权利的民族区域自治制度进一步完善，以更好地规范保障少数民族及其所在区域的各项权利

本次法律修订的主要之处有：第一，将民族区域自治制度由“国家的一项重要政治制度”重新定位为“国家的一项基本政治制度”，清楚地表明了民族区域自治制度在我国政治制度中的重要程度——是根基和柱石的组成部分，并将“继续坚持和完善民族区域自治制度，使这一制度在国家的社会主义现代化建设进程中发挥更大的作用”。第二，将第六章由“上级国家机关的领导和帮助”改为“上级国家机关的职责”，表明国家对民族自治地方的发展所具有的义不容辞的责任。第三，加大了国家和各级人民政府对民族自治地方的多方扶持力度。法律将原有的有条件的、不确定的、不公平的财政补助制改为规范的财政转移支付制度对民族自治地方进行经济扶持，即“民族自治地方在全国统一的财政体制下，通过国家施行的规范的财政转移支付制度，享受上级财政的照顾”；“随着国民经济的发展和财政收入的增长，上级财政逐步加大对民族自治地方财政转移支付力度。通过一般性财政转移支付、专项财政转移支付、民族优惠政策财政转移支付以及国家确定的其他方式，增加对民族自治地方的资金投入，用于加快民族自治地方经济发展和社会进步，逐步缩小与发达地区的差距”。第四，修改后的法律以较大篇幅，着重强调发展民族教育事业，分别从民族自治地方和上级国家机关两个方面规定采取相应措施，加大对民族教育的投入，切实保障民族教育水平的稳步提高。第五，通过增加条款或者内容的方式，对民族自治地方行使自治权和国家实施建设中的生态环境保护法律责任做出了明确规定：“上级国家机关应当把民族自治地方的重大生态平衡、环境保护的综合治理工程纳入国民经济和社会发展计划，统一部署。”“民族自治地方为国家的生态平衡建设、环境保护做出贡献的，国家给予一定的利益补偿。”“任何组织和个人在民族自治地方开发资源、进行建设的时候，要采取有效措施，保护和改善当

① 西藏自治区人民代表大会法制委员会编：《西藏自治区地方性法规汇编》［Z］（汉文版），2002 年 11 月 30 日。

地的生活环境和生态环境，防治污染和其他公害。”①

此外，2005年5月31日正式施行的《国务院实施〈中华人民共和国民族区域自治法〉若干规定》，使《民族区域自治法》首次拥有了配套的行政法规作为其下位法，增强了法律的可操作性，是少数民族权利保障立法体系进一步健全的又一标志。

3. 以2004年我国对1982年的《中华人民共和国宪法》第四次修正为标志，“国家尊重和保障人权”被写入国家的根本法中。

至此，保障人权已成为我国各项法律、行政法规、地方性法规、规章、立法解释和司法解释的一项原则依据。因此，可以说西藏人权保障立法体系化主要表现为根本法的确认、基本法律的进一步完善、立法形态的多元化和立法内容的广泛性。

4. 以中国批准加入《经济、社会和文化权利国际公约》为标志，当今中国的西藏人权保障立法已步入人权保障标准的全面国际化时期

标志着我国人权保障标准全面国际化的最为重要的举措，当属我国政府分别于1997年10月27日和1998年10月5日签署的《经济、社会和文化权利国际公约》及《公民权利和政治权利国际公约》，前者已于2001年3月被批准生效。这两个公约与《世界人权宣言》共同构成《国际人权宪章》。“《国际人权宪章》是国际人权法的主体，……在法律上具有根本法的地位，其他的国际人权文件都必须遵守此宪章所确定的原则和规则，而其他的国际人权法律文件也是依据此宪章来制定的。”②

以《国际人权宪章》为代表的国际人权法确定了人权的基本内容，而我国签署和批准这些条约，就是进一步明确向国际社会承诺履行我国政府对人权保障的国际义务。它同时标志着我国人权保障已采纳国际标准。迄今为止，我国参加的与人权保障有关的国际条约已有21个。这些条约所规定的人权保障国际法准则已为我国的国内立法所吸收、体现，当然其效力及于西藏地方。

五、结　语

总而言之，从历史的发展脉络中我们不难得出如下结论：第一，中华人民共和国成立后与中华人民共和国成立前的人权保障立法相比发生了天翻地覆的进展性变

① 全国人民代表大会常务委员会关于修改《中华人民共和国民族区域自治法》的决定（2001年2月28日第九届全国人民代表大会常务委员会第二十一次会议通过），参见《中华人民共和国民族区域自治法》，法律出版社，2001年，第3—14页。

② 葛明珍：《〈经济、社会和文化权利国际公约〉及其实施》[M]，北京：中国社会科学出版社，2003年，第1页。

化；第二，中华人民共和国成立后关于西藏人权保障的立法已初步体系化；第三，中华人民共和国成立后关于西藏人权保障的基本立法体系的建立是高速和卓有成效的；第四，中华人民共和国成立以后关于西藏人权保障的立法内容既体现了中国国情，又与国际标准相衔接。

藏族习惯法与藏区社会稳定问题研究

何剑锋*

藏族是我国56个民族中具有悠久历史和灿烂文化的一个民族，创造出熠熠闪光的藏族文化。藏族习惯法是藏民族在长期的历史发展过程中逐渐积淀形成的，在藏族的历史上曾发挥了重要的作用。由于藏族习惯法涉及宗教与世俗法及各种社会规范、村规民约等方面的内容，其内容与藏族同胞紧密相连，而且不容否认的是藏族习惯法还在一定范围内有着一定的现实影响，这就决定了藏族习惯法与藏区社会的稳定与发展有着深刻而紧密的联系。因此，必须正确认识藏族习惯法，合理对待和利用藏族习惯法，切实维护藏区社会的稳定。

一、藏族习惯法内涵的界定

对藏族习惯法的界定，须基于对习惯法的认识之上。笔者认同这种观点：认为习惯法是与国家制定法相对应的，它出自各种社会组织、社会权威，规范一定社会组织、一定区域的全体成员，为他们所普遍遵守，区别于国家制定法，与国家制定法有着严格的界限甚至互相对立。

何谓藏族习惯法？藏族习惯法是藏民族在长期的生产、生活实践中逐渐形成、世代相传、不断发展并为本民族所信守的部分观念形态与约定成俗的群众生活模式规范。藏族习惯法并非国家（或官方）制定而成，明显体现“非国家的法”。藏族习惯法的内容广泛，涉及政治、经济、宗教、刑事、民事等社会生活的方方面面，具有混合性、简约性、地区性和任意性等特点。

二、解析藏族习惯法的现实影响

藏族习惯法的农牧经济基础和传承与发展过程中带有深刻的宗教背景，使藏族

---

* ［作者简介］何剑锋，助教，硕士，从事民族法、经济法研究。

习惯法在其古代历史上发挥了重要的作用。

但是随着西藏和平解放，新生的民主制度在藏区的建立，翻身农奴当家做主，藏区发生了翻天覆地的变化。现代法取代过去法，这是法律发展的必然规律。而且只有当一个民族的传统文化与现实文化的本质相一致时，该传统文化才会成为这一时代的有机组成部分，才会被人们所认同和保护，否则，难以根植于这一时代的文化之中。随着多年的民主法制建设与市场经济的建设，藏族习惯法已不能完全适应以市场经济为主流的现代社会经济关系，藏族习惯法传统的一些法律文化与现代的法律制度的本质上不一致、不协调，甚至是对立的。藏族习惯法自身的缺陷极有可能成为影响藏区社会稳定一大不可忽视的障碍，因此藏族习惯法已经不适应藏区现代社会。但这并不意味着对藏族习惯法简单的否定。因为在现实生活中，无论藏区习惯法以何种形态存在，它作为传统文化的一个方面具有较强的生命力，这是毋庸置疑的事实。此外，藏族习惯法的大部分内容是藏族历史文化的积淀，而现行法是近现代文化的结晶，尤其在社会转型过程中，二者必然会产生冲突。

尤其近年来，藏族习惯法的回潮甚至扩张已成为不争的事实，越来越多的案件私下正在接受习惯法的调整和处理。其回潮的原因既不在于现代社会制度，也不在于现代法律本身，而在于以下几方面：对同种民族所有文化的认同心理；对现行法的不完全信任和相对陌生的心理；具有相对的宽松的政治、经济环境；需要进一步加强民族法制建设；更为重要的原因是一些图谋不轨的不法分子，利用习惯法中消极因素和消极影响，挑起事端，破坏民族团结和国家稳定。

从 1980 年以来发生在藏区的有关习惯法案件来看，它对现实生活的影响主要表现在与现行法的冲突和补充两方面。就冲突而言，其内容主要体现在赔命价、血价和忽视妇女权益等方面消极影响，主要表现在三个方面：一是发生纠纷后，当事人既不诉诸国家司法机关，也不按照国家法律解决纠纷，而是以传统方式私了。这种方式不仅回避了现行实体法和程序法，而且也置国家司法机关于不顾，破坏了国家司法权的统一性和法律的威严。二是发生纠纷后虽然通过司法机关调处纠纷，但要求以习惯法解决，而非现行法。这种做法尽管在形式上通过国家司法机关调处纠纷，维护了司法机关的权威，实际上还是一种规避现行法的行为。三是在通过司法机关解决纠纷的过程中，在用现行法调处纠纷的同时，还要求以传统习惯支付命价或给予经济赔偿。这样做的结果使责任人承担了双重责任，客观上加重了其责任，这与现行法的精神也是不相符的。这些不利的消极因素不利于健全社会主义法制，影响藏区现代化建设和法治建设，影响着藏区的稳定与发展。

藏族习惯法在一定意义上对现行法具有补充作用。就藏区的情况而言，未被国家立法机关认可的习惯法为数不少，其中经过适当改革的习惯法能在精神上与现行法保持一致的内容，被国家法吸收后，可以弥补国家法的一些不足，在一定的历史条件下具有存在的价值，从而能维护和促进藏区的稳定发展。因此应对藏族习惯法及其对现实的影响进行客观、科学的解析，吸其精华，弃其糟粕。

三、合理利用、正确认识，改造藏族习惯法，维护藏区社会稳定

藏区的社会稳定对本地区的经济社会发展和国家安全有着重要的意义。藏族习惯法与现行国家法之间产生冲突，成为影响藏区社会稳定一大不可忽视的障碍，因此，应该客观合理解析藏族习惯法，改造和利用好藏族习惯法，维护藏区社会稳定。

1. 加快民族立法工作，合理吸收习惯法中有益资源，完善民族法律制度

根据我国《宪法》第115条的规定，民族自治地方的人民代表大会可以根据本法规定的原则，制定变通或者补充的单行条例或者规定。因此，根据法律的明文授权，加快民族立法工作，合理利用有益于藏区稳定和建设的习惯法本土资源，完善民族地区包括藏区的法律制度，消除藏族习惯法作为行为规范的适用条件和使用价值。首先，要树立现代法治意识，转变传统的落后的习惯法观念。其次，增强对民族立法工作的重要性认识和民族自治机关行使立法权的认识，同时要提升民族立法的技术水平和增强科学性。再次，广泛深入藏区，结合藏区经济社会的发展，注重立法规划，制定出适宜藏族地区的法规。最后，充分利用习惯法有利资源，合理吸收，完善民族法规。例如藏族习惯法在自然资源可持续利用和生态环境保护方面的规定和在草场、林地、水资源等农牧经济的规定及婚姻规定等方面的内容，与现行法的精神一致，对维护藏区正常的生产秩序，保护自然环境等方面发挥了重要的作用。可以合理地吸收，纳入民主法制的内容。最终，通过吸收那些确实代表藏民族心声和利益的，又与社会主义法律精神不相抵触的习惯法资源，加强立法工作，完善民族法律制度，推行现代法制，统一适用国家法，消弭不稳定法律纠纷因素。

2. 尊重少数民族风俗习惯，摒弃习惯法与现行法对立的糟粕

要使藏族传统的习惯法与现行社会主义之间的矛盾得到合理解决，必须尊重少数民族风俗习惯，树立各民族平等的观念，正确认识和处理其风俗习惯中正确与落后的东西。坚决摒弃藏族习惯法中与现行法对立的糟粕。例如赔命价制度，首先，就现在藏区的现状分析而言，仅仅借助财产责任就可以维持社会秩序的时代一去不复返了，因为其赖以生存的社会条件已不复存在：农耕和畜牧已不再是藏族同胞生活的全部内容，工业化、城市化、市场化、现代化早已渗透到藏人生活的方方面面；现代世俗文化观念已融入其中。

因此，完全适用财产责任的社会条件已不复存在。一味强调遵循习惯法传统，

而不与时俱进，势必被历史所淘汰。其次，藏族习惯法那种不论行为性质而几乎一律用单一的财产责任的传统，在现代复杂的社会关系下不一定十分有效，也不符合刑法发展的规律。最后，在财产责任上，现代法解决杀人、伤害案件，通常根据具体的案情，刑事和民事手段都用。在藏族习惯法中，财产责任之繁重，与现代法比较可谓有过之而无不及，由于诸法合体的体例特点，使责任性质模糊不清，其目的不明确而使其社会效果必大打折扣。相比之下，现代法分门别类有利于理性解决各类纠纷。因此，那些阻碍民族进步和社会进步，反映残余的封建观念及代表封建统治阶级利益的习惯法成分就是落后的、反动的，应该予以全面否定和彻底批判。

3. 培养公民意识，遵纪守法，创造稳定社会

公民意识越强烈，其权益越能得到维护，其遵纪守法的社会效果才能体现，稳定的社会秩序才能得到保证。藏族是一个爱国的民族，由于受藏族习惯法和宗教中的重来世、轻现世等传统文化的影响，权利意识淡薄，而且盛行赔命价、血价等习俗，严重影响了藏族同胞的公民意识的培养，自身权益很难以得到维护。因此必须加快藏区公民权利意识、公民意识、法治意识的培养，要依靠国家法维护自身的权益，保障自身的权利。通过优良的公民意识，遵纪守法，保障自身权益，消除不稳定的因素，创造藏区社会稳定的和谐局面。

4. 坚持党的民族政策和社会主义法制精神，加强法制教育，维护藏区社会长期的稳定

藏族地区由于特殊的地理环境和历史文化因素，在文化、习俗等方面具有特殊性，因此在民族地区必须坚持民族政策，坚持社会主义法制精神，体现现代法的公正、公平、合理。藏族习惯法回潮现象在较短时期内很难自行消失，因此要树立进行长期的法制教育思想，在坚持党的民族政策和社会主义法制精神的前提下，坚持不懈地推行现代法制教育和普法工作，坚决抵制和打击不法分子借机兴风作浪，破坏藏区社会的稳定。

藏区的社会稳定对本地区的经济社会发展和国家安全有着重要的意义。而藏族习惯法与藏区社会的稳定与发展有着深刻而紧密的联系。应立足于社会主义法制和藏区经济社会文化的前提下，对藏族习惯法正确认识、合理解析，取其精华，弃其糟粕，消除不稳定因素，维护藏区社会的稳定，促进藏区社会经济文化的发展。

参考文献

［1］高其才．中国习惯法研论（修订版）［M］，北京：中国法律出版社，2008 年。

［2］吕志祥，藏族习惯法：传统与转型［M］，北京：民族出版社，2007 年。

［3］张济民，诸说求真——藏族部落习惯法专论［M］，西宁：青海人民出版社，2002 年。

［4］华热·多杰。藏族古代法新论［M］，北京：中国政法大学出版社，2010 年。

论西藏地方法制区域性特征

卫绒娥　孙文革*

我国是一个多法域国家，研究不同地区的法制区域性特征是现实的必然。西藏自治区是我国的一个民族自治地方，目前在西藏适用的法律除国家宪法和基本法律外，《民族区域自治法》也是在该地区保障实施宪法规定的民族区域自治制度的基本法律，具有明显的法制区域性特征。形成这一现象的原因在于，西藏是藏民族居住集中的地方，除民族特征外，还有着特殊的社会历史条件、法制实践和立法现实，这些都成为西藏存在法制区域性特征的前提和基础。

一、特殊的社会历史条件

历史是以往的现实，现实是历史的延伸，现实不能脱离历史而存在，历史对现实产生一定的影响。西藏特殊的历史不仅奠定了西藏传统法律制度的基本条件，也对当代西藏特殊法域的形成产生重要影响。

（一）特殊的政治制度

西藏自古以来就是中国的一部分，但由于和平解放前西藏在较长时间内处于比较封闭的状态，实行“政教合一”制度，对西藏区域法制建设产生了很大的影响。

西藏“政教合一”制度一直延续到20世纪50年代末，它在法制层面的反映是：西藏的法律制度不仅是世俗统治阶级意志的反映，同时也是掌握政权的宗教统治者意志的反映，佛教为其立法的基本指导思想，尤其是佛教戒律成为非常重要的法律内容。也可以说，西藏地方的法律制度其实就是宗教教规的另一表现形式。松赞干布时期制定的《王朝准则法》，就是直接吸收了佛教“五戒”的内容。在《法律二十条》中，把“偷盗者，除还原金外，更处以八倍的罚款；谎话者，断其舌；

* ［作者简介］卫绒娥，西藏大学政法学院教授；孙文革，西藏大学政法学院副教授。

要饮酒有度，具惭愧心；要学习佛法及文字，了解其义理；要信因果，戒绝恶行”等作为法律条文。① 明朝时期，帕木竹巴地方政权的建立者绛曲坚赞对西藏地方旧的法律制度进行改革和完善，形成颇具特色的法律——“十五条”，但仍没有摆脱浓厚的宗教色彩。藏巴汗时期制定的《十六法》中的赔偿命价、谎言起誓、处理通奸、神断等法条的实质都是佛教戒律的法律体现。

在“政教合一”政治制度统治下的藏族地区，法律与宗教戒律没有什么明显的区别，某些佛教戒律就是法律；此外，以宗教信仰为基础而形成的习惯、禁忌也融入传统的法律之中，与法律规范交叉在一起。因此，“政教合一”制度体现在法律上的浓郁宗教色彩，是西藏区域法律制度区别于其他区域的典型特征。

（二）特殊的价值标准

一千多年来，寺庙、僧侣、教义、教规、信仰、道德规范，以及宗教感情等宗教层面的东西，逐渐渗透到藏族人民的生活中，在政治、经济、文化、法律、教育、医学等方面，形成了以佛教为核心的价值标准，被人们世俗化，成为衡量和解释一切事物的尺度。这种价值标准不仅表现在法律条文中，而且表现在法律理念和价值上。

另外，在旧西藏，掌握语言文化的人大多都是僧侣，他们的思想意识无不与宗教相关。政教合一的政治制度决定了掌握政权的统治阶级本身又是宗教信徒，他们不仅把佛教作为立法的指导思想，并且用佛教法理阐明立法宗旨。如由十三世达赖喇嘛于 1932 年颁布的一道法旨称：“佛王观世音化身，统领天下释教之主，遍知不变持金刚海上师（达赖喇嘛）法旨告知与西藏十三万户的僧俗上下人众：佛法为世上一切安乐之本，弘扬佛法依赖按戒律行佛事之僧众，以三大寺为首的各不同的教派之僧众，共同遵守修法之根本戒律，以闻、思、修和讲说修法渡时光，喇嘛执事务必尽量加强贯彻管理章程……为使西藏得到安乐，双方集体利益幸福和繁荣，历辈达赖和历任摄政依次颁布过《取舍布告》，而且每年‘日垄洁章’已成定制。但坏人是安乐的破坏者，对政教两方面之法会和全体属民的安宁进行破坏，违反布告，倒行逆施的行为出现很多。今后，无论军政哪方面出现此类情况，此处（指达赖—引者注）详细调查，听到的或地方头人及当事人控告等，立即调查，按当时罪行给予殴打和驱逐出境或没收田产等处罚，决不宽恕。”② 最后还要求各级官吏及时向辖区全体人民逐条逐句宣讲，并索取执行的保证，将执行此布告的情况及时具报。由

① 丹珠昂奔：藏族文化发展史（上册）[M]．兰州：甘肃教育出版社，2001 年，第 567—568 页。

② 西藏社会历史藏文档案资料译文集（三）：法旨、摄政颁令类［z］．北京：中国藏学出版社，1997 年，第 55—57 页。

于受统治阶级这种宗教价值观的影响，人们自然把宗教中的教义、教规作为法律使用并以此来衡量自己的社会价值，藏族历史上的所谓“教育”其实就是寺院教育，培养的人才也大都是宗教信徒，因此是否受过寺院教育、是否成为宗教信徒，成为一个人对社会和对他人是否有价值的标准。

由于统治阶级把宗教作为判断一个人行为正确与否的标准，神明裁判就成为主要的审判手段。《十六法》“狡逛洗心律”规定，若犯人拒不认罪或案件是非不清，则须起誓，起誓就是以神祇为证。在普遍信奉神灵的藏族地区，人们认为发假誓则一定会被神灵惩罚。同时，在佛教盛行的藏区，人们的道德价值也披上了宗教的外衣，即凡是符合佛教教义的就被视为是道德的；反之，就是不道德的。这种价值观念深深影响了藏族地区传统的法律制度。

（三）特殊的经济基础

寺院经济是西藏特殊的经济组织形式，旧西藏的地方统治者为达到其政治目的，依附于具有强大经济地位的寺院，从而使这种经济组织形式成为西藏社会经济的主要来源和力量。和平解放前，西藏的寺院上层僧侣占有大量的生产资料，大量收取信徒的施舍，过着不劳而获的生活，而广大信徒和农奴则祖祖辈辈贫困潦倒、饥寒交迫。其结果是在本已十分落后的经济基础上，豢养了大批寄生阶层，大量财富进入寺院，造成无法扩大或进行社会再生产，导致经济发展长期停滞不前。

据统计，民主改革前，西藏几乎每个村落有一座寺庙，每 10 个人当中就有一个出家为僧。而这些僧尼既不成家，又不直接参加生产劳动，严重制约着藏族人口和经济的正常发展。而且受传统观念的影响，藏族的等级观念非常森严，所谓的出身高贵的家族极力反对自己的子孙与从事手工业的劳动者通婚，这样既造成手工业劳动者成家立业、繁衍后代的困难；又因对手工业劳动者的歧视造成从事手工业劳动的人越来越少、生产技术得不到提高、生产工具简陋、经济得不到发展的局面。

此外，由于藏族传统文化中存在着严重的重农轻商理念，这种理念积淀为一种文化心理之后，就形成了在现代社会不重视发展工业、商业，只愿意进行农牧业生产、只重节约而不重开源的行为规范，制约着社会的发展和进步。民国时期学者冷亮说：“西藏人民因受佛教之洗礼，信灵魂不灭之说、轮回因果之报，抱出世主义，重未来、轻现实，重精神之修养，轻物质之享受，故其经济欲望甚低。食则糌粑酥油，衣则羊皮氆氇，住则帐篷陋室，交通工具只有乌拉牛马，而不知世界上有汽车轮船”。这是藏民族重义轻利理念的真实写照。在这种经济理念的支配下，也严重阻碍了法制建设的发展和进步。

二、特殊的法制实践

（一）地方法律和国家法律在西藏同时适用

西藏自吐蕃时期起，地方法律主要有《法律二十条》、《十五法》《十六法》，同时习惯法也在民间适用。此外，国家统一的法律和国家针对西藏地方颁布的法律制度也是西藏区域法律的重要组成部分。

元朝时，中央的立法及司法管辖权延伸到西藏地区，将全国统一法典特别是刑法推行到了西藏地方，保证了中央对西藏地区的司法管辖权和西藏执行元中央政府的各项法律规定。但是，由于西藏地理位置、民族习惯和历史等方面的特殊性，元朝中央政府对西藏的立法与司法活动给予了宽泛的特殊政策，即西藏可以根据自己的实际情况进行立法活动；可以在西藏全境实行自己的刑事、民事法规；可以设置独特的罪名和刑罚等。例如，元朝中央政府的总制院（后更名为宣政院），除过问有关西藏的军民钱粮、官吏任免、驿站交通外，还要过问西藏的司法审判事务，重大纠纷的处理和解决也都由元中央政府统一掌管。宣政院是全国最高宗教管理机关，地方僧侣若判决徒刑以上需羁押监管的，必须上报宣政院。

清朝在对西藏的治理上，继续沿用了自元朝以来中央王朝对西藏一贯采取的施政措施，推崇和利用藏传佛教来巩固边疆，制定了一系列规章制度，进一步巩固了对西藏的直接管理。其中的“除逆抚顺，绥众兴教”是清政府统治政策的重要组成部分。《大清律》“化外人有犯”条中规定，凡属中华民族大家庭中的少数民族一律适用《大清律》，以示国家法制的统一。清朝以武力平定准噶尔叛乱后，成立了总理西藏地方政权的事务机构，西藏开始了五噶伦联合执政的制度，噶伦由清廷直接任命并成为定制，这标志着清朝中央政府对西藏地方行政权的进一步控制。但是，在噶伦执政过程中，五噶伦之间经常发生矛盾，最终导致前后藏噶伦之间的内讧。针对西藏复杂的形势，清朝中央政府于1727年开始在西藏正式任命两名驻藏大臣，总理西藏事务。在西藏确立驻藏大臣制度，使西藏的一切行政管理都被纳入驻藏大臣的监控之下，使清中央政府可以在西藏更直接、更便捷地施政，有力地维护了西藏的社会稳定。1751年（乾隆十六年），乾隆皇帝敕谕达赖喇嘛执掌政教大权；同时，为处理西藏大农奴主之间争权夺利的叛乱平息后的善后事宜，颁布《钦定西藏善后章程十三条》，并以此为依据，重新组建了西藏地方政府机构——噶厦，即三僧一俗四噶伦联合执政的制度，各政府官员均应依照章程行事，西藏地方政府机构开始纳入法制约束之下。这是清王朝第一次以国家大法的形式，确立了西藏地方行政组织及其官员的任免权，也是第一次以法制的方式确立了达赖喇嘛的政教地位，达赖喇嘛第一次在法制的监督和约束下亲自管理西藏政务。后清中央政府又于1793年（乾隆五十七年）颁布《钦定藏内善后章程二十九条》，将以前西藏实行的各项行之有效的措施加以制度化、法律化，成为西藏比较完备的一部治藏法典。

民国时期战争频繁，“导致这一时期没有一部像清政府时期所制定的民族法《钦定理藩院则例》那样的法律出现。民国政府制定的法律主要包括两个方面：一是各个政权时期普遍制定的宪法以及宪法性文件中所涉及的治藏法规；另一方面是针对西藏地区所制定的单行行政法规”。① 1912年1月1日，中华民国正式宣告成立，临时大总统孙中山在《宣言书》中庄严宣告：“……国家之本，在于人民，合汉、满、回、藏诸地为一国，则合汉、满、回、藏诸族为一，是曰民族之统一。武昌起义，十数行省先后独立，所谓独立，对于清廷为脱离，对于各省为联合。蒙古、西藏，意亦同此，…是曰领土之统一。”② 孙中山先生的宣言以法律形式确定在国家根本大法之中。1912年3月11日，南京临时政府公布了《中华民国临时宪法》，规定了各民族平等的原则，这是中国历史上第一次以法律形式宣布各民族平等的法律原则，为以后民族法的制定奠定了基础。国民政府时期，“为加强边疆特别是西藏政权建设，颁布了一系列宗教管理法、行政管理法、教育管理法等单行法规，为实现对西藏治理的法律化做出了一定贡献”。③ 此外，民国时期《钦定藏内善后章程二十九条》、《水牛年文告》、《铁虎清册》、《钦定理藩院则例》和《新治藏政策大纲十九条》仍然发挥着法律效力。

（二）习惯法在西藏民间的影响依然存在

旧西藏的习惯法，是藏民族在长期的历史发展中逐渐积淀而成的部分观念形态与约定俗成的群众生活模式的规范。习惯法和西藏历代的成文法一样，是藏族社会上层建筑的重要组成部分。藏族部落发展过程中，积年而成的习惯法极其丰富，是调整部落社会各种关系的司法规范。由于历史上广大藏区长期处于生产力低下、经济发展落后的状态，因此，习惯法的特点表现在“犯罪罚赎”的理性与“神明裁判”的非理性并存；法律内容的稳定性与司法审判的灵活性并存；主要原则的趋同性与各部落具体规定的多样性并存；诸法合体的混合性与佛教教义、伦理道德浸润法律的多元性等多个方面，这些特点也正是藏区法律特殊性的体现。

---

① 徐晓光：藏族法制史研究［M］，北京：法律出版社，2001年，第2.1页。

② 孙镇平、土立艳：民国时期西藏法制研究［M］，北京：知识产权出版社，2006年第15，17页。

③ 中国藏学研究中心、中国第一历史档案馆、中国第二历史档案馆等：元以来西藏地方与中央政府关系档案史料汇编（6）［Z］，北京：中国藏学出版社，1994年，第2345页。

旧西藏的“习惯法”作为一种特殊的法律现象，负载着自古以来藏民族之习俗与地域性道德准则，有着极大的历史惯性。西藏和平解放后，虽然摧毁了包括习惯法在内的旧的法律制度和法律体系，建立了社会主义法律制度，但久远的习惯法在历史惯性的作用下，仍然在一些地区有着某种社会基础，并对当地人民的生产和生活产生不同程度的影响和作用。例如，我国《婚姻法》明确规定，婚姻实行一夫一妻制，任何重婚行为都为法律所不允许，都应当受到法律的制裁。但是在西藏，由于历史上部落习惯法大多承认一妻多夫或一夫多妻制，人们出于感情、习俗以及经济利益上的某种需求和文化观念上的限制等原因，某些偏远地区将这一婚姻习俗延续至今。这种与现代文明相抵触、直接违背社会主义婚姻法基本原则和社会主义道德规范、对家庭和睦和社会安定都可能带来不利影响的现象，给我国司法机关查处重婚案件带来很多的问题和很大的困难。但是如果一概取缔，完全按照《婚姻法》执行，在某些偏远地区又难以严格落实。如果强制执行，如对一夫多妻的男方判处徒刑，则他的妻子儿女在生活上就会无所依靠，又要造成新的社会问题，这是我国法律在藏区遇到的一个十分现实和棘手的问题，也是西藏法制区域性的特殊现实问题。

三、特殊的立法现实

新中国建国伊始，就国家结构和中央与地方的关系问题，历史地面临着是实行苏联式民族自治共和国那样的制度还是实行民族区域自治制度的战略性选择。由于我国与苏联的历史发展和民族分布特点不同，各民族杂居的条件更适宜于实行民族区域自治。因此，在立法实践上，从我国的民族实际出发，把实行民族区域自治作为处理民族问题的根本性政策确定下来，即各少数民族聚居的地区，实行民族区域自治，按照民族聚居的人口多少和区域大小，分别建立各种民族自治机关。

1951 年 5 月 23 日中央政府与西藏地方政府签订《关于和平解放西藏办法的协议》(简称《十七条协议》，西藏和平解放。在《十七条协议》第三条明确规定：“根据中国人民政治协商会议共同纲领的民族政策，在中央人民政府统一领导下，西藏人民有实行民族区域自治的权利。”历史地看，其中的精神和原则不仅规定了西藏在祖国大家庭中的政治地位，即西藏地方政府作为一级地方政权，接受中央人民政府的领导，而且规定了西藏社会和藏民族不同于其他区域未来发展的基本走向，即实行民族区域自治。

1984 年 5 月 31 日，六届全国人大二次会议通过《民族区域自治法》自 1984 年 10 月 1 日起施行。西藏自治区作为实施《民族区域自治法》的重要地区，民族区域自治法规体系同样巩固了西藏民族区域自治的法律地位，它规范着西藏自治区与上级国家机关之间的根本政治关系，调整着西藏自治区内部的基本法律关系。

西藏自治区人民代表大会及其常务委员会与其他自治区一样，不仅拥有制定自治条例和单行条例的立法权，而且还拥有一般性地方立法权和具有自治法规性质的变通或补充规定的立法权，因此形成制定自治法规的地方立法权与一般性地方立法权并存的双重地方立法体制。在宪法和民族区域自治法的指导下，遵循立法统一、从实际需要出发、民主立法、立法的法制化等原则，在执行中不仅有一些变通的、补充的规定，更有大量的地方法规和单行条例。西藏 1979—2006 年制定和批准的地方性法规和具有法规性质的决议、决定中，现行有效者 90 多项，绝大多数由西藏自治区人民代表大会及其常务委员会制定、通过和颁布，其中有相当一部分经过了一次甚或两次修正。

西藏不同时期的地方立法成果，不论是现行还是废止或失效，它们都涉及西藏地方的政治、经济、文化、教育和社会生活等方面，并通过其法律效力的应有发挥，为西藏人民各项民主权利的实现和地方社会经济文化事业的发展提供了重要的法律保障。它们从整体上丰富了社会主义初级阶段地方性立法，尤其是民族区域自治地方立法的内容，推动了我国民族区域自治地方性立法体系的建设和发展。西藏地方立法的实践表明，西藏地方立法之所以能够存在和发展，是因为它切实遵循了西藏特殊性区域的现实。

总之，正是由于西藏民族地区浓郁独特的历史、政治、民族、经济、文化等特点，在自身发展和与外界联系的历史中，创造了独特的法律制度，形成了中国统一主权内的不同法域地区。西藏和平解放后，中央根据西藏的特殊历史政治背景、特殊的民族和经济条件等区域特征，制定了与之相匹配的法律制度，为西藏经济发展和社会的全面进步提供了法律保障，也为西藏地区制定符合本民族特色的自治条例奠定了基础。

西藏传统法律文化对现代社会的影响

卫绒娥　杜莉梅*

西藏传统法律文化是西藏传统文化的重要组成部分，是西藏建设现代法律文化的重要因素，是构筑法治社会的重要前提和基础。历史上西藏社会的政治、经济文化的发展孕育着西藏的法律文化，本质上属于传统法律文化范畴。西藏传统法律文化虽然在维护社会政治稳定等方面发挥了积极作用，但它在整体上无法创生现代法治，许多方面甚至成为现代法治的反向力量。要实现西藏法律文化的现代化，必须摒弃传统法律文化中的某些阻滞因素，同时必须进一步深化改革，逐步使传统法律文化为西藏的建设和发展服务。

一、西藏传统法律文化的特点

任何形态的文化，首先是民族性的文化，它是适应民族生存的特点而形成的，是在民族身上体现出来的民族化的精神依托和力量，它往往凝聚着民族特有的国民性格和社会心理意识，同时又通过具体的活生生的个体生命存在得以凸显，并时时刻刻影响人、改造人。西藏传统法律文化是西藏藏民族特有的，以藏传佛教思想文化为基线的，涵括其他各种不同法律思想文化内容的有机构成体。西藏传统法律文化的这些内容不同程度地渗透、影响着民族心理素质、风俗习惯乃至人们的思维、行为、生活方式等。从而影响着现代法律文化的形成和发展。

每个民族都有构成本民族精神凝聚力的文化传统。此文化传统是多层面构成的系统，在文化系统运行过程中，逐渐形成与此系统相契合的价值判断关系。价值判断系统往往对整个文化系统的发展轨迹和方向起着调控、制约的作用。价值判断的这种调控制约性，称之为传统文化的价值取向性。西藏封闭的地理位置、落后的生产方式和人们对藏传佛教的虔诚信仰，使得西藏的传统法律文化有着自身的价值取

* ［作者简介］卫绒娥，西藏大学政法学院教授；杜莉梅，西藏大学继续教育学院副教授。

向性，从而形成西藏传统法律文化自身独有的特征：

（一）西藏传统法律文化的宗教性

以宗教思想为立法的基本指导思想，宗教的教义、教规贯穿在法律条文中，这是西藏阶级社会制定法律的一个重要特征。吐蕃时期，随着佛教的传入，佛教庞大而多彩的体系已如潮水般荡涤着藏人的意识形态领域。统治者们开始以佛教为指导思想来制定自己的法律，尤其是佛教戒律，成为非常重要的法律内容而加以吸收，并贯穿于传统的制度法、习惯法、习俗法的始终。如吐蕃时期在制定法律时对佛教十善律的吸收，就是把佛教思想作为指导思想贯穿在当时法律始终的具体体现。《吐蕃王统世系明鉴》中说：松赞干布时，从东方汉地、木雅输入工艺、历算，从南方印度翻译佛经，从西方索波、尼泊尔获取饮食珍宝，从北方胡人给地方引进法律及职事制度，并仿效佛教的“十善法”制定吐蕃法律。“立十善之法，对善者予以奖励，对恶人加以惩处，对豪强大族用法律压抑，对贫弱者设法扶助。…又令臣民皈依三宝，恭敬信奉，报父母恩，孝敬侍奉。学习经典文字，明白其中的道理。相信业、因果，戒绝恶行。…是非难以判断时，请地方神祇护法作证，立誓赌咒。仿照十善法的意义，在吉雪学玛那地方制定了吐蕃法律二十部。”文中所说的十善法就是指佛教的不杀、不盗、不淫、不嫉妒、不仇恨、不愚痴、不谎话、不巧辩、不挑拨、不恶骂等十善律。依据此十善律，制定了法律条文二十条。并颁布执行。在二十条中提到的“要虔诚皈依三宝”、“要学习佛法及文字，了解其义理”、“要信因果，戒绝恶行”都是佛教思想最为深刻的印迹。在此后历代王朝制定的如《十六法》等法律和传统的习惯法以及民间习俗中的许多内容都体现了深刻的佛教思想。可见，佛教思想贯穿在西藏传统法律文化始终，甚至，至今在许多人的思想意识深处还有一定的影响。这种浓重的宗教色彩是西藏传统法律区别于内地传统法律的一个重要的典型特征。这其中的原因，一方面是由于藏传佛教在西藏的统治地位以及政教合一的政治制度，使得宗教戒律成为西藏传统法律的重要内容之一；另一方面藏传佛教的许多观念、好恶和戒规都渗入到社会的各个角落，其浓厚的宗教信仰成为人们生活的重要组成部分，因此，建立具有浓厚宗教色彩内容的传统法律，是统治阶级维护社会稳定的需要。主要表现为：一是维护宗教特权，保护宗教礼仪，严厉处罚侵犯宗教礼仪的行为。如《十六法》的重罪肉刑律规定，偷盗喇嘛财物的，处以肉刑；盗窃三宝者赔偿八十倍。二是将宗教戒律戒规视为神圣，凡触犯宗教戒律戒规的要予以严惩。佛教称弑父、弑母、杀阿罗汉、破僧、恶意出佛身血为五无间罪，教义认为，犯有其中之一者，无疑要遭受严重的因果报应，坠入无间地狱（所以称为无间罪），对犯有无间罪的要处以挖眼、抽筋等酷刑，直至处死。三是把宗教仪式作为法律诉讼手段，尤其是把天断作为审判的手段。神判与天罚是宗教的产物，而在旧西藏的法律中则把它作为一种法律手段，从而成为统治阶级利用宗教迷信思想对奴隶和平民进行统治的精神枷锁。也使得审判就有了因神秘而产生的威慑力。如杀人命价律规定，故意杀人者除要命价赔偿外，还需要给死者家属支付一定的诵经超度费，以帮助其实现宗教礼俗和仪式。

（二）西藏传统法律文化的道德性

与西方传统法律文化和汉族地区传统法律文化的价值取向不同的是，西方传统法律文化强调人与自然的对立，强调人的独立自主和进取精神。汉族地区的儒家传统法律文化价值观念中强调以伦理道德为中心的道德观念系统，在法律上也足以得到体现。而西藏传统法律文化中则更突出强调宗教道德性，其突出的表现特征是：凡是符合宗教的就视为是道德的。在这种价值观念的涵摄下，人们对一切事实的判断活动都被纳入宗教道德规范模式中，人们复杂的思想、行为活动都必须符合宗教道德标准，并由此做出是非善恶、真假美丑等道德性判断。于是，无论客观事物、认识主体、还是社会现象、历史事实；无论是政治的、经济的、法律的、艺术的、道德的、观念的……统统打上了宗教道德的印记。用宗教道德的原则可以包容一切，解释一切，成为无所不在，无所不能的“灵丹妙药”。如：吐蕃时期的法律中，大多都是宗教道德的反映。吐蕃时期的法律主要是根据佛教的十善法制定的法律条文二十条，而这个法律实际上就是藏传佛教对教徒的道德要求，但统治阶级却要求人们一律遵守。吐蕃王朝以后的历代地方政府，也大都把宗教道德作为制定法律的依据，有些甚至直接以法律条文的形式表现出来。

同时，在西藏传统的习惯法和习俗中所提倡的慈悲忍让、乐善好施、安分诚实、利人利世、诸恶莫做、诸善奉行等法律要求，其实本身是一种宗教道德。甚至有些地方把民俗和道德习惯也纳入部落习惯法中。如：俗人不能坐在僧人的上位，牧民不能坐在头人的上位，妇女不能坐在男子的上位。在举行盛大的宴席或逢年过节请客时，按个人社会地位排列座次，人席和离席，依照不同等级，按秩序先后行动，不得随意违背顺序；不在神山挖药材和打猎放枪；用作祭祀的牲畜，不出卖、不宰杀；不吃奇蹄类、爪类和鳞类的动物肉等有关习俗和道德规范都作为习惯法和习俗规定不得违背。当然，不可否认，这种宗教道德的法律体现，在一定程度上对调解人们之间的关系、保护西藏的生态环境，也起了一定的积极作用。

二、西藏传统法律文化对现代社会的影响

由于传统法律文化与现代法律文化的共时性，使得传统法律文化无时无刻不对

现代社会产生着影响。因为人作为有限的存在，是处于传统文化之中的，不管它是否了解这种传统文化，也不管它是赞成还是反对，他都不可能完全超越传统文化的观念意识，我们只能在传统文化中不断探索。不管意识与否，传统文化总是影响着我们，始终是我们生活的一个重要组成部分。同时，传统法律文化还是使社会的各个部分、社会的各个发展阶段保持紧密联系和统一性的东西，是社会发展的基因。传统法联系和统一性的东西，是社会发展的基因。传统法律文化作为一种传统文化，它不仅仅是一个时间概念，一个历史时期，而更是人们的一种态度。正如福柯在《什么是启蒙》一文中谈及对现代化作时代性的理解时曾经指出：我们不应该将现代化仅仅看作一个处于前现代与后现代之间的一个时代，而更应该将其看作一种态度，而这种态度不是谁都有的，也不仅仅局限在某一个特定的时代，这是从个人对生存活动的态度来说的。因此如何看待传统法律文化在现代社会的作用问题，也是一个态度问题。传统法律文化不仅是具体可以表现出来，构成物质形态的文化的"表层次文化"即制度文化，而且还根植于人的思想观念、积淀于人的心理结构，并时时影响约束人的思想行为的"深层次文化"，即法律意识。在现代社会，所谓传统文化与现代化的冲突，更多的是指法律意识、观念形态的冲突，是传统心理与现代心理承受力之间的冲突，是人们对待传统法律文化态度上的冲突，而不是指物质层面上的制度文化的冲突。

西藏传统法律文化中的制度文化，已经被废除。但人们的法律意识却没有同制度文化一样被革掉，在人们的思想深处，还有很深的传统法律文化的烙印，尽管有些法律意识已经不适应社会发展要求，已经不被人们认同，而且对社会发展有一定阻碍作用，但这种影响和作用仍然存在，其主要表现在：

第一，当代中国开始注重对人权的保护，广大老百姓的权利意识也逐渐觉醒，越来越多的人用法律的武器来维护自己的权益。这种社会现实与西藏古代社会用法律来治民尤其是用佛教教义、教规来践踏人权的工具主义观念显然是水火不相容的。如在旧西藏的立法中，对人的处罚是十分残酷的，对杀人的处罚只注重经济赔偿，严重地侵犯了人权。这种影响至今仍然存在，很多受害人，并不是要求法律对被告人采取什么样的处罚，而是要求赔"命价"即可，既不考虑社会秩序的维护，也不考虑受害者的人权保护问题。

第二，当代中国民主政治建设进一步发展，实行依法治国，民主与法治观念逐渐深入人心。这势必与西藏古代专制社会产生的重视宗教道德教化的法律文化发生激烈的冲突。在西藏传统的法律制度以及习惯法中都注重用宗教的形式解决矛盾和冲突，轻视法律的作用和地位。如在《十六法》中规定的"狡诳洗心律"就是一条关于古老、神秘的审判方式—"天断"的法律。按照本条的内容，对于那些案情比较复杂，而当事人双方又比较狡猾，一时难以辨别真伪和是非的案件，采取“天断”的方法进行审判。所谓天断，就是在神前发誓，并通过某种仪式，让天意来判明是非。天断是反科学的，他之所以能在旧西藏盛行，除了生产力水平低下，文明程度落后，人们认识客观事物的能力有限外，更主要的是宗教对法律的深刻影响。人们借助宗教的力量来进行审判，并被看作是神圣的。这在旧西藏的历史上延续了很长时间，对旧西藏法律进程一直产生着深刻的影响。这种违反民主、科学的非法治的做法，不仅体现在传统的法律制度中，也广泛地存在于人们的习惯和习俗中。如习惯法和习俗中对杀人的命价赔偿的规定，对一夫多妻或一妻多夫的认可，以及在习俗中对民间纠纷的调节通过寺庙或喇嘛约定成俗的规定。不仅影响着旧西藏的法律，而且有些至今也对现行法律的进程有着重要的影响。如，现在还有许多公民的民主意识淡漠，婚姻上平等意识不强，至今还存在一夫多妻的现象。还有一些刑事犯罪案件，当事人不通过司法途径解决而是私下解决或请喇嘛出面解决，以致埋伏下报复仇杀，导致社会存在不安定的隐患。

第三，当代中国实行社会主义市场经济，鼓励一部分人通过诚实劳动、合法经营先富起来，这又与西藏古代社会“轻利”的法律观念发生了激烈的冲突。尤其是佛教的宗教道德对市场经济的影响十分突出。道德是以人类社会生活过程为反映对象，是人们在现实社会生活中的行为准则，“是切合于认可共同的本质利益并维护这种利益，适应社会发展的需要并保证这种需要得以满足，让社会中每个个体的创造才能和一切善良意原得以发挥，使人们一切罪恶的动机和惰性势力归于湮灭的协调、约束性力量”。[①] 佛教道德观念的重要特征之一是追求超道德的境界。佛教的根本宗旨是深感人生痛苦，世间的忧患，而以超越现实的解脱涅槃为最高理想境界”。[②] 在西藏，佛教伦理道德作为西藏传统文化的基本构成要素，在长期的发展演变过程中，不仅充当了人们价值观念的基础和判断是非善恶的标准，而且也是人们的行为规范准则。因此，佛教的伦理道德追求逃避现实、淡视现实、放弃对现实利益的追求，把享受幸福的希望寄托在来世，追求涅槃境界；压抑自己的主体意识，缺乏进取心和创造精神，轻视利益的观念等都是与市场经济是不相符的，这种观念的影响至今存在。如在当代社会中许多人仍然存在的轻商的观念，个人的生产活动须事先征求喇嘛的意见等行为，对发展生产，掌握科技、推动社会进步都存在一定程度的影响。

第四，西藏传统法律文化与现代社会的冲突突出地表现在司法方面。自古以来，西藏人民笃信宗教，佛教对藏民族的政治、经济、法律、文化和风俗习惯都有着重

① 侯宝华：道德的民族性与民族道德的特性，西藏民族学院学报，1988 年第 1－2 期合刊，第 35—36 页.

② 方立天：中国佛教与传统文化. 上海人民出版社，1988 年，第 258 页。

大的影响。佛教的教义、教规是旧西藏法律的重要组成部分。因此，过去藏区协调人们之间关系的一切法律规范，无不带有浓厚的宗教色彩。长久以来，在藏区的一些地方，人们习惯于用佛教的观念与情感来判断是非曲直与善恶美丑，佛教及其思想、文化与习俗在人们心目中根深蒂固，国家的法律规定及其道德准则，很难在司法的层面上彻底替代根植于人民心中的宗教思想。民主改革后，虽然我们在藏区推行了国家的法律及其司法制度并进行大力宣传，但藏传佛教影响仍不可低估。在一些群众的心目中，佛教教义、教规的效力高于国家的法律，活佛僧侣的地位高于司法人员，佛教说教的作用大于法院的判决裁定。每当发生矛盾、纠纷甚至比较大的伤害的时候，人们宁愿请宗教人员出面调解而不愿诉诸法律。宗教干预法律的现象比较突出地表现在杀人案件中，按照法律的规定，杀人罪属于重罪，根据情节多被判重刑甚至死刑。但在佛教思想的影响下，总认为人的灵魂是不灭的，生死是可以轮回的，所以一些杀人案件的受害者，并不要求或并不关心杀人者是否判处死刑，而他们更看重的是按照以前的法律传统是否赔偿“命价”以及命价的多少。因此，每当我们的司法机关在这些地区依照法律的规定对杀人、伤害案件中的被告人处以重刑的时候，时常得不到当地群众的理解，甚至还会引起抵触情绪。这就给宗教干预司法的现象提供了机会。在一些案件中人民法院将杀人案件中的被告判处死刑后，受害人家属以及当地群众并不认为案件已经了结，因而还要继续向被告人家属追索。至此，矛盾得不到解决，法院的判决也无力阻止这种做法，从而形成新的社会矛盾和治安隐患。又如，以强奸为主要内容的性犯罪被我国法律规定为严重犯罪，但在藏区的一些地方，由于人们现代法律观念的淡漠和歧视妇女的潜意识存在，使人们对非法性行为多采取宽容、忍让和默许的态度。因此，往往这种犯罪行为得不到应有的谴责，反而被害人往往受到歧视、嘲讽和指责。旧的习惯法造成大量的重婚现象的实际存在，是其对现行法律的又一个严重挑战。我国《婚姻法》明确规定，婚姻实行一夫一妻制，任何重婚行为都是为法律所不允许的，都应当受到法律的制裁。但由于历史原因，直到目前，藏区的一些地方特别是一些边远的牧区，还残留着或变相地存在着一夫多妻或一妻多夫的现象，甚至在一些地方还在继续发展。这种与现代文明相抵触、直接违背社会主义婚姻法的基本原则和社会主义的道德规范，对家庭和睦和社会安定都带来不利影响的现象，给我们司法机关查处案件带来很大的困难。《婚姻法》的有关规定，在藏族地区往往难以严格执行。

西藏是一个大多数群众都信教的民族地区，宗教因素以及由此基础上建立的政治、经济、文化对中国法律现代化所产生的巨大影响力和渗透力是不可低估的。传统的重视宗教教规、教义导致的轻法思想，与现代社会法治思想形成鲜明的对比。改革开放以来，中国虽然建立了较完善的社会主义法律制度，无法可依已经成为历史。但受传统法律文化的深层影响，再加上经济、政治制度的原因，特别是宗教的原因，传统法律文化的影响仍然存在。特别是在一些边远地区，法律还没有完全成为调节社会生活和社会关系的调节器。法律的效力、权威、尊严还没有在政治结构和权力运行过程以及人们的日常生活中树立起来。一些非法律的传统文化如道德风俗、习惯甚至远古遗风常常不时地替代和行使着法律的功能。因此，在认清西藏传统法律文化中对人类前进的阻碍作用，剔除糟粕的同时吸取西藏传统法律文化中许多优秀的成分对调节当代人们之间的关系、稳定社会秩序都有一定的积极作用。其积极作用主要体现在以下几个方面：

第一，在西藏传统的制度、习惯和习俗中都显现了西藏人民的优秀、独特的军事思想。在西藏历史上，藏民族靠武力征服而雄踞青藏高原。长年的争战，频繁的厮杀，使他们积累了许多的战争经验，创造了许多优秀的战法，而将这些成功的经验与战法升华到理论的高度，作为一种军事思想而用法的形式固定下来，这在西藏的军事史上具有里程碑意义。特别是公元1618年藏巴汗时期制定的《十六法》中“英雄猛虎律”、“懦夫狐狸律”等军事理论和作战方法载入法典，是《十六法》的独创，具有很强的民族特色。而且这种军事思想以及崇尚武力和崇拜英雄的道德观念同当代为建设社会主义的强国，实现中华民族的伟大复兴、学习英雄等道德要求是相一致的。

第二，在西藏传统的法律文化中特别重视经济处罚，这在一定程度上发展了民事法律规范，减少了刑事案件，有利于调节社会矛盾。在西藏传统的成文法以及习惯法和传统的习俗中，都有从刑事案件到一般的民事案件采取经济处罚的方式解决的规定。如盗窃追赔律、亲属离异律等法律的规定，一方面使民事法律规范不断发展和完善，在社会生活中的很适用。另一方面减少了刑事司法部门的工作，又使矛盾得到及时的调解，容易缓解社会矛盾，有些做法同样值得我们在建立社会主义法治社会过程中借鉴。

第三，西藏传统法律文化中比较注重对执法者的管理。《十六法》中对“私人所欠公债，宗本不得私自前往索要。法庭上不可感情用事，亦不可有亲疏远近之分”等规定，是对官吏进行有效管理和要求官吏奉公守法的法律。这对于我们今天行政机关依法行政，司法机关公正执法，对我们惩治党内贪污腐败分子都有一定的借鉴意义。

第四，西藏传统法律文化中也非常重视通过法律来调节人们之间的关系，西藏传统法律文化中有许多调整人们之间生产、生活关系的法律、习惯和习俗。如《十六法》的“半夜前后律”、“亲属离异律”的规定，调解了在劳动中生产者之间因借用劳动生产工具发生意外而产生的法律后果，以及一些其他民间如欺诈、毁坏他人庄稼、财务等所发生的社会关系。“亲属离异律”则不仅调整了婚姻的成立和终止，而且对婚姻解除后子女的抚养，以及对生活困难一方的帮助等都做了明确的规定。不仅在当时调解了家庭关系和夫妻关系，而且对当代调整西藏社会人们之间的婚姻和家庭关系都有一定的价值。

第五，在西藏传统的法律、习惯法和习俗中所提倡的慈悲忍让、乐善好施、安分诚实、利人利世、拔苦与乐、诸恶莫做、诸善奉行，其立足点，“既在为信教者修持祈福、提升道德，更有利乐有情、安定社会、庄严国土的社会功能”。① 同时，发扬藏传佛教依靠佛教道德教育的作用配合法制教育，净化人心，陶冶情操，提升道德精神，制止社会上的贪污、腐败等形形色色的违法犯罪行为，同我们今天所倡导的“依法治国”和“以德治国”相结合的治国方略也是相协调的。

三、西藏传统法律文化的现代化

随着市场经济的日益形成，社会结构产生着巨大变化，一个动态的市场经济社会秩序的维系热切呼唤着法治。因此传统法律文化中的思想观念、心理态度等深层次文化的改革与发展则成为必然。任何一种新的文化，都只有根植于传统才能够成活，而一种在吸收、融合旧的文化过程中创造新的文化能力，恰又是一种文明具有生命力的表现。人们对西藏传统法律文化的认识、理解，以及在此基础上所形成的新的适应当代社会要求的法律思想、观念、心理态度等，则成为西藏传统法律文化是否有生命力的重要标志。

西藏传统法律文化要现代化，就要对西藏传统文化中的制约因素进行改革，从而使西藏传统文化具有生命力。总体来说，应当从两个方面入手，即一为思想观念，二为法律制度。

（一）思想观念方面

要增强公民的守法意识。近年来，由于社会、经济、政治和文化秩序的更替与重构，社会结构发生了深刻的变化，西藏的违法犯罪现象日益增多，对社会的发展和稳定构成了严重的威胁。同时，一些过去一直存在的违法现象并没有得到改观，这些都与西藏公民的守法意识有关。如果一个国家的法律得到了良好的遵守，那么这个国家就会趋于稳定和发展。相反，如果一个国家的法律遭到粗暴的践踏，那么这个国家就会趋于动荡和不安，国家的法律就会变成一纸空文。在西藏，通过宣传

① 徐荪铭：世纪佛缘，中国社会科学出版社，1988 年，第 71 页.

教育的多种方式，使老百姓改变对过去传统法律观念的依赖，增强遵守法律的意识，树立起法律的权威，形成信仰法律的社会风气，这是保障西藏社会发展和稳定的前提。因此，国家机关工作人员和普通老百姓都必须严格遵守法律和法规，这样，法律才能发挥作用。

要增强公民的用法意识。当代西藏公民的用法意识虽然比过去要强得多，但受传统法律文化的影响，权利意识仍比较淡薄，有时仍羞于言利。遇到冲突，尽量把大事化小，不到万不得已不会诉诸法律。这些都引发了当代西藏公民用法意识的淡漠。“权利是法的内核，没有对权利的要求，就激不起对法的需求、渴望和崇拜，就不能保持法律的至高地位”。因此，要通过提高公民的权利意识增强公民的用法意识。

强化法制教育和普法工作。法律文化的现代化，关键是人的现代化。“如果执行和运用这些现代制度的人，自身还没有从心理、思想、态度和行为方式上都经历一个向现代化的转变，失败和畸形发展的悲剧结局是不可避免的。再完善的现代制度和管理方式，再先进的技术工艺，也会在一群传统人的手中变成一堆废纸”。西藏公民整体文化素质较低，加上传统法律文化的影响和对法制教育的不够重视，造成公民接受法律的基础非常薄弱。在这样的法律文化氛围当中，要想实现现代化进而建立法制社会是不可能的。因此，只有通过开展卓有成效的普法教育宣传工作，形式多样的学校法制教育和案件教育，增强公民懂法、用法及守法观念和权利意识，唤起公民对自由、平等法律终极目标的追求，才能实现传统法律文化的现代化和建立法治社会的这一根本目标。

（二）法律制度方面

建设法治国家，制度建设是关键，是根本，是巩固法律文化优秀成果和实现法律文化现代化的重要手段。没有完备的法律和制度，不仅难以继承传统法律文化的优秀成果，还难以实现法律文化的创新。因此，实现传统法律文化的创新，在法律制度建设上就必须完备和完善，应从以下三个方面入手：

完备和完善立法制度，健全法律体系。在古代社会，制定法律者是君主个人，而且反映的是少数剥削阶级的利益。尤其在旧西藏，法律的制定者不仅是少数政治上的统治者，同时也是宗教领域的上层，把宗教和政治结合在一起，把宗教戒律尊崇为法律，形成了政教合一的法律制度和法律观念。而在现代社会，随着民主政治的发展和推进，人民成了真正的立法者。并且随着社会的发展，传统的法律文化，必须顺应社会的发展变化制定适合西藏民族特点和实际的地方法规。进一步健全我国的法律体系，做到有法可依，这是根本前提。

完备和完善司法制度，保证司法公正，树立法律信仰。“法律必须被信仰，否则它将形同虚设”。在西藏的古代社会，虽然有司法制度，但由于统治者的个人专断和宗教的干预，使得司法制度很不完善。人们对待违法犯罪行为，可以用宗教的方式解决，因此对法律缺乏信仰。改革开放二十多年来，我们建立了相对完备的法律制度，但是法律在经济、政治和社会生活中的实现程度极低，有法不依、执法不严、违法不究的现象大量存在，法律缺乏应有的权威性。社会公众与法律之间甚至存在某种程度的内在紧张关系，表现出对法律的淡漠、厌恶、规避等。其中一个重要的原因就是长期以来人们对传统法律的依赖，而缺乏对现行法律的信仰。因此，通过公平立法、严格执法、公正司法，树立法律信仰，尤为关键。

完备和完善监督制度，实现监督有效。在西藏的传统法律中就有对管理者的监督制度，曾在历史上起过一定的积极作用。但是这种制度很不完善，也不能适应社会发展的要求。在当代社会，随着民主与法制建设的深入，法律监督制度显得日益突出，我国法律监督的本质就是人民当家做主，就是人民主权。我国法律监督的价值就是在这个本质的基础上产生的。在依法治国的今天，要依法治理国家就更需要监督。党的十五大报告指出：“依法治国，就是广大人民群众在党的领导下，依照宪法和法律规定，通过各种形式管理国家事务，管理经济文化事业，管理社会事务，保证国家各项工作都依法进行……”要保证一切国家权力的行使严格依法进行，保证法律在国家事务管理、经济文化管理、社会事务管理等活动中真正发挥规范作用，就必须有健全的监督制约机制，就必须采取有效的手段检查督促国家机关和国家机关工作人员切实遵守和严格执行法律，坚决同一切违反法律的现象做斗争。

随着依法治国的推进，西藏的执法机关和执法人员的法律素质和执法水平在不断提高，执法犯法、执法不公的现象也会相应减少。但是同时也应看到，依法治国的推进，大大提高了人民群众对法律在社会政治生活、经济生活、文化生活中的重要性的认识。人民群众对执法的要求越来越高，对执法活动中的违法现象会越来越难以忍受，要求遏制司法腐败、减少司法不公的呼声也会越来越强烈。尤其是针对西藏的民族特点和西藏的实际进行公正司法也显得更加重要。因此，健全和强化法律监督机制，不仅在建设法治国家时是必不可少的，而且在法治国家建成之后，依然是须臾不可舍弃的。特别在西藏进行跨越式发展中更需要法律监督来保障西藏社会发展的正确航向。

西藏传统法律文化的现代化是西藏社会现代化的重要组成部分。应积极引导传统法律文化在现代社会中发挥积极作用，剔除其消极的影响，尽快实现传统法律文化的现代化，从而为西藏经济发展和社会稳定服务。

参考文献

[1] 丹珠昂奔．藏族文化发展史［M］，甘肃教育出版社出版，2001 年。
[2] 娄云生．雪域高原的法律变迁［M］，西藏人民出版社，2000 年。
[3] 次旺俊美．西藏宗教与社会发展关系研究［M］，西藏人民出版社，2001 年。
[4] 才让．藏传佛教信仰与民俗［M］，民族出版社，1999 年。
[5] 卓新平．宗教理解［M］，社会科学文献出版社，1999 年。
[6] 张映勤．佛学文化通鉴［M］，天津社会科学院出版，2000 年。

中国西藏藏族文化权利的法律保障

——兼论“西藏文化灭绝论”的荒谬性

韩小兵　喜饶尼玛*

达赖集团及其西方支持者对中国“灭绝西藏文化”（Cultural Genocide in Tibet）的指责从20世纪八十年代至今一直不绝于耳。“达赖集团最早使用‘文化灭绝’这一术语攻击中国政府是从1980年其代表团回西藏观光返回之后。从那时起，‘文化灭绝’就已成为他们著述演说中的中心装饰品，并且在许多文件中都提到该术语。支持达赖集团的西方政治家们也总是以此来指责中国政府”。①

最近一次关于西藏“文化灭绝”指责声浪发生在2008年中国政府依法处置3·14西藏极少数不法分子组织策划的打砸抢烧事件之后。西方一些主要媒体在3月17，18日都同时报道了达赖对中国政府“灭绝西藏文化”的指控。例如：美国《有线新闻网》报道：“达赖喇嘛说西藏的传统文化在中国的统治下面临灭绝的威胁。”②美国《纽约时报》说：“达赖喇嘛星期天指控中国对其在西藏的追随者实施‘文化灭绝’，同时呼吁展开国际调查。”③ 英国《电讯报》说：“达赖喇嘛谴责中国政府在西藏的恐怖统治并指控其文化灭绝。”④

面对上述说法，我们提出两点质疑：第一，“西藏文化灭绝论”的法律含义或依据何在？第二，“西藏文化灭绝论”的事实依据又何在？

---

* ［作者简介］韩小兵，女，中央民族大学研究生院副院长，教授；喜饶尼玛，中央民族大学副校长，教授，博士研究生导师。

① Barry Sautman，“CULTURALGENOCIDE” AND TIBET，Texas International Law Journal，Spring 2003.

② CNN，Dalai Lama：China causing ‘cultural genocide’ The Dalai Lama——who fled his homeland 29 years ago after a failed uprising，said Tibet s “ancient cultural heritage” is threatened with extinction by China. March 17，2008.

③ Somini Sengupta，curbs an Protest in Tibet Lashed by Dalai Lama：The Dalai Lama accused China on Sunday of waging “cultural genocide against his followers in Tibet and called for an international inquiry into the suppression of protests there.” March 17，2008. The New York Times.

④ David Eimer，Dalai Lama condemns China ‘s ‘cultural genocide’of Tibet：The Dalai Lama，Tibet s exiled spiritual leadercondemned China s “rule of terror” in Tibet and accused it of “cultural genocide”. 18 Mar 2008

正如香港科技大学教授Sautman所说：这些人在主张中国政府蓄意灭绝西藏文化时很少考察界定“文化灭绝”这个概念并且从未提出对这种主张的直接证据。①

笔者拟从国际人权法的角度围绕上述质疑进行分析阐述，在展示中国西藏藏民族文化权利保障的法律实践与成就的同时，回应所谓的“西藏文化灭绝论”。

一、从国际人权法范畴相关概念探讨看“西藏文化灭绝论”的荒谬性

笔者之所以从国际人权法范畴内寻找相关概念进行研究，是由于达赖集团及西方反华势力始终是从西藏人权的视角出发，打着保障西藏人权的旗号，在国际领域内攻击中国；藏独分子也总是试图寻求国际上的支持。那么这种攻击或西方的支持首先应当具有国际法上的基本合法性，如果这种合法性不存在，他们的主张与所谓的诉求也只能是一种无稽之谈。

在国际法范畴内，与所谓的“西藏文化灭绝论”相关的概念主要有“文化”、“种族灭绝”和“文化权利”。

（一）关于国际人权法范畴内的“文化”概念解析

“在社会科学领域里，文化的概念始终是个比较含混的、争论不休而又歧义层出的问题”。② 英国人类学之父泰勒（E B Tylor）在1871年发表的《原始文化》一书中首次对文化做了比较系统和权威的表述：文化就其广泛的民族学意义来说，是作为社会成员的人所习得的包括知识、信仰、艺术、道德、法律、风俗以及任何其他能力和习惯的复合体。“后来美国的一些文化人类学、社会学家如奥本格、亨根斯、维莱等对泰勒的定义予以修正，补充了‘实物’一词，使文化成了‘包括实物、知识、信仰、艺术、道德、法律、风俗，以及任何其他能力和习惯”’。

《辞海》将文化分为广义与狭义。“广义的文化是指人类社会历史实践过程中所创造的物质财富和精神财富的总和。狭义指社会的意识形态，以及与之相适应的制度和组织机构。是一种历史现象……”③

虽然对文化的概念存在争议，但人们普遍认同“文化”包含了非常广泛的社会现象。面对这些社会现象，人类学和法学的态度会有所不同，即作为人类学、社会

---

① Barry Sautman “Cultural Genocide” and Tibet：Statements by leaders and their supporters about cultural de in Tibetrarely examine the concept and almostInternational Law Journal，Spring 2003. include direct evidence that the PRC intends to de – cultural Tibetans. Texas

② 林耀华主编：民族学通论（修订版）［M］，中央民族大学出版社，1997年。

③ 辞海（下）［M］，上海辞书出版社，1989年。

学或民族学研究对象的“文化”和法律保护客体的“文化”应该是有区别的。人类学、社会学或民族学可以将人类社会的一切文化现象作为自己的研究对象；而纳入法律保护对象的文化，无论其内涵或外延都应该是有所限制的。例如，腐朽文化就不能为法律所保护。换言之，在国际法范畴内受到保护的“文化”应该是符合国际人权法基本精神的积极意义上的文化，不应包括与国际人权保障相悖的内容。无论是联合国的《世界人权宣言》，还是《公民权利和政治权利国际盟约》、《经济、社会和文化权利国际盟约》，都是按照《联合国宪章》宣布的原则——“对人类家庭所有成员的固有尊严及其平等的和不移的权利的承认”！而制定的。对人权的无视和诬蔑的暴行玷污了人类的良心，[①] 在此基础上形成的文化习俗理应铲除。

依照这一原则，新中国成立后，特别是西藏和平解放后以至后来的西藏民主改革，彻底废除了旧西藏封建农奴制文化。例如，“在达赖统治西藏时期，按照藏传佛教仪轨，‘为达赖念经祝寿，下密院全体人员需念忿怨十五施食回遮法。为切实完成此次佛事，需当日抛食，急需湿肠一副、头颅两颗、各种血、人皮一张”’。[②] 在旧西藏“农奴见了官家、领主，要哈腰吐舌头，主人上马，农奴要趴在地上，让人踩着背上马”。像这种令人屈辱的习俗就随着农奴制一起被废除了。如果说在西藏存在着“文化灭绝”的话，应该就是这部分为国际人权法所排斥的“西藏独特文化”确实被灭绝了。“这种‘灭绝’对于封建农奴制的总代表达赖喇嘛来说却是致命的，是他们的文化统治权的灭绝”。[③] 那么，农奴制及其影响下的非人道习俗的废除是否就是这些人所说的“文化灭绝”呢？

回顾全世界和全人类的历史发展进程，封建农奴制的废除都是人类历史的巨大进步，摒弃糟粕和落后是历史前进的必然，为全世界所公认。就连一些保持“客观”的西方学者也认为“剔除农奴等文化糟粕称不上是对西藏文化的打压”。[④] 想必达赖集团及其支持者们未必敢承认这部分文化的灭绝就是他们所谓的“西藏文化灭绝”吧。

（二）从“种族灭绝”到“文化灭绝”并非同一层面的法律概念

从表面上看，似乎“文化灭绝”来源于“种族灭绝”概念的延伸和演绎，实则不然。

---

① 世界人权宣言，公民权利和政治权利国际盟约，经济、社会和文化权利国际盟约，序言部分．北京人学法学院人权研究中心编．国际人权文件选编［M］，北京人学出版社，2002 年。

② 朱穆之：驳所谓“灭绝西藏文化”［J］，人权，2002（6）。

③ 尼玛次仁：达赖“西藏文化灭绝”论居心何在的［N］．西藏日报，2000－10－17.

④ 朗杰，王恒涛，边巴次仁：达赖集团“西藏文化灭绝”说可以休矣［N］，人民日报，2008－03－27.

“种族灭绝”是国际法上的一种罪行，它为联合国《防止及惩治灭绝种族罪公约》所确认。中国于1983年加入该公约。该公约第2条明文规定：“本公约内所称灭绝种族系指蓄意全部或局部消灭某一民族、人种或宗教团体，犯有下列行为之一者：（a）杀害该团体的成员；（b）致使该团体的成员在身体上或精神上遭受严重伤害；（c）故意使该团体处于某种生活状态下，以毁灭其全部或局部的生命；（d）强制施行办法，意图防止该团体内的生育；（e）强迫转移该团体的儿童至另一团体。①

可见，“种族灭绝”是国际人权法中的一个确定概念，有其明确的客观构成要件；而“文化灭绝”在目前的国际法规范中则找不到相应的明确定义或表述。需要特别指出的是，“《防止及惩治灭绝种族罪公约》很明显有意排除了‘文化灭绝’的概念，其原因是难以准确界定这一术语”。

换言之，在现行国际人权法的框架下并不存在“文化灭绝”的罪名和国际法上的救济。因而，达赖集团动辄主张的“西藏文化灭绝”及其“国际调查”显然缺乏法理依据。

（三）“文化权利”的认可与实施是对“文化灭绝”理论上的反证

由上文可知，“文化灭绝”并非是一个确定的法律概念，但“文化权利”却是国际人权法所确认的一项基本人权，它为多项世界人权文件所肯定：《世界人权宣言》第27条规定，“人人有权自由参加社会的文化生活，享受艺术，并分享科学进步及其产生的福利。人人对由于他所创作的任何科学、文学或美术作品而产生的精神的或物质的利益，有享受保护的权利。”《经济、社会和文化权利国际盟约》第27条规定，“本盟约缔约各国承认人人有权：参加文化生活；享受科学进步及其应用所产生的利益；对其本人的人和科学、文学或艺术作品所产生的精神上和物质上的利益，享受被保护之权利。本盟约缔约各国为充分实现这一权利而采取的步骤应包括保存、发展和传播科学和文化所必需的步骤。本盟约缔约各国承担尊重进行科学研究和创造性活动所不可缺少的自由。本盟约缔约各国认识到鼓励和发展科学与文化方面的国际接触和合作的好处。”《公民权利和政治权利国际盟约》第27条规定，“在那些存在着人种的、宗教的或语言的少数人的国家中，不得否认这种少数人同他们的集团中的其他成员共同享有自己的文化、信奉和实行自己的宗教或使用自己的语言的权利。”

我们可以从上述国际人权法中的“文化权利”出发，通过典型事例的逻辑推理，反证“西藏文化灭绝论”的荒谬性。

① 北京大学法学院人权研究中心编．国际人权文件选编［M］：防止及惩治灭绝种族罪公约，北京大学出版社，2002年。

我国于1997年10月和1998年10月分别签署了《经济、社会和文化权利国际盟约》及《公民权利和政治权利国际盟约》。特别是专门规定“文化权利”的《经济、社会和文化权利国际盟约》于2001年5月正式对中国生效。此后，中国积极履行公约义务，将人权的保护与国际标准更紧密地结合起来，促进经济、社会和文化权利的不断进展；同时自觉按照公约的执行监督机制，按期提交本国在遵行公约所承认的权利方面所采取的措施和取得进展的报告，供联合国经济和社会理事会审议。就作为该公约监督和执行机构的联合国经济和社会理事会对中国到目前为止履行该公约报告的审议结果来看，尽管中国作为一个发展中的人口大国，在经济、社会和文化权利的保障方面还存在不足，但并未得出对中国国内某一个民族存在“文化灭绝”的结论。也就是说，中国作为《经济、社会和文化权利国际盟约》的成员国履行该公约的客观事实证明，中国各民族的“文化权利”是在发展中而不是在灭绝中，所谓“西藏文化灭绝论”纯属别有用心的虚构。

综上所述，达赖集团及其支持者的“西藏文化灭绝论”缺乏基本的国际法律依据。而“如果是非合法地和经验主义地使用‘西藏文化灭绝’的概念进行指控，就会造成恶劣的政治影响”。[①]“学者们分析归纳了许多滥用这个术语的案例，得出的结论是：一个人想要表达其某种受压抑的最有效的词汇就是使用‘灭绝’（genocide）这个标签”。[②] 达赖集团就是惯于利用这个标签的典型代表，其根本目的是通过这个标签的使用，污蔑、诋毁新中国的社会主义制度，最终达到其分裂国家、分裂民族的企图。

二、从中国西藏藏族文化权利法律保障的历史轨迹与事实看“西藏文化灭绝论”的荒谬性

纵观几个相关的世界人权文件，“文化权利”的主要内容应当包括以下几个方面：第一是公民参与文化活动的权利；第二是公民享受文化成果的权利；第三是开展文化创造的权利；第四是作者的精神和物质利益受到保护的权利；第五是少数人

---

① Defining Protected Groups under The Genocide Convention：The convention also appears to exclude intentionally the notion of cultural genocide，a concept that posed various problems during the drafting process. Opponents pointed to the difficulty of precisely defining the term “cultural genocide.”. Harvard Law Review，of including cultural groups Mar 3，2001.

② Barry Sautman，“Cultural Genocide” and Tibet：If the concept of cultural genocide in Tibet is inapposite legally and empirical，the charge also has baleful political and Tibet：effects. Texas International Law Journal，Spring 2003.

的文化认同权；第六是国际文化合作权。也有学者主张还应包括教育权。①

《经济、社会和文化权利国际盟约》第2条规定："每一缔约国家承担尽最大能力个别采取步骤或经由国家援助和合作，特别是经济和技术方面的援助和合作，采取步骤，以便用一切适当方法，尤其包括用立法方法，逐渐达到本公约所承认的权利的充分实现。"联合国教科文组织人权、民主与和平部主任雅努兹。西摩尼迪斯在解读该条款时说：立法是国家实施文化权利最为关键的措施。"'一切适当方法'除立法和行政手段外还包括财政、教育、社会和其他措施。同时应该注意《经济、社会和文化权利国际公约》第27条第2款具体规定了缔约各国有义务采取'为保存、发展和传播科学和文化所必需的步骤'"。

新中国成立后，特别是改革开放30年来，中国政府正是按照这一要求做出了不懈努力来实践人权保障的国际义务。下文将主要从《经济、社会和文化权利国际盟约》第2条所规定的国家义务的国际人权法视角出发，阐述西藏藏民族的上述文化权利保障进程。

（一）构筑多层次的文化权利保障法律体系以促进西藏藏文化的发展和繁荣

改革开放以来，在西藏文化权利的保护方面，已形成了以根本法宪法、国家法律、地方性法规三个层级的立法体系：

以2004年我国对1982年的《中华人民共和国宪法》第四次修正为标志，"国家尊重和保障人权"被写入国家的根本法中。至此，保障人权已成为我国各项法律、行政法规、地方性法规、规章、立法解释和司法解释的一项原则依据。西藏藏民族的宗教信仰自由，保持或改革自己的风俗习惯的自由，使用发展自己的语言文字的自由，进行科学研究、文学艺术创作和其他文化活动的自由等项"文化权利"当然成为被平等保护的人权之一。

《中华人民共和国民族区域自治法》（1984年颁布，2001年修订）

第一次以国家法律的形式集中而全面地确认包括西藏自治区在内的各民族自治地方的自治权，是宪法所规定的少数民族权利的进一步确认与具体化。现行的《民族区域自治法》以第10、11、21、36、37、38、42、49、59、64、71条等多达10余个条款直接规定少数民族文化权利。

2006年11月14日文化部颁布并实施了部门规章——《世界文化遗产保护管理办法》，对包括西藏布达拉宫建筑群在内的被列入世界文化遗产名录的世界文化遗产予以法律保护。

---

① 雅努兹·西摩尼迪斯著、黄觉译：文化权利：一种被忽视的人权［J］国际社会科学（中文版），1999（4）.

西藏自治区还依据宪法和法律赋予的立法自治权，制定了一些本区域内涉及“文化权利”的地方性法规和规章。代表性的地方法规有：西藏自治区人民代表大会制定颁布的《西藏自治区学习、使用和发展藏语文的规定》（1987年7月制定颁布，2002年5月修正），对藏语文的法律地位、使用范围、藏语文的教育、推广和普及措施做出了具体规定：西藏自治区人民代表大会制定颁布的《西藏自治区文物保护管理条例》（1990年5月制定颁布，1996年7月修正），对包括体现藏族文化在内的“民族文物”、“宗教义物”做出有针对性的保护规定；1997年10月西藏自治区政府颁布实施《西藏自治区布达拉宫保护管理办法》对布达拉宫保护范围及建设控制地带，经常性的保养维护义务，环境保护，文物管理、消防及法律责任等做出了具体规定。像布达拉宫、大昭寺、哲蚌寺、色拉寺、甘丹寺、扎什伦布寺、萨迦寺等众多西藏的宗教活动场所被依法列入全国和自治区重点文物保护单位，得到国家和自治区大量专款维修之外的全方位的保护。自治区政府颁布实施的《天葬管理暂行办法》（2006年1月），明确规定了天葬的法律地位以及对天葬场所和天葬师的保护等。

（二）实行先进的社会制度保障绝大多数藏民普遍享有文化权利

1959年《西藏自治区筹备委员会关于进行民土改革的决议》、《西藏地区减租减息实施简则》、《西藏自治区筹备委员会关于西藏地区土地制度改革的实施办法》等法律文件中都强调，要“彻底废除封建农奴制度”，“废除人身依附，解放农奴和奴隶”，“废除农奴主及其代理人的一切封建特权。”“废除寺庙的一切封建特权（包括委派官员，管理市政，私设法庭、监牢、刑罚，没收财产，流放人民，私藏武器，干涉民刑诉讼，干涉婚姻自由，干涉文化教育事业，破坏生产等）、封建占有、封建剥削、人身奴役、强迫群众当喇嘛或尼姑……”① 由此，广大翻身农奴成为社会的主人，进而有权平等地分享自己民族和社会的文化成果、创造并发展本民族的文化。

在西藏和平解放之前，朗玛作为宫廷乐舞，只供达官贵人和高级僧侣享用，普通平民和农奴是根本无法观赏到的。而今“朗玛”已经成为一门藏民族独立的艺术表现形式，其曲式结构完整，旋律优美深情，舞蹈节奏欢快跳跃，气氛非常热烈，深受藏族人民喜爱。仅拉萨就有几十个以表演藏式歌舞为主的朗玛厅。②

截至2007年底，西藏已基本形成比较完整的公共文化设施网络。[3] 西藏已

---

① 中国社会科学院西藏人权研究课题组编：《西藏人权研究参考文献选编》，中国藏学出版社，2004年，第41—43页，48页，53—61页。

② 张量：《人民西藏40年：从草吧到朗玛厅欢乐拉萨夜未央》，中国西部网，2005年8月24日。

有各级群众艺术馆6座、县级综合文化活动中心33座、文化信息资源共享1程县支中心3座、卫星三级站62个、乡级文化站175座、村级文化室550余个、图书馆4座。目前，西藏有10个专业文艺团体，18个县级民间艺术团，500余个基层业余文艺演出队和藏戏演出队。这些队伍常年活跃在农牧区为群众演出。广大藏族群众的文化需求达到前所未有的满足。[①] 目前，国家每年保证有25部新译制的藏语电影在农牧区和基层群众中放映，广大农牧区已基本实现了电影藏语化。西藏电视台藏语卫视频道于1999年正式丌播，每天播出大量的藏语专栏节目和藏语影视译制片，现有藏语电视栏目21个。藏语卫视实现了24小时滚动播出。[②]

（三）动员全社会力量多种形式发展西藏教育

受教育权是公民实现其他人权的基础性权利之一，也是促使全社会实现人权的重要因素。正如联合国《经济、社会、文化权利公约》第十三条第一款所规定的："缔约各国承认，人人有受教育的权利。"

旧西藏寺院垄断着教育，仅有的极少数官办的僧官和俗官学校，绝大多数学生是贵族子弟。广大农奴根本没有接受教育的机会，文盲占95%。"据1949年调查，哲蚌寺洛色林扎仓近4000名僧人中，就有80%是文盲"。[③]

新中国成立后，中央政府高度关注西藏的教育问题。在1951年与西藏地方政府所签订的《关于和平解放西藏办法的协议》中已提出，要根据西藏的实际情况逐步发展学校教育的目标。从20世纪50年代到2000年，全国共选派援藏教师6800余名；[④]"到1993年，国家拨出4.45亿元教育专项经费，在西藏实施了新建、改扩建边境县中小学，新建地面教育卫星上行站等15个大项目、45个子项目；实施了贫网地区九年义务教育工程；加强了西藏大学等高等学校基础设施建设和大学计算机网络建设项目；为西藏培训了大批校长、教师和干部；内地15个对口支援省市帮助西藏新建、改扩建一批中小学，投入资金达2.2亿元。"[⑤] 从1985年开始，国家拨出专款在西藏农牧区实行了对农牧民子女的免费"包吃、包住、包学习费用"的寄宿制为主的中小学校办学模式；对高中阶段农牧民子女住校生实行助学金和奖学金

---

① 中华人民共和国国务院新闻办公室：《西藏文化的保护和发展白皮书》，2008年9月25日，www.gov.cn。

② 刘建敏、尼玛次仁：《弥天大谎欲盖弥彰驳打朱的所谓"西藏文化灭绝论"》，《西藏日报》，2008年4月17日。

③ 中华人民共和国国务院新闻办公室：《西藏文化的保护和发展白皮书》，2008年9月25日，www.gov.cn。

④ 史金波等著：《西藏人权研究》，中国藏学出版社、中国社会科学出版社，1999年，第116页。

⑤ 储召生、韩晓悟：《西藏教育历史大跨越》，《中国教育报》，2005年9月1日。

制度；[1] 自2003年开始，内地有8所高校以单独考试、单独录取的形式，每年为西藏定向培养120名左右硕士研究生；[2] 全国有33所由中央政府和内地一些省市拨专款开办的内地西藏班（校），招收西藏插班生的内地重点高中53所，内地有90余所高校招收西藏学生，一大批博士、硕士、科学家、工程师等人才脱颖而出，成为推动西藏发展的主力军。[3]

（四）运用国家和地方财力积极抢救、整理西藏濒危非物质文化

抢救、整理西藏藏民族的濒危非物质文化，是实现西藏藏文化继承和发展的根本性措施。

1. 首先采取切实措施保护濒危非物质文化的传承人

自20世纪八十年代以来《格萨尔》史诗的抢救工作是最具代表性的事例。《格萨尔》是世界上最长的、主要依靠口头说唱的形式在民间流传的藏族史诗。在历史上，作为《格萨尔》的创作者、保存者和传播者的民间说唱艺人家境贫寒，居无定所，四处流浪，社会地位非常低，是农奴主的玩偶。1959年西藏实行民主改革后，国家和自治区投入了大量的财力和人力对《格萨尔》说唱艺人进行了大规模的抢救性保护，国家给予其较高的生活待遇，而后对其说唱予以整理、录制成磁带。[4] 这种“以人为本”的文化保护措施赢得了濒危非物质文化传承人的认可，故而他们积极配合有关部门的抢救工作，效果显著。目前有31位传承人入选国家级非物质文化遗产项目代表性传承人名录。[5]

2. 国家与地方积极投入，建立一批专门的濒危非物质文化抢救机构

1980年设立了西藏有史以来第一个《格萨尔》抢救领导小组和抢救办事机构，即西藏自治区《格萨尔王传》抢救办公室；成立了西藏师范学院《格萨尔王传》抢救小组；在那曲、阿里、昌都等史诗流传较广的地区，当地文化局相继设立了《格萨尔王传》抢救点，逐步设立和形成了全区范围的抢救网点。[6] 经过30年的不懈努

---

① 尹鸿祝：《陈至立：努力实现西藏教育事业跨越式发展——全国教育援藏工作将进一步加大力度》载于《中国教育十年录》，高等教育出版社，2003年，第18页。

② 储召生、韩晓悟：《从0到1010：西藏教育历史大跨越》，《中国教育报》，2005年9月1日。

③ 立毕：《内地著名高等学府将为西藏培养硕士》，新华网，2003年11月3日。

④ 《西藏文化的保护和发展白皮书》，中华人民共和国国务院新闻办公室，2008年9月25日，www.gov.cn。[12] 马宁：《驳达赖集团的“文化灭绝论”——从西藏非物质文化遗产保护的角度》，《西藏民族学院学报》，2008年5月。

⑤ 中华人民共和国国务院新闻办公室：《西藏文化的保护和发展白皮书》，2008年9月25日，www.gov.cn。

⑥ 马宁：《驳达赖集团的“文化灭绝论”——从西藏非物质文化遗产保护的角度》，《西藏民族学院学报》，2008年5月。

力，使《格萨尔》史诗得到了全面的保护。

1987 年在中国藏学中心专门设立《大藏经》对勘局，专司整理、对勘、出版藏文大藏经《甘珠尔》、《丹珠尔》。现已完成《丹珠尔》四种版本的原版对勘和新版编校 140 函，出版《中华大藏经·丹珠尔》60 部。[①]

从 2007 年开始，西藏自治区投入了 980 多万元，启动了对贝叶经的摸底调查和建档工作。目前西藏已经登记在册的梵文贝叶经有 426 部，共 4300 多张，主要保存在拉萨市、山南和日喀则地区的各大寺庙、博物馆和研究机构里。[②]

（五）运用国家行政手段和民族自治地方自治权推动藏语言的教学和研究，保障并扩大藏语言的使用范围

1. 建立专门的工作机构和教学研究机构，促进藏语文的发展

在 20 世纪五十年代，依据中央人民政府政务院于 1951 年发布的《关于民族事务的几项决定》的精神，国务院有关部委如国家民族事务委员会、教育部、文化部等在其工作职权范围内管理少数民族语言文字工作。我国政府还先后在一些高等院校内设立了藏语言文学院系或专业，并规定：招收少数民族学生为主的内地学校（班级）和其他教育机构有条件的，应当采用少数民族语言讲课。1988 年西藏自治区政府设立“西藏自治区藏语文工作指导委员会”作为全区学习、使用和发展藏语文工作的权威性领导机构。

2. 中央和自治区国家机关率先垂范，推广使用包括藏语文在内的少数民族语言文字

全国人民代表大会、中国人民政治协商会议召开的重要会议和全国或地区性重大活动时，藏语文成为被使用的工作语言之一；在国家主管的新闻、出版、广播、影视等领域藏语文也是被使用的语言之一，而且在我国法定流通的多种人民币面值上，藏文也是被使用的语言之一。西藏自治区各级国家机关的重要会议、集会，均同时使用藏语文和国家通用语言文字或者仅使用藏语言文字。

3. 全国公安、司法机关乃至部分省区的其他行政机关在行政执法和司法过程中注重保障藏族的民族语言文字使用权

全国各级公安、检察机关、人民法院在处理各类涉及藏族的治安、刑、民事案件中，都能做到主动为不懂汉语或当地方言的藏族当事人配备藏文翻译，以保障其法律上的诉讼权利和实体权利。不仅如此，在一些西藏的藏族人口流动较多的地区，

---

① 艾玛：《第三只眼看藏族文化：灭绝或认同》，《中国西藏》，2002 年第 1 期。

② 朗杰、王恒涛、边巴次仁：《达赖集团“西藏文化灭绝”说可以休矣》，《人民日报》，2008 年 3 月 27 日。

政府工作人员在行政执法过程中也注意到了对其民族语言使用权的保护。

4. 积极运用现代化技术手段促进藏语言文字的推广使用

中央政府一直在致力于使藏语言文字与现代化的信息技术同步发展。经由国家科委、国家技术监督局、国家民族事务委员会、电子工业部、全国信息标准化委员会与西藏藏语委、西藏大学及兄弟省市的专家们共同努力，成功使藏文编码通过国家标准和国际标准，并使藏语文成为中国第一个具有国际标准的少数民族文字。目前，西藏已全面建立面向机器自动处理的藏语语法框架和语法体系，正在实现藏语文本的机器自动分词和组块识别。

5. 在普通教育和新闻出版事业中推动藏语文的使用和发展

一是在西藏的各级各类面向藏族学生的学校普遍开设了藏语文课程。二是藏文教材编译取得长足发展。目前从小学至高中各学科藏文教材应有尽有。① 三是有大量的教材以外的藏语出版物和设在多个地区的藏语出版社。“藏语出版物数量之多，甚至让西方藏学家也目不暇接。西藏的作家用藏语和汉语写作。人们不仅可以买到藏语的书籍，甚至可以买到译成藏文的外国名著。”②

（六）多渠道开展对西藏民族传统文化的研究和创造，以继承和弘扬藏民族的优秀传统文化

1. 国家积极支持研究机构和科研人员广泛开展对西藏优秀传统文化的研究

首先，藏学研究已成为国家社会科学研究的一个重要学科，研究领域涵盖藏族社会政治、经济、历史、宗教、哲学、语言文字、文学艺术、法律、藏医藏药等众多学科分支。目前有中国藏学研究中心、中国社会科学院的民族研究所、中央民族大学藏学研究院、西藏大学藏学系等专门的教学研究机构和专业教学研究人员。其中不少机构还同时招收藏学研究的硕士和博士研究生，进一步培养更多的藏族专业人才研究本民族的文化。不仅如此，其研究的范围也越来越广泛。

其次，还有一些专门从事某类藏文化研究的机构有 50 多个。如 1986 年成立的藏戏研究学会等。③

2. 重视对西藏优秀传统文化的创新，以保持西藏传统文化的生命力

西藏和平解放后，各族文艺工作者深入生活，发掘继承优秀的民族文艺传统，

---

① 西藏自治区教材编译中心：《用链铁的事实揭露达赖集团西藏文化灭绝论的谎言》，《西藏日报》，2008 年 3 月 26 日。

② 班玮：《德国学者批驳达赖的西藏“文化灭绝”论》，《人民日报》2008 年 4 月 25 日。

③ 刘志群：《新西藏的藏戏艺术获得全面的保护和发展——兼驳“西藏文化毁灭论”》，《西藏艺术研究》，2008 年第 1 期。

创作出一大批诗歌、小说、歌舞、音乐、美术、电影、摄影等作品，不断完善西藏的艺术门类，丰富文艺形式。近年来，先后推出了大型乐舞《珠穆朗玛》，大型歌舞《多彩哈达》、《天上西藏》等，话剧《穿越巅峰》，新编藏戏《朵雄的春天》，以及融京剧和藏戏于一体的新编历史剧《文成公主》等一大批文艺作品。

3. 研究。开发和宣传并举，使传统藏医药学焕发生机和活力

具有 2000 多年历史的藏医药是祖国医药学宝库和藏民族文化的重要组成部分。国家为加强藏医学的研究并培养少数民族医药人才，在西藏成立了藏医高等院校、传统藏医藏药研究所等。搜集、整理、编著和出版了《中国医学百科全书·西藏分卷》、《四部医典》（藏汉文版）、《藏医诊断学》、《藏药方剂大全》等一批具有很高学术价值的藏医药著作；培养了大批藏医药人才，包括大中专毕业生、硕士博士研究生。

国家还积极扶持对少数民族医药的开发和应用。1992 年，国家建立了国家藏药制剂中心，将传统医药与现代研制技术相结合生产多种藏药品种。[①] 如今，西藏现有藏药生产企业 18 家，生产藏药 360 多个品种。藏药生产已由手工作坊向现代工业化大生产迈进，藏药加工迈入标准化、规范化、规模化和科学化管理的轨道。西藏所有藏药品种均列入国家医保目录。

（七）尊重和保护广大藏民的宗教信仰和生活习俗，实现西藏藏族的文化认同

1. 我国宪法、法律、行政法规和地方性法规始终确认公民的宗教信仰自由

早在西藏民主改革初期，西藏自治区筹备委员会发布的《西藏自治区筹备委员会关于西藏地区土地制度改革的实施办法》中关于“土地制度改革中的寺庙问题”就规定：“切实保护宗教信仰自由和爱国守法的喇嘛寺庙，保护人民有当喇嘛、尼姑的自由，保护喇嘛、尼姑有还俗的自由。正常的宗教活动不得干涉。”[②]

进入 20 世纪 80 年代以后，除现行的《中华人民共和国宪法》和《民族区域自治法》等法律规定公民有宗教信仰自由外，1991 年西藏还制定有地方性法规《西藏自治区宗教事务管理暂行办法》。2004 年 11 月 30 日国务院颁布的《宗教事务条例》是我国第一部有关宗教方面的综合性行政法规，它对保护宗教团体、宗教活动场所和信教公民的合法权益作了明确规定，对保障公民的宗教信仰自由权利有重要意义，对西藏这一群众性信教区域更是有着积极作用。

---

① 中华人民共和国国务院新闻办公室：《中国的少数民族政策及其实践》白皮书，1999 年 9 月，载于《中国政府白皮书》，外文出版社，2000 年版。

② 中国社会科学院西藏人权研究课题组编：《西藏人权研究参考文献汇编》，59 页，中国藏学出版社，2004 年版。

2. 保障藏传佛教的忠实信仰者可与其他公民一道平等地参政议政直至国家事务

众所周知，已故的深受藏族僧众乃至其他各族人民爱戴的藏传佛教领袖——十世班禅额尔德尼·确吉坚赞，自中华人民共和国成立以来，并未因其宗教信仰而受到歧视。他历任西藏自治区筹备委员会第一副主任委员、代主任委员。全国人大常委、全国政协副主席、全国人民代表大会常务委员会副委员长、中国佛教协会名誉会长等职。

现任十一届全国政协副主席的帕巴挺·格列朗杰于 1942 年被认定为昌都寺第十一世帕巴拉呼图克图。①

3. 拨重金修缮、保护宗教活动场所及亲教活动设施，为宗教信仰自由提供必要的物质保证

20 世纪八十年代以来，中央和西藏地方财政先后拨款 7 亿多元人民币和大量黄金、白银等物资，修缮了一大批宗教场所。目前，西藏有各类宗教活动场所 1700 多座，住寺僧尼 4.6 万余人。寺院的壁画、雕刻、塑像、唐卡、经卷、法器、佛龛等宗教文化载体，受到保护和修缮。②

4. 广大信教群众正当的宗教活动受到尊重

西藏有 200 多万信教群众。“信教者家中几乎都设有小经堂或佛龛，每年到拉萨朝佛敬香的信教群众达百万人以上。一年一度的雪顿节中的宗教活动及传统的马年转冈仁波钦、羊年转纳木错等宗教活动，都得以正常进行并受到社会各方面的尊重。”③

5. 发展佛教组织，创办刊物，积极开展藏传佛教教育，以发展藏传佛教的传统文化

1980 年恢复了中国佛教协会西藏分会，并相继成立了 7 个地（市）的佛协组织，佛协理事均来自全区不同寺庙，不同教派，其中有活佛、堪布、格西、翁则等。④ 1985 年该协会创办了会刊《西藏佛教》杂志。此外中国佛协西藏分会办有西藏佛学院、藏文印经院。

中央政府还支持佛教界分别在北京和拉萨开办了中国藏语系高级佛学院和西藏佛学院，专门培养佛教教职人员。为促进藏传佛教高僧大德的培养，2004 年首次建

---

① 帕巴拉格列朗杰简历，www. xinhuanet. com.

② 中华人民共和国国务院新闻办公室：《西藏文化的保护和发展白皮书》，2008 年 9 月 25 日，www. gov. cn.

③ 中华人民共和国国务院新闻办公室：《西藏文化的保护和发展白皮书》，2008 年 9 月 25 日，www. gov. cn.

④ 扎巴贡绝：《“宗教文化灭绝”纯属无稽之谈——访西藏自治区政协副主席、自治区民宗委主任洛桑久美》，《西藏日报》，2008 年 5 月 21 日。

立了藏传佛教高级学衔制度。2005年，“11名学员获得了藏传佛教首届‘拓然巴’高级学衔。其中包括西藏色拉寺的扎西坚才、西藏扎什伦布寺的加巴·洛桑平措。”①

6. 遵循藏传佛教的仪轨和历史惯例，办理活佛高僧圆寂和转世事宜

十世班禅额尔德尼·确吉坚赞于1989年1月28日在西藏圆寂后，中央人民政府于大师圆寂后第三天就做出了《关于第十世班禅大师治丧和转世问题的决定》，治丧活动和转世事宜皆按藏传佛教的仪轨进行，费用由国家专款负担。“已有40多位新转世活佛按宗教仪轨和历史定制得到认定。”②

7. 西藏独特的民族风俗习惯受到有力的保护

第一，少数民族风俗习惯是我国民族自治地方立法的重要依据和内容。《中华人民共和国立法法》第66条规定：“民族自治地方的人民代表大会有权依照当地民族的政治、经济和文化的特点，制定自治条例和单行条例。”“自治条例和单行条例可以依照当地民族的特点，对法律和行政法规的规定作出变通规定……”

第二，确认和保护少数民族的风俗习惯，也体现在我国现行的某些单行法律法规中。例如《消费者权益保护法》第14条规定：“消费者购买使用商品和接受服务时，享有其人格尊严、民族风俗习惯得到尊重的权利。”现行《刑法》（第二次修正）第251条规定：“国家机关工作人员非法剥夺公民的宗教信仰自由和侵犯少数民族风俗习惯，情节严重的，处二年以下有期徒刑或者拘役。”

第三，西藏自治区的地方性政策、法规和实践更为直接和具体地保障藏民族的风俗习惯。

“1957年6月7日，西藏工委办公厅和自治区筹委办公厅向拉萨各机关、群众团体、学校、企事业单位的全体工作人员发出通知，要求在藏历四月即公历5月30日至6月27日这一转法轮的纪念日中全月禁止杀生。”③

2006年1月，西藏自治区人民政府发布了关于《天葬管理暂行规定》的通知，这是我国地方政府自1985年以来第三次专门发布关于保护西藏天葬台的公告和通知。④《天葬管理暂行规定》称：“天葬是藏旗人民的丧葬习俗，受到国家法律的严格保护。”“禁止对天葬活动现场进行围观、拍照、摄影、录像；禁止在报刊、杂志、广播、影视、网络上刊登、播放与天葬活动有关的文字、图片、报道等”，违

① 潘跃：《藏传佛教首届高级学衔授予活动举行》，人民日报，2005年10月20日。

② 中华人民共和国国务院新闻办公室：《西藏文化的保护和发展白皮书》，2008年9月25日，www. gov. cn.

③ 史金波等著：《西藏人权研究》，39页，中国藏学出版社、中国社会科学出版社，1999年。

④ 《西藏天葬管理规定禁止对天葬现场进行拍照或报道》，《人民日报》2006年01月12日。

者一律追究相应责任。目前西藏共有1075座天葬台，近百名天葬师。80%的藏族人依旧遵循天葬习俗。①

50多年来，西藏的藏族和其他少数民族保持着本民族的服饰、饮食、住房等传统风格，每年如期举行各种传统节庆活动。20世纪八十年代以来，西藏陆续恢复了各种类型宗教节日40余个。藏族传统的优秀文化与现代文明的新思想、新文化相结合，为西藏民俗文化增添了新的风采。②

（八）大力促进西藏藏文化与国内外其他民族和地区的交流及传播

1. 西藏文化的传播与发展同步

西藏的文化团体到内地演出交流日益频繁，从首都到其他中、小城市甚至街镇。这不仅起到了向内地传播西藏文化的作用，使内地其他居民在西藏以外的区域直接体验西藏文化，认同西藏文化。西藏自治区藏剧团与中国京剧院联袂创排大型新编历史剧《文成公主》可谓是诬藏文化在现代得以发展的一个缩影，它“是藏戏精髓与国粹京剧相结合的精品，成功入选2006—2007年度国家舞台艺术精品工程10强，也代表着藏戏发展的高水平，受到国内外广大观众和专家的赞誉。”③

2. 改善交通状况，架设西藏文化交流与传播的桥梁

青藏高原地处偏远，交通不便，形成自然性的封闭，这种封闭必然在一定程度上影响藏文化的传播。自新中国成立后，中央政府始终注重交通对于西藏经济社会文化发展的作用，不断进行交通设施建设。在“基本形成以拉萨为中心，青藏、川藏、新藏、滇藏、中尼公路为骨干的交通运输网络”④ 的基础上，又投巨资修建了具有划时代意义的青藏铁路。这条铁路线使更多的人可以走进西藏，融入到浓郁的藏文化氛围之中，亲身领略其魅力，从而实现更大范围的民族认同和文化交流。

3. 全面推进西藏文化的国际传播，使西藏文化面向世界

我国不仅重视西藏文化与国内其他地区和民族的文化交流，而且注重全方位的西藏文化国际交流。1995年至2003年，西藏自治区先后派出包括藏族群众业余演出团在内的66个艺术团组，700多人次，到世界五大洲20多个国家和地区进行演出，也组织文物、电影、摄影、美术等项目到日本、意大利及东南亚国家和地区举办展览和展映活动。现在每年都有藏族学者．活佛到国外进行学术交流活动，国外

① 《西藏天葬管理规定禁止对天葬现场进行拍照或报道》，《人民日报》2006年01月12日。

② 中年人民共和国国务院新闻办公室：《西藏文化的保护和发展白皮书》，2008年9月25日，www.gov.cn.

③ 涂显锋、扎巴贡觉；《“文化灭绝”是达赖集团的诋毁之言——访自治区政协常委、西藏话剧团副团长洛旦》，《西藏日报》，2008年4月10日。

④ 新华社记者索朗罗布：图片报道，《人民日报》1999年08月16日。